STENDHAL
et l'Angleterre

STENDHAL
et l'Angleterre

Proceedings of the London Colloquium, French Institute, 13-16 September 1983

edited by
K. G. McWATTERS AND
C. W. THOMPSON

LIVERPOOL UNIVERSITY PRESS

First published 1987 by
Liverpool University Press
PO Box 147, Liverpool L69 3BX

Distributed in the USA by
Humanities Press International Inc.
Atlantic Highlands, New Jersey 07716

**British Library Cataloguing-in-Publication
Data**
Stendhal et l'Angleterre.
 1. Stendhal — Criticism and interpretation.
 I. McWatters, K. G. II. Thompson, C. W.,
 1938-
 843'.7   PQ2441
 ISBN 0-85323-045-5

  i 000733207

Set in ITC Garamond by
WA Print Services, Manchester
Printed by Oxford University Press Printing House,
Oxford

Table of Contents

Illustrations

Liminaire

Le colloque 'Stendhal et l'Angleterre' s'est tenu à l'Institut Français du Royaume-Uni du 13 au 16 septembre 1983, à l'occasion du bicentenaire de la naissance de Stendhal. Que cette célébration ait pu avoir lieu est surtout dû aux Services Culturels de l'Ambassade de France à Londres et à Emmanuel de Calan, alors attaché culturel à Londres, qui a apprécié toute la portée d'une telle initiative. Patrick Rafroidi, aujourd'hui professeur à l'Université de Paris III, a accepté de donner au colloque sinon 'a name', du moins 'a local habitation' à l'Institut Français qu'il dirigeait alors. Il a aussi accepté de siéger au comité franco-britannique du bicentenaire. Qu'il soit remercié, ainsi que Monique Saint-Mezard de l'Institut et Paola Jojima des Services Culturels, dont le dévouement et l'efficacité ont été exemplaires, sans faille. Nous voudrions remercier également Jacqueline Thompson pour tout ce qu'elle a su contribuer au succès du colloque.

Il faut enfin dire ce que nous devons à la British Association for Comparative Literature et à la British Academy qui ont bien voulu apporter leur caution au colloque de Londres.

Dans le domaine des études stendhaliennes l'entrée en scène de l'Angleterre date de 1908 avec l'ouvrage de Doris Gunnell, 'Stendhal et l'Angleterre'. A la réflexion cette entrée en scène revêt un caractère assez spécial; en 1902 Arthur Chuquet publie son *Stendhal-Beyle*, en 1913 Paul Bourget préfacera le *Rouge et le Noir* de l'édition Champion. Voilà Stendhal promu au rang d'un écrivain dont un professeur pourrait s'occuper; le voilà aussi récupérable par la pensée sociale essentiellement conservatrice de l'auteur de *Cosmopolis*. Dans ce contexte l'Angleterre n'apporte qu'hésitations et contradictions. Que Stendhal allait-il faire chez 'le peuple le plus triste de la terre'? ('Nous nous anglisons et nous volons et nous bêtifions'): errer dans la forêt d'Ardennes ('Rien n'est égal à cette fraîcheur du vert en Angleterre et à la beauté de ses arbres'); s'extasier sur le début d'*Ivanhoe* ('Quel est l'ouvrage qui a le plus réussi en France depuis dix ans? les romans de Walter Scott'); condamner l'industrialisme ('Ces pauvres gens succombent sous l'excès de travail'); collaborer aux périodiques anglais avec la liberté que permet le masque ('Dès qu'on ouvre un journal littéraire anglais la mauvaise odeur d'argent vous saisit l'odorat').

En traitant le plus largement possible de la civilisation anglaise, le colloque s'est attaqué à ces contradictions, cherchant d'ailleurs à depasser les antithèses faciles, disons d'un Hippolyte Taine, systématisées et renforcées par Emile Boutmy qui était un peu son disciple.

Anglophilie? Anglophobie? Apport exact de l'Angleterre à la vision du monde moderne? ont été des questions à l'ordre du jour du colloque. Et même en les abordant par le biais de telle ou telle manifestation de la vie ou du génie anglais, tout se révèle double; enseignement mutuel de Bell et Lancaster: machine à vapeur qui sert les intérêts de classe des riches, moyen de libération nationale prôné entre autres par Métilde Dembowski; dandys: fats entre deux âges, athlètes spirituels; statuaire anglaise: ridicules d'une aristocratie, art novateur qui parfois égale Canova. La langue anglaise est elle-même sujette à contradictions: *langage self,* langue de Thomas Gray (l'élégie dans un cimetière de campagne qualifiée de 'this imparalelled *[sic]* piece') ou de Shakespeare (mais gare à la mauvaise rhétorique!).

Ces contradictions ne se situent pas toutes au même niveau, mais qu'il s'agisse de la vie quotidienne en Angleterre, de l'interprétation globale de la société anglaise, de l'arbitraire des goûts personnels de Stendhal ou de ses intuitions, elles rendent difficiles, voire impossibles, toute sublimation et toute cristallisation. Il faudrait alors se contenter de signaler la multiplicité de points de contact avec l'Angleterre — multiplicité déconcertante, mais qui serait l'indice d'un certain modernisme dont Stendhal reste l'étalon. C'est pour souligner cette multiplicité qu'a été choisie une iconographie purement anglaise pour accompagner les textes qui suivent, allant d'une Imogen néo-classique aux esquifs et goélettes de poètes patriciens et 'romantiques'.

Reste la littérature où le rapport Stendhal/Angleterre est le plus intime. A ce point qu'abondent dans les œuvres biographiques sosies et anti-sosies qui viennent très souvent du domaine anglais: le pasteur Primrose, Blifil, le romancier Fielding lui-même. Et des textes très précis ne montrent-ils pas que le Stendhal de 1826-27 aux velléités de suicide rejoint dans l'imaginaire Shelley mort par noyade?

A cela il faut ajouter qu'abandonnant une critique dominée par la recherche de sources ou de plagiats le colloque a valorisé le jeu intertextuel. Le terme selon certains serait maladroit, mais il faut néanmoins l'agréer du fait même qu'il existe une intertextualité romantique, qui se situe d'abord — et c'est très moderne — au niveau de la biographie des auteurs. Stendhal et Heine ne communient-ils pas dans un même culte de Byron mort évoquant l'image hallucinante du bateau funéraire qui transportait les cendres du poète anglais de Grèce en Angleterre? Au niveau de la réflexion critique, Hazlitt fait du Stendhal, au sujet de Shakespeare, ou l'inverse. Stendhal est un peu dans la mouvance de Coleridge grâce sans doute à Schlegel, à ce Schlegel déjà 'stendhalien' sur la question des comédies de Shakespeare. *Hamlet*, drame 'romantique' de l'indétermination du héros, serait-il ou ne serait-il pas *l'architexte* d'*Armance*? La grande communion romantique, pour reprendre l'expression de Fernand Baldensperger, placée selon lui sous le signe de Walter Scott, se révèle dans le contexte stendhalien une espèce de nébuleuse où se condensent, se distinguent, se fixent planètes et étoiles qui se nomment Scott, Shelley, Byron, Rossini.

Romantisme n'est pas tout. Il faut aussi rendre hommage à Stendhal d'avoir tôt deviné l'existence de plusieurs familles spirituelles anglaises et notamment celle qui a pour nom *Dissent* — dissidence religieuse et politique; puritaine et républicaine chez une Lucy Hutchinson, républicaine et athée chez un Holcroft, sans oublier la dissidence plus complexe ou plus spectaculaire à tous points de vue d'un Shelley et d'un Byron.

Il y a enfin la constellation Shakespeare...

———————

Le colloque ayant admis deux langues officielles, a été laissée aux communications leur allure nationale. Tout est, ou devrait être, affaire de conventions. Mais dans le domaine stendhalien les conventions sont loin d'être fixées ou immuables. La femme que Stendhal a le plus aimée ou qui l'a le plus hanté est connue de l'état civil comme Elena-Maria-Metilde Viscontini Dembowski, ce qui n'a pas hélas réglé la question d'orthographe. Métilde pour certains, elle est Matilde pour d'autres. Sacrifiant à la mode anglaise, elle signait Matilde ses lettres écrites en langue italienne. Dans les pages qui suivent elle sera et Métilde et Matilde. 'Flou' bien romantique et bien stendhalien.

Précisons enfin qu'il n'existe pas pour Stendhal d'édition critique s'étendant à l'oeuvre tout entière. Faute donc d'un système unifié de références, les renvois se font, sauf indication contraire, aux éditions suivantes:

Oeuvres Complètes, Cercle du Bibliophile, Genève, 50 vol.

Correspondance, éd. par H. Martineau et Victor Del Litto, Bibliothèque de la Pléiade, 3 vol., 1962-68.

Oeuvres Intimes, éd. par Victor Del Litto, Bibliothèque de la Pléiade, 2 vol., 1981-82.

Voyages en Italie, éd. par Victor Del Litto, Bibliothèque de la Pléiade, 1 vol., 1973.

Romans et Nouvelles, éd. par H. Martineau, Bibliothèque de la Pléiade, 2 vol., 1952.

et pour le journalisme 'anglais' de Stendhal au *Courrier Anglais* (Édition du Divan, 5 vol., 1935-36) et aux *Chroniques pour l'Angleterre* (Grenoble, 1980-).

Pour pallier aux inconvénients de cet état de choses, il a été jugé utile de faire de fréquents rappels bibliographiques. Enfin les noms des personnages de Shakespeare ont été réglés sur les *Oeuvres Complètes* de la Bibliothèque de la Pléiade.

K.G.McW.
C.W.T.

I

Stendhal: anglophile ou anglophobe?

F. W. J. HEMMINGS

En prenant la parole pour inaugurer ce colloque sur *Stendhal et le domaine anglais*, je voudrais d'abord souligner ce que nous entendons par ce titre. C'est une manière d'affirmer, n'est-ce pas, notre conviction que la littérature, le théâtre, les beaux-arts, la pensée philosophique, tels qu'ils se sont développés de ce côté-ci de la Manche, ont eu sur Stendhal une influence exemplaire et exceptionnelle. Toute sa vie durant, depuis ses premiers efforts pénibles pour comprendre et pour manier la langue, Stendhal n'a cessé de s'intéresser à ce qui se passait et à ce qui se pensait en Angleterre. Cela ne veut pas dire qu'il ait admiré sans réserve tous les produits du génie britannique, ni surtout qu'il n'ait trouvé rien à critiquer dans la politique, les mœurs, ou la manière de vivre des Anglais. Il n'a jamais été anglomane, cela est certain. Reste la question, que je voudrais aborder sans prétendre la résoudre dans une courte demi-heure, s'il a été plus anglophile qu'anglophobe; en d'autres termes, si les critiques qu'il lança contre les Anglais de son temps, ces Anglais de la Régence qui différaient sensiblement, ne l'oublions pas, des Anglais d'aujourd'hui, furent justifiées, ou si elles relevèrent plutôt de l'incompréhension ou du malentendu.

Et puisque j'ai lancé ce mot d'anglomane, permettez-moi d'abord de vous rappeler certaine lettre écrite de Marseille à sa sœur Pauline, au mois de mars 1806. La date est importante. L'année précédente, grâce à une série de victoires dont la plus brillante porte le nom d'Austerlitz, Napoléon s'était rendu maître incontesté en Europe; mais presque en même temps, la destruction des flottes française et espagnole à Trafalgar dissipa le vieux rêve qui lui tenait tant à cœur, d'une invasion de l'Angleterre. Ces circonstances expliquent l'exaspération renouvelée contre ces insulaires insoumis parmi la population française qui à cette date épouse généralement les vœux de l'Empereur; c'est une hostilité qui date d'ailleurs des guerres de la Révolution et qui semble s'éterniser, malgré la trêve de courte durée due à la paix d'Amiens.

Stendhal qui, au cours de cette même année 1806, va s'intégrer dans l'administration impériale sous l'égide de son cousin Pierre Daru, partage jusqu'à un certain point ces préventions contre les Anglais. Mais la lettre à Pauline n'a rien de politique, et ne renferme aucune allusion à ces événements historiques que je viens de rappeler. Ce qu'il y dénonce, c'est l'enthousiasme exagéré pour les écrivains anglais qu'il qualifie justement d'anglomanie, et qu'il attribue aux auteurs du siècle des Lumières, Voltaire et Montesquieu en tête. 'Comme apôtres de la liberté ils se sont mis à vanter l'Angleterre de toute manière. Tout le monde a appris l'anglais et j'ai vu tous ces anglomanes s'enthousiasmer pour la *Boucle de cheveux enlevée*, petit mauvais poème de Pope, et n'avoir pas lu le *Lutrin* de Boileau qui vaut toute une perruque de ces boucles. Ils préfèrent Shakespeare à Corneille; mais si ces grands génies avaient changé de langue, ils auraient préféré avec la même connaissance de cause Corneille à Shakespeare.'[1]

L'irritation que Stendhal marque ici contre les 'anglomanes' tient peut-être à des causes triviales et passagères. Il se trouve maintenant seul à Marseille, Mélanie Guilbert ayant quitté cette ville au commencement du mois. Pauline lui écrit peu, et il est tenté d'attribuer la carence de lettres non à la paresse de la jeune fille mais au fait qu'elle passe tout son temps à apprendre l'anglais. Il est possible aussi qu'il ait eu devant lui la lettre humoristique de Louis Crozet, écrite deux mois avant, où son ami lui avait confié: 'Je pioche l'anglais trois heures par jour, et lorsque je le saurai, je veux, pour me rendre original et me donner dans le monde une existence indépendante du *moi*, je veux affecter l'anglomanie, les cheveux et les favoris poudrés, l'habit anglais, culottes larges, grosse canne, chapeau court et rabattu, la tournure grotesque et grave; en même temps, une tasse de thé continuellement à côté de moi; enfin je la pousserai si loin, que je mettrai dans mon habillement une redingote anglaise. Alors je ne dirai rien, je ne ferai rien qu'on ne se mette à rire et qu'on ne me traite d'original.'[2]

Sans doute s'agit-il ici d'une charge, mais il est évident que, même à une période où les hostilités entre les deux nations étaient entrées dans une phase aiguë, il restait toujours possible à un Crozet — comme sans doute à beaucoup d'autres Français — d'affecter l'anglomanie, comme il dit, sans risquer de passer pour un mauvais patriote. Dans sa thèse sur *The French Romantics'*

Knowledge of English Literature, parue il y a soixante ans mais toujours valable, Eric Partridge signale l'importance du *Monthly Repertory of English Literature*, publication périodique lancée à Paris par Parsons et Galignani en 1807, et que le *Magasin encyclopédique* accueille dans les termes suivants: 'Dans un temps où les difficultés de la guerre ne permettent presque à personne en France de se procurer les livres et même les journaux littéraires anglais, il ne peut être que fort agréable à tous ceux qui possèdent la langue anglaise de pouvoir se procurer à Paris, au prix très modique de 30 francs par an, un journal qui contient les meilleurs articles de tous les ouvrages périodiques qui paraissent à Londres, et l'annonce exacte de toutes les productions de la littérature anglaise'.[3] Ainsi, même en l'absence de tous rapports diplomatiques et commerciaux, les liens culturels subsistent. Evidemment, la guerre n'avait pas le même caractère au commencement du dix-neuvième siècle qu'elle aura dans la première moitié du vingtième.

Jusqu'en 1815, cependant, il n'y eut pas de contacts directs; les anglophiles en France n'ont pu satisfaire leur curiosité autrement que par le truchement de la littérature périodique et par des anthologies telles que la *British Library in Verse and Prose*, série inaugurée par les mêmes libraires parisiens, Parsons et Galignani, dès 1804. Il fallait attendre, pour visiter l'Angleterre, que les guerres soient terminées. Dès 1808, Stendhal s'impatiente. L'Angleterre — 'voilà où il faut aller, écrit-il de nouveau à Pauline, fût-ce pour trois semaines, comme Madame Roland. Pour moi, je me sens le courage d'y passer dans un bateau de six pieds de long.'[4] C'est dans un vaisseau de dimensions sans doute plus ordinaires qu'il fit, en août 1817, ce voyage tant souhaité; mais le séjour n'a duré que quinze jours, donc une semaine de moins que celui de Mme Roland. Le temps s'est passé essentiellement en promenades le long d'Oxford Street et dans Hyde Park, où broutaient à cette époque des troupeaux de vaches, et en visites au théâtre et à l'Opéra.

Il ne paraît pas que ces premières impressions de l'Angleterre aient enchanté Stendhal. Peu après son retour, il se mit à rédiger cette *Vie de Napoléon* qu'il laissa inachevée, mais qui respire par-ci par-là une anglophobie marquée, ce qui n'a rien de surprenant de la part d'un homme qui, ayant lié son sort à l'Empire, vient de voir sa carrière brisée par la chute de Napoléon. Bien que la *Vie de Napoléon* s'arrête avant la seconde abdication et l'exil à Sainte-Hélène, et que l'ouvrage d'autre part soit loin de constituer un panégyrique outré de l'ex-Empereur, Stendhal ne peut s'abstenir d'y exhaler sa fureur contre les Anglais, coupables de condamner ce souverain déchu à une torture qui ne prendra fin qu'avec sa mort. 'Napoléon, qui en avait appelé à la générosité si vantée du peuple anglais, est confiné sur un rocher où, par des moyens indirects et en évitant l'odieux du poison, on cherche à le faire périr. Je ne dirai pas que la nation anglaise est plus vile qu'une autre; je dirai simplement que le Ciel lui a donné une malheureuse occasion de montrer qu'elle était vile. Quelles réclamations en effet se sont élevées contre ce grand crime? Quel généreux transport de tout un peuple, à l'ouïe de cette infamie, a désavoué son gouvernement aux yeux des nations? O Sainte-Hélène, roc désormais si célèbre, tu es l'écueil de la gloire anglaise!'[5] Stendhal ne cessera jamais de réitérer ce reproche, ne pouvant se figurer que ce qu'il regardait comme une infamie était peut-être, du point de vue des vainqueurs, un simple acte de prudence. Napoléon avait déjà montré qu'une île méditerranéenne n'était pas une prison sûre; il fallait en trouver une autre, plus éloignée. Mais le point de vue de Stendhal était celui de la grande majorité des Français à l'époque; même après la Révolution de Juillet, quand avec l'abolition — provisoire — de la censure théâtrale il devint de nouveau possible de montrer Napoléon sur la scène, le comédien Provost, qui jouait les traîtres au théâtre de la Porte-Saint-Martin, se trouvait naturellement chargé du rôle de Sir Hudson Lowe, gouverneur de l'île; et après chaque représentation du mélodrame, le directeur du théâtre avait soin de le faire partir par une petite porte de derrière pour lui éviter des insultes et même des coups de canne de la part des spectateurs indignés qui l'attendaient à la sortie.[6]

Stendhal n'aura pas oublié le martyre infligé à Napoléon même en 1832, onze ans après la mort de l'Empereur; mais le temps semble avoir estompé son indignation première. Sans passer l'éponge sur l'incident, il est prêt à admettre des excuses. L'ennemi séculaire, l'Angleterre, aurait fait preuve moins de cruauté voulue que d'un simple manque d'imagination. Dans les *Souvenirs d'égotisme*, nous lisons ceci: 'Les Anglais sont, je crois, le peuple du monde le plus obtus, le plus barbare. Cela est au point que je leur pardonne les infamies de Sainte-Hélène. Ils ne les sentaient pas... Ces honnêtes Anglais, sans cesse côtoyés par l'abîme du danger de mourir de faim s'ils oublient un instant de travailler, chassaient l'idée de Sainte-Hélène, comme ils chassent l'idée de

Raphaël, comme propre à leur faire perdre du temps, et voilà tout.'[7] Ce passage appelle quelques explications. Depuis 1817, Stendhal a appris à mieux connaître l'Angleterre, où il a fait deux autres séjours, le premier d'un mois seulement en 1821, et le second, plus prolongé, en 1826. Cette fois-ci il n'est pas resté à Londres; il a fait une grande randonnée dans le centre et le nord de l'Angleterre en passant notamment par Birmingham et Manchester. C'est le moment où la révolution industrielle, dont l'effet ne se fait guère encore sentir en France, est en train de transformer l'aspect du pays. Ces fabriques sombres et sataniques, 'dark, Satanic mills', dont parle Blake, se dressent un peu partout dans cette région, et drainent la population des campagnes vers les grandes villes. Stendhal observe tout cela, sans pourtant saisir les causes réelles de ce bouleversement, ni ce qu'il implique pour l'avenir. Il s'aperçoit que les Anglais ne s'accordent pas de loisirs, que tout le monde travaille fiévreusement (sauf, bien entendu, le dimanche); beaucoup s'enrichissent, mais beaucoup aussi meurent de faim. La misère noire n'est que trop évidente; le voyageur français l'attribue à l'immense effort économique que les Anglais ont dû fournir afin de soutenir, à grand renfort de guinées, leurs alliés contre Napoléon; il ne comprend pas que les Anglais travaillent, non pour liquider un passé onéreux, mais pour préparer un avenir de richesse inouïe. Et même s'il l'avait compris, aurait-il jugé autrement? Car Stendhal n'a jamais pensé que la richesse donne le bonheur. Au cours du petit essai intitulé *Sur l'Angleterre*, rédigé par Stendhal, selon Colomb, lors de sa troisième visite en 1826, l'auteur déclare notamment que: 'Les Anglais sont victimes du travail... Je crois qu'il est difficile d'être heureux sans un travail de douze ou quinze heures par semaine; mais un travail de plus de six heures par jour diminue le bonheur.'[8] Le bonheur, selon Stendhal, c'est avoir le temps de faire l'amour ou la conversation, c'est jouir d'assez de loisirs pour pouvoir s'adonner à la musique ou aux lettres. Or les Anglais, travailleurs forcenés, sont de ce fait des gens malheureux. Que lit-on dans la *Vie de Rossini?* 'Comprimés par la nécessité de travailler incessamment pour ne pas mourir de faim et manquer d'habits, les gens de la classe où l'on a de l'esprit n'ont pas une minute à donner aux arts; voilà de grands désavantages. Les jeunes gens d'Italie ou de l'Allemagne, au contraire, passent toute leur jeunesse à faire l'amour, et même ceux qui travaillent le plus sont peu gênés, si l'on compare leurs légères occupations qui ne s'étendent jamais au-delà de l'avant-dîner, au dur et barbare labeur qui, grâce à l'aristocratie et à M. Pitt, pèse sur les pauvres Anglais pendant douze heures de la journée.'[9] Notons que Pitt mourut en 1806; c'est toujours aux charges écrasantes des guerres napoléoniennes, soutenues presque uniquement par l'Angleterre, que Stendhal attribue la nécessité de ce 'dur et barbare labeur'.

Pour les classes moyennes, il en résulte que la 'chasse au bonheur', qui seule donne goût à la vie, est inconnue en Angleterre; pour le peuple, pour les classes ouvrières, la nécessité de travailler douze heures par jour les réduit à l'état d'esclaves abrutis, d'automates sans pensée ni jugement. Rappelons dans *Lucien Leuwen* le fameux incident à Blois, où les habitants, ayant compris que Lucien et Coffe sont des ministériels, pillent leur carrosse pendant qu'ils sont en train de dîner et, quand Lucien veut protester, lui envoient à la figure un paquet de boue. Les voyageurs quittent la ville en hâte, sans pouvoir faire arrêter et punir les coupables, et Lucien pleure de rage et d'humiliation. Coffe essaie de lui remonter le moral. 'Si vous étiez Anglais, dit-il, cet accident vous eût trouvé presque insensible. Lord Wellington l'a éprouvé trois ou quatre fois dans sa vie.' Mais Lucien reste inconsolable. 'Ah! les Anglais ne sont pas des juges fins et délicats en fait d'honneur, comme les Français. L'ouvrier anglais n'est qu'une machine; le nôtre ne fait pas si bien sa tête d'épingle, mais c'est souvent une sorte de philosophe, et son mépris est affreux à supporter.'[10]

Sans être précisément anglophobe, Stendhal est loin d'être l'admirateur crédule qu'on entendrait par le mot d'anglophile. Il a vu une nation appauvrie, malheureuse, mue par une philosophie aride d'utilité pratique, et malgré cela, remplie d'une morgue insupportable. Comme dit encore Lucien: 'rien n'est ennuyeux comme l'Anglais qui se prend de colère parce que toute l'Europe n'est pas une servile copie de son Angleterre'.[11] Le *sérieux* anglais, quelle qu'en soit la cause — le climat? le méthodisme? la froideur des Anglaises? — ce *sérieux*, Stendhal le voit avec douleur, vers la fin de sa vie, envahir même les mœurs de son pays. 'En France, nous nous *anglisons*, et nos fils s'ennuieront encore plus que nous' — c'est presque l'épigraphe des *Mémoires d'un touriste;* et, dans un certain sens, ne pourrait-on pas dire que le véritable sujet de *Lucien Leuwen*, c'est l'infection de la nouvelle génération par le bacille du sérieux anglais. François Leuwen, insouciant, spirituel, c'est la vieille France; son fils, c'est la nouvelle France anglicisée de la monarchie de Juillet.

Mais, d'autre part, il est hors de doute que Stendhal compte parmi les anglophiles les plus convaincus, les plus ardents de son temps sur le plan de la vie intellectuelle et culturelle. Ce sera l'objet de la plupart des communications que nous allons entendre, aussi ne voudrais-je pas entrer dans le détail. Depuis Shakespeare jusqu'à Shelley, depuis Fielding jusqu'à Scott, Stendhal connaît bien la littérature anglaise; critique d'art, il se fait le champion de Constable et de Lawrence; il vante *The Beggar's Opera* et trouve les Anglais particulièrement doués pour comprendre et aimer la musique. La découverte à Milan de l'*Edinburgh Review*, il la signale comme 'une grande époque pour l'histoire de mon esprit', et il conseille à Crozet de manger par jour 'un plat de moins' pour être à même d'acheter la collection complète.[12]

Les jeunes *romanticisti* milanais, avec qui Stendhal passait son temps à discuter de Shakespeare, de Byron, et de Thomas Moore, souscrivaient comme lui à l'*Edinburgh Review* et manifestaient un dédain marqué à l'égard des Français arriérés qui sont encore à croire aux mérites suprêmes de Corneille, de Racine et de Voltaire. Il y avait à Milan, même en 1818, une guerre de pamphlets entre classiques et romantiques, à laquelle participait Stendhal, qui la compare à la rivalité des verts et des bleus dans l'antique Byzance. 'Je suis un romantique furieux, confie-t-il à Mareste, c'est-à-dire que je suis pour Shakespeare contre Racine, et pour Lord Byron contre Boileau.'[13] Les romantiques italiens avec lesquels il frayait étaient bien entendu des libéraux, luttant pour donner à leur pays une constitution à l'anglaise et pour secouer le joug des Autrichiens.

En 1821 Stendhal se vit obligé, bien contre son gré, à quitter Milan pour réintégrer Paris. Il eut quelque peine à se retrouver dans une ville où tous les points de repère semblaient brouillés. Il y avait, à l'époque, un mouvement romantique en germe; mais les jeunes poètes qui y appartenaient étaient sans exception royalistes et catholiques. Quant aux libéraux, qui formaient le parti de l'opposition parlementaire, c'étaient des classiques, très hostiles au romantisme. Quelques mois seulement après son rapatriement, Stendhal eut une belle occasion pour constater cet état paradoxal des inféodations.

Le théâtre de la Porte-Saint-Martin, temple du mélodrame, avait à cette époque un directeur entreprenant, Jean-Toussaint Merle, journaliste à ses moments — il écrivait dans la *Quotidienne*, feuille *ultra* — et, de plus, anglophile sinon anglomane. Il avait profité d'un séjour en Angleterre peu après la paix pour courir les théâtres londoniens. C'est alors qu'il conçut l'idée hardie de monter à la Porte-Saint-Martin une courte saison de pièces shakespeariennes et autres, jouées en anglais par des acteurs anglais.

Merle entra donc en pourparlers avec un certain Penley, directeur d'une troupe assez médiocre qui avait loué un théâtre à Boulogne-sur-mer et où il tentait de distraire un public composé en majorité de résidents britanniques fuyant la vie chère en Angleterre. Merle persuada Penley de signer un engagement pour une série de six représentations à la Porte-Saint-Martin, à commencer le 31 juillet 1822. L'imprésario français spéculait évidemment sur la curiosité proverbiale des Parisiens pour toute nouveauté, mais il oubliait de tenir compte de plusieurs facteurs adverses: les classiques, qui jugeaient toujours Shakespeare d'après Voltaire, ne verraient pas cette expérience d'un œil favorable, et les romantiques, à cette heure, étaient trop peu nombreux et manquaient d'assurance. De plus le moment était mal choisi du point de vue politique: la nouvelle de la mort de Napoléon, qu'on disait empoisonné par ses geôliers, nouvelle encore toute fraîche, avait porté l'anglophobie des bonapartistes à son comble.

Merle était assuré d'une bonne recette au moins, car toutes ces passions diverses attirèrent une foule énorme ce soir-là à la Porte-Saint-Martin. Les scènes de désordre qui se sont produites à l'intérieur de la salle ont été rapportées par plusieurs témoins oculaires, dont Charles Maurice à qui j'emprunte cette description curieuse et peu connue:

> On a commencé *Othello;* mais bientôt les interruptions, les quolibets et les injures, que Barton, tragédien de talent, n'a pu même conjurer, ont arrêté la pièce. La présence de Martainville a fait augmenter le vacarme.[14] Une boxe horrible s'en est suivie. Une haie de gendarmes, protégeant l'acteur français qui a demandé s'il fallait continuer, a facilité la représentation des *Rendez-vous bourgeois* (la seconde pièce au programme). Mais, à la fin, des pommes, des gros sous, des fragments de pipe sont tombés sur le théâtre. Miss Gaskill, la soubrette, a reçu près de l'œil une pièce de cuivre et s'est évanouie.[15]

Le rideau s'est baissé finalement dans un tumulte indescriptible.

Revenons maintenant à Stendhal, de retour à Paris et, en tant que Milanais d'adoption, rempli d'illusions sur les rapports nécessaires entre romantisme et libéralisme. Il n'est pas certain qu'il ait assisté à la représentation manquée d'*Othello* à la Porte-Saint-Martin, mais il en parle dans la huitième des lettres 'du Romantique au Classique' qui composent la seconde partie de *Racine et Shakespeare*, publiée en mars 1825. C'est pour lui un prétexte pour dénoncer l'intolérance des jeunes libéraux français, si conservateurs lorsqu'il s'agit de nouveaux modèles, si chauvins lorsqu'on les invite à rendre justice aux chefs-d'œuvre d'une littérature étrangère:

> Notre jeunesse, si libérale lorsqu'elle parle de charte, de jury, d'élections, etc., en un mot du pouvoir qu'elle n'a pas, et de l'usage qu'elle en ferait, devient aussi ridiculement despote que quelque petit ministre que ce soit, dès qu'elle a elle-même quelque pouvoir à exercer. Elle a au théâtre celui de siffler; eh bien, non seulement elle siffle ce qui semble mauvais, rien de plus juste; mais elle empêche les spectateurs qui s'amusent de ce qui lui semble mauvais, de jouir de leur plaisir.
>
> C'est ainsi que les jeunes libéraux, excités par le *Constitutionnel* et le *Miroir* (journaux antigouvernementaux) ont chassé les acteurs anglais du théâtre de la Porte-Saint-Martin, et privé d'un plaisir fort vif les Français qui, à tort ou à raison, aiment ce genre de spectacle. On sait que les sifflets et les huées commencèrent avant la pièce anglaise, dont il fut impossible d'entendre un mot. Dès que les acteurs parurent, ils furent assaillis avec des pommes et des œufs; de temps en temps on leur criait: *Parlez français!* En un mot, ce fut un beau triomphe pour *l'honneur national!*
>
> Les gens sages se disaient: Pourquoi venir au théâtre dont on ne sait pas le langage? On leur répondait qu'on avait persuadé les plus étranges sottises à la plupart de ces jeunes gens; quelques calicots allèrent jusqu'à crier: A bas Shakespeare! c'est un aide de camp du duc de Wellington![16]

Heureusement, sous la Restauration, tout évoluait à une allure accélérée, et en moins de cinq années, presque rien ne restait de l'anglophobie qui avait sévi en France depuis la Révolution. Au début de la saison 1827, les Parisiens virent arriver parmi eux une nouvelle troupe d'acteurs anglais, avec comme vedettes Macready, Kean, Kemble, et, 'traînant tous les cœurs après soi', l'étoile irlandaise Harriet Smithson. Ils débutèrent à l'Odéon, le 6 septembre, devant un auditoire respectueux et admiratif. Avant le lever du rideau, Abbot, régisseur de la troupe, vint sur l'avant-scène débiter en français un petit discours où il plaide pour l'indulgence: 'Chaque jour, sous l'influence réciproque des beaux-arts, on voit s'effacer la trace des préventions nationales. Bientôt une longue rivalité n'aura laissé dans les esprits supérieurs d'autre sentiment que celui d'une généreuse émulation.'[17] Cet exorde optimiste se trouve finalement justifié; bien que le public ne compte qu'une minorité d'anglophones, les représentations suscitent un intérêt énorme. On pleure à *Roméo et Juliette,* on frémit à *Hamlet,* on tolère même les sorcières de *Macbeth.* Shakespeare est enfin un auteur consacré à Paris.

Tout cela aurait dû réjouir Stendhal, s'il avait pu en être témoin. Mais il court l'Italie depuis juillet 1827 et il ne reviendra à Paris qu'au commencement de 1828, alors que les représentations à l'Odéon viennent de clôturer. Cependant la cause du romantisme, qui est aussi celle de Shakespeare, de Scott, de Byron, est visiblement à la veille de triompher et, du point de vue culturel au moins, les anglophiles ont le dessus... pour le moment.

Notes

1 *Correspondance,* éd. H. Martineau et V. Del Litto, Bibliothèque de la Pléiade, t. I, pp. 293-94
2 *Ibid.,* pp. 1171-72.
3 Cité d'après Partridge, p. 20.
4 *Correspondance,* t. I, p. 485.
5 *Napoléon* I, Cercle du Bibliophile, t. XXXIX, p. 143.
6 Voir Adolphe Laferrière, *Mémoires,* Paris, 1876, t. I, p. 84; Samson, *Mémoires,* Paris, 1882, pp. 197-98.
7 *Souvenirs d'égotisme,* t. XXXVI, p. 94.
8 *Mélanges I: Politique-Histoire,* t. XLV, p. 296.
9 *Vie de Rossini* II, t. XXIII, p. 264.
10 *Lucien Leuwen* IV, t. XII, p. 35.
11 *Ibid.,* I, t. IX, p. 324.
12 *Correspondance,* Bibliothèque de la Pléiade, t. I, pp. 819, 831.

13 *Ibid.*, p. 909.

14 Martainville, royaliste connu, avait tenté de haranguer le public, debout dans sa loge; il protesta qu'il était scandaleux d'insulter des acteurs qui n'avaient qu'un seul tort — d'être anglais. Loin de calmer la foule, cette intervention ne réussit qu'à augmenter sa fureur, et Martainville fut contraint de quitter le théâtre, poursuivi par les huées.

15 Charles Maurice, *Histoire anecdotique du théâtre...*, Paris, 1856, t. I, p. 284.

16 *Racine et Shakespeare*, t. XXXVII, pp. 140-41.

17 Cité dans J. L. Borgerhoff, *Le théâtre anglais à Paris sous la Restauration*, Paris, 1913, p. 73.

II

Stendhal, Racine and Shakespeare
KENNETH MUIR

It is sometimes assumed that the idolatrous worship of Shakespeare was an essentially English phenomenon, one that was deplored by a clergyman in 1864 because a so-called Christian nation was paying 'almost idolatrous honour to the memory of a man who wrote so much that would not be tolerated in any decent domestic or social circle'. It is often suggested that until comparatively recently French critics were highly critical of Shakespeare, and French audiences uniformly hostile. Certainly Voltaire described *Hamlet* as a 'pièce grossière et barbare qui ne serait pas supportée par la plus vile populace de la France et de l'Italie', and the summary he gave of the play shows him at his most disingenuous, or most forgetful:

> Hamlet devient fou au second acte, et sa maîtresse devient folle au troisième; le prince tue le père de sa maîtresse, feignant de tuer un rat, et l'héroïne se jette dans la rivière... Hamlet, sa mère, et son beau-père boivent ensemble sur le théâtre : on chante à table, on s'y querelle, on se bat, on se tue. On croirait que cet ouvrage est le fruit de l'imagination d'un sauvage ivre.[1]

But although French readers and audiences, brought up on Corneille and Racine, did not easily accept plays written on entirely different principles, there were a number of enthusiastic admirers of Shakespeare throughout the nineteenth century. Victor Hugo's book, which no-one would willingly read twice, is wildly, breathlessly enthusiastic about Shakespeare; and Flaubert was a lifelong idolator. As early as 1844 he exclaimed,'Homère et Shakespeare, tout est là! Les autres poètes, même les plus grands, semblent petits à côté d'eux'.[2] He abased himself before his 'maître Shakespeare avec un amour croissant'.[3] In 1852 he was equally enthusiastic; 'Quel homme! quel homme! Les plus grands ne lui vont qu'au talon, à celui-là.'[4] He contrasted Molière, who was always on the side of the majorities, with 'le grand William (qui) n'est pour personne'.[5] Again and again Flaubert returned to Shakespeare's power of creating characters: 'Ce qui distingue les grands génies, c'est la généralisation et la création. Ils résument en un type des personnalités éparses et apportent à la Conscience du genre humain des personnages nouveaux.'[6] Much later, in 1878, Flaubert complained to Turgenev of Zola's confession in a review that he had been bored by a performance of *Macbeth*; Turgenev replied: 'I'm very much afraid that he has never read Shakespeare. That is an original stain in him which he'll never get rid of.'[7] Neither Flaubert nor Turgenev was being fair to Zola, who might have been forgiven for being bored by a performance in Italian of an adaptation of the play; but not to like Shakespeare was apparently a sin for which there was no forgiveness. The view is similar to Bradley's remark about his Glasgow students, of whom he approved because they appreciated Shakespeare, which 'was the whole duty of man'.[8]

I have mentioned Hugo, Flaubert, and Turgenev to show that bardolatry was not an exclusively English heresy; and when we turn to Stendhal's relations with Shakespeare, we find that he became equally a devotee. Not quite at first, as we can see from the long and affectionate correspondence with his sister Pauline. He spoke of her as beloved, sweet, charming and divine; he assured her that he loved her more ardently than any mistress he might have. Their 'marriage of true minds' meant not merely that he was her tutor in a prolonged correspondence course but also that he used the letters as a kind of journal in which he could chart his own development and his rapidly maturing taste. He passed on to Pauline his enthusiasms and discoveries, and he was delighted when he found that she had arrived independently at the same opinions as he had.

At first Racine was the god of his idolatry. In 1800 he told Pauline, 'Tu pourras lire Racine et les tragédies de Voltaire si on te le permet'[9] (not everyone regarded *Phèdre* as suitable reading for a young girl). Read Racine without ceasing, he urged her later,[10] and he told her that every evening before going to bed, however tired he was, he read an act of one of Racine's plays, not primarily for enjoyment but in order to learn to speak French.[11] He was pleased when Pauline disapproved of *Athalie*. '*Athalie*, en effet, n'est point la meilleure pièce de Racine; elle est suprêmement immorale en ce qu'elle autorise le prêtre à se soulever contre l'autorité et à massacrer les magistrats, et c'est précisément par ce défaut majeur qu'elle plaît tant aux tartufes du siècle.'[12] One presumes that Stendhal — if he was not being ironical — was here influenced more by anti-clericalism than by a Pauline belief (I refer to the saint not the sister) that one should always obey the powers that be.

Stendhal disliked *Iphigénie*. He remarked that Louis XIV was a great king in the opinion of blockheads and *Iphigénie* their greatest tragedy.[13] By 1807 Stendhal was arguing that Racine had been spoiled by being a courtier: *'Je méprise sincèrement Racine; je vois d'ici toutes les platitudes qu'il faisait à la cour de Louis XIV. L'habitude de la cour rend incapable de sentir ce qui est véritablement grand.'*[14] Stendhal had moved a long way in seven years. At first his tastes and critical views had been entirely classical. He believed strongly in adhering to the rules, in obeying the unities. He agreed with La Harpe that Racine was the first of all poets, past and present; but he soon decided to free himself from the influence of La Harpe. He must, as he said, '*delaharpiser* son goût'.[15] His increasingly critical attitude toward Racine and Corneille went side by side with an increasing awareness of Shakespeare's greatness. He advised Pauline to read Plutarch and Shakespeare, authors who depict things most resembling great events and tragic scenes.[16] He told her that the most successful authors were those who imitated 'le naturel de Shakespeare, naturel qui ne me semble pas exister à un tel point chez Corneille et Racine'.[17] He found in Shakespeare a mind as good or better than his own. His admiration, he declared, increased every day,[18] until he exclaimed: 'ma passion ne croît pas, uniquement parce qu'elle ne peut plus croître'.[19] Shakespeare for him is 'la plus parfaite image de la nature. C'est le manuel qui me convient. Il ne savait rien; n'apprenons donc pas le grec. Il faut sentir et ne pas savoir.'[20] Later on he recalled that a young colonel had said that since the Moscow campaign, *Iphigénie* was not so fine a tragedy and that he preferred *Macbeth*.[21] One suspects that the young colonel was Stendhal himself.

By 1818 Stendhal could claim that he was 'un romantique furieux, c'est-à-dire que je suis pour Shakespeare contre Racine, et pour Lord Byron contre Boileau'.[22] There is some irony in this, as

Byron himself was for Pope and against Wordsworth and Keats. In 1820 Stendhal suggested as an epitaph for himself that he had loved passionately only Cimarosa, Mozart and... Shakespeare.[23] By this date he had reached, step by step, the position he would publicly express in *Racine et Shakespeare*, which would appear first in 1823 and in an enlarged edition two years later.

The writing of that tract was stimulated by two experiences. One was Stendhal's visit to London in 1821, when he saw Kean as Othello and Richard III and, incidentally, wrote an indignant letter to *The Theatrical Examiner* complaining of alterations in the text.[24] The second stimulus was the hostile reception given to an English touring company that visited Paris in 1822. 'Down with Shakespeare! He was an aide-de-camp to the Duke of Wellington!' expressed the chauvinistic objections of the audience.[25]

Early in the tract Stendhal declares: 'toute la dispute entre Racine et Shakespeare se réduit à savoir si, en observant les deux unités de *lieu* et de *temps*, on peut faire des pièces qui intéressent vivement des spectateurs du dix-neuvième siècle, des pièces qui les fassent pleurer et frémir'.[26] He admits that obeying the unities is a French custom, a point he reinforces with an effective pun — *habitude profondément enracinée*.[27] But, in fact, his objection to plays written in the neoclassical style goes far beyond the question of the unities. He attacks the use of the obligatory rhymed Alexandrine in the plays of his contemporaries: 'de nos jours, le vers alexandrin n'est le plus souvent qu'une *cache-sottise*'.[28] He refers to several forgotten plays by Delavigne, Guiraud, and Arnault and complains that the pleasure they give is not really a *dramatic* one: 'le public, qui ne jouit pas d'ailleurs d'une extrême liberté, aime à entendre réciter des sentiments généreux exprimés en beaux vers!'[29] The young , he declares, regard theatre-going as a mere accessory to the pleasure of reading, but a truly dramatic pleasure is aroused in the theatre when we forget our surroundings and the medium and succumb, if only at moments, to the illusion: 'une des choses qui s'opposent le plus à la naissance de ces moments d'illusion, c'est l'admiration, quelque juste qu'elle soit d'ailleurs, pour les beaux vers d'une tragédie'.[30] He goes on to declare that 'ces courts moments *d'illusion parfaite* se trouvent plus souvent dans les tragédies de Shakespeare que dans les tragédies de Racine'.[31] He felt that English and Italian verse, unlike Racine's, were able to say anything and were, therefore, not an obstacle to strictly dramatic beauties. It should be remembered that neoclassical critics did not believe that a poet should say everything. Dr Johnson, great critic that he was, thought that in Lady Macbeth's invocation of the powers of darkness she ought not to have been given such un-poetic words as *peep, blanket,* and *knife* — and French critics complained, as Rymer had done, of Desdemona's handkerchief.

Nevertheless, although Stendhal was right to stress the advantages of being able to say anything, one cannot help being uneasy at the drift of his argument; and this uneasiness is increased by remarks made by Stendhal elsewhere. After exclaiming in English that Shakespeare is the 'greatest Bard in (the) world!' he adds, 'et cependant, pour moi il est presque en prose'.[32] In the second edition of *Racine et Shakespeare* he quotes (inaccurately) the words spoken by Macbeth when he sees the ghost of Banquo at the banquet: 'the table is full', and he asks 'quel vers, quel rythme peut ajouter à la beauté d'un tel mot?'[33] He did not realize that Macbeth's words are the first half of a regular blank-verse line. Our uneasiness is further increased by the fact that he singles out for praise those parts of Shakespeare's plays that are prose or nearly so, and by this repeated assertion that the poet's besetting fault was rhetoric.[34] He praised a passage in *Henry V* as 'du bon Shakespeare sans rhétorique', and the pedestrian opening of *As You Like It* for the same reason.[35] Significantly both passages are in prose. Stendhal admitted that 'Shakespeare avait besoin de rhétorique pour toucher le peuple et faire de l'argent, mais c'est de la rhétorique'.[36] Equally and alarmingly significant is his description of *Antony and Cleopatra* as a 'pauvre tragédie sans trace de génie'[37] and his dismissal of *The Tempest* as 'médiocre'[38] — two plays that depend much on their poetry.

It would not be true to say that Stendhal had no appreciation of Shakespeare's poetry. He singled out the passage about the temple-haunting martlet in the first act of *Macbeth*, a moment of repose and of dramatic irony just before the murder of Duncan, more profound (Stendhal suggested) than two of the most celebrated strokes in French classical tragedy — 'Qu'il mourût' in *Horace* and 'Qui te l'a dit' in *Andromaque*.[39] Yet, even here, it was Shakespeare's dramatic power that was being praised. Stendhal's knowledge of English seems to have been inadequate for him to appreciate poetic nuances, especially as he frequently read the plays in Letourneur's translation. He was more at home in writing on the dramatic effectiveness of individual scenes or on Shakespeare's powers of characterization. In his comments on individual plays he continually referred to the reality of the scenes and characters. Whereas other dramatists depict passions, Shakespeare depicts whole characters.[40] Although his characters use highly figurative language, it always speaks to the heart.[41] In five minutes one knows exactly what kind of woman Desdemona is. In this she differs from Corneille's characters.[42] As Stendhal asserts: 'nous sourions de plaisir de voir dans Shakespeare la nature humaine telle que nous la sentons au-dedans de nous. Nous nous mettons entièrement à la place de ses personnages et deux scènes plus loin nous frémissons avec eux de l'apparition d'un spectre.'[43]

Othello is 'la tragédie la plus déchirante qui existe sur aucun théâtre'.[44] Although it was to please his English contemporaries that Shakespeare wrote, 'il laissa aux objets de la nature leurs justes proportions; et c'est pour cela que sa statue colossale nous paraît tous les jours plus élevée, à mesure que tombent les petits monuments des poètes qui crurent peindre la nature en flattant l'affectation d'un moment, commandée par telle phrase de quelque gouvernement puéril'.[45]

Brulard, Stendhal's persona, speaks of his 'adoration pour la vérité tragique et simple de Shakespeare, contrastant avec la *puérilité emphatique* de Voltaire'.[46] So Stendhal admonished himself to 'imiter Shakespeare ou plutôt la nature'.[47] But he was well aware of the ambiguity of the classical precept: 'tout ouvrage d'art est un *beau mensonge;* tous ceux qui ont écrit le savent bien. Rien de ridicule comme ce conseil donné par les gens du monde: *imitez la nature.*'[48] For how one imitates nature depends upon the expectations of one's audience. Stendhal, who had only the haziest knowledge of the Elizabethan theatre, declared that Shakespeare

> voulait plaire à des gentilshommes campagnards, qui avaient encore la franchise rude et sévère, fruit des longues guerres de la rose rouge et de la rose blanche. (Racine) cherchait les applaudissements de ces courtisans polis, qui, suivant les mœurs établies par Lauzun et le marquis de Vardes, voulaient plaire au roi et mériter le suffrage des dames. *Imitez la nature* est donc un conseil vide de sens.[49]

Stendhal continually contrasts Shakespeare's method with that of other dramatists, in particular with regard to his truthfulness. Even though art is a beautiful falsehood, Shakespeare, he seems to suggest, is an exception to this generalization: 'chez les auteurs tragiques, le style et la couleur générale du dialogue, la distribution et l'économie des diverses parties de la pièce sont les principaux objets : pour Shakespeare, c'est la vérité et la force de l'imitation'.[50] Stendhal blames Alfieri's delicacy, which prevents his characters from going into frank details: 'ce qui fait que nous ne sommes jamais serrés de terreur comme dans les pièces de Shakespeare'.[51] Or again, he declares that 'pour des âmes rouillées par l'étude du grec...la mâle poésie de Shakespeare, qui montre sans détours les malheurs de la vie, est physiquement insupportable'.[52] He notices the pure joy in Shakespeare's comedies, the characters in them who are animated by happy gaiety:'loin de *rire d'eux*, nous sympathisons avec un état si délicieux'.[53] He writes of the way events in Shakespeare's plays always spring from the character — a view that would find few adherents today.[54] It would be nearer the truth to say that Shakespeare's characters are created to fit the actions demanded by the plot, although even this is a gross simplification.

When Stendhal praises the portrait of Imogen,[55] it is not because of the poetry she speaks, nor the poetry she inspires in her husband, her brothers, and Iachimo, but because of her behaviour in adversity: 'ce qui produit en nous la sensation de *grâce pure* dans Imogène, c'est qu'elle se plaint sans accuser personne'.[56] Even in his most rhapsodic passages about Shakespeare, Stendhal says nothing about the poetry in which his comprehensive vision of life is expressed: 'comme il coule comme un fleuve qui inonde et entraîne tout, quel fleuve que sa verve! Comme sa manière de peindre est large! C'est toute la nature. Je passe sans cesse pour ce grand homme du plus tendre amour à la plus vive admiration.'[57] Perhaps the strongest expression of that admiration is to be found in his *Journal* for 1811, where he contrasts the great writers of the past with the lesser writers of the present and wonders how he could ever learn to carry on a conversation in the Elysian Fields with Shakespeare, *quel dio ignoto*,[58] Molière, and the others. Shakespeare the Unknown God — bardolatry could hardly go any further. One is reminded of Flaubert's similar fear: 'il me semble que si je voyais Shakespeare en personne, je crèverais de peur'.[59]

Despite Stendhal's enthusiasm, we are driven to wonder with

CYMBELINE

IMOGEN... GOOD MASTERS HARM ME NOT

ACT IV.   SCENE II.

'... ce qui produit en nous la sensation de *grâce pure* dans Imogène, c'est qu'elle se plaint sans accuser personne.' (p. 19)

the late Professor Axelrad whether the author of *Racine et Shakespeare* 'understood at all what Shakespeare stands for and the reasons for his enduring fame'.[60] Of course, Stendhal genuinely admired some of Shakespeare's real qualities; but it was as an opponent of all that Racine and his disciples stood for that Shakespeare figures in *Racine et Shakespeare*, the violator of the unities, the poet who could say anything, the dramatist whose poetry did not destroy the illusion of reality. Although Stendhal read Shakespeare in the original, he also read and annotated Letourneur's prose translation. Indeed, he would have preferred a prose Shakespeare. In 1822, for example, he was advocating the writing of tragedy in prose and the following of Shakespeare's methods.[61] Again, in *Racine et Shakespeare* he declares that tragedies should be written in prose,[62] and he remarks that Mademoiselle Mars was better at delivering prose than verse, without regarding this as a limitation of her ability as an actress.[63]

In some ways Stendhal was a forerunner of Ibsen, who, after writing *Brand*, turned his back on verse, for reasons he explains in a letter. Art forms die out; verse had done immense harm to the art of the theatre; and so for twelve years Ibsen had devoted himself to the more difficult task of imaginative creation in the plain unvarnished speech of reality.[64] If one reads the English poetic dramas of the eighteenth and nineteenth centuries, one is bound to agree with Ibsen that they belonged to a moribund tradition: Addison, Thompson, Johnson, Gray, Wordsworth, Coleridge, Shelley, Keats, Browning, Tennyson, Swinburne, Hopkins, Morris, Arnold — all tried their hands at poetic dramas, and not one of them has survived in the theatre. The same thing could be said about the poetic plays being written in France at the beginning of the nineteenth century. Is even Hugo part of the living theatre?

Although Stendhal declared that he loved Racine passionately,[65] he believed that there was a 'combat à mort' between the tragic system of Racine and that of Shakespeare.[66] As applied to the theatre of 1822, the belief had some justification; but Stendhal sometimes used Shakespeare, in the heat of the controversy, as a stick to beat not merely Racine's imitators but also the master himself.

It is surely not true that the more beautiful the poetry, and the more beautifully it is delivered, the less dramatic the performance becomes, or that the dramatic illusion is continually shattered by our consciousness of the art employed by the poet. Similar fears have been entertained by British directors of Shakespeare, who tried for a while to make the actors speak the lines as though they were prose. One director tried to enforce this policy by having the whole script of *Antony and Cleopatra* typed out as prose. Even directors who like their casts to speak the blank verse as verse sometimes do their best to conceal the fact that many passages in Shakespeare's mature plays are rhymed, and it is not unknown for French actors to hurry over the rhyme of a Racinean Alexandrine as though it were slightly improper. But these are aberrations. It is surely wrong to regard poetry as the enemy of drama. Although people in real life do not talk as Athalie, Cleopatra or Macbeth do, in the theatre an audience can be dramatically excited and caught up in the illusion. The member of an audience in the United States who shot the actor playing Iago, and the Russian coal miner who leaped up and shouted, 'shooting's too good for such a bastard!' were not prevented by the verse from being totally absorbed in the drama. When we listen to Athalie recounting her dream of Jezabel, we can appreciate the beauty of the verse and the genius of the actress, at the same time as we give ourselves up to the dramatic situation. There is the same complexity of response when we listen to an actor delivering one of Hamlet's soliloquies. The audience's familiarity with the lines adds to the actor's difficulties, but Racine and Shakespeare can hardly be blamed for that.

When Charlotte Bronte described a performance by Rachel as Phèdre, it is noteworthy that her reactions, or those of the heroine of *Villette*, are those of a spectator, moved, excited, horrified, and shocked, not those of a culture-vulture listening to a poetry recital:

> I had seen acting before, but never anything like this. Never anything which astonished Hope and hushed Desire; which outstripped Impulse and paled Conception; which, instead of merely irritating imagination with the thought of what *might* be done, at the same time fevering the nerves because it was *not* done, disclosed power like a deep, swollen winter river, thundering in cataract, and bearing the soul, like a life, on the steep and steely sweep of its descent.[67]

But even poets have sometimes feared that poetry is a dramatic liability. T. S. Eliot once expressed the hope that the audience would not realize that one of his plays was in verse, because he believed that a natural response to poetic drama was warped by literary snobbery and the self-satisfaction engendered by being bored in a worthy cause. But if we are bored by *The Elder Statesman*, it is not because it is too poetic but because it isn't poetic enough.

Stendhal, despite his glorification of Shakespeare, misunderstood his methods in several important respects. Along with his English contemporaries, he was ignorant of Elizabethan stage conventions and of their effect on the plays, especially on their method of characterization. Moreover, he did not realize that the rounded nature of Shakespeare's characters is the result of the 'secret impressions' set in motion by the poet, to use Maurice Morgann's phrase.[68] The different views expressed about a character, which are frequently conflicting, and sometimes the apparent inconsistencies in a character's actions, give a more life-like effect than consistency would. One of the most effective moments in *Athalie* occurs when the ruthless and evil queen, beholding the boy who reminds her of her lost innocence, is, to her own astonishment, moved by pity.

A more serious weakness is Stendhal's use of 'rhetoric' in a pejorative sense. He presumably means that Shakespeare sometimes writes in an artificial style, too far removed from the language of people; that his characters sometimes seem to orate to each other, as Corneille's notoriously do; that we become too conscious of the art and miss what Keats called the 'true voice of feeling'. We may admit that these strictures are applicable to Shakespeare's earliest plays, but if we read his works in chronological order, we become aware that the verse becomes progressively less stilted and his language more colloquial, that he tends to avoid the more artificial figures of rhetoric, and that the lines are no longer end-stopped. But it would be wrong to suppose that he abandoned rhetoric in the way that Berowne forswears 'three-piled hyperboles, silken terms precise'.[69] There are more than a hundred figures of rhetoric, and most of them Shakespeare continued to use to the end of his career.[70] The idea that he abandoned rhetoric is simply due to the greater subtlety with which he used rhetorical figures, using art to conceal his art. We are made to believe — we are conned into believing — that his characters converse with each other, that they are not reciting set speeches.

If one examines any of Shakespeare's mature plays, one finds rhetorical devices used with practised skill. There is some affinity between the art of the dramatist and the art of the barrister. Shakespeare, it may be said, appears as the poet for the defence. In *Troilus and Cressida, Julius Caesar* and *Coriolanus,* plays that contain set orations, the obvious rhetoric is perfectly appropriate both to the characters and to the situations. We can mention the debates in the Greek camp and the Trojan council chamber, the speeches at Caesar's funeral by Brutus and Antony, and Volumnia's appeal to her son to spare Rome, or the eulogy of Coriolanus by Cominius. In *Hamlet* the rhymed verse of *The Mousetrap* and the deliberately inflated verse of the speeches from the Dido play contrast in their different ways not merely with the prose of Hamlet's advice to the players and the long prose scene of Act II, Scene ii, but equally with the colloquial blank verse of Hamlet's second and third soliloquies. Extracted from the play these soliloquies might seem to be unduly rhetorical, but in their context they seem to be the natural thoughts of a tortured man. Less obviously, the balanced rhetorical style of Claudius' first speech contrasts with the passionate outburst of Hamlet's first soliloquy. But we hardly realize that the passion is expressed by means of a series of rhetorical devices.

When we consider that Stendhal thought that *Antony and Cleopatra* was destitute of genius and that *The Tempest* was only mediocre, we are bound to wonder whether his real objection was not to rhetoric but to poetry, whether he demanded tragedies in prose because he was suspicious of poetry. As Aristotle pointed out, imagery is one of the chief qualities by which we can recognize a poet; and when Stendhal asked Pauline to make a list of Shakespeare's faults, he mentioned imagery as one of them: '(il fait) parler ses personnages par *images.* Cette manière est brillante et frappe le peuple, parce que le peuple comprend parfaitement les images.'[71] The implication is that people's taste is bad. Racine used imagery less than any other great poet, and it is clear that Stendhal had not completely purged his taste of La Harpe.

Most of Stendhal's discussion of Shakespeare belongs to the years immediately preceding the publication of *Racine et Shakespeare,* but it should not be thought that his admiration declined when the name of his idol ceased to be a battle cry. Some of his most enthusiastic remarks were written in his journal and were not intended for publication: 'c'est pour mon cœur le plus grand poète qui ait existé. En parlant des autres, il y a toujours un alliage d'estime sur parole; sur lui j'en sens toujours mille fois plus que je n'en dis.'[72]

We may suggest in conclusion that Stendhal found in Shakespeare what he needed. It was not the whole of Shakespeare; but his truth to life, his refusal to flinch, his unequalled range of characters, his fundamental realism beneath the *beau mensonge* of art were qualities that Stendhal sought to emulate in *La Chartreuse de Parme* and *Le Rouge et le Noir*.

Notes

1 See Voltaire's *Dissertation sur la tragédie ancienne et moderne*, which is the preface to his *Sémiramis*, in *Oeuvres Complètes*, Paris, Garnier Frères, 1877 (Louis Moland edition), Vol. IV, p. 502.

2 *Correspondance* (Bibliothèque de la Pléiade) edited and annotated by Jean Bruneau, I, p. 210, letter dated 7.6.1844.

3 *Ibid.*, I, p. 249 (13.8.1844).

4 *Ibid.*, II, pp. 37–38 (25.1.1852).

5 *Ibid.*, II, p. 175 (2.11.1852).

6 *Ibid.*, II, p. 164 (25.9.1852).

7 Ivan Turgenev, *Works and Letters* (Moscow 1968), Vol. XXVIII, p. 256.

8 Cited in K. Cooke, *A. C. Bradley and his Influence in Twentieth-Century Shakespeare Criticism*, Oxford, Clarendon Press, 1972, p. 37.

9 *Correspondance*, éd. V. Del Litto, Bibliothèque de la Pléiade, I, p. 2 (9.3.1800).

10 *Ibid.*, I, p. 38 (22.8.1801).

11 *Ibid.*, I, pp. 44–45. (22.1.1803).

12 *Ibid.*, I, p. 53 (8.2.1803).

13 *Ibid.*, I, p. 131 (July 1804).

14 *Ibid.*, I, p. 353.

15 *Journal* I (Cercle du Bibliophile), p. 195 (21.11.1804).

16 *Correspondance, ed. cit.*, I, p. 163 (October–November 1804).

17 *Journal littéraire* I, p. 143 (16.4.1803).

18 *Ibid.*, p. 248 (15.9.1803). 'Les livres dont les auteurs avaient la tête aussi bonne et meilleure que la mienne m'amusent, tous les autres m'ennuient. Voilà pourquoi Shakespeare me charme; il a une excellente tête et il m'émeut.'

19 *Correspondance, ed. cit.*, I, p. 578 (May 1810).

20 *Journal littéraire* I, p. 248 (15.9.1803).

21 *Haydn, Mozart et Métastase* (Cercle du Bibliophile), p. 207.

22 *Correspondance, ed. cit.,* I, p. 909 (14.4.1818).

23 *Souvenirs d'égotisme,* p. 157. Cf. *Œuvres intimes,* (Bibliothèque de la Pléiade) II, p. 970.

24 *Correspondance, ed. cit.,* II, p. 1.

25 *Racine et Shakespeare,* p. 141.

26 *Ibid.,* p. 9.

27 *Loc. cit.*

28 *Racine et Shakespeare,* p. 3.

29 *Ibid.,* p. 8.

30 *Ibid.,* p. 19.

31 *Ibid.,* pp. 18–19.

32 *Journal* I, p. 265 (5.2.1805).

33 *Racine et Shakespeare,* p. 146 en note.

34 *Mélanges V: Littérature,* p. 177.

35 *Ibid.,* p. 179, 'Le commencement est sublime, car il est naturel et passionné'. (29.12.1820).

36 *Ibid.,* p. 176.

37 *Ibid.,* p. 175.

38 *Racine et Shakespeare,* p. 96.

39 *Journal* I, p. 264 (5.2.1805).

40 *Journal littéraire* I, p. 65 (29.7.1804).

41 *Ibid.,* p. 65.

42 *Ibid.,* p. 336.

43 *Journal littéraire* I, pp. 296–97.

44 *Vie de Rossini* II, p. 404.

45 *Histoire de la peinture en Italie* I, p. 105.

46 *Vie de Henry Brulard* II, p. 147.

47 *Journal littéraire* I, p. 297 (March 1804).

48 *Mélanges II: Journalisme,* p. 223.

49 *Ibid.,* p. 223.

50 *Rome, Naples et Florence,* II, p. 185.

51 *Journal* I, p. 137 (26.7.1804).

52 *Journal littéraire* III, p. 119. This extract is from *Qu'est-ce que le Romanticisme?*

53 *Ibid.,* p. 52.

54 *Journal* II, p. 160 (16.3.1806).

55 *Journal littéraire* II, pp. 321–23.

56 *Ibid.,* p. 323.

57 *Journal* I, p. 273 (11.2.1805).

58 *Ibid.,* III, p. 101 (9.3.1811).

59 *Correspondance, ed. cit.,* II, p. 174 (26.10.1852).

60 A. José Axelrad, 'Shakespeare's Impact Today in France', *Shakespeare Survey,* 16 (1963), pp. 53–56.

61 *Mélanges II: Journalisme,* p. 68.

62 *Racine et Shakespeare,* p. 3.

63 *Ibid.*, p. 248.

64 Letter to Lucie Wolf, May 25, 1883.

65 See Note 10 above.

66 *Journal littéraire* III, p. 127.

67 Charlotte Bronte, *Villette*, Ch. 23.

68 Maurice Morgann, *Shakespearian Criticism*, ed. Daniel A. Fineman (Oxford, Clarendon Press, 1972), pp. 146ff.

69 *Love's Labours Lost*, V, ii, 307.

70 Sister Miriam Joseph, *Shakespeare's Use of the Arts of Language* (New York, Columbia University Press, 1947), *passim.*

71 *Correspondance* I, p. 235.

72 *Journal* I, p. 273 (11.2.1805).

III

Stendhal shakespearien
Michel Crouzet

'L' influence qu'un homme peut avoir est différente de cet homme même', a écrit T. S. Eliot[1] dans un article célèbre sur l'influence sénéquéenne dans le théâtre de Shakespeare: je dois partir de la même idée pour parler de Stendhal 'shakespearien'. Stendhal a découvert, adoré, pratiqué Shakespeare, il l'a médité en des réflexions pour nous précieuses car elles sont de véritables explications de texte, et plus nettement encore, à partir de ce qu'il nomme une 'dissection des effets', l'élaboration d'une rhétorique personnelle, la révélation d'une manière d'écrire par confrontation avec une autre manière d'écrire; en ce sens 'Stendhal' dérive (mais par quels intermédiaires, et par quel enchaînement?) de 'Shakespeare'; le choix d'un modèle, d'une caution, ou d'un idéal d'écriture nous met devant le fait accompli d'une filiation, ou d'une paternité adoptive, plus exactement nous fait rencontrer ce que Valéry Larbaud nomme 'la marque distinctive de toute véritable œuvre d'art', le fait de se trouver 'dans une tradition'. Entre 'Shakespeare' et 'Stendhal' il y a des points de contact, des affinités, des reprises voulues, et des analogies: dans tous les cas il ne s'agira que d'interprétations, d'un jeu relatif de rapports que le terme très maladroit 'd'intertextualité' définit fort mal. Je ne peux donc parler que de 'Shakespeare', c'est-à-dire du Shakespeare lu, annoté, interprété (dans le sens fort du mot) par Stendhal; l'a-t-il bien compris? Sans doute je ne pourrai au mieux que répondre à une autre question: l'a-t-il accepté jusqu'au bout, a-t-il déclaré recevable complètement le Shakespeare qu'il s'était donné au début comme modèle tout en sachant déjà qu'il s'agissait d'un choix ou d'un montage. Le 'Shakespeare' de Stendhal, c'est comme je vais tenter de le montrer, un ensemble de textes précis qui ont inspiré à Stendhal à la fois un commentaire critique et mimétique, qui lui ont présenté comme pouvait le faire la méthodologie des rhétoriques: et leur codification, un potentiel d'écriture du même genre, la possibilité de faire comme 'Shakespeare'; mais jamais ces morceaux de texte ne seront séparables d'une interprétation qui met en jeu ce que Stendhal savait ou croyait savoir de Shakespeare, comme ce que moi-même je puis en savoir, ou plus exactement n'en sais pas.

Ce qui fonde mon étude, qui pourra paraître scabreuse ou téméraire, c'est cet effort incontestable de Stendhal pour s'imprégner de Shakespeare, égaler son modèle, ou en devenir l'identique: Shakespeare n'est-il pas rituellement indiqué parmi les juges posthumes, le jury de l'au-delà devant lequel il voudrait au cours de son Jugement dernier d'écrivain faire bonne figure? Stendhal est 'shakespearien' parce qu'il a voulu l'être; mais le jeu des textes, et la relativité des interprétations et des lectures permet de parler aussi d'un Shakespeare 'stendhalien', dont on parle avec des tournures ou des concepts qui font penser involontairement ou non au disciple. Je relève deux de ces hasards de l'intertextualité romantique: s'agissant d'Imogène, que Stendhal a tant aimée je remarque qu'Hazlitt,[2] sur ce point d'accord avec lui, et analysant ce personnage avec autant d'admiration que Stendhal, en arrive, par un de ces miracles littéraires dont Borgès s'est moqué dans une nouvelle célèbre, à faire du Stendhal, à écrire une phrase qui se trouve *presque* dans *De l'Amour*. 'Il n'y a rien d'aussi logique qu'une passion', dit Hazlitt, Stendhal dit qu'une passion est 'un cours de logique'; l'exemple d'Imogène permet au critique anglais d'analyser les héroïnes de Shakespeare comme des *logiciennes parfaites* qui simplement vont jusqu'au bout de leur féminité et de la nature essentielle de l'amour. Taine[3] qui lui est vraiment un 'stendhalien' trouve pour parler de Shakespeare des termes qui ont une tonalité 'stendhalienne': il parle à propos d'Hamlet de 'l'invasion d'une demi monomanie', le mot est prononcé à propos d'Octave: il écrit comme s'il avait assimilé les réflexions sur le comique romantique, que 'la vraie comédie est un opéra' (on l'écoute sans songer à l'intrigue, pour rêver), que Jacques de *Comme il vous plaira* (dans lequel Brulard se reconnaît), personnage triste parce que tendre, 'sent trop vivement le contact des choses, et ce qui laisse indifférents les autres, le fait pleurer', semblable au poète lui-même 'froissé par les chocs de la vie sociale', ce qui aboutit à appliquer à Shakespeare lui-même à travers son héros, des termes presque identiques à ceux que Stendhal s'applique à lui-même. A la limite il faudrait reconnaître à Stendhal le droit qu'il s'est d'ailleurs attribué dans ses épigraphes, comme celle des *Promenades dans Rome*, de fabriquer du 'Shakespeare'.[4]

Il s'agit donc de définir la lecture stendhalienne de Shakespeare en précisant d'entrée de jeu que la fascination de Stendhal par le poète anglais relève de l'identification ou de l'échange des personnalités. Telle est bien la difficulté: être 'shakespearien', ce n'est pas faire du Shakespeare, chose que Stendhal laisse aux imitateurs, à Schiller, à Hugo auquel il attribue ironiquement comme source pour *Hernani* la pièce la plus 'romanesque' de Shakespeare, les *Deux Gentilshommes de Vérone*,[5] où le brigand amoureux écoute le rossignol au fond des forêts. Young ne lui a-t-il pas appris que la vraie manière de trahir les écrivains de génie était de les imiter?[6] Position à laquelle malgré un sensible embarras *Racine et Shakespeare* reste fidèle: ce serait ne pas comprendre le 'romantisme' que d'imiter ou de *dérober* autre chose à Shakespeare que 'l'art', 'la manière de peindre', l'esprit de modernité, le type d'invention et de relation avec son temps, bref l'attitude créatrice du poète, et non les résultats de sa création;[7] encore n'est-il possible de réaliser cette identité que parce que les circonstances historiques sont elles-mêmes identiques, et que le public français de 1825 veut les mêmes choses que le public élisabéthain. Etre 'shakespearien', c'est reconnaître comme le dira Hugo que Shakespeare est 'un génie', non 'un système', donc le savoir inimitable. Stendhal quant à lui se découvre potentiellement semblable à Shakespeare, ou nanti d'une 'énergie' semblable à la sienne; s'il lit en 1811[8] la tirade de Roméo au frère Laurent après son bannissement, il relève avec joie cette identité ('je sens exactement comme cette *understanding soul*'), cette possibilité d'attitudes shakespeariennes, 'il me semble que je relis quelque chose que j'aurais écrit le mois passé'; en 1832 il perçoit dans le début de *Comme il vous plaira* cette même parenté, 'il me semble relire un ouvrage fait autrefois par Dom[inique]'.[9]

Prôner Shakespeare, comme le font les 'romantiques' d'obédience allemande,[10] laisser croire qu'on puisse le recommencer, est périlleux aux yeux de Stendhal; car Shakespeare est unique, c'est 'un diamant incompréhensible qui s'est trouvé dans les sables'; c'est ce qui explique sans doute pourquoi Brulard, au prix d'un certain truquage des dates,[11] ou au moins d'un effort d'anti-cipation, ait tenu à faire de la découverte de Shakespeare un acte premier, rigoureusement personnel, une démarche absolument propre à Moi 'HB', définissant son originalité et liant Shakespeare à sa propre substance égotiste. Shakespeare,[12] ce sont ses origines, les promesses profondes de ce qu'il serait, puisque par son mouve-ment original, et audacieux, il l'a fait sien, malgré parents, pro-fesseurs, malgré l'époque et tout le monde (on voit le grand-père Gagnon mettre la plus mauvaise volonté à faire lire le poète anglais à Pauline); il y a découvert 'le vrai beau', il a même compris et deviné le vrai Shakespeare sous la défiguration 'lourde et emphati-que' de Letourneur. Ne s'est-il pas attendri pour le poète méconnu comme il devait prendre parti pour Métilde calomniée? D'emblée donc le plaisir donné par Shakespeare, et son pouvoir de lui révéler son 'beau littéraire', l'ont uni à Shakespeare, si bien que l'histoire de sa vie comprend cette époque un peu mythique de naissance à lui-même *en* Shakespeare ('j'étais fou d'Hamlet', 'je lus continuellement Shakespeare de 1796 à 1799'),[13] constate la con-tinuité de sa passion shakespearienne ('mon premier amour avait été pour Shakespeare'), la présence de Shakespeare en lui, avec Cimarosa et Mozart; ils sont alors associés sur sa plaque tombale,[14] comme unique passion, indication d'une destinée, résumé d'une vie et d'une identité.

Il y a donc bien chez Stendhal un culte shakespearien, mais une sorte de culte intime, un culte d'initié, à condition qu'il soit le seul initié, ou presque, et que cette relation avec le génie essentiel soit une sorte de 'privilège' beyliste. Le 4 mars 1805, tandis qu'il cour-tise Mélanie,[15] il se répète des passages d'*Othello* (en fait l'un d'eux vient de *Werther*) 'avec enthousiasme, ravissement', qui en quel-que sorte s'incorporent à lui-même et lui font mieux sentir 'le plaisir de la mélancolie'; les mots du poète l'ébranlent profondé-ment, mystérieusement, lui donnent 'une jouissance indicible', comme une parole magique qui ne vaut que pour lui-même. Shakespeare c'est le modèle, le poète, le maître auquel Stendhal a songé à consacrer une de ses *Vies,* mais aussi l'être 'divin',[16] le 'dieu' que le *Journal* invoque, dont une marginale du 23 avril 1816 célèbre la mort, objet d'amour et d'admiration, dont la com-préhension constitue aussi un moyen de se sentir *différent:* les émotions ressenties aux pièces de Shakespeare ne sont pas seule-ment plus fortes, elles sont autres, et creusent une distance qui ne déplaît pas au Beyliste.[17] Le 'vulgus profanum' n'est pas shakespearien, ou pas encore; car les *Chroniques pour l'Angleterre* enregistrent qu'il est à la mode, avec les représentations parisiennes de ses pièces, et *Lucien Leuwen* le fait évoquer par Mme Grandet, et le préfet Riquebourg.

Shakespeare pour Stendhal, c'est donc un peu Shakespeare en Stendhal. Et quant aux modalités de cette 'intersubjectivité' elles admettent le dessein immédiat, premier, naïf de dérober au poète son secret en l'imitant, fût-ce au début en l'adaptant à la scène française; l'un des premiers textes du *Journal littéraire* est un démontage scène par scène, suivi de statistiques à l'appui, d'*Othello*,[18] et la première réaction stendhalienne à la connaissance des pièces de Shakespeare, c'est d'en tirer un projet, un argument, un précédent;[19] que n'a-t-il songé à imiter? — *Hamlet, Othello, Roméo et Juliette,* la *Mégère apprivoisée, Henri IV, Richard III, Timon d'Athènes.* Mais cette imprégnation shakespearienne comprend à l'autre extrêmité la fréquentation intime, et ces marginales constituent justement un entretien tellement intime que l'interprétation en est difficile. Qu'a voulu dire Stendhal en déclarant vigoureusement que l'entretien d'Hamlet avec le Spectre formait 'toute ma bible'?[20] De ces dialogues en tête avec le texte shakespearien, on retiendra:

— leur continuité: Stendhal n'a jamais cessé de lire et relire Shakespeare, auquel il avait eu accès[21] dès le début, ou presque, dans le texte anglais même si sa connaissance de Shakespeare semble avoir connu des moments de plus forte fréquentation ou de méditation plus systématique: en 1811, 1813, 1820–21, ou lorsque le double exemple de Kean et de la Pasta lui donne le 'tragique qui (lui) convenait';[22]

— leur spontanéité: le parti-pris shakespearien est tellement fondamental qu'il est à l'épreuve des déceptions et des critiques.[23] A propos des *Joyeuses Commères de Windsor* qui les ennuient, Stendhal-Crozet notent, 'si cette pièce n'eût pas été de Shakespeare, nous ne serions jamais allés à la fin'. Parce qu'il est inattaquable, Shakespeare supporte d'être attaqué: aussi faut-il enregistrer les lectures critiques, ennuyées ou sévères: *Roméo et Juliette* jugé d'abord 'très mauvais', la *Tempête*, 'médiocre', *Antoine et Cléopâtre,* 'pauvre tragédie sans trace de génie', *Peines d'amour perdues,* et *Beaucoup de bruit pour rien,* jugés constamment avec sévérité, le *Roi Lear* admiré 'pour la première fois' en

1832, précédemment il 'n'héritait que du dégoût' inspiré par les cuistres;

— leur point de cécité: comment se dissimuler que le langage de Shakespeare ne convient guère à l'idéal stendhalien d'absence de style? Comment se dissimuler que tout ce qui est jeux du langage, préciosité, euphuisme, tout ce que Stendhal appelle *l'esprit*, est nul pour lui ou caduc: uniquement dû à l'époque de Shakespeare qui exigeait cette concession de goût à un public grossier. D'emblée frappé par 'l'éloquence' des personnages,[24] inquiet d'une subtilité qui pourrait 'fatiguer la tête', ou des 'images' et figures qui lui semblent faire obstacle à l'expression 'rapide' de la passion (ainsi le père d'Hotspur évoquant la guerre de Troie à l'annonce de la mort de son fils), il a, semble-t-il, cherché longtemps à justifier son idole, pour s'avouer enfin qu'elle avait un défaut signalé, 'A chaque instant Shakespeare fait de la rhétorique', il 'voulait faire fortune' en séduisant 'les armateurs grossiers de 1580', ou plus exactement un public 'amoureux de l'esprit',[25] c'est-à-dire si on comprend bien le mot passionné de cette 'agudeza' autour de laquelle Baltasar Gracián construit une 'sur-rhétorique', qui correspond largement à ce que Stendhal lui-même nomme 'l'esprit'. 'Infâme rhétorique' donc, les discours du capitaine des pirates qui massacrent Suffolk dans *Henri VI,* 'image frappante pour le peuple', la personnification de la Conspiration prononcée par Brutus; si le Spectre au début d'*Hamlet,* évoque les cheveux qui se dresseraient 'comme les dards du porc-épic en furie', Stendhal, choqué, note, 'pour être compris des armateurs grossiers de 1580'. Dureté parfaite exempte de sublime. Ailleurs (dans la scène par exemple de *Mesure pour mesure* où Lucio conseille Isabelle), Stendhal se félicite de trouver 'du bon Shakespeare sans rhétorique'.

Aussi me semble-t-il très difficile, comme on le fait souvent et comme Stendhal nous y invite, à faire de Shakespeare un simple porte-drapeau d'une réforme théâtrale à laquelle au reste Stendhal ne participe que par la polémique et le conseil. Ce n'est pas un prétexte, ce n'est pas un simple argument anti-classique, ce n'est pas seulement le chef de file d'une coalition qui le définirait négativement, comme l'adversaire de l'école française du dix-septième siècle. Bien que Stendhal ait usé stratégiquement des métaphores militaires ('le combat à mort des deux systèmes'), et même politiques (Racine du côté de l'Inquisition!), bien qu'il ait tendu à 'radicaliser' le choix et à le simplifier (Xipharès ou Richard

III), bien qu'il ait complaisamment prôné Shakespeare 'tout pur',[26] et tout brut, sans les atténuations et les adaptations qui étaient de règle, même en Angleterre, et au dix-neuvième siècle encore (nous allons y revenir), bien qu'il ait un peu érigé son modèle en épouvantail, dont la force est la peur qu'il produit, on aurait tort de réduire Shakespeare à ce rôle surtout théâtral et somme toute extérieur au beylisme. Le pamphlet de Stendhal est muet sur les comédies de Shakespeare qui sont peut-être plus importantes pour lui que les drames historiques dont il prône l'imitation. C'est dans la poétique de Stendhal que se place l'inspiration 'shakespearienne', cet effort de mimétisme qui est aussi un effort de transgression radicale: Shakespeare riche de tout ce que le discours classique ne semble plus contenir, n'est pas simplement un apport vigoureux, et un modèle de renouvellement. Réclamé 'pur', et sans compromis il s'offre en effet comme une véritable puissance de subversion littéraire; a-t-il d'ailleurs jamais cessé complètement de l'être pour la culture française? Shakespeare radicalise l'effort romantique, et lui permet de se présenter comme le retour de ce qu'on a éliminé, comme le retour aux sources modernes que l'entreprise louisquatorzienne a rejetées.

Ce qui justement complique la tâche de celui qui veut mesurer l'emprise shakespearienne sur Stendhal: rarement le poète anglais est-il mentionné seul. Toujours il apparaît escorté d'une Pléiade d'Autorités et de Maîtres assortis ou de goûts passionnés et aussi premiers que le sien: le 'beau' originel dont Stendhal a eu le pressentiment, les unit, et les apparente. Mêlés en 'Stendhal' ou à la limite unifiés par lui en une parenté profonde et mystérieuse, ('ma peine était de les mettre d'accord', dit Brulard de Corneille, l'Arioste, Shakespeare, Cervantès, et Molière), ces 'maîtres de son cœur littéraire', semblent bien inséparables:[27] susceptibles de se ressembler, de se relayer, de se compléter. Mais comment interpréter cette union énigmatique, et étrange car, aux grands noms de la fin du seizième siècle, il faut joindre des Français (Corneille, Molière, peut-être Rousseau), aller jusqu'aux musiciens qui font escorte à Shakespeare; le seul plagiat véritable de Shakespeare se trouve être un projet de livret d'opéra-bouffe, 'Il Forestiere in Italia', qui réunit un argument tiré de la *Nuit des Rois* à d'évidentes allusions à Cimarosa.[28] A coup sûr, nous tenterons de le voir, Cervantès et Shakespeare sont pour Stendhal indivis. Faut-il que La Fontaine devienne aussi 'shakespearien': il 'touche' et lui seul 'le même endroit de mon cœur que Shakespeare'.[29] Saint-Simon, l'un des écrivains français dont la philosophie ou la théologie de l'histoire me semble la plus voisine de celle de Shakespeare, et dont toute la vision des hommes est marquée par la même dualité déchirante, par le même affrontement désespéré des forces du bien et des forces du mal en chacun, est peut-être lui aussi pour Stendhal un 'médiateur' du *Romantik* et un analogue de Shakespeare auquel il est étrangement uni dans l'énumération de ses goûts. Le dramaturge anglais enfin, par son 'italianité' rejoint les grands recueils italiens[30] de récits tragiques auxquels Stendhal a directement accès. Peut-être le privilège de Shakespeare est-il parmi eux tous d'être à sa manière inacceptable, donc propice à la révolution romantique.

Il faudrait donc parler d'une violence de Shakespeare, d'une impossibilité de Shakespeare qui se définirait par sa puissance de débordement de tous les critères de l'art, et de toutes les limites de la création reconnue: relativement à lui il n'y a plus que des restrictions précaires et arbitraires de la *mimésis*. Violence recevable jusqu'à quel point? Jusqu'où l'écrivain français va-t-il suivre Shakespeare s'il le prend pour modèle? Le problème par une singulière constante se pose: pour Voltaire,[31] premier exemple de cette fascination suivie de répulsion pour Shakespeare, 'génie plein de force, et de fécondité, de naturel et de sublime'; premier exemple (trop intéressé certes) d'une sorte de barrière du goût, d'une limite de la recevabilité de Shakespeare. On ne sait pas que les œuvres du poète anglais se trouvaient dans la Bibliothèque de Louis XIV avec cette annotation du bibliothècaire 'ce poète anglais a l'imagination assez belle, il pense naturellement, il s'exprime avec finesse, mais ces belles qualités sont obscurcies par les ordures qu'il mêle dans ses comédies'. Stendhal lui-même, l'autre grand shakespearien avec Voltaire dans cette époque qui se termine avec *Hernani*, dont on a pu opposer la fidélité à Shakespeare à l'interprétation ou à la défiguration hugolienne, nous verrons où il lâche Shakespeare, ou choisit en lui. Auquel cas il rejoint un autre 'shakespearien' éminent du dix-neuvième siècle, Delacroix: son *Journal*[32] en même temps qu'il est rempli de projets empruntés à Shakespeare opère continuellement contre lui le retour à une

modération 'augustéenne', un retour à Racine, 'on reviendra toujours à ce qui a été beau une fois pour notre nation; nous ne serons
jamais shakespeariens, les Anglais sont tout Shakespeare, il les a
presque faits tout ce qu'ils sont en tout'; faut-il choisir la force contre la perfection, le sublime contre le goût? Et Claudel, dont Pierre
Brunel[33] a démontré à quel point son théâtre était tissé de
références shakespeariennes, qui d'abord a exalté la 'catholicité'
de Shakespeare, 'âme compréhensive' qui donne une image de la
création tout entière, et écrit ' du point de vue du Créateur, non du
spectateur', il a lui aussi opéré son retour à Racine, resté décidément l'antagoniste historique de Shakespeare: en 1955 il opte pour
le vers racinien, pour cet 'art dépouillé de tout pittoresque', cette
acceptation 'passionnée' de 'tout ce qu'on appelle conventions
mondaines'. Il faudrait dire en somme que du côté français le
dilemme de Stendhal, Racine ou Shakespeare, devient comme
l'avait dit sans doute involontairement Stendhal, Racine *et*
Shakespeare, ou même Shakespeare, puis Racine.

S'il y a bien une violence shakespearienne devenue à un moment
donné une véritable violation de l'esthétique, où la situer? C'est
facile à première vue: le Classique du pamphlet de Stendhal l'indique: des sorcières, une bataille, une tête coupée sur la scène. C'est
bien le théâtre épousant la fureur des passions, et la frénésie des
crimes, c'est bien 'l'énergique et sombre imagination des Anglais'
selon le mot de Mme de Staël. Shakespeare est l'écrivain qui semble rejeter toute limitation à l'expression des passions, et à l'affirmation impétueuse du Moi héroïque. Avec lui, le lecteur français
renoue avec la tradition sénéquéenne de la fureur héroïque, d'un
sublime de violence, de cruauté, de crime de passion absolue.
'Alors que le drame français est dès son origine contenu et noble',
comme le dit T. S. Eliot,[34] le théâtre anglais semble se réduire au
déchaînement des passions saisies dans leur nudité et leur déme-
sure, à l'exemplarité du crime ou du 'fait divers' sanglant, à l'affirmation du Moi dans sa propre destruction. Le livre récent de Jackie
Pigeaud sur la *Maladie de l'âme*[35] montre que le tragique de Séné-
que proposant la sagesse par l'exemple négatif de l'autodestruc-
tion frénétique, identifie la folie et la passion, et toutes deux à
l'abandon parfois voulu et méthodique au fond ténébreux du moi;
le passionné se confond avec le mal, s'engloutit en lui, en devient
l'agent et ne fait qu'un avec lui. L'aliénation comme dans le cas de
Macbeth et de lady Macbeth implique l'ascèse. Ce rappel ne

laissera pas le stendhalien indifférent: car Jackie Pigeaud inclut dans son étude les ultimes médecins-philosophes, Cabanis et Pinel, maîtres de Stendhal, et représentants de l'interprétation sénéquéenne de la folie et de la passion.

Et c'est bien cette puissance brute du *pathos* que Stendhal apprécie dans Shakespeare: quand le 26 juillet 1804 il analyse l'impression que lui a faite *Rodogune* (pièce marquée par le 'sublime noir' de Sénèque), et qui est très forte, la référence shakespearienne vient sans cesse à son esprit.[36] Qui l'emporte, Corneille ou Shakespeare? Par manque de détails, 'nous ne sommes jamais serrés de terreur, comme dans les pièces de Shakespeare'. C'est le point essentiel: la *catharsis* qui modère, éloigne l'émotion bouleversante, et interdit l'adhésion totale du personnage à son émotion bouleversante, et du spectateur au personnage est bien le principe d'affaiblissement dont délivre Shakespeare. Voyant le *Macbeth* de Ducis,[37] le jeune Beyle regrette de ne pas avoir été 'renversé de terreur' par la scène de somnambulisme. En se rappelant que ses plus fortes émotions littéraires dans l'espace de deux ans, sont dues à *Hamlet* et à *Cymbeline,* il reconnaît, 'j'ai beaucoup plus senti la terreur et l'admiration que la pitié',[38] Shakespeare est bien l'écrivain qui offre 'les choses les plus terribles et les plus tendres'.[39] Tant de textes nous répètent cette idée: qu'avec Shakespeare, le théâtre renoue avec la violence des Anciens, avec 'une mâle poésie qui montre sans détours les malheurs de la vie', et qui est 'physiquement insupportable' aux âmes faibles. C'est bien cet idéal d'une littérature des passions pures, déchaînées, 'énergiques', que lui propose l'*Edinburgh Review*;[40] Shakespeare représente 'l'horreur tragique'. Impossible de 'faire de la terreur d'assassinat après *Macbeth*'.[41] Shakespeare signifie donc d'abord le retour aux sources naturelles et vigoureuses des passions, à leur dimension 'colossale', à leur expression 'sans freins',[42] la production de personnages enfin pleins de vigueur, de fougue, de désirs que Stendhal oppose aux héros évanescents, mais polis de la scène française. Une des rares références à *Roméo et Juliette* que l'on trouve dans *De l'Amour*[43] oppose la résignation, l'état de mort morale de Roméo disant de Juliette, 'elle a juré de ne pas aimer et dans ce vœu je vis mort, vivant seulement pour le dire', à l'acceptation inversement joyeuse de la mort qu'il exprime à l'acte II, 'mais vienne n'importe quel chagrin, il ne peut compenser cet échange de joie', quand enfin 'l'ivresse d'aimer' lui fait préférer la mort dans la vie à la vie dans la mort. C'est à propos de Michel-Ange et de son rôle futur de modèle pour le dix-neuvième siècle que Stendhal cite *Macbeth:* deux fois dans l'*Histoire de la peinture*,[44] deux passages où le couple infernal s'encourage à outrepasser les faiblesses de la nature et à s'avancer vers la pureté dans le mal. Tel est bien le sublime renaissant ou 'médiéval' dont Stendhal prévoit le retour: ce que peut l'homme quand il est si totalement livré à lui-même qu'il devient surhumain ou a-humain, sans qu'aucun principe étranger à lui-même ne puisse le régler ou le limiter. Ce 'noir' qui assombrit et revigore le théâtre, on le sait, Stendhal l'attribue à la violence endémique qui entoure le poète, au climat de guerres civiles qui crée simultanément *l'énergie* des spectateurs et celle du poète anglais:[45] comme une cité italienne, l'Angleterre d'Elizabeth connaissait une 'orageuse liberté', les 'têtes tombaient sans cesse', cette Terreur forgeait des héros et des poètes. Nous-mêmes, dit Stendhal[46] qui 'avons fait des progrès dans le malheur', et le désespoir, nous qui, à Moscou, épisode 'shakespearien' comme l'est selon Stendhal l'exécution de Murat, avons éprouvé le terrible dépouillement de l'homme mis à nu par la misère et le désespoir, nous entrons selon le Romanticiste, dans une ère shakespearienne: *Macbeth* nous éclaire notre destin.

C'est bien là que Shakespeare semble un modèle pour l'énergétique romantique. Non sans un contre-sens peut-être: car le dramaturge élisabéthain voit surtout dans la fureur passionnelle, ou le 'machiavélisme' du 'villain' un principe de désordre, (le romantique essaie de créer à partir de la passion un 'non-ordre'); bien loin, selon l'interprétation de Burckhardt de la 'Renaissance', d'exalter l'individu, il voit dans son déchaînement, son illusion de se croire un absolu, la manifestation aberrante d'une volonté de séparation de l'être et de l'ordre. Ainsi pour Theodore Spencer,[47] Richard III est 'pour reprendre la vieille étymologie erronée, ab-hominable, coupé du reste des hommes'; l'individu ne peut se prononcer dans sa particularité close que comme un principe de mal et de désastre. La volonté du moi pur poussée jusqu'à sa logique extrême met l'ordre général en péril. Le romantique pratique alors un changement de signe: il voit dans cette voie négative de l'édification qui montre ce que devient le particulier se prenant pour essentiel, et l'homme devenu sa propre fin et se croyant absolu, alors qu'il n'est qu'accident, l'exaltation de l'individualisme inconditionnel.

'Shakespeare est bien l'écrivain qui offre ''les choses les plus terribles et les plus tendres''.'
(p. 38)

Il voit 'l'énergie' dans la folie perverse, ou le machiavélisme cynique. Le récit tragique qui sert de source à Shakespeare est à l'origine d'une longue tradition de littérature plus ou moins populaire qui va en France de Rosset aux *Crimes de l'amour* de Sade, et qui comprend l'usage romanesque des chroniques scandaleuses et des annales judiciaires. En ce sens les manuscrits italiens de Stendhal sont 'shakespeariens' en eux-mêmes: ils remontent aux sources de l'inspiration de Shakespeare.

Ce n'est donc ni par hasard ni par erreur que pour Stendhal la référence shakespearienne s'impose d'emblée pour le *fait divers*: l'ébéniste Laffargue, c'est l'Othello moderne. Le crime italien est shakespearien.[48] La même communauté d'inspiration profonde fait de Francesco Cenci un personnage élisabéthain de plein droit, héros de l'inceste, du crime, du défi social et métaphysique.[49] On peut aussi lire dans la *Chartreuse de Parme* les linéaments d'une tragédie de la vengeance, et de l'inceste, et reconnaître dans le couple de Mosca et de la Sanseverina, dans l'union de la passion et du machiavélisme, un couple élisabéthain. Au reste la 'rançon monstrueuse', et la tyrannie sexuelle[50] à laquelle est soumise la Sanseverina pour sauver Fabrice par le chantage de Ranuce-Ernest V renvoie entre autres précédents à *Mesure pour mesure* où elle est le fait, comme dans le roman de Stendhal, d'un prince 'moral', donc hypocrite: 'Honte à celui dont le cruel arrêt condamne pour des fautes que lui-même commet! Et comme l'hypocrisie faite aux crimes, faisant du monde sa dupe, attire dans sa toile légère les choses les plus lourdes et les plus substantielles.'

Et de même le drame des amants d'Albano semble suivre celui des amants de Vérone: dans l'*Abbesse de Castro*, le 'mariage' secret de Jules et d'Hélène,[51] les scènes de balcon, les rendez-vous cachés, le contexte de haine familiale, le rôle décisif du combat singulier entre Jules et Fabio de Campireali, la mort d'Hélène, reproduisent les éléments essentiels de *Roméo et Juliette*, par une simple affinité des 'récits' tragiques, ou par une volonté plus précise de réminiscence: Mme Gaulthier n'a-t-elle pas écrit à Stendhal ce mot d'une lectrice de la nouvelle, 'c'est de la passion à la Roméo, c'est pur, c'est chaste, c'est angélique, qu'une femme est heureuse d'être aimée ainsi'.[52]

Il faut aller plus loin: le contact essentiel entre l'héroïsme shakespearien et l'héroïsme stendhalien est sans doute à rechercher dans la place tout de suite privilégiée que prennent dès les

premières lectures de Shakespeare ces autres vengeurs plus inquié-
tants, et plus obscurs, qui ne se vengent pas de quelque chose, mais
assouvissent contre l'humanité une haine de principe et de fond.
Ces ennemis de l'homme, qui refusent ce que le lien humain comprend de loi et de similitude, cet héroïsme de la séparation absolue, et de la lucidité à la fois, car pour attaquer l'humanité il
suffit de voir clair sur les 'motifs' de ses actions, comme
Helvétius(!), c'est je crois celui qui séduit Stendhal quand il pro-
meut Iago à un héroïsme de l'habileté et de la scélératesse ab-
solues. Le 12 février 1805[53] Stendhal s'interroge sur 'l'homme
conscius sceleris sui, qui sait qu'il est méchant'; absolument
étranger au lien humain et moral, coupé des hommes et de lui-
même, il ne peut se prendre en pitié ni bénéficier du don des
larmes. Tel est le méchant pur, qui est l'ennemi des hommes, et de
l'humanité: 'Grand caractère du désespoir du méchant, de celui de
Iago. Point de mélancolie, tout rage.' Iago, c'est l'hypocrite, que
Stendhal rêve d'intégrer à ses premières pièces comme la reprise
de Tartuffe, mais d'un Tartuffe[54] intrinsèquement criminel et faux
par rupture du pacte de l'humanité et de la vérité. L'homme qui
trompe les hommes les hait, et les hait parce qu'il les connaît.
L'autre héros shakespearien auquel Stendhal, et pour les mêmes
raisons, fait tout un sort, c'est Timon d'Athènes. Le misanthrope
shakespearien[55] rejoint l'hypocrite et l'un et l'autre font pièce à
leur version apprivoisée et modérée du théâtre français dont le
dogme majeur est justement de refréner toutes les tendances a-
sociales, et ce que la mélancolie, la misanthropie, la simple
tristesse contiennent de révolte ou de mécontentement. Le seul
Alceste, misanthrope 'apprivoisé' et de bon ton, fait pendant à
toute la cohorte nihiliste des personnages de Shakespeare. Et dès
ses débuts Brulard se dit à la fois passionné d'Hamlet et du misanthrope. Mais le vrai misanthrope c'est-à-dire 'le vrai haïsseur
d'hommes dans le sens grec',[56] c'est Timon, et non l'amoureux de
Célimène: lui renie l'humanité et non seulement 'le monde'. Lui se
place dans une malédiction absolue envers le fait d'être homme et
de vivre.

Où trouvera-t-on cette jonction de Timon et de Iago, cet
héroïsme du retranchement des valeurs humaines, ou de l'affirmation absolue du moi par la puissance de la volonté et de l'intelligence, à laquelle disait Coleridge,[57] à propos du *Roi Lear*, s'attache
comme 'à l'exercice de la puissance pour elle-même une certaine

part d'admiration, voire de complaisante satisfaction, que ce soit
dans les conquêtes d'un Napoléon, ou d'un Tamerlan, ou encore
dans l'écumant tonnerre d'une cataracte'. La phrase de Coleridge
nous indique une 'intertextualité' remarquable: il pense devant
cette union du détestable et de l'admirable sans 'monstruosité' à
Napoléon. Devons-nous penser à Julien Sorel? Othello[58] virtuel qui
a séduit Mathilde par ses labeurs, et sa fermeté, Iago virtuel et ten-
danciel qui lui-même nous offre le rapprochement en reprenant
l'ultime parole du personnage de Shakespeare,[59] celle justement à
laquelle Beyle me semble avoir pensé en 1805 à propos du scélérat
absolu, et sans conscience, Iago imparfait et qui regrette peut-être
sa faiblesse, ou qui contient encore un Timon, dans la mesure où
l'instinct de fuite de l'humanité, et la haine de 'la face humaine'
l'emportent sur le désir de tromper et de dominer, où le véritable
défi et la véritable insoumission sont moins dans le fait de nuire
aux hommes que dans le fait de s'excepter de l'humanité. On ne
cite pas assez pour interpréter le *Rouge* la note du 20 juin 1830[60]
où Stendhal écrit, 'je déplore le manque d'intrigue de *Julien* qui est
peut-être trop un développement de *caractère as mutanda mutan-*
dis le célèbre Miseoantropos (je n'ose pas écrire le nom)'. Nul ne
peut à coup sûr déchiffrer cette note dont la lecture est peut-être
conjecturale; mais pourquoi ce retour au grec que faisait déjà Stendhal quand Timon lui semblait désigner cette véritable signification étymologique du mot devenu banal ou trop 'classique' de
'misanthrope'? Aussi bien pourquoi ne pas *oser* l'écrire?

Je ferais un rapprochement différent encore: parmi les *vengeurs*
il y a ceux qui vengent leur propre infériorité ou leur propre invalidité. On sait depuis la magistrale analyse de Georges Blin quel rôle
joue dans le beylisme le fait de 'voir soi inférieur'. L'anomie héroïque si profondément exploitée par le romantisme français oscille
entre la revendication de la *différence,* qui 'engendre haine' chez
les autres, et le ressentiment, qui lui engendre haine dans le moi.
Cet héroïsme du 'souterrain', qui devait être réputé 'dostoïev-
skien', on pourrait dans le cas de Stendhal lui assigner au moins[61]
une source shakespearienne: l'héroïsme du mal (Richard III, Edmond, Shylock) se nourrit de la conscience d'une humiliation.
Stendhal en trouvait l'expression dans le monologue liminaire de
Richard qu'il a annoté, ('moi en qui est tronquée toute noble proportion, moi que la nature décevante a frustré de ses attraits, moi
qu'elle a envoyé dans le monde des vivants, difforme, inachevé,

tout au plus à moitié fini, tellement estropié et contrefait que les chiens aboient quand je m'arrête près d'eux... puisque je ne puis être l'amant qui charmera ces temps beaux parleurs, je suis déterminé à être un scélérat et à être le trouble-fête de ces jours frivoles'), où se réalise justement ce renversement du moi, l'accès à sa revanche puisque au total des infirmités et des frustrations fait équilibre la seule affirmation criminelle; il le trouvait encore dans le personnage de Shylock dont il a fait en 1811 un commentaire important:[62] c'est le 'caractère le plus remarquable' de la pièce. C'est un 'homme vindicatif revêtu des mœurs d'un marchand avare', ou mieux encore, c'est 'une hyène qui a rugi dix ans dans sa loge, et qui trouve enfin moyen d'en sortir et de dévorer un chrétien'. Ainsi la première passion, mercantile, est recouverte par la seconde, la vengeance, parce que Shylock a vu qu'il 'restera toujours l'inférieur de ces gens-là'. Aussi quand Stendhal invente son propre personnage d'infirme fondamental, celui qui a la conscience la plus aiguë de son invalidité, et qui a retourné en lui-même l'impuissance en interdit, ou donné à sa fatalité personnelle l'expression d'une volonté explicite, le non-pouvoir devenant non-vouloir, ou non-devoir, quand il invente Octave il se justifie avec Richard III:[63] 'Richard III est difforme, et c'est pour cela qu'il est méchant'. Comme 'architexte', le personnage de Shakespeare offre une explication des violences et cruautés d'Octave, ou aussi bien de la malice allègre avec laquelle il lui arrive de machiner ses mauvais coups, comme le défi avec Crèveroche au théâtre. Mais constamment chez Stendhal la laideur ou l'infirmité s'accompagne d'une méchanceté gratuite, ou d'une haine spontanée envers ceux qui ont ce que n'ont pas ces 'monstres' stendhaliens. Ainsi Sansfin, bossu diabolique de *Lamiel*, sorte de Richard III tombé dans le burlesque, dont la grande revanche est de régenter, séduire, impressionner tout le monde, ou simplement de récolter à foison des jouissances de vanité, qui rêve de pouvoir, de bonnes fortunes et de mauvais coups pour faire oublier sa bosse, il se console de sa chute dans la boue devant les lavandières en voyant un beau jeune homme de vingt-cinq ans mourir d'apoplexie: tel est son 'plaisir', sa 'récompense'.

Et le docteur Du Poirier (les méchants stendhaliens sont tous médecins), son 'infériorité' c'est sa laideur bestiale, sa vulgarité, il a vis-à-vis de Lucien les mêmes sentiments: content lui 'vieux, ridé, mal mis, homme de mauvaises manières', de détenir la clé du bonheur de Lucien, 'toi, beau, jeune, riche, doué par la nature de manières si nobles et en tout si différent de moi', il se réjouit de faire souffrir un homme heureux parce qu'il est heureux, et par une sorte d'envie satanique de ce qu'il ne possède pas, la beauté, la vérité, l'amour.

Mais cette violence, cette 'âpreté' de la vérité shakespearienne, ne me semble pas la vraie violence que Stendhal découvre dans le poète anglais. Celle-ci est textuelle, elle porte sur la signification, c'est une violence faite au *sens* et à *l'esprit*. Je ne peux mieux la présenter qu'en reprenant l'exemple le plus célèbre au dix-huitième siècle de l'impossibilité de Shakespeare pour les Français. Il y a un passage du début d'*Hamlet* qui a séparé plus profondément la France de l'Angleterre (et peut-être continue à les séparer), que la Manche, Fontenoy et Trafalgar. Dans la première scène de l'Acte I, alors que Bernardo demande à Francisco s'il n'a rien et rien entendu, l'autre répond qu'il n'a pas entendu remuer une souris. Cette souris intempestive, relayée par le rat de la scène de la mort de Polonius était inacceptable. La souris a accouché d'une montagne critique ou d'une querelle de cultures. En Angleterre l'animal fait la preuve que Shakespeare est 'naturel' et fait parler les personnages selon leur nature; on l'oppose au prélude il est vrai tout autre d'*Iphigénie,* 'Mais tout dort, et l'armée, et les vents et Neptune'.[64] Pour Voltaire qui en veut mortellement à la souris, elle est comme Alexandre le Grand monté sur un âne,[65] comme Jules César discutant avec les savetiers, comme la 'bête à deux dos' qui figure au début d'*Othello*. Quant à la réponse du soldat d'*Hamlet,* oui, elle est naturelle 'dans un corps de garde mais pas dans une tragédie', où elle crée ce qu'il reproche à *Hamlet,* 'le contraste de grandeur et de bassesse, de raisons sublimes, et de folies grossières'. Je trouve très heureux qu'un critique anglais dans son livre sur le grotesque shakespearien[66] donne raison à Voltaire; ce n'est pas grâce à un souci de naturel ni de 'réalisme' que la souris est sortie de son trou; c'est un effet de grotesque et le refus de Voltaire montre qu'il l'a bien senti comme telle. La souris participe à la préparation du Spectre; grotesque et non grotesque sont en état de défi et de complémentarité, comme le fou renforce et accable en même temps la Majesté. L'animal n'est pas innocent, il est une moquerie et une souffrance de cette moquerie. Alors que Voltaire participe à une poétique de l'idéal, qui se sent capable de porter la totalité de l'homme et du discours à la dimension de l'idéal, la souris participe à une poétique qui oppose d'une manière plus déchirante les deux 'postulations' de l'homme, et ne peut offrir la sphère de l'idéal sans lui donner le contrepoint de l'anti-idéal. Hommage et moquerie réciproque, le haut et le bas s'opposent et s'éclairent. C'est bien cette esthétique de la 'complémentarité' qui avait séduit Claudel, le fait que tout thème est pris dans un concert et un contraste, la possibilité d'une parodie perpétuellement présente, de l'interpénétration des catégories contraires. *Totus in antithesi,* dit Hugo de Shakespeare.

Là est sans doute la vraie difficulté, la vraie pierre de touche du 'shakespearianisme'. La critique romantique anglaise en a eu le sentiment, et la souris continue pour Coleridge à être problématique.[67] 'Terreur et grotesque sont étroitement liés, dit-il, ils sont liés dans la nature comme la tension et la relâche dans un muscle'; le grotesque 'est souvent le moyen qu'emploie l'esprit pour tenter de se libérer de la terreur'. L'intrusion du quotidien 'crédibilise' la tragédie, la souris répond au sentiment 'naturel' de la sentinelle glacée de froid et d'angoisse, pour qui le banal est impressionnant; elle a aussi une 'utilité', 'qui vient de ce que sa banalité dans le langage quotidien renforce la sensation de *réel,* masque la présence du poète tout en rapprochant le lecteur ou le spectateur de l'état d'esprit qui est propice à l'irruption de la poésie la plus haute'. Cette fois la souris devient 'effet de *réel*' et de naturel dans la mesure où elle élimine l'auteur, le faiseur de tragédie, en éliminant l'intention tragique. L'état d'esprit de la sentinelle prépare l'apparition, et la prépare en particulier par un détour: la souris est 'tragique' parce qu'elle ne l'est pas. Elle entre dans le discours tragique dans l'exacte mesure où elle le rompt et le désintègre. En tout cas justement la souris a eu beaucoup de peine à franchir la Manche et à avoir droit aux honneurs de la traduction. Helen Bailey dans son beau livre sur *Hamlet in France*[68] a suivi au cours du dix-huitième et du dix-neuvième siècles sa destinée littéraire; parfois associée au rat, parfois plus méprisée que lui, parfois réinstallée à sa place. Elle joue un peu le rôle que jouent dans le texte célèbre de Quincey les coups à la porte et le monologue du portier ivre après la mort du roi dans *Macbeth*: Coleridge se refusait à justifier l'épisode,[69] Quincey le fait avec des arguments assez semblables à ceux que nous avons vus. C'est l'expédient familier qui peint le démoniaque, la réaction qui rend violente l'action, le retour à la vie banale qui indique rétrospectivement l'entrée dans l'enfer du mal.

Pour Stendhal il ne s'agit pas de souris, ni de coups à la porte; le passage litigieux et exemplaire qui semble lui ouvrir les portes de l'écriture shakespearienne et de la sienne propre, c'est l'évocation des martinets par Banquo à son entrée dans le château fatal:[70] l'importance que Stendhal accorde à ce texte montre bien qu'il apporte une véritable révolution à ses yeux dans l'écriture. Avant son entrée dans le château de Macbeth où l'attendent la trahison et l'assassinat, le roi Duncan s'attarde à goûter la situation du château, 'l'air suave et léger', et Banquo lui répond, en amplifiant le thème par une réflexion sur le martinet dont la présence prouve toujours dans une demeure 'que le souffle du ciel y embaume ses caresses', 'j'ai remarqué qu'où il habite et multiplie de préférence l'air est délicieux'. Rapide temps de repos que clôt l'entrée en scène de lady Macbeth, qui oppose la présence rassurante[71] des choses à l'extérieur du château, au piège sanglant de l'intérieur, la santé de l'existence naturelle et innocente, du présent de la sensation pure, à l'étouffement du mal intérieur, à la perversion morale de l'homme. Stendhal ne l'a pas commenté moins de trois fois: une fois dans son *Journal* du 5 février 1805, où il devient contre Mme de Staël un exemple de bon style, une fois dans l'*Histoire de la peinture*, où il devient une démonstration de l'art de 'passionner les détails' et donc nous introduit à cet aspect essentiel de l'écriture stendhalienne, qui est la rhétorique du détail, une fois dans *Racine et Shakespeare* où sa valeur change sensiblement: contre Rousseau et Walter Scott, le passage représente 'les justes proportions' dans 'la description des beautés de la nature', la brève et précise saisie, en un éclair, des choses dans leur évidence et leur présence. Exemple du vrai tragique, du bon détail, du vrai style descriptif, telle est l'inépuisable valeur des martinets de Banquo. C'est d'abord un trait tragique que Stendhal met au-dessus des grands traits du sublime, 'Qu'il mourût', 'Qui te l'a dit?', un des 'traits les plus divins' de Shakespeare, l'un de ceux où il pousse 'la terreur aussi loin que possible'; c'est ensuite le problème même de toute écriture du 'réel' que posent les martinets, devenus incidemment des hirondelles: le réel, le 'vrai' ce n'est en un sens qu'une vérité banale, neutre, ou objective, une 'observation d'histoire naturelle', le vulgaire au reste n'y verra jamais que ce genre de constat, mais le vrai artiste, celui qui a 'une âme', transforme cet atome de sens inerte et borné en une donnée de 'passion' et de rêverie; c'est l'insignifiance ou le sens étroit du document, mais aussi 'rien n'avertit l'homme de sa misère plus vivement, rien ne le jette dans une rêverie plus profonde et plus sombre que ces paroles'. Le détail objectif et clos engendre la plus vaste songerie intime et pathétique. Enfin contre les effusions descriptives, le fameux 'plat d'épinards', les variations sur les 'légumes sanctifiés', le passage est encore remarquable parce qu'il unit la sécheresse à la puissance. Dans les trois cas Stendhal isole le détail, qui en apparence est une pure diversion, un écart gratuit, une remarque surnuméraire étrangère au thème, ou une remarque incontestable à prendre telle quelle, pour en relever l'extrême puissance: c'est en ne disant pas que le texte shakespearien semble dire le plus. Dans son *Journal* Stendhal compare son exemple au terrible 'fuere' par lequel Cicéron annonce la mort des complices de Catilina: en se réduisant à un mot l'orateur parvient à l'effet suprême. Mais la brièveté et la densité ne sont pas seules en cause: cette brièveté et cette densité sont en fait une suspension de l'action, une diversion à la marche rectiligne du tragique, une inversion même de cette marche. Et c'est sans doute là cette 'violence' shakespearienne, ce pouvoir de transgression que nous cherchons à saisir. C'est *le repos* qui met le tragique à son comble; en en suspendant le cheminement visible, en interrompant (contrairement à la manière française) sa progression incessante, le poète obtient un effet beaucoup plus sûr et beaucoup plus dur. Que le tragique s'égare dans le quotidien, ou mieux dans le bonheur, ou encore dans le gros comique, avec le portier ivre, et ce rapport loin de le nier le confirme. Par l'exemple des martinets, Stendhal se prononce contre l'uniformité ou la tyrannie d'une seule tonalité. Il y a bien d'autres cas où Stendhal s'est prononcé pour la dissonance, les temps de repos, l'effet d'approfondissement des contraires par leur coexistence ou leur fusion, qui est peut-être 'le clair-obscur' stendhalien. Il y a donc dans les martinets un effet de raccourci, de rupture, et plus encore, un effet de gratuité.

Car ils sont objectés à *Delphine*, qui ne sait pas émouvoir de par la manie démonstratrice de l'auteur; Mme de Staël ne sait pas ne pas dire, ne pas dire ce qu'elle veut dire, faire comprendre ou admettre; son livre est sans 'moments de repos', c'est-à-dire sans *moments de repos du discours,* qui constamment explicite, ne se contente pas de 'peindre', mais 'raisonne' sur ce qu'il peint, et loin de proposer seulement 'les faits, les choses', en précise avec une insistance mortelle, 'l'effet'. Dans ces deux termes, fait/effet, se trouve en réalité tout le problème du style stendhalien: le fait pour lui suffit comme 'effet', à l'inverse d'un discours constamment fort emphatique, conclusif et explicite, c'est-à-dire borné, et ne laissant nulle place à la production de l'effet par le lecteur lui-même. Telle est la valeur du *repos:* c'est à l'auteur de laisser le lecteur en repos. A abdiquer de toute intention manifeste pour permettre à *l'effet* de s'établir tout seul. La brève séquence des martinets est hors texte: sa valeur est tout entière dans la contiguïté avec le meurtre, dans l'apparente rupture du lien de l'action, et de la tonalité, dans le fait que le dirigisme de la tragédie semble renoncer à agir, un peu comme le disait Coleridge à propos de la souris d'*Hamlet;* dans le fait qu'en ne *demandant* rien, le passage ainsi gratuit obtient un acquiescement beaucoup plus grand; le tort de Mme de Staël n'est-il pas de réclamer, de forcer l'accord de son lecteur?

Bref, dissonant, erratique, autosuffisant comme un 'fait' dont l'effet est tout entier dans le lecteur, le passage des martinets pourrait bien résumer tout ce que Stendhal trouve dans Shakespeare. Soit cette 'réalité'[72] que le 'pauvre Dominique' se targue d''avoir aussi' comme Shakespeare, qui est un 'exemple' de cet effet, comme l'indique une note de 1834 où Stendhal oppose 'la réalité' au 'bien calculé' d'un Scribe. Malheur à qui calcule trop son œuvre, qui veut trop bien prouver: ce qui 'prouve' le mieux, c'est ce qui s'écarte, comme notre passage, de la démonstration, ce contrepoint contraire, et justement puissant. Une note fort profonde en marge des *Fourberies de Scapin*[73] me semble préciser le sens des martinets de *Macbeth:* 'le plaisir' dit Stendhal y vient 'de mille petits thèmes (musique) successifs que traite l'auteur', alors que Molière et la tradition des grandes comédies le déçoivent par le recours aux scènes 'probantes', par la soumission de la pièce et de ses éléments à un but moral ou démonstratif: les martinets relèvent du 'thème', lancé sans but, mais non sans résultat.

On voit bien comment l'exemple pris par Stendhal de la diction shakespearienne ruine les bienséances classiques, ou l'effort de purification de la scène par le rejet de tout ce qui est trop particulier, trop accidentel, trop précis et par là fixe trop l'esprit sur les réalités; c'est un principe de dignité et de 'decorum' qui bannit la précision. A l'inverse, comme l'a montré Alain Michel, dans la tradition latine, le 'réalisme' relève d'une attitude philosophique, ou cynique ou stoïcienne, qui tient pour nulles les convenances sociales, cette 'Muse politesse' à laquelle Vigny réduira l'impératif classique dans sa présentation d'*Othello*:[74] cette politesse 'niveleuse' qui 'efface et aplanit tout' et qui interdit le 'mouchoir' de Desdémone avec encore plus de ténacité que le bestiaire d'*Hamlet*. Stendhal le démontre exemplairement, et le livre d'Eggli sur l'introduction de Schiller en France[75] (qui est en réalité le 'Shakespeare' de l'opinion moyenne) le confirme. Pas à pas, la vraie bataille sous la Restauration est la bataille pour le mot propre: les bienséances sont plus ancrées dans les 'habitudes d'imagination' du public français que les unités. Or le mot propre, l'expression concrète conduisent toujours à une évocation mineure: le détail est inévitablement 'petit'; et les textes de Stendhal sur La Fontaine le rapprochent par cet art de la petitesse gracieuse de Shakespeare. Et c'est bien un Shakespeare professant la non-dignité littéraire, et devenu un écrivain de la familiarité quotidienne que découvre à ses débuts Stendhal: en 1803[76] à propos d'une anecdote familiale concernant sa tante Mme Charvet, il se demande comment un tragique français et Shakespeare représenteraient le fait; le premier supprimerait tous les détails *bas* et 'glacerait' le lecteur; Shakespeare ainsi convoqué laisserait aux événements leurs particularités et leur valeur, loin d'en élaguer une partie ou de porter l'ensemble à une tonalité continue; ainsi mise en négligé l'anecdote ferait apparaître 'la nature humaine telle que nous la sentons au dedans de nous'; la preuve au reste que l'on n'est pas loin de l'inévitable souris, c'est que Stendhal ajoute: 'nous nous mettons entièrement à la place de ses personnages et deux scènes plus loin nous frémissons avec eux de l'apparition d'un spectre'. Shakespeare aurait de même montré dans *Cinna* Emilie à son lever au petit jour: comme dans l'acte II de *Jules César*. Le tragique requiert le concours du familier: les détails de la vie (dormir, manger), 'l'originalité' du lieu, c'est-à-dire l'indice de sa réalité, si le 'réel' est toujours 'individuel', deviennent indispensables au tragique.[77] Si dans *Mesure pour mesure*[78] il tombe sur cette réplique d'Isabelle, 'Oh s'il s'agissait seulement de ma propre vie, je la jetterais pour votre délivrance aussi facilement que cette épingle', il annote la note justificative de Letourneur sur le mot 'épingle': 'ce sont les préjugés que Louis XIV jugea nécessaire d'imposer qui ont fait cette note'.

Ainsi le détail, et la franchise du mot propre vont permettre au tragique de s'établir plus solidement à partir d'une familiarité avec le spectateur; il faut *oser* dire, 'le roi dort dans cette chambre'. Mais on ne réduira pas cette réflexion qui est à l'origine de toute l'écriture réaliste à un simple étayage du tragique par le détail, ou le contexte réaliste. Shakespeare indique quelque chose de plus: car il s'oppose à ce que Stendhal n'accepte pas, le 'tragique pompeux', ou 'majestueux',[79] le tragique visible, et avoué, le tragique évident et qui se proclame tel d'une manière explicite. On le sait, à ce type de demande, il ne répond que par l'ironie, et son émotion ne se libère que dans l'opera-buffa, quand elle est assortie de comique. N'obtient aucune larme celui qui compte sur elles, est refusé du respect celui qui y prétend. Le tragique classique est une prétention au tragique; alors que le tragique shakespearien semble avoir cette supériorité non pas seulement de rapprocher de nous l'émotion tragique, mais surtout de ne pas la réclamer. Le vrai tragique est masqué, invisible, égaré dans le non-tragique. Mozart aussi bien est pur de 'tout mélange importun de majesté et de tragique'. Il faut du 'naturel', ce mouvement libre, imprévu, et comme fortuit, qui assemble les détails, pour faire accepter la *majesté* sans qu'elle recouvre et annule la violence tragique. Le Guerchin[80] qui rappelle Shakespeare à Stendhal a été capable par son clair-obscur 'd'effets d'une majesté pleine de naturel'. Le 'repos' que représente le passage étudié de *Macbeth* semble déjouer l'intention tragique: le vrai tragique, il faut sans doute aller jusque là, n'est pas 'tragique' visiblement.

Stendhal est reconnaissant à Shakespeare de lui montrer en acte l'enfouissement de l'intention, la réussite d'une rhétorique parfaitement masquée en refus de la rhétorique, le développement d'une diction d'autant plus 'naturelle' ou 'naïve' qu'elle se détache de toute manifestation d'un but: alors que dans les tragiques français, ou leur imitateur, Alfieri,[81] la continuité, la conformité, la cohérence du texte, son 'égalité', mettent en avant l'œuvre, le 'poème', le travail de l'auteur, dans le texte shakespearien, les irrégularités, les chutes de niveau et de tension, les 'digressions', les conversations épisodiques, les inégalités, annulent la marque de l''art', et favorisent l'adhésion. Tout le passage consacré à Alfieri dans *Rome, Naples et Florence en 1817*, semble indiquer à partir des défauts du poète italien les qualités shakespeariennes.

Mais cet effacement du sérieux qui le fonde réellement c'est bien le principe du sublime simple: le langage disparaît dans l'évidence, la 'clarté', la banalité même du *mot* quand il est l'expression pure du sublime des passions et de l'héroïsme. La passion à l'état pur veut le mot propre: le mot-cri, le mot-Moi. En 1808 *Jules César*[82] le confirme dans l'idée que les grandes âmes ont la 'noble simplicité, *l'aiseseté'* qui 'produit tout de suite le sublime'; Corneille 'l'a quelquefois, Voltaire jamais', et lui, shakespearien par là, l'a sans doute dans son caractère. Cette vérité du cri et du geste, il les trouvera dans la Pasta dans le rôle de Desdémone. Sans se soucier que la simplicité shakespearienne vaut par son effet de contraste, Stendhal l'a prônée pour elle-même, aussi bien sûr le constat terrifié de Macbeth,[83] 'la table est pleine', mais aussi l'apostrophe de Bélarius retournant épuisé à sa grotte, 'Paix à toi, pauvre demeure qui te gardes toi-même',[84] qui est tout de même une 'pointe' dans sa modestie, mais qui comme humble exaltation du bonheur caché, de l'intimité dans le renoncement, sert d'épigraphe au chapitre IX d'*Armance*, où l'héroïne, grâce à son mensonge, organise avec Octave un temps de bonheur fragile et menacé; ou bien encore la protestation d'Imogène, 'Moi, infidèle à son lit!', où sans se plaindre davantage, l'héroïne se borne à placer en contrepoint des accusations de Posthumus le simple rappel de ses insomnies d'épouse délaissée. Mais bien avant dans *Henri IV*[85] Stendhal avait trouvé un 'doux plaisir' à 'voir les âmes nobles plaisanter': il s'agit de la scène II de l'Acte I, scène de l'auberge insérée entre deux scènes de la cour.

A quoi il faudrait ajouter que dans le perpétuel dénivellement du texte shakespearien, dans son jeu incessant de contrastes, de parodies, de rapprochements, d'échanges des niveaux, ou d'imitation inversée, qui oppose le haut et le bas et les intègre l'un à l'autre, Stendhal semble moins sensible à l'union des opposés qu'à leur fusion.[86] Si Shakespeare pour lui cautionne si fortement la destruction des 'bienséances', et des stylisations homogènes héritées du classicisme, qu'il peut passer pour un modèle de la 'vérité' de l'écriture réaliste, c'est pour une raison que je me permettrais d'avancer: comme modèle d'ambiguïté; les exemples vont dans ce sens: la tension tragique se manifeste par la détente; l'héroïsme est invisible; l'effarement s'exprime par un mot neutre. La plainte de l'innocente accusée se borne à reprendre l'accusation. Shakespeare n'est pas tellement l'écrivain qui réunit des niveaux inconciliables de style et d'humanité, que celui qui les rend non reconnaissables.

A propos justement du mélange du comique et du tragique qu'il désapprouve, Delacroix[87] a ce mot profond 'il faut que l'esprit sache où il est, et même il faut qu'il sache où on le mène'; Stendhal à mon sens dirait le contraire, et c'est par là qu'il est shakespearien. C'est justement parce que Shakespeare ne lui semble parler d'aucun *lieu*, et ne mener à rien de défini, qu'il se sent à son école et dans sa mouvance; c'est par cette pratique d'un relatif égarement de l'esprit, (de l'esprit littéraire) qu'il se sent shakespearien. Au texte de créer une ambiguïté, de se faire une ambiguïté vivante. La violence shakespearienne, c'est de se trouver toujours en aucun lieu, dans aucune certitude, devant aucun effet simple et univoque avec la 'bienséance' qui est au fond une logique de l'écriture, c'est toute logique qui est refusée, toute apparence de dirigisme catégoriel. Taine, définissant le détail et la familiarité de Shakespeare,[88] ce monde des petitesses, des difformités, des faiblesses, des excès, des fureurs, ou 'l'homme au lit, à table, au jeu, fou, ivre, malade', l'oppose globalement à ce qui est bon goût, morale, et logique; plus clairement encore Benjamin Constant en 1808[89] se déclarait incapable de travailler pour le théâtre français, où il faut 'des couleurs tranchées, des directions précises. Je ne connais de naturel en tout que les nuances.' Mot stendhalien, qui place la 'nuance' dans le *'no man's land'* des catégories, dans le terrain vague en marge des tonalités, des valeurs, des styles, des identités. Au mauvais roman, entièrement pris dans la répétition des conventions et convenances, Stendhal dit bien que 'tout est noble, tout est d'une pièce'.[90] Si Flaubert définit la bêtise comme la manie de vouloir 'conclure', c'est en partie par refus des clôtures littéraires, et aussi bien c'est une attitude shakespearienne. Dans *Racine et Shakespeare* Stendhal oppose le récit dont le classicisme abuse à l'action directe, car le récit ferme la valeur de l'événement et le 'conclut' si l'on veut.

A quoi conduit cette direction? Je ne puis qu'indiquer les grandes lignes de cette interprétation de Shakespeare. Dans l'opposition du haut et du bas, dans cette vision dualiste d'un homme déchiré, et toujours obligé de faire face aux assauts du mal, de sa bassesse et de sa folie, et en même temps ne retrouvant son identité qu'en acceptant de la perdre dans cette chute hors de la noble nature et de l'ordre auquel il aspire, on peut déclarer que le bas est le haut, qu'il n'y a que l'envers des choses: ce serait la pure solution réaliste, ou l'inversion du grotesque absorbant le sublime. La solution stendhalienne est peut-être la mixité, l'impureté ambiguë et ironique, ou indéfinissable de toute chose, la perméabilité des contraires et leur affirmation conjointe.[91] En déclarant que l'intérêt tragique est fondé sur l'*anxiété*', et en créant en effet par exemple dans *Armance* ou le *Rouge et le Noir* un tragique de l'anxiété, il dissimule l'effet tragique, il intériorise les éléments de fatalité, d'attente, de péril qu'il va jusqu'à rendre parfaitement subjectifs ou illusoires (le 'complot' contre Julien), ou réductibles à l'angoisse déclenchée par des événements qui ne comptent que pour un homme (la scène de la main de Mme de Rênal). Ce tragique familier, invisible, inclassable, repose sur la différence irréductible entre l'événement et son retentissement, il se rapproche du non-tragique. L'héroïsme moderne, il le disait dans l'*Histoire de la peinture en Italie* et dans les pamphlets milanais pour l'opposer à ses précédents de la Renaissance, Michel-Ange et Shakespeare, se place dans la *passion*, non dans l'action. Quant au 'réel' stendhalien, il faudrait montrer ici à quel point il a valeur de laideur, de médiocrité, donc de chute, mais d'une chute qui est l'épreuve et la sanction de l'héroïsme; dans la faiblesse, l'humiliation, l'exploit suspect, se trouve la force. Il n'y a d'héroïsme que dans la compromission et l'apparente négation du héros. Ce qui est 'shakespearien' à mon sens, c'est le refus par Stendhal du danger conventionnel, la moquerie des grandes actions et la préférence pour 'le danger laid' ou 'obscur', inconvenant ou dérisoire; hôpitaux, champs de bataille, naufrages sont les 'lieux' modernes de l'action; et les champs de bataille, tous les récits proprement napoléoniens de Stendhal, ceux de son *Journal*, ceux qu'il a faits à Mérimée, à Byron, et que nous connaissons, montrent qu'il voyait plutôt la guerre du point de vue de Falstaff que de celui de Hotspur. La critique qui s'inquiète si aisément du malheur de vivre dans l'univers 'post-napoléonien', oublie que Stendhal a plutôt proposé pour ces guerres l'envers du décor comme vrai décor. Ce n'est pas 'la bataille de géants' qui l'intéresse, mais le point où la bataille devient sa propre dérision, et peut-être sa vérité; c'est Moscou et non Austerlitz qui fonde le goût 'shakespearien'. C'est la mort de Murat, le récit que Stendhal propose au Shakespeare moderne. La scène de Lucien Leuwen au chevet de Kortis, je le dirais volontiers shakespearienne: c'est l'envers sinistre de la vie, l'accès à l'idéal se fait par la compromission avec le sordide et le laid, et sans doute dans l'épisode le plus déconcertant, le plus grand trait de *réalité,* c'est-à-dire celui qui jette le mieux dans l'égarement et le désarroi et le héros et nous-mêmes, c'est que le provocateur de la police, comme le deuxième assassin de Clarence dans *Richard III* est un composé de scrupules et de cynisme, de bonté et de cruauté, est lui-même un composé d'honnêteté, de courage et de coquinerie; et comme l'assassin est au fond un justi- cier, l'espion de police est le vrai juge des ministres. Que Stendhal ait été sensible à cet aspect de renversement des valeurs, ou de paradoxe qui définit le 'réel', au fait que dans une certaine ex- périence des limites, les contraires puissent s'échanger, et se brouiller les frontières ou les rôles, que Shakespeare l'ait aidé à cette vision du double aspect de tout, j'en vois la preuve dans un texte de 1804 où en lisant le récit du procès du général Moreau[92] qu'approuve et admire le jeune 'jacobin', il a envie de rire; dans le compte-rendu des audiences, il découvre dans une phrase où l'ac- cusé semble devenir accusateur, et récuser les anciens républicains qui lui font grief de le demeurer, un modèle de plaisanterie: c'est presque un exemple de 'grotesque' hugolien. Mais ce renverse- ment du sérieux en comique, de la faiblesse en force, de l'accusé en juge, a un précédent: 'je me suis souvenu qu'un morceau de Shakespeare m'avait produit le même effet'.

Et puis que Shakespeare soit un modèle d'ambiguïté littéraire, je voudrais en apporter une preuve indirecte. Toute l'hésitation du goût néo-classique à admettre 'Shakespeare tout pur', se trouve là: c'est peut-être moins une attitude classique qu'une attitude ra- tionaliste et 'philosophique'. Mme Bailey le montre bien à propos des adaptations et traductions d'*Hamlet*: ce qui est concret devient abstrait, concis, dilué, ce qui est métaphore devient exposé, ce qui est suggestif devient explicite. Le héros 'sait exactement à chaque instant qui il est et pourquoi il se conduit comme il le fait'; il y a in- tolérance de l'ambiguïté et 'exigence de l'explicite'.[93] Le public anglais au reste comme le montre le livre récent de Michèle Willems, *La genèse du mythe shakespearien* aborde le texte à travers des adaptations, une 'chirurgie esthétique', dont la finalité essentielle est une 'perte de complexité', 'un passage du complexe au linéaire, de l'ambigu à l'explicite', si bien que 'le spectateur est à tout moment prévenu de ce qu'il doit penser'.[94] Or Stendhal in- itialement ne réagit pas d'une autre manière: son 'Shakespeare' ne lui est pas perceptible d'emblée. On le voit ramener les pièces à une leçon,[95] leur faire prouver une seule maxime nette (*Timon d'Athènes*: l'ingratitude des amis des riches et de leurs parasites), enfermer l'identité des personnages dans un mouvement passionnel ou unique ou double, mais toujours tranché, songer à leur ajouter des mobiles pour qu'ils soient plus clairs et mieux étiquettés parmi les types connus (ainsi Macbeth assassin par amour). Le cas de *Jules César*[96] est plus net. Lorsqu'il étudie la pièce en 1811, il ne peut se départir de sa lecture 'jacobine' de 1803, qui lui fait voir en Cassius 'l'original', l'homme différent que craignent les pouvoirs et en Brutus, 'le plus tendre des hommes' qui tue César par devoir 'en pleurant'. Il attend de la pièce qu'elle soit le drame de Rome, le drame de la liberté impossible, du tyrannicide inutile, et il reproche à Shakespeare une certaine arriération politique ou philosophique. Il ne perçoit dans la pièce aucune ambiguïté sur les héros, les motifs, les valeurs défendues, convaincu au contraire que le tort des conjurés est de ne pas aller jusqu'au bout de la légitimité absolue de leur acte; Brutus, le héros de la liberté 'tuant l'homme qu'il aime pour sa patrie' s'égare hors du strict jacobinisme qui lui ordonne de tout faire pour la patrie. Alors que Joseph de Maistre discernait dans *Hamlet* la tragédie d'un monde souillé et détruit par le régicide, Stendhal suit Ducis (Ophélie est la fille de Claudius), et le drame est le conflit du devoir de vengeance et de l'amour, auquel Stendhal ajoute une sorte de fond 'brechtien', le père d'Hamlet devenant un prince éclairé.[97] Reste à savoir si Hamlet dont Stendhal a dit qu'il était 'fou',[98] dont il a adoré les interprétations par Kean, ne lui est pas resté relativement distant: ce serait le point où l'ambiguïté devenant 'énigme', comme le disait Schlegel,[99] pour qui la pièce était 'comme les équations irrationnelles qu'on ne peut jamais résoudre et dans lesquelles il reste toujours une fraction d'une grandeur inconnue', Stendhal se refuserait à ce principe de questionnement sans fin. Car enfin ce personnage qui fait l'hypocrite pour résister à l'hypocrisie fondamentale de la réalité, en qui la corruption universelle provoque initialement cette perte de foi qui frappe tous les personnages de Stendhal à leur entrée dans le monde, cet homme supérieur jeté dans un monde pourri, *étranger* essentiel, qui démasque les apparences, et ne peut jamais porter à l'expression extérieure sa richesse intérieure, dont l'ironie est la sincérité possible en un monde faux, malade du 'trop raisonner' et paralysé par un excès de pureté et de réflexion, si bien que l'assimilation au 'mal du siècle' est universelle autour de Stendhal, et qu'Hamlet s'intègre parfaitement au héros du romantisme, Stendhal ne semble pas l'aborder sans réticences.

Après avoir déclaré que l'Hamlet de Ducis était un 'couillon' inactif, Stendhal[100] a écrit en janvier 1830 en marge d'un *Hamlet* des remarques qu'un article très judicieux d'Henri Martineau a commentées en les rapprochant du texte du *London Magazine* de 1825 où Stendhal avait comparé Lamartine, le poète, à l'homme politique, opposé le sens poétique au sens politique, et conclu que 'c'était là le vrai sens de la réponse faite à Hamlet par l'ombre de son père'. Ce que le Spectre enseigne au héros, et ce que le poète ne saurait assimiler sans se perdre, ce sont 'les réalités de la vie', la valeur infernale du réel, l'aridité perverse d'une humanité intrinsèquement scélérate, le désséchement du mal. Quoi de plus 'stendhalien': le réel blesse, humilie, rend fou chez lui aussi. Mais les notes de Stendhal épluchent les réponses d'Hamlet: qu'il jure immédiatement d'agir, qu'il se raidisse après une brève défaillance par le serment de se souvenir, qu'il fasse jurer le silence aux siens, dans tous les cas Stendhal dénonce en lui 'l'étudiant allemand', le 'bavard' qui 'n'agira pas', et l'oppose ironiquement à Achille, qui était 'fort à agir'. Et pourtant quoi de plus moderne et de plus 'stendhalien' que cette impossibilité d'Hamlet d'adhérer à son *rôle*, comme les personnages de Stendhal, que ce jeu permanent des identités, et des certitudes; Octave n'est pas son 'devoir', Julien n'est pas son 'rôle', Lucien n'a aucun rôle, ou tous les rôles. Le personnage individualisé se crée par l'écart avec son identité donnée ou prévue. Mais l'assimilation d'Hamlet à 'l'étudiant allemand' (assimilation qui est faite spontanément et universellement par la critique française en particulier par le *Globe*), à ce personnage légendaire et wertherien, dont Julien se sépare énergiquement dans sa prison quand il se sent défaillir, montre bien le grief latent de Stendhal: Hamlet personnage sans volonté, qui ne tend pas à 'agir', le mot chez Stendhal est un mot d'ordre, il se suffit par lui-même, est un personnage spéculatif, dévoré de philosophie (et de mauvaise philosophie), qui doute non pas de lui-même, mais de la vérité en soi. N'est-ce pas ainsi que Karl Jaspers analysait Hamlet, comme la tragédie de l'impossible vérité absolue qui légitimerait l'acte? Analogue à une jeunesse moderne en situation d'inactivité, Hamlet aux yeux de Stendhal s'en écarte dans la mesure où il utilise la philosophie 'allemande', la spéculation sur l'absolu, comme diversion à l'*agir*. Oserai-je conclure, les textes de Stendhal sur le 'drame' le permettent, Stendhal n'accepte pas une tragédie philosophique.

Mais par ailleurs il se transforme volontiers en militant de l'ambiguïté shakespearienne; je retiens pour terminer ce point sa lettre à l'*Examiner* en 1821[101] où contre les adaptations de *Richard III* proposées au public britannique il défend le 'pur' Shakespeare. La pièce est devenue 'un mauvais mélodrame', ou une pièce 'française'. Elle souffre d'un excès de clarté, où pour reprendre la distinction capitale de l''effet' et du 'fait', l'adaptateur indique ce que le spectateur doit croire, au lieu de le laisser conclure de lui-même. Les 'faits' 'dépeignent suffisamment'; mais le mauvais shakespearien en rajoute (la mort d'Henri VI est placée au début de la pièce ce qui simplifie Richard et interdit le développement, la 'préparation' du personnage), ou en retire, quand les interpolations et les effets de style détournent l'attention de la situation des personnages; il y a destruction de l'ambiguïté et donc de la liberté du spectateur, quand le personnage se définit lui-même, quand le spectateur est privé de ses réflexions, quand l'indiscrétion de 'l'art' explicite le sens des faits que le spectateur doit tirer de lui-même.[102]

S'il s'agit maintenant de la comédie shakespearienne, la fascination qu'elle va exercer sur Stendhal n'aura pas d'autres causes. La comédie dont Stendhal ressent les limites, c'est la comédie où l'on rit, ou la comédie satirique[103] calculée pour qu'une victime soit livrée au spectateur comme dans un rituel d'exorcisme; aussi doit-elle être désignée à l'orgueil, au sentiment de supériorité avec une clarté, une distance impitoyables. Or dans Shakespeare Stendhal, à mon sens puissamment aidé par Schlegel dont il accepte largement le tome III consacré à l'analyse pièce à pièce de Shakespeare, et que justement il n'annote pas, Stendhal reconnaît que ce type d'émotion immanquable et nettement dirigée n'existe pas: il n'y a pas obligation de rire, il n'y a pas de 'quoi rire', Stendhal le note parfois avec embarras, avec regret comme dans sa lettre de 1825[104] à sa traductrice, 'j'aime Rosalinde, je suis attendri par Jacques dans la forêt des Ardennes, c'est de l'or, c'est des diamants, mais ce n'est pas du rire'. Ce qui explique que Stendhal ait aimé les pièces les moins 'classables' de Shakespeare, qui sont des 'romans dramatiques', comme *Cymbeline*, des 'histoires d'amour revêtues de la forme dramatique',[105] ou des comédies comprenant un élément de sérieux ou d'horreur, comme le *Marchand de Venise* où il accepte la dualité de Shylock, vieil avare de comédie, vengeur de tragédie, ou peut-être *Mesure pour mesure*. Plus exactement la comédie réprouvée est celle où l'on rit de quelque chose, ou de quelqu'un, où l'on rit *contre* et non avec;[106] la comédie où il n'y a pas d'hésitation sur la valeur et la signification des personnages; depuis ses débuts Stendhal a toujours conçu le héros 'non-héroïque' comme intrinsèquement ridicule et sympathique: Cervantès[107] lui a présenté le modèle de ce mixte, de cette impureté indispensable, 'les meilleurs personnages ridicules sont ceux qu'on aime', comme Don Quichotte, ensuite 'ceux qu'on estime', comme Alceste. Il y a donc comique à nouveau quand il n'y a ni évidence ni univocité de l'objet du comique, ni séparation rigoureuse et fermée de l'attitude du rire.

Ceci posé, pour bien mesurer ce que Stendhal doit à la comédie shakespearienne, il faut préciser deux points de contact essentiels: d'abord que Stendhal se proclame shakespearien par les femmes. De tout le théâtre il retient d'une manière éminente les héroïnes:[108] Ophélie dont le rôle a 'une couleur faible, lente, rêveuse', Viola dont il retient l'aveu masqué de son amour muet et effacé, lorsqu'elle dit d'elle-même qu''elle s'inclina comme la Résignation sur une tombe, souriant à la mélancolie', Desdémone qu'il voit comme Mélanie, timide, pudique, sans usage, avec une figure douce et mélancolique, et 'en beauté piquante qui joue un concerto de beauté', et pour laquelle il retient l'exclamation d'Othello, 'Excellente créature, que la perdition s'empare de mon âme si je ne t'aime pas! Va, quand je ne t'aimerai plus, ce sera le retour du chaos',[109] Imogène encore,[110] l'amante parfaite, 'd'un esprit borné' certes, sans enthousiasme et sans élan, mais 'ne concevant que son amour', d'une douceur inaltérable au sein des trahisons, des souffrances, des persécutions, et méritant ce compliment stendhalien, 'elle se plaint sans accuser personne'. Quand Iachimo tente de la séduire, cette héroïne innocente d'une vertu très pure 'ne déclame point contre la perfidie humaine', elle se contente de mépriser le trompeur et de le chasser. 'Que Shakespeare a le pinceau *felice* pour ses figures de femmes', s'écrie Stendhal dès 1805, et il regroupe dans une particulière dilection ces héroïnes de la *grâce*, qualité qui chez lui engage une poétique et une érotique. La grâce comprend la faiblesse, l'effacement, la réserve, (à quoi s'oppose chez Shakespeare l'héroïne effrontée et perverse, Cressida), l'affirmation dans le retrait et la modestie; finalement les héroïnes déguisées, en qui se mêlent audace et réserve, l'une et l'autre expression complémentaire de l'amour, le fait de se nier, de s'abaisser ('*She Stoops to Conquer*'), pour s'affirmer, ou le fait de s'affirmer à demi, et comme une autre, pourraient bien rejoindre les autres héroïnes dans le camp de la grâce; le vert de houx de Lamiel est un excellent exemple de conduite gracieuse. Que doivent à Shakespeare les héroïnes stendhaliennes, ces modèles de perfection féminine, c'est-à-dire de 'douceur angélique' et de réserve? L'analyse d'Hazlitt s'applique bien à elles: leur seule 'logique' est l'amour, leur seul 'roman', l'excès de leur fidélité aux préjugés féminins, leur seule définition, la rigueur de leur féminité. Et Hazlitt en fait ne prétendait dans ce passage qu'à décrire Imogène pour laquelle pratiquement il relève les mêmes traits que Stendhal. Toute sa force est dans sa modestie et son oubli de soi: vertueuse, belle, parce qu'elle ne pense ni à sa vertu ni à sa beauté. Dès sa jeunesse Stendhal prétend avoir vu en elle 'le vrai beau', c'est-à-dire le beau naïf et innocent de toute affectation. Il est bien vrai que sa beauté n'est évoquée que lorsqu'elle est surprise dans son sommeil par Iachimo ou supposée morte: ce sont ces deux passages 'gracieux' que Stendhal recommande particulièrement à Viganò s'il entreprend de faire un ballet de *Cymbeline*.[111] Faut-il ajouter que la scène de Iachimo dans la chambre d'Imogène endormie se trouve pour une part dans le *Coffre et le Revenant*, c'est l'aspect banal du subterfuge, mais commence aussi cette longue suite de scènes d'intrusions dans chambre féminine et de contemplation d'une beauté endormie, que Stendhal a trouvée dans *Gil Blas*, ou Tirso de Molina, avant de l'esquisser dans le *Chevalier de Saint-Ismier* ou d'en donner une variante dans la scène d'*Armance* où l'héroïne s'évanouit devant la dureté d'Octave. Scène-clé pour l'érotique et la poétique, puisqu'elle définit une beauté tout à la fois abandonnée et indifférente, totalement disponible et totalement étrangère.

Faut-il ajouter aussi que pour Stendhal, Shakespeare a défini la féminité britannique, ce fond du génie anglais que le voyageur ne retrouvera comme l'a montré Pierre Reboul[112] que chez les petites prostituées londoniennes en qui persiste paradoxalement cette modestie, cette naïveté, ce dévouement de la Vieille Angleterre.

Sur un autre point il y a coïncidence entre le 'romanesque' de Shakespeare et celui de Stendhal: leur érotique est fondée sur l'illusion. Différemment certes, dans la mesure où le Romantique convaincu qu'il y a une bonne erreur, une absurdité faste, un droit de la subjectivité à inventer son propre monde, interrompt ou arrête le mouvement continuel de bascule que le théâtre introduit entre la raison et la folie, la folie des sages et la sagesse des fous. Chez Stendhal aussi il y a une folie *sage*, c'est la folie de la passion, mais justement le Romantique acceptera moins aisément que Cervantès ou Shakespeare, de relativiser le délire passionnel devenu accès à l'absolu et à l'idéal, et de le maintenir dans le grand jeu de la dénonciation de la comédie humaine. Le passionné renvoie au non-passionné, au 'prosaïque' l'image plate de sa stérilité d'âme, mais tolère moins bien qu'on lui renvoie l'image de son idéalisme chimérique. Le Romantisme appauvrit en donnant à la folie une sorte de charisme absolu, le vrai sens de la 'folie' littéraire: il n'y a pas dans Stendhal, shakespearien s'il en est, un mot sur les fous ou les clowns de Shakespeare. Mais on aura peine à croire qu'il n'ait pas lu dans le *Songe d'une nuit d'été*[113] tous les passages qui expliquent que l'amour 'ne voit pas avec les yeux, mais avec l'imagination', qu'il s'éprend d'un rêve, de n'importe quoi, d'un monstre, qu'il est le jouet des philtres, des erreurs, des images, qu'il hésite entre les illusions du désir, et celles de la haine, évolue dans le pénombre des songes; enfin la tirade de Thésée, vraie 'source' de *De l'Amour,* identifie le fou, l'amoureux, le poète. Mais le mot de Iago,[114] 'des babioles légères comme l'air sont pour les jaloux des confirmations aussi fortes que des preuves d'Ecriture Sainte', ce mot qui va bien dans le sens de la thèse que pour l'amant, tout est signe, et toute réalité, incertitude, Stendhal l'a cité, glosé, conseillé justement comme méditation aux jaloux, tandis que dans ses romans il a réservé à Octave[115] ou à Lucien des crises de jalousie exactement pour rien.

Ces rencontres concernant l'héroïne et l'amour, qui nous amènent au 'romanesque' de Shakespeare, sont à compléter par une troisième considération. Ce qui me semble commun à Stendhal et à son modèle, c'est un certain sens de la 'comédie', au sens de théâtralité affirmée; au théâtre dédoublé, où la formule du 'théâtre dans le théâtre' est finalement universelle, puisque d'une manière ou d'une autre tout personnage joue volontairement ou non un rôle, et se trouve à un niveau quelconque un spectacle ou un acteur, répond le roman qui reprend cette théâtralité affirmée, où les personnages jouent pour d'autres, pour eux-mêmes ou pour l'auteur, qui lui-même démultiplie ses rôles et ses fonctions. Il y a un constant emboîtement des points de vue, des spectacles, des niveaux d'ironie et de commentaire. Toute l'éducation théâtrale de Stendhal l'a conduit à placer la théâtralité dans le roman. Ou plus exactement d'une manière qui là encore ferait penser à Shakespeare, à user d'une convention explicite, à aller jusqu'au bout de la convention du récit (c'est l'intrusion d'auteur) pour la faire disparaître: l'auteur n'est qu'un metteur en scène ou un comédien parmi tous les autres. On sait que Claudel[116] avait retenu de Shakespeare l'idée de la mise en scène visible, réalisée sous les yeux du spectateur, et d'un trucage éhonté ou désinvolte. De la même manière chez Stendhal 'le conteur contant' est en scène avec effronterie. Il n'y a plus de barrière entre récit et commentaire, comme dans le récit il n'y a pas de limite entre la fiction racontée et celle qu'établissent les personnages eux-mêmes. Tout le monde joue, et prépare, récite, exhibe son rôle. Comme Richard III et Hamlet, Julien joue ses pièces, et manipule ses personnages. Il est pour lui-même un personnage.

Tout personnage est un acteur; toute entreprise une 'pièce'. Or il me semble que bien des allusions ou emprunts aux comédies de Shakespeare relèvent de cet aspect. Est-ce vraiment hasard si l'actrice de Féder, théoricienne de la comédie sociale, organisatrice de scénarios sérieux ou bouffons pour aider la carrière de Féder, ou fournir à ses plaisirs, se nomme Rosalinde? Elle aussi comme son précédent illustre se joue elle-même. Stendhal de même accorde une extrême importance à Gratiano,[117] dont il a médité la tirade initiale, 'A moi donc le rôle de fou', à Jacques, qu'il exalte pour son silence, et son 'art de plaire à tous', son 'amabilité pure et aérienne': mais c'est bien lui qui réclame l'habit du fou et disserte sur la théâtralité universelle. Le *Forestiere in Italia* reprend l'argument d'une mystification: d'une comédie dans la comédie; le Malvolio[118] de Shakespeare devient un fat français qui agace les Italiens; ils établissent comme dans la *Nuit des Rois* un piège leur permettant d'assister à 'une triple comédie'. Mais en fait de mystification ayant valeur d'épreuve, ou de fausseté produisant du vrai, il me semble que le dressage de Mathilde devrait faire penser à la *Mégère apprivoisée*: une parodie d'amour crée une vraie passion.

La femme rebelle à l'amour se trouve soumise à sa loi dès lors que l'amant comme le Petruchio de Shakespeare lui oppose son propre double, un orgueil excessif et impénétrable, et lui permet de changer son identité par le spectacle réfléchi de ce qu'elle est. Elle est modifiée par la parodie retournée de ce qu'elle a fait: de même que Petruchio est assuré de la guérison de Catharina en la forçant à un mensonge palpable, à dire que le soleil est la lune, de même Julien s'assure de l'amour de Mathilde en la contraignant à mentir et à reconnaître faussement avoir laissé M. de Luz prendre une fleur qu'elle avait cueillie.[119] Dans le *Rose et le Vert*[120] Stendhal avait prévu que l'héroïne mettrait à l'épreuve le héros en le soumettant à l'épreuve que propose dans *Macbeth* Malcolm à Macduff (elle lui faisait croire qu'elle avait un enfant). La mystification peut prendre une dimension collective comme dans *Mesure pour mesure* ou la *Tempête;* le fait que Stendhal n'ait pas aimé la facilité du jeu instauré par le duc[121] par exemple, trop aisément promu à un rôle providentiel d'arrangeur de la fin heureuse, ne doit pas nous faire oublier que Prospéro comme on l'a dit justement revit en Mosca ou M. Leuwen et que la magie devenue politique ne perd rien de sa féerie ni de sa puissance. Mais sans doute quel que soit son goût pour le merveilleux, il fallait à Stendhal plus de vraisemblance dans le pouvoir du démiurge ironique.

On devrait dire que la comédie de Shakespeare est pour Stendhal un mouvement 'comique', dans lequel le désir, l'illusion, le jeu sont unis, c'est le mouvement même de l'esprit, (pour Schlegel elle 'met l'âme en liberté'),[122] quand il se confond avec l'amour, son pouvoir d'illusion ou de fiction, (il invente son monde), son pouvoir de jouer et de produire par le jeu une joie inépuisable. C'est ce qu'il nomme le 'comique romantique', c'est-à-dire le fruit d'une 'imagination folle', 'les élans d'une imagination folle', soit l'équivalent littéraire de la musique, par 'la fausseté perpétuelle de donner un cœur tendre et noble à tous les personnages', ou de peindre 'les hommes tels qu'il serait à désirer qu'ils fussent'.[123] C'est le monde de l'amour, et le monde selon l'amour; le désir dans sa liberté y généralise une libération de la vitalité: autre trait musical. C'est bien alors que la mystification devient vérité idéale ou vérité selon l'idéal. Au reste c'est dans Shakespeare lui-même qu'il trouve le rapprochement avec la musique: il a retenu[124] avec quelle persévérance le mot de Jessica à la fin du *Marchand de Venise*, 'je ne suis jamais gaie quand j'entends une musique douce';

mais il me semble évident que tout le final de la pièce est bien connu de Stendhal; le nocturne musical est un duo d'amour[125] entre
Lorenzo et Jessica si subtilement organisé qu'il ferait penser aux
scènes du *Chasseur Vert* dans *Lucien Leuwen*. En lisant en 1835
l'acte V de la pièce, Stendhal révèle qu'il pense à son contact à un
problème qu'évoquera aussi la *Vie de Henry Brulard*, comment
peindre le bonheur; il note en effet, 'lu Shylock avec admiration,
au 5° acte, avec quelle difficulté peindre le bonheur'.[126] Or c'est
en ce moment de grâce et de suspension des troubles et des lour-
deurs de la vie que se trouve l'intermède musical, et les réflexions
sur la musique; la nuit est baignée d'amour, elle accompagne le
triomphe des amants sur la cruauté et l'amour des faux biens, et
dans le silence que la nuit rend plus profond joue l'orchestre
réclamé par Lorenzo. C'est le moment de l'harmonie, de l'harmonie cosmique et humaine, le moment extatique de l'union des
âmes et du retour à l'accord avec l'Etre par delà les liens de la
pesante matière. Lorenzo évoque Orphée pour démontrer que
l'homme a 'une musique en lui'. Stendhal interprète le rôle de la
musique dans la dramaturgie de Shakespeare: il ne voit que son
lien avec la mélancolie. Mais comme elle est la prise en pitié de soi,
l'émergence d'une tendresse pour soi-même et tous les êtres contre la douleur méchante, ou d'une sorte de *caritas* qui repousse le
malheur, nous ne sommes pas loin de cette valeur interne de la
musique comme réconciliation et retour à la grâce. Sur ce point
comme sur les autres, Shakespeare s'oppose à la 'sécheresse', à
l'aridité de l'âme et à l'étroitesse du goût.

Mais la comédie shakespearienne venait pour Stendhal répondre
à ce qu'il considère lui-même comme sa vocation unique: la comédie romanesque, la jonction qui serait l'axe essentiel de son
œuvre, du *romanesque* et du *comique*. Lorsqu'il s'égarait vers le
théâtre, c'était cela qu'il cherchait, ce que Cervantès, le Tasse,
Shakespeare lui offraient avec quelques œuvres secondaires
(Destouches), ce fameux 'conte d'amour et de forêt', qui n'est
nulle part davantage que dans *Comme il vous plaira* et *Cymbeline*.
Alors la comédie est 'romance', et inversement le romanesque le
plus pur, et le plus naïf est objet de comédie. Faut-il le dire brutalement: c'est là le sens même de l'entreprise romanesque de Stendhal. A douze ans, il ne cherchait 'dans la comédie que le roman
d'amour'. D'où la place des 'grands bois' dans le monde stendhalien, comme cette mythique forêt de la Faggiola où se regroupent

les bandits d'honneur, et les bannis d'amour, lieu de la solitude, du repos, de la rupture des liens sociaux et des contraintes du temps, et du souci, contrepoint de la cour (ainsi dans la *Chartreuse de Parme* la fuite de Fabrice dans les îles enchanteresses et impénétrables du Pô), lieu de l'idylle, de l'aventure, de l'épreuve d'amour, de la rêverie; l'innocence et l'amour sont hors la loi, repoussés par la persécution, c'est le thème aussi bien du *Conte d'Hiver*, ou de la *Tempête*, mais surtout ils sont hors la réalité, 'hors des frontières de la prose et de la réalité', disait Schlegel dont l'analyse de *Comme il vous plaira* et de la 'forêt romantique' fait le lien entre la libération des liens sociaux, et celle des liens moraux, ou matériels, 'pour évoquer cette poésie qui repose au fond du cœur de l'homme, il ne fallait autre chose que le rapprocher de la nature, détruire une contrainte artificielle, et mettre son âme en liberté'. Le romanesque n'est que la liberté *idéale* de l'homme. Et *Cymbeline*, pièce qui est loin de faire l'unanimité dans la critique shakespearienne,[127] s'est signalée d'emblée aux yeux de Stendhal par un 'charme' et une 'impression', une valeur de 'tableau dans le genre doux et noble', qui l'a fait passer pardessus toutes les critiques, et insuffisances; *Cymbeline* dont il accepte à peu près tout, et l'apparition de Jupiter, et les incohérences et les invraisemblances et l'aspect strictement conventionnel: il la lit au niveau 'premier', et naïf qui est celui d'un conte de fées, de l'histoire d'un amour fidèle, chaste, calomnié et persécuté par les méchants et les stupides, d'un fabliau où une Griselidis est mise à l'épreuve d'un pari et d'un séducteur, d'une pastorale où de bons enfants vivent avec de faux parents à l'écart de la cour et d'un père tyrannique, d'un récit d'aventures (fausses morts, déguisements, combats, prison, errance dans l'espace libre hors des temps et des lieux), et d'épreuves qui opposent abruptement les bons et les méchants. C'est bien un roman 'roman', mais c'est aussi comme les interprétations plus modernes l'ont mis en relief, un roman qui rejoint les romans de Stendhal, dans la mesure où au travers ces conventions se font jour d'autres thèmes par exemple le conflit de l'âge mûr tyrannique, prudent, et glacé, et des jeunes vigueurs, des franchises juvéniles, le conflit encore des âmes vraies, et le mensonge, l'apparence meurtrière et corruptrice, dont seule Imogène et les héros de l'épisode 'pastoral' sont indemnes; la vraie épreuve est l'hypocrisie, c'est le vrai 'hiver' amoureux, moral et social qui divise et pervertit tout un monde jusqu'à l'éclaircissement final qui

vaut comme réconciliation et réparation générales. En arrivant devant la grotte de Bélarius,[128] c'était bien le mensonge que craignait
d'abord Imogène; et la pièce oppose à toutes les forces de l'erreur,
de la calomnie, de la tyrannie, la foi jurée et la transparence de
l'âme innocente.

Si bien qu'au fond de la convention en apparence éculée, se
trouve une autre vérité: la Blanche Neige shakespearienne est une
héroïne 'stendhalienne'. Dans l'Arcadie bretonne s'est logée une
réflexion sur le mal et le faux. Le faux de la convention selon un
mouvement qui est sans doute la loi du genre romanesque produit
une dénonciation du faux, et une vérité. Aussi je trouve profondément 'stendhaliennes' certaines analyses de la critique anglaise qui
à propos par exemple de *Comme il vous plaira* ou en général des
comédies d'amour de Shakespeare, relèvent qu'elles sont à la fois
le romanesque, le code de l'amour convenu, et la critique ou la
dérision du romanesque et de l'amour convenu; le même mouvement se prononce pour et contre les folies du cœur, pour et contre
l'amour de l'amour. Faire sa cour ne va jamais sans une parodie de
l'amour, inévitable dès qu'il est parade; la folie d'Orlando est le
comble et la caricature de l'amour, Stendhal le sait le premier.
C'est l'ironie qui donne sa vraie valeur au romanesque, l'amour appelle l'humour, l'idéalisation sa contrepartie quotidienne,
l'idéalisme, comme on l'a dit est 'réaliste'. Ou bien l'on voit comme dans Shakespeare et Marivaux, le refus idéaliste d'aimer mis en
déroute par l'amour, qui est à la fois la réalité et l'autre idéal, le
vrai idéal.

Ainsi la comédie se présente comme la vraie expansion du
romanesque, le contexte dans lequel il se déploie le mieux, outré,
contrôlé. Stendhal parapherait cette formule de l'*Anatomie de la
critique*, 'Eros est l'inspirateur du génie comique',[129] si l'on admet
que la comédie romanesque de Shakespeare, ce que Stendhal
nomme le 'comique romantique' est l'esprit de la comédie à l'état
pur, l'esprit fait comédie, et roman. Quand le même livre analyse
le '*mythos*' de la comédie,[130] passage d'un monde vieilli et tyrannique à un monde nouveau, à un renouveau qui bafoue les préjugés, et l'orgueil, instauration de 'saturnales', qui ressemblent à
'un rituel des saisons', 'au passage de l'été au printemps par
l'intermédiaire de la période d'hiver', ou à une thérapeutique
psychologique, il situe bien le rôle du 'monde verdoyant', et du
'thème forestier' si chers à Stendhal, (ils permettent le renouveau,

'la symbolique du triomphe de l'été sur l'hiver' et sont analogues 'avec le monde de l'abondance des rituels', et 'avec le monde du rêve créé par nos désirs') et il me semble fort proche de la manière dont Stendhal interprète la comédie de Shakespeare. Elle a bien l'antique fonction du rire, mais perfectionnée, elle est un moyen de rajeunissement, de renouveau de l'âme, elle le représente et le produit chez le spectateur, elle est une source de joie, elle allège de la pesanteur matérielle de l'existence, elle nous ressource dans le monde infiniment joyeux de l'idéal. Le rire, ou mieux la joie, l'accès à un bonheur que la réalité ne permet pas, l'accès à une forme d'existence idéale parce qu'elle est indéfiniment heureuse, comme l'existence rythmée par la musique, c'est ce qu'il découvre dans le 'comique' de Shakespeare. Loin de donner la simple et sèche satisfaction de sentir notre supériorité sur un maniaque et un vicieux, la comédie 'romantique' ramène aux sources profondes et inépuisables de la vitalité du corps et de l'âme, à une jubilation où nous renouons avec nous-mêmes et l'identité idéale et profonde que la vie convenue et banale a masquée et appauvrie. Sur ce point il me semble qu'avec Hoffmann et Musset, ou Claudel qui a des réflexions très voisines, et qui utilise dans le même sens le théâtre de Shakespeare, Stendhal a vraiment pénétré dans sa compréhension intime.

C'est donc le jeu démesuré, c'est-à-dire la joie de multiplier l'existence et de la rendre infinie en la soustrayant à toute contrainte de sens, d'utilité, de réalité. C'est le plaisir d'être sans rime ni raison, sans finalité ni modération. Comme le dit Schlegel, 'Shakespeare se plaît à nous sortir de la gêne des conventions, et des prétentions sociales, de cette prison étroite où les hommes s'ôtent les uns aux autres l'air et la lumière, et il nous fait respirer librement'. Est comédie la gaieté absolue, la vitalité devenue gaieté, l'esprit devenu sa propre liberté, 'l'aimable délire de la jeunesse',[131] le rire vraiment 'fou', la plaisanterie que Stendhal définit justement comme une absurdité, une intrusion ravissante du non-sens dans l'univers du sérieux et des sens figés, 'l'amabilité'[132] aussi, au sens strict, le désir d'être 'aimable', qui accompagne 'la joie pure' dans *Comme il vous plaira*, 'le délire heureux d'une imagination qui s'amuse', dont l'équivalent est toujours le fou rire des jeunes filles, cette 'gaieté annonçant le bonheur', c'est-à-dire le bonheur d'exister, l'existence devenue bonheur. A la limite Shakespeare qui était dans les débuts de Stendhal le modèle de l'abondance littéraire, de la '*luxuriancy* de vérité',[133] ou qui était symbolisé par un fleuve large et profond au cours majestueux devient le représentant d'une 'abondance' indifféremment morale et rhétorique; contre toutes les pauvretés, au nom d'une 'copia' infinie, il incarne toutes les fécondités, et surtout cette 'ivresse morale' dont parle Stendhal pour l'Italien; la comédie est une sorte d'ébriété qui peut être à la rigueur l'ébriété verbale; une note du *Rose et le Vert* me ferait croire que Stendhal a admis le rôle du calembour shakespearien.

Deux personnages incarnent cette fusion du jeu et de la joie: Gratiano,[134] avec sa récusation initiale du rôle d'homme triste, si souvent évoqué par Stendhal comme un trait moderne, avec l'exaltation de la gaieté insouciante contre tous ceux qui 'ont la jaunisse à force d'être grognons' (on croirait entendre Brulard parler de ses parents), contre les sérieux-prétentieux, les graves et les froids, les inertes et les ambitieux (que de fois l'on voit chez Stendhal l'idée que la gravité est le seul moyen de parvenir), avec son éclat final qui supplie Antonio de ne pas pêcher 'avec l'amorce de la mélancolie, la réputation, ce goujon des sots'.[135] Mot stendhalien, idée stendhalienne, personnage dont tous les commentaires de Stendhal font l'exemple de l'homme gai, de l'homme aimable (à l'italienne), surtout du vrai personnage de comédie, parce qu'il est explicitement, volontairement porteur d'une gaieté, il ajoute à sa gaieté le fait de la jouer, et il la joue pour nous. Personnage qui nous offre son comique contrairement à la tradition de la comédie issue de Molière (et bafouée par Figaro) du personnage qui donne à rire malgré lui et sans le savoir, par son ridicule, et non par son esprit. Autre personnage essentiel pour Stendhal parce qu'il représente ce comique avoué et voulu, ce don du personnage au public, cette volonté d'exagérer son jeu et son être pour le rendre producteur de plus d'amusement: c'est Falstaff.

De tous les personnages-acteurs du théâtre de Shakespeare c'est celui-là qui a le plus séduit Stendhal. Etonné que ses vices le rendent sympathique, que son esprit rachète sa lâcheté, Stendhal finit par voir en lui 'l'homme gai',[136] le *personnage-plastron* qui est volontairement offert aux autres personnages pour en jouer, le personnage non limité par ses défauts, qui l'éloigneraient dans un ridicule inexpiable, mais détaché de lui-même grâce à son 'esprit', qui l'égalise avec le spectateur, et comme le Sganarelle du *Médecin malgré lui* le rend digne d'un rire proche, d'un rire bienveillant, ou complice, d'un rire de sympathie avec son humeur 'gaie', mieux encore un rire d'admiration pour l'agilité de son esprit, la désinvolture de ses mensonges; alors le récit du vol et la multiplication des 'coquins en habit de bougran' provoquent un 'rire délicieux', et l'admiration pour ses richesses d'invention. Le comique 'romantique', c'est donc Falstaff et en 1804 Stendhal songe à l'adapter pour les Français modernes, dans *Une position sociale* il prévoit que le personnage comique sera à son image. Ce qui est 'comique', c'est le jeu systématisé, l'exagération de soi qui détache de soi et fait du personnage comme le dit Hazlitt, 'un acteur en lui-même presque autant que lorsqu'il est sur la scène'.[137] Le 'bouffon' stendhalien est bien ridicule, c'est Rassi, c'est Gonzo, mais il n'est pas pris par son ridicule: il n'est pas limité à lui, et demeure d'une certaine manière content d'être soi, content de manifester une sorte d'impudence démonstrative. *L'esprit* permet cette distance, cette agilité qui unit au vice une sorte de génie de l'imposture. L'analyse de Falstaff par Hazlitt qui met en avant à quel point le personnage se caricature, fait de sa gourmandise une représentation excessive et amusante pour les autres, et exagère ses défauts pour se rendre comique, insiste sur un point qui pourrait nous permettre d'indiquer où se trouve chez Stendhal le personnage tiré de Falstaff. Ce qui le caractérise c'est son effronterie vis-à-vis des objections de la réalité ou de la vérité, et son pouvoir d'esquiver toute difficulté qui troublerait son sentiment de lui-même: il est indifférent à la vérité, et fait du mensonge un jeu supérieur. Mais celui qui chez Stendhal agite un personnage de laideur, de vulgarité, et s'en sert en l'exagérant à dessein, et par ailleurs se trouve naturellement menteur, et imposteur, c'est bien le docteur Du Poirier le héros des contre-valeurs et des contre-vérités, l'esprit si totalement faussé et contourné qu'il est disponible pour toute affirmation ou théorie, qu'il n'est jamais confondu ni confus, et semble se mouvoir hors de toutes les contraintes rationnelles. Inquiétant certes, mais *comique*, parce qu'il improvise sans fin du faux, parce qu'il ment avec une verve intrépide dont il s'amuse le premier comme les personnages de Stendhal sont les premiers à rire de leurs effets, et à s'encourager à jouer encore mieux leur personnage de menteur.[138]

Au fond il faudrait dire que ce qui vient de la comédie 'shakespearienne' chez Stendhal, c'est surtout le contraste de l'*hiver* et du *printemps*, ce rythme de tyrannie gelée et contrainte, et de reverdie printanière des corps et des âmes. Sont 'comiques' les grandes séquences de rupture hivernale, ces périodes morales et sociales de réveil qui sont des temps d'ivresse, de rire, de plaisir, de passion; Fabrice parle lui-même de son 'hiver', mais le début de la *Chartreuse de Parme* est 'comique' en ce sens puisqu'elle montre la débâcle d'un monde gelé et pétrifié, un moment de Jouvence historique; mais l'*hiver* de Brulard et son évasion, la prison de Lamiel et ses fuites, ces chutes du monde 'vieux', et triste ou tyrannique, les vacances de Julien à Vergy qui renversent l'ordre de Verrières, le bal de Nancy et les échappées du *Chasseur Vert*, la promenade nocturne dans les bois d'Andilly, où jadis Octave a figuré en 'magicien' forestier, (n'est-il pas pour Mme d'Aumale un maître en amusement et un dispensateur de joies?), et où se joue au centre d'*Armance* une scène de tendresse, de désir, et de vérité, ces moments de liberté et de résurrection ou de réunion à soi, au monde, aux autres, sont des moments de 'comédie'; des moments où l'on sort de la réalité pour entrer dans la vie, où la rupture devient réunion et unité, où le désordre est création et fécondité. Mais à chaque 'intrusion' de Stendhal dans ses romans, il y a aussi renouvellement du discours, dégel des catégories et des jugements dans lesquels le héros ou le récit pourrait être captif.

Quel est 'le point extrême du Romantique' se demande *Racine et Shakespeare*? Il faudrait voir ainsi le point extrême[139] de l'engagement shakespearien de Stendhal. Ce serait poser le problème de ce que Stendhal rejette comme 'la laideur' d'un certain romantisme considéré comme un abus du sublime, comme un goût du 'désagréable' qui lui semble propre aux Anglais, et dont témoigne un poète comme Crabbe. Dès sa jeunesse lors même qu'il conseillait à Pauline[140] d'apprendre l'anglais, il s'inquiétait d'une certaine tendance anglaise à l'enflure, au gigantesque, 'à la noirceur d'imagination'. Lui-même n'aurait-il pas adopté les critiques que Mélanie faisait d'*Othello*: elle était inaccessible à la truculence obscène des propos d'Iago, et refusait 'et vous laissez couvrir votre fille par un cheval de Barbarie', et 'la bête à deux dos'.[141] En se choisissant 'ita-

lien', et en déplorant l'âpre laideur du Nord si cruelle et si peu significative pour l'imagination, Stendhal se déclarait pour une esthétique de l'idéal et somme toute de la modération, ou plus
profondément pour la possibilité de pénétrer la nature de *grâce* et
de beauté. Pour lui, le mal est synonyme de laideur et sans doute
de malheur: 'gare au dégoût'. Il lui est difficile d'aller jusqu'au
bout du déchirement, de supporter l'idée du mal absolu, du
désespoir sans remèdes, de l'absurdité: le seul de ses personnages
qui s'avance dans ses monologues vers une remise en question de
l'ordre et du sens, vers les limites tragiques de la solitude morale et
du non-sens de lui-même et de tout, c'est Julien, et c'est un moment provisoire qui le ramène à la religion de l'amour. Trop
romanesque pour être tragique. Ce qu'Auerbach a nommé 'le
créaturel', n'est pas stendhalien, il est shakespearien, le réalisme
postérieur du dix-neuvième siècle et même Balzac ont été en ce
sens 'plus loin' que Stendhal vers le recours à la violence et au
malséant; quand dans *Madame Bovary* Flaubert au moment de la
mort d'Emma fait apparaître le mendiant d'Homais, ou quand il
écrit que 'Charles grinçait des dents, il levait au ciel des regards de
malédiction, mais pas une feuille seulement ne bougea', il est proche d'une notation 'shakespearienne' de grotesque dans le
désespoir dont je ne vois pas d'équivalent dans Stendhal, qui en de
multiples textes conjure d'un même mouvement dans 'le drame' et
ce qui s'y apparente, l'inquiétude philosophique et 'la vulgarité
éteignant l'imagination'. Sa 'lorgnette' n'accepte pas ce qui fixe le
regard sur 'la perversité humaine'; il n'y a de beauté que consolée.
Il n'est pas quant à lui cette 'âme compréhensive' qu'était
Shakespeare à ses yeux lors de ses premières rencontres avec lui.

Il a donc sa limite: il l'indique à propos d'un opéra de Paër[142]
dont l'argument rappelle le *Roi Lear*, 'les beaux arts ne doivent
jamais s'emparer des sujets horribles. La charmante pitié filiale de
Cordélia me console de la folie de Lear.' Il faut bien l'élément de
consolation, de retour à une lumière heureuse et à l'apaisement, ce
qui tempère le pathétique illimité, le réalisme cruel, l'amère ironie
ou l'expressivité violente. L'essentiel n'est sans doute pas que
Stendhal ait méconnu toute une partie de Shakespeare assimilée à
l'horreur pure et simple, *Titus Andronicus* par exemple, qui lui
'faisait mal', qu'il ait à l'exemple de Mme de Staël [143] et avec les
mêmes attendus, refusé comme digne du Grand-Guignol et d'un il-
lusionnisme maladroit la scène de torture (qui n'en est justement

pas une!) de la *Tragédie du Roi Jean*; pour lui il y a un Shakespeare 'atroce'.[144] Mais aussi il reproche aux romans de Voltaire de 'clouer nos regards sur la vue des malheurs inévitables de la pauvre nature humaine'.[145] Sans doute aussi la scène des fossoyeurs d'*Hamlet* n'a pas eu son approbation sans réserves: il l'a imitée, me semble-t-il, quand dans les *Promenades dans Rome*[146] il décrit l'enterrement de Léon XII; il montre les ouvriers qui préparent le cercueil se livrer à 'des plaisanteries à la Machiavel, fines, profondes et méchantes; ces hommes parlaient comme les démons de la *Panhypocrisiade* de M. Lemercier'; mais cette amère ironie sur la mort, fût-elle adressée à un souverain qu'il n'aime ni ne respecte, comme la joie des Romains ses amis, c'est bien pour son prête-nom 'un spectacle trop laid'.

Plus nette et plus grave dans cette non-lecture me semble l'interprétation 'romantique' d'Othello à laquelle se livre Stendhal: le héros de la jalousie démente et criminelle reste pour lui le héros de la passion, le délire jaloux n'est pour lui que l'autre face, noire, et violente, de l'adoration tendre. Il faut et il suffit comme il l'explique en critiquant le livret de l'opéra de Rossini,[147] que la jalousie ne réponde pas à des mobiles visibles de vanité ou d'orgueil blessé qui feraient du personnage un Barbe-bleue 'abominable', un Henri VIII odieux. Il faut qu'Othello soit 'digne de tuer Desdémone', donc que d'emblée le suicide, la 'vue de la mort d'Othello dans le lointain', montre bien qu'Othello aime à en mourir, que tuer son amour est en effet le tuer lui-même. Lecture qui n'est pas fausse, mais qui fait abstraction, en ne voyant que le héros malheureux, du héros déchu. Le rapport du haut et du bas échappe à Stendhal. Que les images délirantes d'Othello soient dans le même registre que celles d'Iago, que la pièce soit plus qu'une tragédie de l'erreur et de l'idée fixe passionnelle, un court-circuit de l'obscène et du tragique, où l'amour glorieux et céleste retombe dans la souillure explicite d'une bestialité luxurieuse, cette double 'nature' du héros, sa dégradation par le miroir de lui-même que lui tend Iago, cette ironie tragique échappent à la lecture 'romantique'. L'émotion que Stendhal ressent n'inclut pas cet aspect de l'avilissement du héros, de ce retournement de la pureté en folie impure, de l'affirmation de soi en dégoût de soi. 'Il y a des choses qu'on n'écrit pas': c'est bien le sens des débats de Stendhal et de Mérimée sur les limites ou les audaces d'*Armance* et du *Rouge et le Noir*; c'est tout le problème du 'sexe' dans le roman, et des 'bienséances' littéraires que Stendhal admet ou n'admet pas. 'Que de choses vraies qui sortent du moyen de l'art.' Sur ce point quelle que soit la 'franchise' de ses lettres, il est dans ses œuvres étrangement en retrait sur son modèle du seizième siècle. Les *Méditations* du polytechnicien 'songe-creux' et impuissant restent à écrire, comme les diverses solutions cherchées pour donner des 'extases' à Armance. Stendhal n'est pas Swift non plus, et la limite de son discours amoureux est évidente. Est-ce censure, auto-censure, conflit 'psychique', que sais-je? Stendhal écrit un roman pudique et évasif, *et* une lettre salace et gaillarde qui en est si l'on veut le 'non-dit'; le sale est objet de plaisanterie, et d'amusement; ou de dégoût donc de cynisme. Mais jamais de cette horreur, de cette malédiction, de cette possession que contient le texte shakespearien. Ce n'est pas hasard si avec *Cymbeline* en particulier Stendhal se trouve plus proche des pièces de la 'grâce' que de celles du mal. Il n'y a pas pour Stendhal de tragique du 'sexe': ce qui le sépare de bien des contemporains qui ont repris et amplifié Shakespeare. Mais il y a pour lui un tragique de l'amour: avec Shakespeare il peut explorer cette ironie sur le romanesque que contient le romanesque, mais non sa radicale destruction.

Notes

1 *Essais choisis*, Editions du Seuil, Paris, 1950, p.155.

2 Cf. *Characters of Shakespeare's Plays*, Everyman's Library, London, 1906, pp. 2–3, et *De l'Amour*, chapitre XXXI.

3 Voir *Histoire de la littérature anglaise*, Hachette, Paris, 1863, pp.152 et suiv.; Taine développe cette idée d'une humanité shakespearienne marquée par la pathologie, et l'attaque de nerfs; voir pp.174–80 et 190; Taine se livre à une intéressante et judicieuse comparaison de la misanthropie française (Alceste) et de la misanthropie anglaise. Paul Bourget dans sa préface du *Rouge* (Cercle du Bibliophile, t.I, p.xiii) appliquait à Stendhal la maxime de Polonius, 'par-dessus tout, sois *vrai avec toi-même'.

4 Texte justement misanthropique: ce qui montre la continuité des thèmes que le 'stendhalisme' explore avec Shakespeare.

5 *Correspondance*, Bibliothèque de la Pléiade, t.II, p.172. Le *Courrier anglais* (t.III, p.475) rapproche le *Henri III* d'Alexandre Dumas, de *Richard III*.

6 Hugo lui-même (*William Shakespeare*, Flammarion, Paris, 1973,

pp.232 et suiv.) se prononce pour un Shakespeare inimitable: c'est un 'génie', non un système dont on pourrait décalquer les éléments.

7 Voir *Racine et Shakespeare*, Cercle du Bibliophile, t.XXXVII, pp.46,81n,144n,145; *Journal littéraire* III, t.XXXV, p.127; *Courrier anglais*, t.V, p.30.

8 *Œuvres intimes*, éd. V. Del Litto, t.I, pp.668–70, et *Roméo et Juliette*, Acte III, Scène 3.

9 *Œuvres intimes*, t.II, p.160. Déjà dans les brouillons des *Deux Hommes* (*Théâtre* I, Cercle du Bibliophile, t.XLII, p.432n) il écrivait, 'la lecture de Shakespeare m'a formé le style depuis lors'.

10 Voir la 'note' dans *Histoire de la peinture* II, Cercle du Bibliophile, t.XXVII, p.56n.

11 On suivra le calendrier de la découverte de Shakespeare dans V. Del Litto, *La vie intellectuelle de Stendhal*, PUF, Paris, 1959, pp.26–27 (apprentissage de l'anglais dès 1801), p.67 (lecture décisive de *De la littérature*), pp.130, 133, 219 et suiv., 271. Stendhal a donc lu en anglais les textes shakespeariens au moins en 1802.

12 Voir *Œuvres intimes*, t.II, pp.780, 818–19, 911, 949, 970; *Correspondance*, t.I, pp.136 et 1086.

13 *Œuvres intimes*, t.II, pp.779–80 et 538. Sur la rencontre d'*Hamlet* (celui de Ducis il est vrai), voir le *Journal* du 12 avril 1803 et celui du 26 février 1805.

14 *Œuvres intimes*, t.II, p.472.

15 *Ibid.*, t.I, p.252 et *Journal littéraire* II, t.XXXIV, p.254; Mélanie comparée elle-même à Desdémone dans *Œuvres intimes*, t.I, p.233, et HB à Othello, *ibid.*, p.214.

16 *Œuvres intimes*, t.I, pp.202, 208, 438, 959; *Correspondance*, t.I, p.578.

17 Ainsi *Journal littéraire* II, t.XXXIV, p.103; *Rome, Naples et Florence* II, Cercle du Bibliophile, t.XIV, p. 183; *Vie de Rossini* I, Cercle du Bibliophile, t.XXIII, pp.169–70. C'est aussi un fournisseur d'épigraphes; je n'étudie pas cet aspect qui m'entraînerait trop loin. Pour les projets d'étude sur Shakespeare, voir *Voyages en Italie,* Bibliothèque de la Pléiade, pp.271 et 1483; *Œuvres intimes*, t.I, p.595.

18 *Journal littéraire* I, *op.cit.*, t.I, pp.47–48.

19 Voir *ibid.*, I, t.XXXIII, pp.15,36,163,201,252; *Théâtre* I, Cercle du Bibliophile, t.XLII, p. xv, *Théâtre* II, p.5; *Œuvres intimes*, t.I, pp.144,163,499; *Racine et Shakespeare*, Cercle du Bibliophile, t.XXXVII, pp. xxxvii et 81.

20 *Œuvres intimes,* t.II, p.115, 15 janvier 1830; il s'agit de *Hamlet,* Acte 1, scènes 4 et 5; sur ce texte voir plus bas; même allusion dans le *Courrier anglais*, t.V, p. 103, sur le 'vrai sens de la réponse faite à Hamlet par l'ombre de son père'.

21 Sur ce point encore Del Litto dans *Racine et Shakespeare*, Cercle du Bibliophile, t.XXXVII, p. 451; sur les premiers contacts voir aussi *Œuvres intimes*, t.I, pp.33,40,142,144,152,153,503,672,811; *Journal littéraire* I,t.XXXIII, pp.252,288,294; *Correspondance,* t.I, pp.317 et

482. L'inventaire du fonds Bucci (*Catalogo del fondo stendhaliano Bucci*, éd. G. F. Grechi, All'insegna del pesce d'oro, Milan, 1980, p. 220) confirme que Stendhal détenait outre des éditions anglaises de 1825–1826, la réédition par Guizot (1821) de la traduction Letourneur (sur cette publication, cf. le *Courrier anglais*, t.I, p.306) qu'il avait annotée de 1810 à 1821, et sur laquelle se trouvent la plupart de ses marginales.

22 Dès 1803 il souhaitait aller voir jouer Shakespeare en Angleterre (*Correspondance*, t.I, p.82). Sur cette nouvelle époque d'engouement pour Shakespeare qui s'ouvre avec le retour à Paris, voir *Souvenirs d'Egotisme*, Cercle du Bibliophile, t.XXXVI, p.72; *Rome, Naples et Florence* I, p.97; *Œuvres intimes*, t.II, pp.56, 60, 469, 474, 478, 481, 497. Voir le témoignage de nouvelles lectures dans *Journal littéraire* III, t.XXXV, p.303, 30 mai 1834; *Mémoires d'un Touriste* I, Cercle du Bibliophile, t .XV, pp.135, 354.

23 Pour ces lectures, voir *Journal littéraire* II, t.XXXIV, p.345; t.I, pp.251, 246 (*Macbeth* mal jugé en 1803); *Mélanges* V, Cercle du Bibliophile, t.XLIX, p.178 (*Richard III* malmené); *Racine et Shakespeare*, p.96 (contre la *Tempête*); *Mélanges* V, p.175 (sur *Antoine et Cléopâtre* dont Stendhal n'a retenu qu'une épigraphe, dans *Armance*); *Journal littéraire* III, p.300; *Mélanges* V, pp.178–79,180; *Œuvres intimes*, t.II, p.52 encore contre *Antoine et Cléopâtre* et *Timon d'Athènes*; *ibid.*, p.64 (sur *Coriolan*) et *Mélanges* V, p.179 (*Mesure pour mesure*, 'pleine de vérité, mais privée d'intérêt'). Si Stendhal se réfère plusieurs fois à *Henri VIII*, et à la *Nuit des Rois*, il parle à peine de *Troïlus et Cressida* et de *Henri V*.

24 Voir *Journal littéraire* II, t.XXXIV, pp.45–46, où en 1804 Stendhal analyse les scènes 1 et 2 du premier acte de *Richard III*; nous suivons comme édition de Shakespeare les *Œuvres complètes* de la Bibliothèque de la Pléiade, Paris, 1965. Voir ensuite *Journal littéraire* II, t.XXXIV pp.65,67 (*Henri IV, première partie*, Acte 1, scène 1); sur *Henri VI*, *Correspondance*, t.I, p.235.

25 Voir *Mélanges* V, p.177 (sur *Henri VI, deuxième partie*, Acte IV, scène 1); *Journal littéraire* III, t.XXXV, p.356 (sur *Hamlet*, Acte 1, scène 5); *Mélanges* V, t.XLIX, p.176, *Journal littéraire* III, t.XXXV, p.301 (sur *Mesure pour mesure*); *Mélanges* V, t.XLIX, p. 179 (sur *Comme il vous plaira*, Acte 1, scènes 4 et 5); *Racine et Shakespeare*, t.XXXVII, p.46.

26 Ainsi *Journal littéraire* III, t.XXXV, p.109; *Correspondance*, t.I, p.951; *De l'Amour* I, t.III, p.234n; *Voyages en Italie*, p.139; *Rome, Naples et Florence* II, t.XIV, p.260; *Correspondance*, t.I, p.909. Sur la revendication de Shakespeare 'tout pur' ou sans 'mezzo-termine', voir *Correspondance*, t.I, pp.884,1021; t.II, p.951; *Courrier anglais*, t.I, pp.93,339.

27 Ainsi *Journal littéraire* II, t.XXXIV, p.320; *Œuvres intimes*, t. II, pp. 912, 978, 980; t. I, p. 629; *Journal littéraire* III, t. XXXIV, p. 31.

28 L'un des personnages porte le nom de Don Gruffo Papera venu des *I Nemici generosi* et porté par Stendhal lui-même (*Correspondance*,

t. III, p. 257).

29 *Œuvres intimes*, t.I, p.208, t.II, p.851.

30 Voir les rapprochements dans *Journal littéraire* III, t.XXXV, p.127; *Promenades dans Rome* II, t.VII, p.182; *Racine et Shakespeare*, t.XXXVII, p.201. En fait nous aurons l'occasion de le confirmer, Stendhal doit beaucoup à Schlegel pour sa compréhension de Shakespeare: 'la partie brillante de M. Schlegel, c'est l'extrait qu'il fait de Shakespeare' (*Journal littéraire* II, t.XXXIV, p.479 et voir surtout *ibid.* III, t.XXXV, pp. 294–96).

31 On se reportera à l'article suggestif de J. Bochner, 'Shakespeare in France, 1733–1830', dans *Revue de Littérature Comparée*, 1965, no.39, pp.44–65. Le refus du 'drame' et le maintien de la tragédie ont fait de Stendhal le romantique peut-être le plus fidèle à l'esprit du théâtre shakespearien, avec Musset bien sûr.

32 *Journal*, Librairie Plon, Paris, 1980, p.188 (6 avril 1849); voir aussi pp.250, 341, 350, 375, 466, 694, 709, des indications fondamentales sur les limites du goût shakespearien chez Delacroix.

33 Cf. *Claudel et Shakespeare*, A. Colin, Paris, 1971, pp.208–10, puis pp. 217–18.

34 Cf. *Essais choisis,* pp.98 et 131: 'le vice majeur du théâtre anglais a toujours été que ses prétentions de réalisme étaient illimitées et qu'il n'avait pas de "forme pour arrêter le torrent de l'esprit" '. Jugement remarquable qui inverse les positions de Stendhal ou des 'shakespeariens' continentaux.

35 Belles Lettres, Paris, 1981; voir en particulier pp.246–47, 60–62, 398 et suiv., et 533–35.

36 *Œuvres intimes*, t.I, p.105; voir *ibid.*, p.150 une remarque dans le même sens sur *Iphigénie en Tauride*.

37 *Œuvres intimes*, t.I, p.161; voir aussi p.167 sur la scène de lady Macduff avec ses enfants.

38 *Journal littéraire* II, t.XXXIV, pp.104–05; voir aussi p.311 sur l'effet produit par Talma en Hamlet (c'est la pièce de Ducis, ne l'oublions pas).

39 *Œuvres intimes*, t.I, p.208; sur Shakespeare poète de l'horreur ou de la terreur voir *Vie de Rossini* II, t.XXIII, p.367; *Vies de Haydn, de Mozart et de Métastase*, t.XLI, p.322; *Vie de Rossini* II, t.XXIII, pp.289–90.

40 Cf. *Correspondance*, t.I, pp.125, 820, 832; *Journal littéraire* III, t.XXXV, pp.119 et 48 (à propos de Schlegel et de Shakespeare rapproché du théâtre grec).

41 *Vie de Rossini* I, t.XXIII, p.64.

42 *Histoire de la Peinture* I, t.XXVI, p.105; *Journal littéraire* III, t.XXXV, pp. 124–25. De là le parallèle, très fréquent au reste, entre Shakespeare et Michel-Ange; voir *Histoire de la peinture* II, t.XXVII, p.190, les thèmes michel-angelesques tirés du Tasse, Byron et Shakespeare. Il s'agit d'abord du 'pathos'; c'est Roméo, mais surtout Othello, les héros privilégiés (*Journal littéraire* II, t.XXXIV, p.39; III,

t.XXXV, p.303; *Vie de Rossini* II, t.XXIII, p.183).

43 Voir *De l'Amour* I, t.III, pp.210 et 154; *Roméo et Juliette*, Acte I, scène 1 et Acte II, scène 6. Autre référence à la pièce (Acte III, scène 3) où Stendhal découvre sa poétique de la sincérité passionnelle, dans *Œuvres intimes*, t.I, pp.668 et 670 et aussi p.852. La tragédie de la malveillance astrale, et du hasard malheureux pour les amants n'est pas sans rapport avec la *Chartreuse;* mais le mauvais sort qui s'acharne sur Fabrice est aussi 'bon': il le met en présence de Clélia.

44 Voir *Histoire de la peinture* II, t.XXVI, pp.178n et 281, et *Macbeth*, Acte I, scène 5 et Acte V, scène 5.

45 Cf. *Histoire de la peinture* I, t.XXVI, pp.105n, 264; *Racine et Shakespeare*, pp.40 et 144n; *Journal littéraire* III, t.XXXV, pp.119 et suiv.; *Voyages en Italie*, p.310; *Mélanges* II, t.XLVI, p.223; *Journal littéraire* I, t.XXXIII, p.217 et III, t.XXXV, p.342; *Œuvres intimes*, t.II, p.100.

46 *Vie de Rossini* I, t.XXII, p.238; *Vies de Haydn, de Mozart et de Métastase*, t.XLI, p.207; *Voyages en Italie*, pp.59–60.

47 Dans *Shakespeare et la nature de l'homme*, Flammarion, Paris, 1974, pp.79–80, et aussi p.155 sur Iago.

48 Dès 1804 avec le crime commenté dans *Œuvres intimes*, t.I, p.96. Voir *Promenades dans Rome* II, t.VII, p.190, sur Laffargue, comme nouvel Othello; de même III, t.VIII, p.148.

49 Comme l'est le thème du 'mariage secret' avec *Roméo et Juliette* et *Cymbeline*.

50 Mais Duclos, Voltaire ont repris le thème plus près de Stendhal.

51 A sa manière la forêt de la Faggiola est une Arcadie anarchique et héroïque.

52 *Correspondance*, t.III, p.555.

53 *Œuvres intimes*, t.I, pp.215, 253.

54 Voir *Théâtre* I, t.XLII, pp. 171, 298, 300; t.II, p.171; *Correspondance*, t.I, p.177.

55 Hamlet est naturellement pour Brulard associé à Alceste et même à Don Quichotte: *Œuvres intimes*, t.II, p.929, 'un fou qui songeait plus à Hamlet et au Misanthrope qu'à la vie réelle'. Sur Timon, voir *Œuvres intimes*, t.I, pp.125, 867; *Mélanges* II, t.XLIX, p.175.

56 *Journal littéraire* II, t.XXXIV, p.480, 31 déc. 1813.

57 S. T. Coleridge, *Sur Shakespeare*, Editions Rencontre, Lausanne, 1970, p.97; sur Iago, voir aussi pp.84–85.

58 Dans l'*Histoire de la peinture* II, t.XXVII, p.325, Stendhal insistait sur la modernité de la séduction de Desdémone par Othello.

59 *Le Rouge et le Noir* II, Cercle du Bibliophile, t.II, p.391.

60 *Œuvres intimes*, t.II, p.130.

61 Le rapprochement est fait par Coleridge, *op. cit.*, p.102, sur la culpabilité née de la honte, et la honte tournant à la vengeance.

62 Cf. *Journal littéraire* II, t. XXXIV, p. 338. On se souviendra que l'héroïne du *Rose et le Vert* a dû un moment être juive; et le *Juif* nous ramène à Venise!

63 *Armance*, Cercle du Bibliophile, t.V, pp.309 et 322. Hazlitt (*op.cit.*, p.206) avait utilisé à propos de Shylock une formule que Stendhal a appliquée à Byron: celle du 'good hater'; son analyse du personnage auquel il donne entièrement raison fait de Shylock un héros de la révolte et un justicier.

64 Voir dans Michèle Willems, *La genèse du mythe shakespearien*, PUF, Paris, 1979, p.276, des indications sur la querelle du prologue tragique et de la souris.

65 Dans *Œuvres complètes*, Garnier, Paris, 1878, le *Dictionnaire philosophique* à l'article *Art dramatique*, t.I, pp.397 et suiv., et surtout p.407.

66 Willard Farnham, *The Shakespearian Grotesque, its genesis and transformation,* The Clarendon Press, Oxford, 1971, p.97.

67 *Op.cit.*, pp.37 et 71,74; voir aussi sur ces rapports des contraires, pp.65, 244 et 270.

68 Voir Helen Bailey, *Hamlet in France, from Voltaire to Laforgue*, Droz, Genève, 1964, pp.10,18,50; voir tout le chapitre fort pertinent consacré aux relations de Stendhal et de *Hamlet* (pp.29 et suiv.).

69 Voir *ibid.*, pp.124–26. Voir aussi le passage p.120 sur les martinets; il est moins intéressant que le commentaire de la souris. Mallarmé a consacré un beau texte à la page célèbre de Quincey.

70 Cf. *Macbeth*, Acte 1, scène 6; *Œuvres intimes*, t.I, p.201, 5 février 1805; *Histoire de la peinture* I, t.XXVI, p.169; *Racine et Shakespeare*, t.XXXVII, p.244; le passage est curieusement rapproché du discours d'Antoine sur le corps de César (*Jules César*, Acte III, scène 2).

71 L'essentiel sans doute est que le contrepoint ne soit pas explicite; l'*effet de réel* pour reprendre l'expression de Coleridge est incompatible avec l'affirmation et l'intention. Contre Mme de Staël toujours pressée de proclamer 'l'effet', le texte s'en tient au 'fait' pour produire un véritable effet.

72 *Œuvres intimes*, t.II, p.209, note du 20 novembre 1834.

73 *Journal littéraire* II, t.XXXIV, pp.418 et 425.

74 *Œuvres complètes,* Bibliothèque de la Pléiade, t.I, pp.336, 337–39, 340.

75 Voir E. Eggli, *Schiller et le romantisme français*, J. Gamber, Paris, 1927, t.I, p.350 (le mot 'bijoux' impossible dans une tragédie), p.512n (sur le mot 'mouchoir').

76 *Journal littéraire* I, t.XXXIII, p.296.

77 Voir pour ces textes, *Œuvres intimes*, t.I, pp. 161,105 et suiv.; *Journal littéraire* II, t.XXXIV, pp.56,171 (sur l'‘originalité de lieu': les exemples sont la terrasse d'Elseneur dans *Hamlet* — donc la souris — la grotte de Bélarius dans *Cymbeline*, les martinets de Banquo, la scène du balcon dans *Roméo et Juliette*).

78 Acte III, scène 1; voir *Journal littéraire* III, t.XXXV, p.302. Dès 1804 (*Œuvres intimes*, t.I, p.161) Shakespeare est bien choisi comme modèle suprême: il 'est bien plus près de la tragédie que je n'exécuterai peut-être jamais, mais que je conçois'.

79 *Œuvres intimes*, t.I, p.185, 17 janvier 1805. De même, *ibid.*, t.I, p.202; *Vies de Haydn, de Mozart et de Métastase*, t.XLI, pp.319–20; *Journal littéraire* III, t.XXXV, p.36.

80 Voir *Histoire de la peinture* II, t.XXVII, p.378 et *Mélanges* IV, t.XLVIII, pp. 400 et 391.

81 Voir *Voyages en Italie*, pp.92–95.

82 *Œuvres intimes*, t.I, pp.489–90.

83 *Racine et Shakespeare*, t.XXXVII, p.146n.

84 Voir *Cymbeline*, Acte III, scène 6 (le mot est dit par Bélarius, et Stendhal l'attribue à Imogène); sur ce passage, l'un des textes de Shakespeare le plus commenté par Stendhal, voir *Journal littéraire* II, t.XXXIV, pp.321–22; *Histoire de la peinture* II, t.XXVII, p.81n; *Œuvres intimes*, t. II, pp. 527, 914. Le commentaire de la scène entre Imogène et Iachimo va dans le même sens.

85 *Henri IV, deuxième partie*, Acte I, scène 2 et *Journal littéraire* II, t.XXXIV, p.47.

86 Tel serait l'*effet de réel* le plus réel: si le détail en détruisant la bienséance 'crédibilise' le passage, par l'intrusion d'un 'vrai' qui ne serait pas vraisemblable, la confusion des plans perçus ensemble, op- posés et réunis, crée la véritable ambiguïté du 'réel'.

87 *Journal*, éd.cit., p.505, 25 mars 1855.

88 *Op.cit.*, pp.99–102.

89 Cf. Eggli, *op.cit.*, t.I, p.368.

90 *Mélanges* III, t.XLVII, p.53.

91 Le *réel* est une chute, une moquerie de l'héroïsme, mais aussi les vrais périls sont laids, ou pire, *obscurs*.

92 *Journal littéraire* II, t.XXXIV, p.175, 23 novembre 1804.

93 Voir *op.cit.*, p.9.

94 Cf. ces belles analyses, *op.cit.*, pp.75–90 et 97.

95 Je renvoie entre autres textes à *Œuvres intimes*, t.I, p. 121; *Journal littéraire* I, t.XXXIII, pp.253, 255, 297; et *ibid.*, t.I, pp.99, 230, 216; t.II, pp.123, 296; *Œuvres intimes*, t.I, p.622.

96 La 'réception' de la tragédie par Stendhal demanderait toute une étude; voir ici *Théâtre* I,   p. 273; *Journal littéraire* II, t.XXXIV, p. 103 (et *Jules César*, Acte II, scène 1); *Histoire de la peinture* II, t. XXVII, p.307; *Racine et Shakespeare*, t.XXXVI, pp.224,421; *Promenades dans Rome* II, t. VII, p.63; *Œuvres intimes*, t.I, p.788; et surtout *Journal littéraire* II, t.XXXIV, pp.339 et suiv.

97 Voir en particulier *Théâtre* I, t.XLII, pp.161 et 211 et suiv.

98 *Œuvres intimes*, t.II, p.496. Sur les interprétations d'Hamlet comme héros du mal du siècle, comme personnage 'allemand', c'est-à- dire pénétré d'idéalisme et de réflexivité au détriment de la volonté et du sens pratique, comme personnage mélancolique donc moderne se débat- tant dans une tragédie de la pensée, voir Helen Bailey, *op.cit.*, pp.42–48 et 53 et suiv. (l'étude des articles importants du *Globe*); Coleridge (*op.cit.*, pp.68–70) et Hazlitt (*op.cit.*, pp.79 et suiv.) allaient dans le même sens.

99 *Cours de littérature dramatique,* J.-J. Paschoud, Paris, 1814, t.III, p.59.

100 *Œuvres intimes,* t.I, p. 842, 12 février 1813; *Journal littéraire* III, t.XXXV, pp.354 et suiv.; *Courrier anglais,* t.V, p. 103; H. Martineau, 'Stendhal, Hamlet et Lamartine' dans *Studi sulla letteratura dell'Ottocento, in onore di Pietro Paolo Trompeo,* Edizione Scientifiche Italiane, Naples, 1959; autres allusions précises à *Hamlet: Armance,* épigraphe du chapitre 17; *Promenades dans Rome* III, t.VIII, p.183; *Courrier anglais,* t.II, p.396.

101 Il faudrait citer longuement ce texte très intéressant, que continue à obscurcir l'ignorance où nous sommes de la 'version' de la pièce dénoncée par Stendhal. Cf. *Correspondance,* t.II, p.1; *Œuvres intimes* II, pp.56–57, 61; *Courrier anglais* V, p. 308; Hazlitt (*op.cit.,* p. 176) a lui aussi critiqué cette adaptation; sur l'arrangement de *Roméo et Juliette, Vie de Rossini* II, t. XXIII, p. 404.

102 A la limite l''effet' Shakespeare est peut-être cette évocation 'rouge et noire' du Vésuve (*Voyages en Italie,* p.41), 'cette masse rouge se dessine sur un horizon du plus beau sombre', que le Voyageur contemple longuement; c'est un 'effet à la Viganò', mais Viganò a lui-même une imagination 'dans le genre de Shakespeare'. Est-ce là l'explication du titre du *Rouge?* Une ambiguïté qui se passe d'explications et qui *est,* simplement?

103 Hazlitt (*op.cit.,* pp.195 et suiv.) oppose le 'ludicrous' au 'ridiculous', et analyse la comédie en fonction de ses trois âges, selon ses rapports avec l'esprit de société, raisonnement qui n'est pas éloigné des analyses de Stendhal.

104 *Correspondance,* t.II, p.67; même idée dans *Journal littéraire* II, t.XXXIV, p.338; *Racine et Shakespeare,* t.XXXVI, p.216; *Courrier anglais,* t.V, p.188.

105 Formule de A. W. Schlegel, *op.cit.,* t.III, p.5; Hazlitt (*op.cit.,* p.1) définit *Cymbeline* comme 'a dramatic romance'.

106 Voir sur ce point la belle étude de Kenneth Muir, 'Shakespeare dramaturge' dans l'édition de Shakespeare du Club français du livre, t.IX.

107 *Journal littéraire* I, t.XXXIII, p.345.

108 Il a aussi remarqué Portia (*Journal littéraire* I, t.XXXIII, p.173; *Correspondance,* t.I, p.334), Pauline du *Conte d'Hiver* (*Œuvres intimes,* t.I, p.202), *Cléopâtre* (*Journal littéraire* III, t.XXXV, p.111n), Viola (*Vies de Haydn, de Mozart et de Métastase,* t.XLI, p.226), Constance du *Roi Jean* (*Œuvres intimes,* t.I, p.202), Cressida (épigraphe d'*Armance, Œuvres intimes,* t.II, p.1039). Voir surtout *Journal littéraire* I, t.XXXIII, p.202, et *De l'Amour* II, t.IV, p.7.

109 On se reportera à *Œuvres intimes,* t.I, pp.533, 187 (*Othello,* Acte III, scène 9); *Correspondance,* t.I, p.1193; *Œuvres intimes,* t.I, p.231.

110 Voir *Journal littéraire* II, t.XXXIV, p.322 (*Cymbeline,* Acte I, scène 6); *Œuvres intimes,* t.II, p.72 (*Cymbeline,* Acte II, scène 4).

111 Dans *Journal littéraire* III, t.XXXV, p.55.

112 Dans son *Mythe anglais dans la littérature française sous la Restauration*, Bibliothèque universitaire de Lille, Lille, 1962, pp.215–16. Schlegel (*op.cit.*, t.III, p.47) présentait de la même manière Imogène et indiquait: 'il y a dans *Cymbeline* plusieurs scènes faites pour enflammer l'imagination la moins sensible à la poésie', c'est-à-dire (comme pour Stendhal) l'arrivée à la caverne, et l'enterrement d'Imogène.

113 Soit Acte I, scène 1; Acte II, scène 2; Acte III, scènes 1 et 2, Acte IV, scène 2 et Acte V, scène 1. La cristallisation, image 'moderne' du philtre? *De l'Amour* I, (t.III, p.50) se réfère évidemment à la forêt des Ardennes.

114 Cf. *Othello*, Acte III, scène 3 et *Journal littéraire* I, t.XXXIII, p.230; *De l'Amour* I, t.III, p.177.

115 D'où la référence dans le roman à *Otello*.

116 Voir P. Brunel, *op.cit.*, pp.197–201.

117 Cf. *Vies de Haydn, de Mozart et de Métastase*, t.XLI, p.65 et *Marchand de Venise*, Acte I, scène 1. *De l'Amour* I, (t.III, p.50n) renvoie à 'l'origine factice' des amours de Béatrice et Benedict: passion où la mise en scène est en effet déterminant.

118 Ce 'dramma giocoso per musica' est dû à une Maria Malvolio.

119 Cf. le *Rouge et le Noir* II, t.II, pp.345–46 et la *Mégère apprivoisée,* Acte IV, scène V.

120 *Romans et Nouvelles*, t.XXXVIII, pp.276n, 321 et 324 et *Macbeth*, Acte IV, scène 3.

121 Voir *Mélanges V*, t.XLIX, pp.179–80 ('c'est une mystification comme la *Tempête*'), et *Œuvres intimes*, t.II, pp. 53 et 295.

122 *Op. cit.*, t.III, p.30.

123 Sur cette équivalence, voir *Histoire de la peinture* II, t.XXVII, p.57n; *Vies de Haydn, de Mozart et de Métastase*, t.XLI, p.60; *Racine et Shakespeare*, t.XXXVII, p.32; *Mémoires d'un Touriste* II, t.XVI, p.288.

124 Voir *Vies de Haydn, de Mozart et de Métastase*, t.XLI, p.119; *Vie de Rossini* II, t.XXIII, p.183; *Rome, Naples et Florence* II, t.XIV, p. 232; *Courrier anglais*, t.I, p.298; *Œuvres intimes*, t.II, p.96; *Marchand de Venise*, Acte V, scène 1.

125 Elle est commentée dans *Journal littéraire* II, t.XXXIV, p.337.

126 *Œuvres intimes*, t.II, p.250. Sur la parenté du comique et de la musique voir encore *Journal littéraire* III, t.XXXV, pp.24 et 290; *Œuvres intimes*, t.I, p.905.

127 Stendhal dans *Histoire de la peinture* II, t.XXVII, p.81n, commence ironiquement par les critiques de Johnson contre la pièce; outre ce passage capital, voir *ibid.*, t.I, p.108; *Journal littéraire* II, t.XXXIV, pp.321 et suiv.; *Œuvres intimes*, t.II, p.914; *Voyages en Italie*, p.535; *Journal littéraire* III, t.XXXV, pp.53,117,343. Il est significatif que le commentaire de Stendhal sépare les détails et les scènes du 'sujet principal', et reconnaisse un type d'intérêt non direct; qu'il insiste sur la nécessité de 'deviner' les caractères.

128 Cf. Acte III, scène 6.

129 Northrop Frye, *Anatomie de la critique*, Gallimard, Paris, 1969, p. 221.

130 *Ibid.*, pp.209 et 222–24. P. Brunel (*op.cit.*, pp.104 et 178) note des textes proches de Claudel concernant le rire pur et absolu, 'qui naît d'une simple exhalation d'âme', 'expression de la joie, sentiment de la liberté'; c'est ce type de comique que représente Dona Musique.

131 Voir *Journal littéraire* III, t.XXXV, pp.24 et 51, 292–93; *Racine et Shakespeare*, t.XXXVII, pp.30,170,35–37.

132 *Œuvres intimes*, t.II, p.897, mot appliqué à *Comme il vous plaira*.

133 *Œuvres intimes*, t.I, pp.208 et 283.

134 Pour cette tirade initiale du personnage qui a tant frappé Stendhal, je renvoie à *Journal littéraire* II, t.XXXIV, pp.328,337; t.III, pp.15,51 (dans ce dernier texte, Stendhal fait allusion à une parade de foire, le *Roi de Cocagne* qui était pour Schlegel, *op.cit.*, t.II, p.276, l'objet d'une longue réflexion). Nous renvoyons à notre *Poétique de Stendhal*, Flammarion, Paris, 1983, pour l'examen de ces questions en fonction du *sublime*.

135 Pour ce détail, voir encore *Histoire de la peinture* II, t.XXVII, p.136n; *Correspondance*, t.I, p.905n; *Vies de Haydn, de Mozart et de Métastase*, t.XLI, p.65.

136 C'est ainsi que le voyait Schlegel (*op.cit.*, t.III, p.109), Stendhal le rapproche de Beaumarchais: *Journal littéraire* I, t.XXXIII, p.231 et II, t.XXXIV, p.118. Voir *Correspondance*, t.I, p.125; *Œuvres intimes*, t.I, pp. 840 et 1525; *Journal littéraire* I, t.XXXIII, pp.256, 342; t.II, pp.67–69,345; *Voyages en Italie*, pp.540,510; *Racine et Shakespeare*, t.XXXVII, pp.137,169,241, et surtout p.29; *Courrier anglais*, t.II, pp.88, 189; *Mélanges* I, t.XLV, p.230; *Journal littéraire* I, t.XXXIII, p.248; *Œuvres intimes*, t.I, p.905.

137 *Op.cit.*, p.59.

138 Voir sur ce point nos *Quatre essais sur Lucien Leuwen*, SEDES–CDU, Paris, 1984. Je ne peux faute de place comparer le Jacques shakespearien à ses analogues stendhaliens, parmi lesquels se trouve HB lui-même.

139 La formule est utilisée dans *Racine et Shakespeare*, t.XXXVII, p.149. Le pamphlet évoquant *Coriolan* (p.144n) refuse le mélange du comique et du tragique.

140 *Correspondance*, t.I, pp.125 et 294.

141 *Œuvres intimes*, t.I, p.226.

142 *Vie de Rossini*, t.I, p.34.

143 *Œuvres complètes*, F. Didot, Paris, 1836, t.I, pp.258–60: l'horreur détruit l'illusion, argument pieusement conservé pendant vingt ans par Stendhal. Voir *Correspondance*, t.I, p.225; *Journal littéraire* I, t.XXXIII, p.138 (commentaire de Mme de Staël); *Voyages en Italie*, p.42n; *Rome, Naples et Florence* I, t.XIV, p.396n; *Racine et Shakespeare*, t.XXXVII, p.144n; *Courrier anglais*, t.I, pp.21–22; contre la livre de chair de Shylock, *Journal littéraire* II, t.XXXIV, p.390.

144 *Correspondance*, t.I, p.927.

145 *Racine et Shakespeare*, t.XXXVII, p. 32.

146 *Voyages en Italie*, pp.1139 et 1145. Sur la scène d'*Hamlet, Promenades dans Rome*, t.I, p.309, et *Courrier anglais*, t.II, p.449: même attitude de réserve.

147 Je renvoie à *Vie de Rossini* I, t.XXII, p.275; et aussi II, t.XXIII, p.403. Il me semble que cette incompréhension d'un tragique du sexe ou d'une malédiction de la chair, si nettement proférée par Shakespeare, et par un cheminement tout autre, retrouvée par le freudisme, devrait empêcher tout rabattement des données de la psychanalyse sur Stendhal: l'érotique ou l'anti-érotique freudienne n'est une clé universelle que dans des perspectives d''idéologisation' proprement inacceptables.

IV

De Shakespeare au roman: l'art et l'ouvrage
Jean-Jacques Labia

—Ah! Monsieur parle au hasard.
—Non, je parle à la lettre.[1]

Les Anglais, tristes raisonneurs, bavards et froids, 'n'ont produit qu'un grand homme et un fou'.[2] Laissons le 'fou', c'est Milton, pour considérer l'unique écrivain cité avec un peintre et deux musiciens dans une épitaphe dont il est resté longtemps la figure la plus mystérieuse. Doris Gunnell constatait l'évidence et l'aporie: 'l'idée lui passa d'apprendre de Shakespeare son art, dans l'intention de le battre plus tard sur son propre terrain, comme lui passa la rage des leçons de déclamation ou celle du tir, mais il lui resta l'habitude de beaucoup lire et de lire attentivement'.[3] Pour la perplexité du lecteur, la formule 'apprendre l'art dans Shakespeare', polémique, désinvolte, cliché romantique à première vue, figure dans une brochure où Stendhal esquisse sa conversion au genre romanesque.[4] Devenu romancier par surprise avec *Armance*, après avoir longtemps rêvé d'un théâtre fondé sur des poétiques infaillibles, il se trouve soudain bien démuni. Sur la couverture du premier volume de son Shakespeare, dans l'édition Letourneur-Guizot, il note en 1828, à l'époque où il s'interroge sur la valeur et la portée de son premier roman, l'observation suivante: 'Il faut faire l'art en même temps que l'ouvrage'.[5] Et c'est encore dans la notice d'*Hamlet* pour cette même édition qu'il croit découvrir 'the true critique of *Armance*'.[6] La question du rapport de ses lectures shakespeariennes à l'esthétique du romancier ne peut donc être éludée.

La note sur *Cymbeline*, parue dans l'*Histoire de la peinture en Italie*, portait déjà la marque du romancier, comme Margaret Tillett l'a bien vu.[7] Les marginales shakespeariennes qui précèdent la rédaction de *Racine et Shakespeare* montrent tout l'intérêt pour lui de Letourneur avant la révision de l'édition Guizot. Les relevés de Novati publiés par Cordié prouvent que Stendhal s'interroge autant sur le commentaire que sur le texte de *Mesure pour mesure* pour fixer sa théorie de la résistance du texte aux mutations du goût. Quand Letourneur déforme la réplique d'Isabelle: 'Oh! si ce n'était que ma vie, je la jetterais pour te sauver, avec autant d'indifférence qu'une paille inutile', il faut une note pour rétablir le texte authentique: 'une épingle', et Stendhal conclut: 'Ce sont les préjugés que Louis XIV jugea nécessaire d'imposer qui ont fait faire cette note'.[8] Quand il lit le refus d'Isabelle à Claudio, Stendhal glose une note de l'édition: 'Il faut songer que cette dureté d'Isabelle est dans le caractère d'une religieuse novice et pleine de sa première ferveur', dont il précise la portée en ces termes: '*Pécheur* comme *esprit:* deux idées qui ont changé le long espace de temps de 1510 à 1821'.[9] Voulant fonder une esthétique moderne, il l'imagine déjà dépassée, comme archéologie. Shakespeare appartient à une époque où la philosophie et la science étaient courtes, mais 'la même chose pourra se dire de notre philosophie en 1812 et en 2100'.[10] Le romanticisme doit 'travailler sur les croyances actuelles des hommes', combattre 'les mauvaises habitudes de l'imagination, c'est-à-dire mépriser les unités de lieu et de temps et souvent préférer la prose aux vers'.[11] En marge d'une scène équivoque de *Troïlus et Cressida*, toujours en 1821, il se résume en ces termes: '*To think of* Shakespeare *and an academy is to laugh*'.[12]

Au fil de ces réflexions, un espace-temps, un chronotope s'élabore, qui prépare l'économie du roman stendhalien. Il réfléchit sur le dépouillement de la mise en scène élisabéthaine, qu'il s'exagère peut-être: 'Le théâtre, etc. *Globe*. Le nom du lieu de la scène était écrit le plus souvent par impuissance de la représenter. Peut-être l'ancien usage est-il à regretter.'[13] On songe à l'absence, ou à la rapidité extrême des descriptions stendhaliennes, qui ne doivent pas briser le rythme essentiel à son idée du roman. Doris Gunnell relevait la sensibilité stendhalienne à *'l'originalité de lieu'* chez Shakespeare: 'La terrasse d'Hamlet; la grotte où Bélarius reçoit Imogène, tableau divin; le château où les martinets ont fait leur nid de *Macbeth*; Roméo parlant du jardin à Juliette, à sa fenêtre, au clair de lune'.[14] Elle s'étonnait de voir Stendhal réceptif à l'atmosphère shakespearienne, 'et que ses ouvrages en manquent totalement'. Il semble tout au contraire que le schématisme propre à la topographie stendhalienne, dans les croquis de ses manuscrits comme dans l'espace des romans, défini par la verticalité, la profondeur, les détails visuels ou sonores, n'est pas très éloigné de sa vision de la poétique shakespearienne. Le balcon de Juliette annonce celui d'Hélène. Les échelles qui conduisent aux fenêtres de Madame de Rênal et de Mathilde sont un procédé de comédie qui prend chez Shakespeare la valeur d'une caution plus sérieuse. Chez Stendhal aussi des oiseaux chantent sur les hauteurs d'une forteresse où se méditent des meurtres, et un corps sans tête apparaît dans le décor d'une grotte où se déroule un cérémonial funèbre. Pour le temps, c'est le tempo qui lui semble toujours la grande question. Ainsi dans les marges de *Lucien Leuwen: 'On me. —* Je ne dis point: Il jouissait des doux épanchements de la tendresse maternelle, des conseils si doux du cœur d'une mère, comme dans les romans vulgaires. Je donne la chose elle-même, le dialogue, et me garde de dire *ce que c'est* en phrases attendrissantes'.[15] Relisant *Armance* en 1828, il note encore: 'c'est l'action qui fait le roman, et non pas la dissertation plus ou moins spirituelle sur les objets auxquels pense le monde'.[16] Dialogue, action, ces termes de théâtre éclairent la glose que Stendhal donne sur son Shakespeare-Guizot à 'Il faut faire l'art en même temps que l'ouvrage': 'Tantôt il me semble que j'abrège trop, tantôt que je n'abrege pas assez. Inquiétude.'

Contraint à réinventer le roman, Stendhal se trouve en quelque sorte dans la situation d'un Shakespeare concevant *Cymbeline*, 'experimental romance' qu'on a pu qualifier d'œuvre de transition préludant à la *Tempête* et au *Conte d'hiver*, pièce qui gagne pourtant à être lue pour elle-même et sans préjugé.[17] Il est logique que Stendhal ait été séduit par une esthétique ouverte reposant pourtant sur une structure close, où théâtre et roman s'échangent, où il n'y a plus à choisir entre comédie et tragédie. Dans sa critique de Johnson, il choisit de sacrifier la vraisemblance à la multiplicité démonstrative des incidents. Telle est aussi sa lecture de *Timon d'Athènes* en face du *Misanthrope* de Molière: Boileau désapprouverait 'faute de regarder le cœur du spectateur le grand nombre d'acteurs de la pièce', avec ses 'scènes probantes' qui établissent le caractère du personnage 'd'une manière supérieure à toute objection, et non par des ouï-dire ou des récits de valets, mais sur des preuves incontestables, sur des choses que le spectateur voit se passer sous ses yeux'.[18] Le dossier *Letellier* révèle qu'il s'inspire directement de cette pièce: 'scènes trouvées le 26 juillet 1810 en revenant de lire *Timon* à la Mazarine'. Il reste à franchir un tout petit pas en direction du roman, qu'il envisage dès 1812 à titre d'hypothèse: content des scènes de *Letellier*, il constate qu'il ne peut, faute de place, en conserver 'plus de la moitié'. Car la comédie ne permet pas de 'dessiner avec un trait noir' quand le roman pourrait décrire en quelques lignes le caractère de Saint Bernard: 'mais ici il faudrait faire conclure de ce qu'on voit. C'est-à-dire qu'on ne peut faire voir de contour que par l'opposition de deux couleurs.'[19] *Cymbeline,* d'autre part, ne tombe pas dans l'excès inverse qui bride le théâtre stendhalien et que signalent certaines lectures shakespeariennes, l'excès de transparence et de démonstrativité: *Timon* encore, *Mesure pour mesure* qui n'aurait 'd'autre défaut, comme la *Tempête,* que la mystification faite par un homme bon'.[20] *Cymbeline* repose sur une esthétique de la surprise, comme dans la scène de la gageure 'Gentlemen, enough of this, it came too suddenly, let it die as it was born, and I pray you be better acquainted', sans parler des réveils, des rencontres, des reconnaissances et des gestes brusques du dernier acte qui rejouent la violence de Posthumus à Imogène: 'Striking her: she falls' et peu après:

> Why did you throw your wedded lady from you?
> Think that you are upon a rock, and now
> Throw me again.[21]

La démonstrativité et la surprise se combinent heureusement et les désirs contradictoires de Stendhal sont ainsi comblés.

Cymbeline offre aussi des emplois bien tranchés, si l'on ose dire, analogues à ces personnages disponibles, en attente d'une histoire et d'un romancier, selon Henry James. Outre le traître, Iachimo, qui mérite un traitement particulier comme personnage structural, un beau monstre, Cloten, 'excellente peinture d'un brutal insolent', une marâtre, des héros sans expérience, fidèlement au romanesque de la gageure, ainsi Gérard de Nevers et Euriant dans le *Roman de la violette* — publié en 1834 dans le grand mouvement de redécouverte des textes médiévaux — autant de personnages en quête d'un roman stendhalien à venir. Stendhal est peut-être d'abord victime du cliché romantique souligné par la présentation de l'édition Guizot: 'le personnage d'Imogène a fait réellement des passions'.[22] Il est séduit par les princes qui s'ignorent, avec leur vrai courage, leur noblesse instinctive, supérieure à leur position:

Tis wonder
That an invisible instinct should frame them
To royalty unlearn'd, honour untaught,
Civility not seen from other, valour
That wildly grows in them, but yields a crop
As if it has been sow'd.

Symétriquement, Imogène déguisée:

This youth, however distress'd, appears he hath had
Good ancestors.[23]

Les situations ne manquent pas moins de suggestions stendhaliennes. Posthumus Leonatus porte en son nom même le manque maternel, son père est mort de douleur comme le roi Ban, père de Lancelot. Il a reçu du roi qui le recueille une éducation supérieure à son origine, il séduit et épouse la fille de ce père adoptif, il est banni. L'image de l'aigle qui lui est associée par Imogène ('I chose an eagle') figure son ambition, sa haute destinée, et la protection d'un dieu qui ne paraîtra plus au dénouement du *Rouge et le Noir*. Imogène, également privée de mère, est livrée à une marâtre doublée d'une empoisonneuse, qui gouverne un père hostile. Elle est finalement bannie elle aussi, exposée comme les héroïnes des *Chroniques italiennes*, comme Clélia sur les routes, ou Hélène dans l'*Abbesse de Castro* sacrifiée par les mensonges de sa mère. Outre les conflits familiaux, les personnages sont pris entre deux feux dans un monde en guerre. Bélarius, Guidérius et Arviragus savent que les Romains sont prêts à les enrôler sous leur apparence de montagnards gallois contre Cymbeline et leur vraie patrie, pour mieux se débarrasser d'eux ensuite. On sait l'attrait de ce thème du proscrit pour Stendhal dans les romans de Scott, comme *Old Mortality*, et quel rôle il joue dans l'*Abbesse de Castro* et dans la *Chartreuse*.[24]

La scène, avec son côté cour et son côté Galles, ne laisse pas Stendhal insensible. L'épigraphe curieusement déplacée du 'pauvre logis' reprise pour le neuvième chapitre d'*Armance* en témoigne. Le roman stendhalien, comme d'autres textes romantiques chez Hawthorne ou chez Kleist par exemple, donne au lieu mondain un envers où se déserre l'étau du réel social: Andilly, Vergy ou la montagne de Fouqué, les bois de Burelwiller, le lac de Côme et les bois de Sacca où C. W. Thompson voit à juste titre une réplique de la forêt d'Ardennes. Dans *Cymbeline*, les plaisirs de la campagne, pour reprendre le titre grinçant d'un chapitre du *Rouge et le Noir*, ne vont pas sans périls, mais une certaine authenticité s'exprime loin des intrigues de la cour: les maléfices que Cloten y apporte, ou les artifices de la socialité — vengeance de Posthumus — viennent s'y briser dans le châtiment du brutal ou devant l'innocence de l'agneau. Les proscrits s'y rencontrent et fraternisent, non sans mélancolie, comme les princes, Imogène, ou dans une autre pièce le célèbre Jacques, qui donne un pseudonyme de plus au héros d'Earline.[25]

Au cœur de *Cymbeline*, l'expérience dont Iachimo est le metteur en scène redouble pour Stendhal la séduction de la pièce. C'est l'association Moyen-Age-Shakespeare-Italie suggérée par la brochure *Qu'est-ce que le romanticisme?* qui mentionne notamment *Othello, Cymbeline,* et *Roméo et Juliette:* 'peindre les âmes italiennes en étudiant profondément le Moyen-Age *à la manière de Shakespeare et de Schiller'.*[26] La supériorité de Shakespeare est de 'mettre sous nos yeux' ce que Racine plaçait dans ses récits. Le thème du regard est chez Stendhal associé au théâtre dans la vision même de ses propres romans. Relisant un chapitre du *Rouge et le Noir* 'par hasard et faute d'autre livre' en 1835, il y voit 'une scène de comédie (bonne ou mauvaise)'. Il s'agit de la 'grande scène' selon les mots mêmes du roman où Madame de Rênal parvient à jouer de la jalousie de son mari pour éloigner le danger des lettres anonymes. Le décor ne va pas sans suggestions médiévales. Madame de Rênal entend la messe dans l'église de Vergy, qui selon 'une tradition fort incertaine aux yeux du froid philosophe, mais à laquelle elle ajoutait foi' aurait été la chapelle du château du sire de Vergy.[27] Elle comprend immédiatement que tout dépend de son habileté 'dans l'art de diriger les idées de ce fantasque, que sa colère rend aveugle'. L'auteur qui se relit signe son commentaire de son identité de romancier inapte au théâtre: 'Stendhal jamais ne pourra faire la quatrième visite à un comédien'.[28] Le lecteur devient le témoin d'un exercice de 'politique', au sens stendhalien illustré par la thèse de Michel Crouzet. Le mot pourrait d'ailleurs trouver une caution shakespearienne et apparaître comme un anglicisme si l'on se souvient de *Timon*:

> The devil knew not what he did when he made man politic —
> he cross'd himself by't: and I cannot think but, in the end, the

villainies of man will set him clean.[29]

Dans *Cymbeline*, le montreur d'ombres est Iachimo, agent du romanesque de la terre de toutes les finesses, 'that drug damn'd Italy'. La pièce n'a pas le défaut que Stendhal trouve à *Mesure pour mesure*: 'On espère trop dans le duc', et il rêve d'un duc dont le caractère serait 'assez ferme et assez bizarre pour que le spectateur pût penser qu'il laissera pendre Claudio'.[30] Le goût de Stendhal pour les 'problem plays', pièces noires et grinçantes, se greffe sur ses anciennes méditations des rôles pour lui conjoints de Tartuffe et Iago. Son unique adaptation suivie d'une donnée shakespearienne, *Il Forestiere in Italia*, emprunte l'artifice de la fausse lettre à la *Nuit des rois* et signe sa dette du pseudonyme de Maria Malvolio. Le plan prévoit une scène où un personnage 'se cache comme (...lecture incertaine) dans la chambre de Térésine'. Le nom illisible pourrait être celui de Iachimo! Il est clair en tout cas que le mystificateur du roman stendhalien, dans sa noirceur parfois conventionnelle comme dans un emploi de théâtre, donne forme au roman en éveillant chez le héros un Iago intérieur qu'il doit exorciser.[31] Du Poirier est un Prospéro qui serait aussi Caliban, et Stendhal se demande sérieusement si Sansfin doit réellement être bossu.

Les marges de *Lucien Leuwen* définissent cette stratégie du soupçon:

> Un jeune homme éperdument amoureux qui méprise sa maîtresse, que son cœur lui montre comme un ange de pureté. Une femme vertueuse qui aime de même, mais veut fuir son amant, et cependant est tourmentée par la curiosité de savoir quel est le soupçon dont il lui a parlé. Voilà le vrai dessin du nu, le dessin des passions, bien différent de la brillante draperie de Valentine.[32]

Stendhal dépasse ainsi, dans sa lecture de romancier, le cliché de la grâce d'Imogène, et devient ce 'Frauenlob', célébrateur de la femme, que Musil a su voir en lui, et même, s'il faut l'en croire, le dernier de la lignée.[33] Shakespeare et ses sources romanesques, parfois connues directement de Stendhal, seraient ainsi le vecteur de ce 'moyen âge' qu'il quête, grimoire comme les manuscrits italiens recopiés, annotés, réécrits, selon les gestes anciens. On ne s'étonne plus que le lancier Leuwen tombe de cheval sous la fenêtre d'une belle dame au premier regard échangé, tel Lancelot. Le sens de l'épreuve est réversible, et Mina par amour, Lamiel par volonté, Gina par politique, incarnent une attitude opposée. Cressida, vendue par Pandarus à Troïlus, puis livrée aux Grecs et à Diomède, en retour, dirait Montaigne, du 'maquerellage de Paris', c'est peut-être Hélène Campireali refusée à Jules et soumise à 'la lente dégradation d'une âme généreuse', jusqu'au dernier acte, sanglant et amoureux par-delà la profanation dérisoire du sentiment. L'une des sources probables de *Cymbeline*, le conte en prose de *Frederyke of Jennen*, cite en son prologue le texte évangélique: 'What measure ye mete withal, ther with shall ye be mete agayn', et les expériences démontrées dans *Cymbeline*, dans *Mesure pour mesure* sont symétriques. Angelo ne résiste pas à la tentation, et il sent lui-même, comme Iachimo, la perversité d'un désir attisé par la réserve et la pudeur d'Isabelle, dans l'oubli de Mariana. Ce qui importe, c'est le spectacle d'une épreuve où, pareils aux personnages à la fin de la *Tempête*, 'nous sommes tous rendus à nous-mêmes après avoir cessé de nous appartenir'.[34]

L'art, c'est aussi l'écriture, et sans doute faudrait-il, sur ce terrain délicat, rendre à Shakespeare certains traits assez surprenants du style stendhalien. Ainsi le portrait baroque et démoniaque de Du Poirier, où l'énergumène est successivement comparé à un cochon qui se vautre dans la fange, à un animal étrange, à un renard alerte, à une hyène, et enfin à un sanglier. La liberté débridée des images tranche ici sur le raffinement abstrait et rêveur qui gouverne l'intrigue sentimentale du roman, par exemple dans la dernière phrase du *Chasseur Vert:* 'Elle avait toujours vécu ainsi dans une sécurité trompeuse; car les caractères qui ont le malheur d'être au-dessus des misères qui font l'occupation de la plupart des hommes n'en sont que plus disposés à s'occuper uniquement des choses qui, une fois, ont pu parvenir à les toucher'.[35] C'est apparemment ici la tradition du roman français du dix-septième siècle, de Mme de La Fayette ou de Mme de Scudéry. Pour l'autre style, on pense au portrait d'Ajax dans *Troïlus et Cressida:*

> This man, lady, hath robbed many beasts of their particular additions. He is as valiant as the lion, churlish as the bear, slow as the elephant: a man into whom nature hath so crowded humours that his valour is crushed into folly, his folly sauced with discretion.[36]

Quand Shakespeare ne lui suffit plus, on sait que Stendhal le modifie, pour mieux ajuster une épigraphe à un chapitre, ou même qu'il l'invente, comme le fameux dialogue d'Escalus et de Mercutio, au seuil des *Promenades dans Rome:*

> *Escalus*: Mon ami, vous m'avez l'air d'être
> un peu misanthrope et envieux?
> *Mercutio*: J'ai vu de trop bonne heure la
> beauté parfaite.
>
> Shakespeare

Sans doute faut-il reconnaître au passage un lieu commun stendhalien, définition possible du génie dans une lettre à Pauline: 'Cette conception d'un meilleur état, ce regret d'un bonheur que tu t'étais figuré, sont au commencement de tous les vrais grands hommes. Ils nous l'ont appris eux-mêmes: Shakespeare, Corneille, Molière, Jean-Jacques Rousseau commencent ainsi. Alfieri dit expressément: 'Ce fut l'ennui de toute chose qui me porta à faire des tragédies...'.[37] François Michel cite judicieusement la préface de *Racine et Shakespeare* et ses 'jeunes gens raisonneurs et un peu envieux de l'an de grâce 1823', ainsi que le vers de Roméo: 'For I never saw true beauty till this night'. Sans doute faut-il comprendre aussi dans cette contamination le 'trop tôt' de Juliette:

> My only love, sprung from my only hate!
> Too early seen unknown, and known too late!

Et voir ici de nouveau l'éternel dialogue stendhalien où, comme dans le *Puff Dialogue on Love* et dans l'épigraphe de *Racine et Shakespeare*, le Vieillard, Escalus de *Mesure pour mesure* plutôt que le prince de Vérone effacé dans la pièce et anonyme dans Letourneur, converserait d'une pièce à l'autre avec le jeune homme fou et poète, Mercutio.

Les jeux de Stendhal nous sont devenus familiers. Il ne se gêne pas pour 'voler l'histoire à quelque vieux bouquin'.[38] Il peut même, à force d'innutrition, voir dans le début de *Comme il vous plaira,* avec ses cadets mécontents de n'être pas aînés, ses jeunes filles exposées, travesties, enlaidies 'avec une espèce de terre d'ombre', 'un ouvrage fait autrefois par Dominique'. S'il signe Shakespeare, dirait Borgès, c'est parce qu'il a été Shakespeare!

Ecrire pour la Bibliothèque bleue, c'est remonter le temps, jouer
de tous les artifices pour atteindre, à travers Shakespeare et encore
Cervantès comme on nous l'a montré récemment, les sources du
romanesque, ce que Stendhal appelle le nu.[39] Critiquer le système,
fascinant au théâtre, trop prévisible au roman, du 'disguised ruler',
c'est se voir déjà sous les masques du romancier qui délègue ses
pouvoirs à de fins politiques, canailles ou joueurs, prêt à intervenir
en personne, plus discrètement seulement que le Jupiter de
Cymbeline. Le jeune homme hamletisant a désormais son double,
caché comme Polonius derrière quelque tapisserie, autre façon
d'imaginer les risques du métier.

Notes

1 *Il Forestiere in Italia, Théâtre* II, Cercle du Bibliophile, t. XLIII, p. 217.

2 *Correspondance*, Bibliothèque de la Pléiade, t. I, p. 125 (1804).

3 Doris Gunnell, *Stendhal et l'Angleterre*, Paris, Bosse, 1909, p. 133.

4 Thème abordé dans une communication au XXe congrès de l'Association Internationale de la Litterature Comparée, New York, 1982, sous le titre: '*Le recours au roman*, ou l'impossibilité de la comédie au dix-neuvième siècle: l'expérience inaugurale de Stendhal'.

5 *Œuvres intimes*, Bibliothèque de la Pléiade, t. II, p. 99.

6 *Ibid.*, p. 105; il s'agit apparemment du style trop 'erudito' tandis que Shakespeare s'enrichit en écrivant pour tous publics.

7 Margaret Tillett, *Stendhal, the Background to the Novels*, Oxford University Press, 1971. La portée de *Cymbeline* est justement soulignée, avec un commentaire judicieux des épigraphes shakespeariennes d'*Armance*.

8 *Journal littéraire* III, Cercle du Bibliophile, t. XXXV, p. 301.

9 *Ibid.*

10 *Œuvres intimes*, Bibliothèque de la Pléiade, t. II, p. 53.

11 *Ibid.*, p. 52.

12 *Ibid.*, p. 55.

13 *Ibid.*, p. 53; le mot 'Globe' renvoie au théâtre où jouait la troupe de Shakespeare, et non au journal de l'époque romantique, comme le suggère une note, pour contester cette lecture.

14 *Journal littéraire* II, Cercle du Bibliophile, t. XXXIV, p. 171.

15 *Œuvres intimes*, Bibliothèque de la Pléiade, t. II, p. 211.

16 *Ibid.*, p. 101.

17 *Cymbeline*, edited by J. M. Nosworthy, The Arden Shakespeare, Methuen, 1974. L'introduction montre que le principe unifiant la pièce échappe finalement au genre, s'il existe, défini, — s'il l'est — par le terme 'romance'.

18 *Journal littéraire* II, Cercle du Bibliophile, t. XXXIV, p. 171.

19 *Théâtre* II, Cercle du Bibliophile, t. XLIII, p. 189.

20 *Œuvres intimes*, Bibliothèque de la Pléiade, t. II, p. 53.

21 *Cymbeline*, V, v, 261–63.

22 Shakespeare, *Œuvres complètes*, Letourneur-Guizot, Ladvocat, 1821, tome 7, p. 167.

23 *Cymbeline*, IV, ii, 176–81 et 47–48.

24 Cf. F. W. J. Hemmings, *Stendhal, a Study of his Novels*, Oxford University Press, 1964, où les amours contrariés de Roméo et Juliette sont présentés comme 'a particular aspect of the political situation at Verona', et le meurtre de Fabio, frère d'Hélène, par Branciforte rapproché de la mort de Tybalt, parent de Juliette tué par Roméo.

25 C. W. Thompson, *Le Jeu de l'ordre et de la liberté dans la Chartreuse de Parme*, Aran, Editions du Grand Chêne, 1982, p. 218, note 55. Stendhal note en 1803 Dans son *Journal* 'le charmant contraste de la vie champêtre et innocente de Bélarius, Arviragus, et..., et du chant funèbre que les deux frères récitent en l'honneur de Fidèle, et de la vie pleine de troubles et d'angoisses que l'on mène dans les cours'. Sur la polarité de l'espace dans le roman stendhalien, cf. Hans Boll-Johansen, *Stendhal et le roman*, Aran, Editions du Grand Chêne, 1979, chapitre 6. Pour le pseudonyme de Jacques, voir *Œuvres intimes*, t. II, p. 413.

26 *Journal littéraire* III, Cercle du Bibliophile, t. XXXV, p. 109.

27 *Ibid.*, p. 127.

28 *Œuvres intimes*, Bibliothèque de la Pléiade, t. II, p. 236.

29 *Timon of Athens*, III, iii, 27–35. Voir la scène précédente: 'for policy sits upon conscience'.

30 *Œuvres intimes*, Bibliothèque de la Pléiade, t. II, p. 53. Le texte imprimé porte abusivement 'peindre' au lieu de 'perdre'.

31 Cf. l'épigraphe d'*Othello* pour le chapitre XX d'*Armance*, et la référence musicale et mondaine à *Otello*, qui procure à Octave un dérivatif temporaire auprès de 'la petite d'Aumale' et une occasion de duel nécessaire à l'amoureux aveu.

32 *Œuvres intimes*, Bibliothèque de la Pléiade, t. II, p. 196.

33 Robert Musil, *Gesammelte Werke*, herausgegeben von Adolf Frisé, Rowohlt, 1978, t. 2, p. 804: 'in seiner Poesie die Frau durch unendliche Hindernisse vom Mann getrennt wird und, durch das Feuer des Hungers gesehen, den bezaubernden Glanz der Vision gewinnt'.

34 Shakespeare, *Œuvres complètes*, éd. cit., t. 2, p. 105.

35 *Lucien Leuwen* I, Cercle du Bibliophile, t. IX, p. 297. Le travail du style peut s'observer si l'on compare ces deux échantillons à la première version, fort différente; il ne s'exerce pas dans une direction unificatrice; chaque tentative est au contraire poussée dans son propre

sens.

36 *Troilus and Cressida,* I, ii, 19–24.

37 *Correspondance,* Bibliothèque de la Pléiade, t. I, p. 119.

38 *Œuvres intimes,* Bibliothèque de la Pléiade,t. II, p. 184.

39 Sur Cervantès, cf. C. W. Thompson, *op.cit.,* notamment pp. 44 et 169 (chevaux); p.182 (spiritualité); pp. 213–18 (conclusions).

V

Armance, roman hamlétique
JEAN SAROCCHI

Il y aurait fort à dire, et c'est déjà dit, sur la dette anglaise d'*Armance*. *Armance* est le cadeau que l'Angleterre fait à Stendhal. Ainsi Madame de Malivert offre-t-elle à son fils un cheval de pure race anglaise; le fils en est embarrassé — n'importe; il le reçoit, et remise ses deux chevaux normands. N'est-ce pas en Angleterre que Stendhal passe l'été 1826, cet été où, abandonné de Clémentine Curial, et n'ayant pas trouvé encore d'orange maltaise pour se refaire une santé; il se trouve en proie au mal anglais?[1] N'est-ce pas à Londres que, le 15 septembre de cette même année, il reçoit un choc émotif dont le roman, un mois plus tard, est l'écho et la cure? On sait tout ce qu'il y a de références explicites à l'Angleterre dans *Armance*, et d'abord le goût du héros de s'y rendre. On sait aussi qu'*Armance* s'élabore dans le temps où Stendhal fournit des articles au *New Monthly Magazine;* c'est sa période anglaise, c'est le seul de ses romans tributaire de cette période. On peut suggérer que sa courbe romanesque le mènera du mal anglais (*Armance*) à la verdeur normande (*Lamiel*): toute l'affaire pour lui sera de réatteler à son carrosse fictionnel les deux chevaux normands qu'Octave, forcé par l'imprudence maternelle, a mis à la retraite.

Mais ce n'est pas ici le rapport de Stendhal, tel qu'*Armance* peut le refléter, avec l'Angleterre du marquis de Lansdowne ou du duc de Liancourt, qui intéresse; la pertinence des repères sociaux ou industriels ne les sauvera pas d'être anecdotiques. *Armance* n'est pas issue du *Nouveau complot contre les industriels.* Il a semblé utile, pour entr'ouvrir un peu mieux la chambre secrète de ce roman, de s'interroger sur ce qui, dans *Armance*, filtre, non de l'Angleterre, mais de son répondant le plus prestigieux dans la république des lettres, Shakespeare, qu'il adorait, et plus précisément, qu'il adorait aussi, Hamlet.

Armance/Hamlet ... *Armance* peut-elle soutenir la comparaison? Précisément non. C'est l'impossible shakespearien d'*Armance*, la pseudomorphose hamlétique de ce roman qui sont ici découverts, en deça des références patentes et des modèles obvies.

Or ce ne sont pas les textes évidemment *dominés* qui, dans un destin de romancier, comptent, mais ceux, insidieux, que l'on ne peut porter en compte, qui seraient à porter, plutôt, au passif de la gestion romanesque. Le roman d'*Armance* ne nous intéresse pas où il répète et modifie *Olivier*, pas même où il émarge sur les fonds du byronisme, ni même où il se recommande de Shakespeare par, si claires sonnent-elles, de trop peu monnayables citations, mais là où il se laisse envoûter par un spectre, celui d'*Hamlet*, qu'il ne peut circonscrire.

Mais si *Armance* répète *Hamlet*, ce n'est ni par les figures du récit ni par les rôles actantiels ni par les homologies structurales. Aussi bien ne s'agit-il pas, quelle qu'en puisse être la tentation (attisée par des coïncidences sporadiques), de faire, entre la pièce et le roman, un parallèle. Les rapprocher ne serait pas moins abusif. Mieux vaut, au contraire, les éloigner, les éloigner de toute la distance qui sépare l'année 1802, où Stendhal essaie de récrire *Hamlet*, de l'année 1826, où apparemment rien d'*Hamlet* ne le mobilise. Rien, apparemment. Or l'hypothèse ici avancée, c'est que dans les aîtres d'*Armance*, *Hamlet* en douce vient se loger. Suggérer cela, est-ce avoir la berlue? Est-ce céder au 'sens intime', à la façon de Mme de Bonnivet, et être passible des épigrammes d'Octave–Stendhal? A l'incrédule de service on pourrait pour le moins rétorquer, avec une pointe d'ironie, que voir ou non *Hamlet* dans *Armance* relève de la même disposition que voir ou ne pas voir le vieux Roi dans *Hamlet*. Quand il s'agit de détecter ce qui ne tombe pas sous le sens commun, veiller sur les terrasses vaut mieux que de s'assoupir dans les fichiers et à tout prendre, en pareille occurrence, la sentinelle (Bernardo ou Francisco), si falote soit-elle, a les yeux plus ouverts que l'érudition.

L'on n'ajoute donc pas une source à d'autres, déjà repérées, convaincantes;[2] on ne fait pas une de ces 'applications' dont l'auteur — voir sa préface — se gausse. Stendhal n'a pas écrit *Hamlet* dans *Armance;* si *Hamlet*, de quelque façon, s'y rencontre, c'est par des infiltrations ou résurgences qui relèvent de processus plus subtils que ceux repérés par l'ordinaire critique des sources. Stendhal n'a pas écrit *Hamlet* dans *Armance*, mais que l'on puisse — que l'on doive? — lire *Hamlet* dans *Armance*, oui, et avec un soubassement de vraisemblances plus probantes que le jeu intertextuel ou la rêverie subjective.

Or peut-être cette lecture rafraîchirait-elle, d'une œuvre à l'autre, le thème de l'impuissance, que Stendhal hérite, dans la spire des immédiates références, de Mme de Duras, mais qu'il retrempe, dans les recès de sa mémoire littéraire, à son 'cher Hamlet'. On serait alors fondé à dire que ce n'est pas parce qu'Octave est impuissant qu'il ressemble à Hamlet; ce serait plutôt l'inverse, c'est parce qu'il rejoint, dans les limbes imaginales de Stendhal, Hamlet, qu'il emprunte à Olivier le trait de l'impuissance, et à la question, récemment posée: *Armance*, quelle impuissance? il conviendrait de répondre, pour autant que seule une œuvre peut être, en dernier ressort, répondante d'une œuvre: l'impuissance d'*Hamlet*. Mme de Duras est ici loin de compte. L'est aussi la fameuse lettre à Mérimée.

Le sont aussi les onze épigraphes shakespeariennes du roman. Décoratives plus qu'actives, elles dissimulent plus qu'elles ne découvrent le rapport de Stendhal à Shakespeare. Elles ne constituent point, comme on le pourrait espérer, une sorte de spectacle dans le spectacle, ici de théâtre dans le roman, théâtre de citations qui élargiraient le salon parisien en scène élisabéthaine. Qu'on les collige pour produire, de leur rassemblement, une constellation de sens, ou qu'on leur assigne à chacune un rôle d'index pour le chapitre qu'elle somme, on se trouve floué, au point que l'on se demanderait si la référence itérative à Shakespeare ne serait pas poudre aux yeux ou, hypothèse plus plausible, façon de dorer hâtivement, voire frivolement, par une caution à laquelle *Racine et Shakespeare* donne grand poids, un roman garanti par là, au sens stendhalien, romantique ou romanticiste. A noter seulement que les deux tiers d'entre elles se localisent dans les premiers chapitres, comme si quelque Prospéro devait, d'un cercle magique, protéger le branle du récit. A soupçonner, aussi, que ce bruissement de références pourrait éventer un aveu qu'on n'ose se faire: cet *Hamlet* qu'on prétendait récrire en drame, le voici, subrepticement, converti, déformé en prose; le seul *Hamlet* qu'on puisse récrire — et rater — nonobstant la théorie — se disperse dans des bosquets romanesques.

Le legs hamlétique d'*Armance* n'est pas à l'affiche d'*Armance*. Sur ces onze citations, il n'y en a qu'une d'*Hamlet*. Deux d'*Henri VIII* et deux de *Cymbeline*. Celles-ci n'auront d'intérêt pour le lecteur que s'il se rappelle combien Imogène avait frappé Stendhal, qu'il notait (le 5 février 1805) sa 'grâce ... divine', et (le 31 mars 1811) soulignait sa '*grâce pure*'. On ne se trompera donc pas si l'on impute à Armance la pureté, la simplicité, la vérité d'Imogène. Mais, à cet égard, la référence d'*Othello* est plus immédiatement probante. *Othello* est en effet la seule pièce dont Stendhal, dans le temps même où il rédige *Armance*, fasse mention; son article du 23 septembre 1826 dans le *Journal de Paris* rend compte de représentations qui lui arrachent: 'l'Othello anglais la tragédie la plus déchirante qui existe sur aucun théâtre'. Aussi y expédie-t-il (chapitre XXI) son héros. Le chapitre XX du roman, que somme une épigraphe empruntée à la pièce, décrit une 'affiche de spectacle' où 'le mot *Otello*' est 'écrit en fort gros caractères'. Ces gros caractères ne sont-ils pas impératifs? N'imposent-ils pas de lire *Armance* comme le roman de Desdémone, c'est-à-dire de la jalousie et de la funeste méprise? Oui, à l'évidence. Mais cette évidence ne doit pas être estimée à meilleur prix que celle du babilanisme dévoilé à Mérimée. *Armance* est un roman de la suspicion jalouse et de la méprise fatale, où les protagonistes d'*Othello* trouvent, d'Octave à Soubirane, leurs correspondants? Sans doute. Mais c'est une évidence thématique, rien de plus. Peut-être Desdémone suffirait-elle pour rendre compte d'Armance? Le Maure de Venise, pour rendre compte d'Octave, il lui faudrait une forte injection de cela qui rend Hamlet bizarre comme Octave est bizarre.

Elire *Hamlet* comme clé herméneutique, c'est renoncer à tenir l'intrigue amoureuse pour la moelle du roman. Le peut-on? *Othello* n'est-il pas prescriptif? Il l'est, comme *Werther*, *Werther* salué dans *De l'Amour*, juste avant le chapitre des fiascos, sauvé, dans un article de mai 1826 (*New Monthly Magazine*), de la piètre estime où Stendhal tient le faux Shakespeare allemand. *Armance*, le *Werther* de Stendhal, et jusqu'au 'very near of pistolet': comme cela se défendrait!

Le choix d'*Hamlet* ne peut être avéré ni par les immédiates évidences contextuelles (*De l'Amour*, articles du *New Monthly Magazine*), ni par l'évident sujet du récit, ni par les citations explicites. Il ne se justifie que si l'on veut bien admettre que, dans ce roman énigmatique où Stendhal 's'étrange' à lui-même, la référence obvie compte moins que les connivences subreptices. Si Stendhal ne recommande pas *Hamlet* à l'attention de ses lecteurs dans le temps où il esquisse puis rédige son roman, nul lecteur de Stendhal aujourd'hui n'ignore qu'*Hamlet* n'est jamais tout à fait relégué dans les oubliettes de son attention. 'J'étais fou d'*Hamlet*', consignera-t-il dans la *Vie de Henry Brulard*. Quelques années plus tôt une note marginale précise: 'two pages forment ma bible'.³ Depuis 1802 *Hamlet* est plus qu'une lecture pour lui; c'est une écriture essayée, refoulée, et le vœu, quelque jour, par quelque biais, de reprendre ce qui fut interrompu s'avoue en termes brûlants: 'ce n'est pas pour toujours que je laisse mon cher Hamlet, du moins je l'espère'.

C'est Hamlet qui ne le laissera pas. Peu après ce premier rendez-vous manqué avec Elseneur éclate dans le *Journal* le conflit avec un père qui, pour n'être pas un spectre, n'en est pas moins une hantise. Or ce conflit, les premiers textes de fiction le dérobent, et c'est peut-être, Hamlet sous cape, Octave qui subtilement le réactive. Il n'y a pas de preuve, répétons-le, qu'*Hamlet* ait hanté Stendhal dans le temps qu'il rédigeait *Armance*. Mais un indice, *a contrario*, de ce qu'*Hamlet* a pu activer dans *Armance* est fourni par des notes de fin janvier 1830, à l'heure où il reprend *Julien*. Il déclare avoir lu avec dévotion — 'read with devotion' — '26 and 27 of *Hamlet*':⁴ intérêt confirmé pour le spectre. Mais deux jours plus tard Stendhal copie et commente quelques citations où apparaît son impertinence, non seulement contre le feu Roi ('cut off even in the blossom of my sin', etc. — 'rien de mieux au monde', note-t-il), mais aussi contre le héros, Hamlet qui, selon lui, est un 'bavard', un 'étudiant allemand', qui 'a peur', et, bref, n'est pas Achille — Stendhal y insiste — il est le contraire d'Achille.

Nous croira-t-on si nous avançons que ces notes de 1830, cet irrespect cavalier à l'égard d'Hamlet, ne sont pas concevables au moment d'*Armance*? Pas concevables. Ou du moins — pas convenables. L'idée que Stendhal se faisait d'Hamlet reste conjecturale, mais il est douteux que ce héros ne l'ait intéressé que nouveau Cid — esquisse de 1802 — ou bavard peureux — notes de 1830. L'*Hamlet* déformé qu'il recevait de la tradition néo-classique n'aurait pas suffi à exciter son émotion passionnée. On est donc fondé à soupçonner qu'en deçà de son *remake* ou de ses remarques sur *Hamlet* il ait éprouvé pour le héros shakespearien une attirance qu'*Armance* à sa manière développe. Dire ce roman hamlétique, c'est soupçonner que Stendhal, y inscrivant des traits du 'génie romantique du Nord',⁵ y attire subrepticement Hamlet comme un virtuel paradigme, cet Hamlet inconnu du dramaturge ou du critique mais incombant, occurrent au romancier.

Mais c'est suggérer aussi que Stendhal doit payer un tribut romanesque à *Hamlet* avant d'entrer dans l'espace psychique de ses romans. C'est parce qu'Octave-Hamlet a été évincé de la scène que Julien-Achille peut y paraître: rien de moins que la métamorphose de l'enfant trouvé en bâtard. *Armance* est un roman hamlétique; le *Rouge et le Noir* ne l'est plus. Le spectre d'*Hamlet*, ou le génie du Nord dont *Hamlet* serait virtuellement l'expression, inhibe *Armance*, maintient ce récit dans une mélancolie automnale, une nébuleuse de charmes et de larmes. Donc à la question 'Armance, quelle impuissance?' on peut répondre: celle à sortir d'un régime hamlétique de la parenté, de la filiation. Stendhal ne trouve son régime romanesque — n'est-ce pas une contrainte du genre? — que dans les spires du drame œdipien. *Armance* est entre Hamlet et Œdipe, entre l'Œdipe de la révolte accomplie et l'Hamlet de la révolte arrêtée. Cet *entre* désigne un autre écartèlement que celui entre deux régimes historiques. On peut négliger les paradigmes littéraires du divorce ou de l'accord avec soi-même et expliquer Octave en le situant 'entre noblesse et bourgeoisie'[6] ou 'entre savoir' — alias la sémiotique des passions — 'et non-savoir' — alias la thermodynamique de la fiction.[7] Hamlet aussi appartient à une époque 'out of joint'. Cet 'entre', ce tournant d'Histoire, il ne faut pas le méconnaître, en effet. Mais la faille historique est le décor, l'occasion. Rien de plus. Le temps est 'out of joint', et le héros le sait, mais une disjonction plus subtile l'écartèle entre deux moments de lui-même, et s'il échoue à hériter ou à déserter, c'est dans les recès du territoire et de l'histoire intimes, là où s'exténue le réel et où travaillent les tropismes velléitaires et la suicidaire entropie. Lorsque, le 30 janvier 1830, Stendhal décoche à Hamlet l'exemple confondant d'Achille, c'est un avatar d'Œdipe qu'il lui oppose, ou de cet Ulysse à propos duquel il posait, le 11 mai 1802, le problème: 'Ulysse rentrera-t-il ou ne rentrera-t-il pas en possession de son trône?'. Le problème d'Hamlet — 'régner', 'se faire un royaume'[8] — est similaire, et c'est encore — ne pas déroger au Nom — le problème d'Octave. Mais Hamlet/Octave sont impuissants,[9] Ulysse/Achille, non, et c'est de ceux-ci qu'hérite Julien, c'est en exorcisant Hamlet/Octave que le roman stendhalien trouve sa voie. Quand la plate-forme d'Elseneur devient le mur de soutènement d'une promenade publique, le spectre est congédié.

Hamlet, spectre d'*Armance*. Inaperçu du narrateur. Visible au lecteur qui surplombe les terrasses de la fiction stendhalienne. Or, dans *Hamlet*, le spectre lui-même n'est pas la moindre hantise de Stendhal. De cela témoignait, avant les notes de 1830, l'ébauche de 1802. L'incipit de la pièce devait être 'laisse-moi, spectre épouvantable', etc. Il n'y a pas de spectre dans *Armance*, encore qu'il y ait des paroles étranges (chapitre XX), qu'il ne faut pas convertir à la légère, comme le fait Armand Hoog, en voix salvifiques,[10] qui semblent matérialiser la préoccupation du héros tristement habité par le devoir et par les funestes ombres du devoir; encore qu'un spectre littéral du Dauphiné circule de part en part de ce roman tout balisé de toponymes et patronymes empruntés à Grenoble et sa région. Si Grenoble, comme le souligne Béatrice Didier,[11] est la ville du père, c'est bien une figure paternelle qui, par l'onomastique, hante le roman jusque dans ses péripéties les plus critiques. Il n'y a pas de spectre, mais il y a un piège insidieux de contraintes qui font valoir l'ordre symbolique du Père, le privilège, dérisoire mais dirimant, du Nom.

Monsieur de Malivert, d'abord, si falot soit-il, exerce sur son fils un pouvoir liminaire de rétention. Le salut par l'école — dans *Hamlet* ce sont les écoles de Wittenberg — c'est-à-dire par un ordre du savoir qui fasse craquer le filet familial d'assignations, est d'emblée interdit. Qu'Octave soit sorti de polytechnique, cela est biffé par son renoncement à entrer dans l'artillerie. La claustration/castration est claire. C'est dans la famille que tout se joue, et Octave peut envier Byron ou Fabvier comme Hamlet envie Fortinbras, héros de l'expédition militaire, de l'*egredi*. Pour l'un comme pour l'autre il n'y aura jamais que faux départ. Ici joue la double injonction du Roi régnant et du défunt Roi, là le double devoir auprès du père et de l'oncle maternel.

Que le père réel soit falot ne fait qu'aggraver la contrainte symbolique et rendre le devoir insupportable et impossible. Déchiré entre l'astreinte au Nom et la contestation du Nom le fils ne peut tramer une suite d'actions conséquentes, mais, au contraire, çà et là déchirer la trame ou y dessiner follement un dessin parodique. C'est sur le mode parodique, enfin, qu'Hamlet ou Octave réalisent leur devoir filial: ils n'y survivent pas. Ils ne peuvent survivre, en vérité, que 'between the acts', entre les actes, ou entre les cases; jamais exactement à la place que leur assignent le corps, la fonction, les obligations. Le 'sistema' les prend en défaut, et ils ne s'y rallient, contre leur tendance profonde, qu'à l'article de la mort. Octave ne peut adhérer à ce nom qu'il porte, et qui, pour son père ou son oncle, le représente; Michel Crouzet a bien souligné cette 'postéromanie' qui, écrit-il, 'l'absorbe dans son nom et abolit ce qu'il est; pour convaincre son père, il ne pourra mieux faire que de se présenter comme un Malivert désireux d'occuper sa case dans l'arbre généalogique'.[12] Il lance donc à ce 'tendre père du dix-neuvième siècle' qui, la première fois qu'on l'a vu avec son fils, n'était qu'un 'bon vieillard' pleurant 'à chaudes larmes',[13] le nom du prestigieux ancêtre Enguerrand. Ce n'est qu'un expédient. Le tenant-lieu immédiat de la lignée rejette celle-ci, par son peu de prestance, aux fastes périmés du parchemin. Octave pourrait dire, face à ce père qu'il respecte trop par devoir pour le respecter en vérité: 'the body is with the King, but the King is not with the body'.[14] Puisqu'il n'y a pas de répondant actuel pour le Nom, que les répondants honorables sont reculés dans un lointain parcheminé, le héros est tenté par la pseudonymie, les rôles d'emprunt: façons de conjurer un Nom désormais sans efficace, mais symptômes, aussi, d'une crise d'identité qui est bien celle d'Hamlet. Ici et là l'ego, entre les ruses de misanthropie et les aberrations subies ou simulées, est problématique, faute de s'inscrire dans le réseau banalisé des signifiants. Le système, pour fonctionner, exige que soit fait le deuil du père idéal, c'est-à-dire que le signifiant Père se substitue à la hantise d'un père en perte de signifiance. Que ce deuil, dans *Hamlet*, ne soit point fait, l'assassinat du 'rat' Polonius en est un indice casuel, le retour du spectre l'indique sans ambages, non moins que les termes exprès du héros infligeant à sa mère (en acte III, scène 4) le camouflet du contraste entre 'this was your husband' (l'époux/père idéal) et (l'indigne époux/père réel) 'here is your husband': la description qu'il fait de celui-là est une emphase où le personnage historique s'élude au bénéfice du personnage mythique-image immaculée, concentré de perfections. 'Père', cependant, fait l'objet, entre mère et fils, d'une évaluation conflictuelle, tournée par celui-ci en persiflage:

> Hamlet, thou hast thy father much offended.
> Mother, you have my father much offended.[15]

La donne d'*Armance*, s'il on soulève la tenture — 'velours vert' — des apparences, n'est guère différente. Le père idéal est rejeté dans la chronique de famille — cet Enguerrand dont la première action fut de se croiser — et à ce titre il n'agit pas avec moins d'efficace que le spectre d'Elseneur, dotant l'héritier d'une tâche qui excède la conjoncture sociale et morale. Le père réel, lui, se dédouble en Malivert et Soubirane: l'un tend au spectre par ce qu'il a d'éteint, de rémanent, et à Polonius par des traits paternes. C'est l'autre, le commandeur, évidemment, qui serait, dans le roman, le tenant-lieu de Claudius; comme celui-ci, il a l'âme basse, complote, écrit une lettre perfide, et son neveu n'a pas moins de haine à son encontre, et des velléités de meurtre, qu'Hamlet à l'égard du Roi félon. Mais ni Monsieur de Malivert n'assume le rôle de Polonius ou la vicariance de l'ancêtre prestigieux, ni Monsieur de Soubirane ne réussit à être un *analogon* convenable du Roi Claudius; l'un et l'autre blèsent, si l'on ose dire, par rapport à l'émission correcte des instances, et si Octave ne parvient ni à remplir le Nom (vénéré) ni à se délivrer du Nom (honni), c'est bien à l'instar d'Hamlet, mais d'un Hamlet auquel le pouvoir même de la nomination et de l'assignation serait dérobé.

Sans que pour autant lui soit accordée, par les transports amoureux, la fuite dans l'imaginaire. Il y a, en effet, une issue, au moins temporaire, à la tyrannie du Nom et des répartitions codées qu'il engage:[16] c'est l'amour. Octave le pourrait jouer contre l'obsédant, le trop et rien que raisonnable devoir. Or, pas plus que le devoir l'amour en lui ne réussit. Le salut par Armance lui est interdit non moins qu'à Hamlet celui par Ophélie. Ici et là joue une clause implicite: tu ne paies pas ton tribut aux normes, donc tu n'as pas droit aux délices d'aimer. Cet interdit se marque d'abord dans la pagination (l'espace narratif): avant qu'Armance soit entrevue — Stendhal a noté: 'pag. 41 première fois Armance' — il y a le feuilletage familial. Dans *Hamlet*, ce qui se montre d'abord, c'est le spectre; puis, dans la salle d'état, la famille et Cie. Ce retard scénique de l'amour est aussi son retrait. Il ne peut (Hamlet) ou ne peut que mal et maladivement (Octave) se définir et grandir. Mais si les affaires de famille ou d'état le relèguent, d'entrée de jeu, à n'être qu'un perturbateur, c'est au spectre paternel qu'en 1601 et, plus nettement encore, dans l'ébauche de 1802, qu'est imputable l'inhibition du héros. Hamlet, ce qu'il ressent pour Ophélie se perd dans les ellipses du drame, mais la courbure de son esprit forcé par les intrusions du père défunt rend impossible sa conjonction avec une femme. En 1802, le jeune Beyle le souligne ainsi: 'Hamlet est poursuivi par l'ombre de son père dès qu'il cède à l'amour';[17] il le précise dans le schéma de son acte IV: le héros craint, épousant Ophélie 'd'offenser son père'; y ayant consenti sur les instances maternelles, il éprouve du remords, son père lui apparaît et lui

montre sa plaie: 'il me montre sa plaie ... Ah! j'y lis mon devoir' —
c'est le premier vers fixé. Plus nettement encore Beyle se fixe pour
dessein: 'je veux peindre dans la tragédie d'Hamlet l'opposition de
l'amour filial et de l'amour'. Le contre-coup de ce dessein laisse sa
trace littérale dans *Armance* où, au chapitre XVII, le héros,
s'avouant son amour, constate que 'l'amour filial' (père? mère?
l'indécision ne sera pas levée) a disparu. Serait-il donc enfin
réchappé d'Hamlet, passé du côté de cet Antoine dont l'épigraphe
du chapitre XVI transcrit l'amoureux délire: 'Let Rome in Tyber
melt', etc.? Et, de fait, ce chapitre XVI est celui où le héros se sent
'entraîné', ne raisonne plus, où 'l'amour fait oublier tout ce qui
n'est pas divin comme lui'. Délire amoureux, consumation des
repères notionnels ... ne sera-ce pas bientôt le pur chant de Roméo
et Juliette? Non, un entr'acte seulement, et quand, au chapitre
XXIII, s'élève de nouveau la pure modulation de l'amour, elle est
régulée par l'ordre domestique. Dans le cas d'Octave la folie — en-
tendue comme dénaturation des repères usuels de l'esprit ou du
cœur — n'est pas attisée par l'amour, mais par l'horreur d'aimer,
une réaction démesurée à la découverte qu'on aime, bien proche
de la raillerie d'Hamlet. Chez l'un comme l'autre l'entreprise
amoureuse est traversée non tant par le soupçon épisodique d'un
manquement que par une suspicion foncière à l'égard des femmes
et de l'amour.

Si l'amour pour la jeune fille ne parvient pas à exorciser le spectre de l'ordre symbolique, c'est qu'un autre amour, archaïque et
indicible, l'a précédé et rongé; c'est que, sans doute, cette jeune
fille idéalisée, cette Ophélie-Desdémone-Imogène (nulle autre
vierge, chez Stendhal, qui ait, pour dire comme Charles Du Bos de
certaines femmes shakespeariennes, une telle 'droiture de tige'),
n'est que le contre-point de la mère. Et par là Armance est plus
Ophélie que Desdémone ou Imogène. On ne peut lire le roman
avec attention sans y être frappé de la complicité de l'aimée avec la
mère, et si enfin elles prennent toutes deux le voile dans 'le même
couvent', c'est qu'un même voile déjà les soustrayait au monde où
la mère et l'aimée doivent se distinguer absolument. Octave aime
Armance, certes. Mais il aime sa mère 'avec une sorte de passion'.
Non moindre sera la passion de Lucien pour Madame Leuwen, et si
l'on pourrait chez celui-ci repérer des traces d'humeur hamlétique,
il n'en reste pas moins que Lucien agit, et que Madame de
Chasteller ne peut être rabattue sur Madame Leuwen. Quand Oc-

tave s'aperçoit que 'l'amour filial même, si profondément empreint dans son âme, a disparu', il ne tarde pas à tomber évanoui; traduire, contre sa propre lecture: il ne peut, hors de l'amour filial, tenir debout. Jouxte l'affiche d'*Otello* (chapitre XX) il y a cet aveu horrifié, qu'on chercherait en vain dans *Otello:* 'tu n'aimes plus ta mère'.

La lecture freudienne d'*Hamlet* autorise, entre *Hamlet* et *Armance*, un rapprochement ici même où apparemment les deux œuvres semblent le plus s'écarter. Certes l'horreur d'Hamlet pour Gertrude adultère n'a pas son répondant chez Stendhal — c'est une de ses limites — et même aux heures les plus pathétiques de Madame de Rênal, même aux plus brûlants aveux de *Henry Brulard*, la dénonciation des époux mal assortis est à peine perceptible. Madame de Malivert n'en est pas moins mal mariée. Aussi bien le dispositif diégétique du roman tend à produire des effets comparables, en sourdine, aux brusques éclats de la dramatisation hamlétique: il s'agit d'éloigner la mère de l'époux et de la rapprocher du fils. Désévanoui, au chapitre XXI, après le duel, c'est par trois fois qu'Octave nomme à M. Dolier sa mère, avant sa cousine, et, dans la lettre qu'il écrit à celle-ci, il suggère que son lit soit placé 'dans le salon qu'il faut traverser pour aller à la chambre de ma mère'. Or la chambre maternelle est, dans *Hamlet*, un lieu crucial, au centre de la pièce:[18] le triple appel 'mother! mother! mother!' par lequel Hamlet y anticipe son entrée trahit, nous semble-t-il, l'excès incestueux et se peut comparer aux tendres protestations d'Octave. Quant à la Reine, le moins qu'on puisse dire est qu'elle a pour son fils un faible; Polonius craint sa naturelle partialité (acte III, scène 3), et le Roi, plus brutalement, déclare (acte IV, scène 7): 'the Queen his mother lives almost by his looks'. Dans sa version ébauchée d'*Hamlet* Stendhal accusait nettement cet aspect: la mère était bourrée de remords, craignait, aimait son fils, crainte et amour qui, notons-le, se déclarent dès le premier chapitre d'*Armance*.

Soumise au marquis, Madame de Malivert doit aussi compter avec le commandeur. Or, avant qu'elle se sépare nettement de son frère, au chapitre XXVII ('mon frère peut nous perdre', etc.), elle a pu entrer avec lui dans une curieuse connivence qui rappelle le premier acte d'*Hamlet* où, entre Claudius et la Reine, la sollicitude faisait des interférences d'écho; ainsi: 'how is it that the clouds still hang on you?' et 'Good Hamlet, cast that nightly colour off ...'. Au chapitre premier du roman le commandeur est 'effrayé de ce caractère', Madame de Malivert confesse: 'ton caractère a quelque chose de mystérieux et de sombre qui me fait frémir'. Cette connivence, cette écholalie discrète compromettent quelque peu, dans le branle du récit, une mère qui, au vrai, ne serait absolument elle-même qu'à épouser un Enguerrand, c'est-à-dire ce même Père idéal qu'Hamlet revendique et qui ne peut être, on le sait du reste, qu'un Père mort.

Sur les protagonistes mêmes, leur impuissance, le secret de celle-ci, le laconisme doit être de rigueur à proportion d'un excès démonstratif auquel on succomberait vite, emporté par le démon de l'analogie. Du moins faut-il conjurer la tentation d'accorder à la périgraphie du roman, c'est-à-dire à la lettre du 23 décembre 1826 plus quelques gloses subséquentes (par exemple: la note du 6 juin 1828), trop peu ou trop de poids. Trop peu, ce serait investir Octave, sans tenir compte de sa *physionomie*, du caractère hamlétique, comme s'il héritait princièrement la névrose d'Elseneur. Trop, ce serait s'en tenir au diagnostic de babilanisme: le secret alors résolu dans l'hilarité, la caution d'Hamlet devenue elle-même hilarante, il resterait, peut-être à Hamlet, par effet rétroactif, à se découvrir, lui, un babilan à qui Mme Augusta aurait manqué, son 'that is the question' n'étant pas à prendre plus au sérieux que la citation qui en est faite à Mérimée.

Si la périgraphie insiste sur ce que le roman tait, l'impuissance, n'est-ce pas pour dissimuler, derrière ce mot mériméen, une autre impuissance qui est celle de Stendhal, comparable à celle de Shakespeare, quand il s'agit de nommer le mal dont 'impuissance' est le moindre mot? Le secret d'Octave est en deçà du babilanisme. La faiblesse des arguments que Stendhal fournit en faveur de ce diagnostic est patente. Babilan est la transcription, dans la vulgate matérialiste, à laquelle Stendhal idéologue reste attaché, d'un mal dont l'étiologie ne se trouve pas dans le corps réel, mais dans le corps fantômal. Sa pudeur à différer, dans le texte romanesque, le mot de l'énigme jusqu'au delà du dernier mot ne ressortit pas, vue sous cet angle, à l'esthétique seulement; elle avoue ce que le ton goguenard de l'épître-pitrerie n'avoue pas, et des deux textes, celui d'*Armance*, celui à Mérimée sur *Armance*, le plus osé n'est pas celui qu'on pense.

Décrire ce mal comme une névrose, c'est-à-dire une maille à partir avec père et mère, c'est mieux entendre et Hamlet et Octave, et leur accent commun. Toutefois ni avec l'un ni avec l'autre on n'est quitte une fois épinglés dans le catalogue des fils parricides et incestueux. Les linges, même rougis, de literie ne font, ni à l'un ni à l'autre, une suffisante rubrique. Il y a, chez Hamlet et chez Octave, un point de perte. C'est ce point de perte qui les apparie, plus que tel ou tel trait discret, la courbe mortelle de leur mélancolie coupée d'éclairs. On s'arrêtera seulement au chapitre XVII, qui est celui de la caution explicite d'*Hamlet:*

> What is a man,
> If his chief good, and market of his time,
> Be but to sleep, and feed? a beast, no more!
>
> ... Rightly to be great,
> Is, not to stir without great argument;
> But greatly to find quarrel in a straw,
> When honour's at the stake.[20]

Lu cursivement, le chapitre ne répond guère à cette épigraphe. Mais il y répond si l'on transpose — n'est-ce pas une règle interprétative? Le point crucial de la tirade (acte IV, scène 4), c'est l'atermoiement, le lâche retard à faire son devoir. Tel est bien, pour Octave aussi, le point crucial. Ses devoirs, çà et là évoqués, se condensent dans l'unique devoir de n'aimer pas — un 'studire la mathematica pour éviter les donne'; aimer, dans son éthique, est une forfaiture comparable à trahir la vengeance d'un père. 'Qu'ai-je biaisé à me dissimuler que j'aime?' ou: 'que tardé-je à tirer les conséquences immédiates du déshonneur d'aimer?' Ainsi la caution d'*Hamlet*, de cette tirade cruciale, n'est pas en ce lieu si désinvolte qu'il paraît. C'est bien d'impuissance, et de sourcilleuse préoccupation de la conjurer, qu'il est, dans le roman comme dans la pièce, question. La coupure avec le monde, l'écœurement d'aimer, le mépris de soi, la velléité suicidaire plus la velléité héroïque (Fabvier pour Fortinbras), la déploration de ne pas agir et le doute conséquent sur sa virilité sont des traits d'Hamlet. Mais il y a ici, également, une attirance morbide vers la terre, une macabre facétie d'y enfouir symboliquement la femme aimée — au moins sa bourse — qui évoqueraient la scène hamlétique du cimetière, sans oublier que les clowns-fossoyeurs y ont quelque peu 'the toe of the peasant',[21] ce paysan qui ranime Octave mais qui figure, dans le cryptogramme stendhalien, le funeste revenant qu'est le père, sous la dépendance duquel on se retrouve non moins qu'Hamlet rejoint, jusque parmi les sépultures, par le cortège royal, et se colletant avec Laërtes, vicaire du Roi.[22] Enfin que le héros déplore ici le funeste effet sur lui de la philosophie allemande, cela ne trahit-il pas, avec l'Hamlet 'étudiant allemand' que Stendhal raillera en 1830, une troublante ressemblance?

Ce sont des touches analogiques. Rien de plus. Si l'on force, on caricature, ou la pièce, ou le roman. S'aventurer à lire *Hamlet* dans *Armance*, c'est pratiquer une délicate accommodation. En 1828, Stendhal note: 'il me semble délicat comme la *Princesse de Clèves*'. Il renote cela en 1841. On serait, de là, induit à dire qu'il y a dans *Armance* l'esquisse, sans plus, d'un *Hamlet* récrit au féminin. Cette nuance attire l'attention, d'abord sur le rôle, exorbitant au royaume shakespearien, des femmes dans ce texte et n'importe quel texte de Stendhal; Madame de Malivert n'est guère en montre, mais Madame de Bonnivet la double, Mesdames d'Aumale, de Claix, etc. l'entourent, il y a un frou-frou de dames salonnières qui, flanquées de leurs galants ou compensées de leurs époux, font dans *Armance* un papotage, un papillonnement mondains dont le théâtre de Shakespeare, à moins de verser dans la franche comédie, s'exempte. Ensuite, sur les effets d'attention, de *Dämpfung* au sens de Spitzer: il est hasardeux d'apparier le chapitre XVII, en ses diverses séquences, au délire verbal d'*Hamlet*, mais on y trouve repiqués, cependant, en serre stendhalienne, dans le terreau d'Andilly, quelques tropismes, sinon quelques tropes du héros danois.

Il faut même, si lire *Hamlet* dans *Armance* est, comme on le croit, mieux lire *Armance*, tenir compte des effets de flou, voire de filandre, et d'anamorphose. Ce qui, dans *Armance*, ressortit aux 'scènes d'un salon de Paris' n'est évidemment pas hamlétique, mais serait goûtable par 'le vulgaire' (note du 6 juin 1828), et si Fiori, Besan, Azur, Sister le 'disent mauvais', c'est par une mésintelligence que le raisonnable Alain en notre siècle perpétue, mais que rompt comme par hasard un fameux traducteur d'*Hamlet*, Gide qui, s'il a traduit *Hamlet*, malheureusement, dans le style de *la Princesse de Clèves*, au moins a eu le mérite de nous suggérer, pour désenfouir *Armance*, que ce roman était peut-être, lui aussi, à sa manière, une traduction d'*Hamlet*, voire dans tels effets de décalage qui font du héros toujours un peu le spectre de lui-même.[23] Beaucoup d'épisodes d'*Armance*, si l'on consent à les

regarder selon une certaine incidence, désenclavés de leurs im-
médiats rapports, trouveraient dans *Hamlet* leur figuration, ou —
parcours inverse et probatoire — maint trait d'*Hamlet* se repère,
transposé, dans le roman. Ainsi le 'I do not set my life at a pin's
fee' (acte I, scène 4), jamais Octave ne le prononcerait tel quel,
mais c'est un de ses motifs implicites, parfois affleurant. Jamais Octave ne traiterait les Crêveroche, Bonnivet, etc. comme Hamlet
Rosencrantz et Guildenstern, mais l'un et l'autre sont intimement
d'accord pour moucher ces benêts mondains et faux frères. Leurs
actes de violence ne sont pas les mêmes, mais ils procèdent de la
même bourrasque d'humeur: défenestrer un laquais, ce n'est évidemment pas tuer Polonius, mais cet acte aberrant, commis (chapitre III) au sortir du salon maternel (*alias* la chambre de la Reine) et
anticipant sur la menace, dans la chambre maternelle, de défenestrer l'oncle (chapitre XXVII), trahit une agressivité qui à son acmé
frôle le parricide. Autre exemple de transposition: la péripétie
épistolaire: il y a, dans *Hamlet* comme dans *Armance*, une lettre
fatale; qu'elle entraîne ou non la conséquence voulue par son
rédacteur, celui-ci est, dans l'un et l'autre cas, l'oncle hypocrite,
intriguant et haï, qui oblige, paraît-il, son neveu (chapitre XIV) à
'mentir toute la journée'.

La clé de ces transpositions est celle-ci: la mélancolie d'Octave
est écrite, historiquement, sociologiquement, sur une autre portée
que celle d'Hamlet, on se risquerait à dire: sur une autre octave.
Nul geste, nul propos du prince danois qui ne remue le royaume.
Le jeune marquis fils d'émigré, si violentes que soient ses foucades,
ne s'agite que dans la sphère domestique. Peut-être Stendhal
aurait-il pu récrire *Hamlet* dans la veine de Walter Scott: c'eût été
une version romantique du drame élisabéthain. Le fait est qu'il n'y
a, apparemment, jamais songé. Pour autant qu'*Hamlet* le hante, il
ne peut qu'il ne le coupe et ne le recoupe subrepticement par le
drame bourgeois de ses propres rapports avec sa famille. *Armance*
est le curieux hybride d'un mal aristocratique, assez apparent, et
d'une chamaille camouflée avec des figures parentales que le *Journal* et la *Correspondance* font assez connaître. D'Octave on peut
dire que c'est un bourgeois manqué; les hommages qui çà et là sont
rendus à son rare mérite — duc et pair, tel serait son lot si ... — n'é-
quivalent pas celui que Fortinbras, dernier intervenant du drame,
décerne à Hamlet:

For he was likely, had he been put on,
To have prov'd most royally.[24]

On sait de reste que Fortinbras a tort, et avec lui ceux qui, rabat-tant l'énigme d'Hamlet sur une crise conjoncturelle, feraient du drame une lecture rien que socio-politique, mais qu'il puisse *in cauda* s'exprimer de la sorte exhausse le héros sur un pavois où Octave, pour des raisons qui tiennent d'abord à l'histoire propre de Stendhal, subsidiairement au tournant de l'Histoire où Stendhal a dérapé, ne saurait être admis. On peut donc lire *Armance* comme le change salonnier d'*Hamlet*, le seul *Hamlet*, au vrai, que Stendhal fût capable de faire; et, comme *Hamlet* n'est pas une matrice romanesque, il restait à Stendhal, après avoir une seconde fois manqué son *Hamlet* à se tourner décidément ailleurs que là où, fût-ce par Duras-Latouche transmis, sévissait le mal anglais. Il n'y a guère d'épigraphes shakespeariennes dans le *Rouge et le Noir*, et le rapport avec l'Angleterre y est moins névralgique. La (relative) réussite d'*Armance*, défalquées les 'scènes d'un salon', c'est que c'est un *Hamlet* manqué. Sans le spectre d'*Hamlet, Armance* ne serait pas le roman que c'est; et *Armance* ne pourrait se retourner en le *Rouge et le Noir* si le spectre d'*Hamlet* ne l'avait pas subrepti-cement inquiété. La chance qu'avait Stendhal de refaire *Hamlet*, c'était de l'acclimater à l'Italie, terre d'élection de son imaginaire. Peut-être les *Nouvelles*, les *Chroniques italiennes* sont-elles in-vesties de traits hamlétiques. En décembre 1825, dans le *London Magazine* — rappelons que le premier jet d'*Armance* est daté: 31 janvier-8 février 1826 — Stendhal résume un roman italien du seizième siècle où, dit-il, l'on retrouve tous les principaux épisodes du *Parisina* de Byron; l'auteur, dit-il encore, 'peint avec une vérité et une vigueur digne de Shakespeare ... la naissance de la passion criminelle d'un fils pour la jeune femme de son père, les combats vertueux qui s'emparent de ces deux cœurs pleins de noblesse et de générosité'.[25] Ce texte est intéressant parce que Byron y appelle Shakespeare en palimpseste; il l'est aussi parce que l'un et l'autre y sont évinçables, finalement, par le filon italien, mais c'est encore trop tôt.

Notes

1 Dans son *Histoire de la folie à l'âge classique*, Michel Foucault

signale *The English Malady* de George Cheyne, Londres, 1733.

2 Voir le remarquable article de C. W. Thompson, 'Les clefs d'Armance et l'ambivalence du génie romantique du Nord', *Stendhal Club*, no. 100, juillet 1983, pp. 520–47.

3 Note marginale du 5 janvier 1830. Voir *Œuvres intimes*, Bibliothèque de la Pléiade, t. II, p. 115.

4 Le 5 janvier, il mentionnait: '23 et 26'; voir la remarque de V. Del Litto, *Œuvres intimes*, Bibliothèque de la Pléiade, t. II, pp. 115 et 1071.

5 Voir C. W. Thompson, *art. cit.*

6 Voir l'article de Francois Landry 'Entre noblesse et bourgeoisie: *Armance* ou le désir sans traduction' in *Romantisme*, 1977, nos. 17–18, pp. 228–41.

7 Voir l'article de Michel Pierssens '*Armance* entre savoir et non-savoir' in *Littérature*, décembre 1982, pp. 21–32.

8 Voir *Théâtre* I, Cercle du Bibliophile XLIV, p. 206 pour Ulysse et pp. 214–35 pour l'ébauche d'Hamlet.

9 C. W. Thompson propose ambivalence au lieu d'impuissance, pour Octave. Le rapport avec Hamlet n'en serait pas modifié.

10 Voir la Préface d'Armand Hoog à *Armance*, Folio, 1975.

11 Béatrice Didier, *Stendhal autobiographe*, Paris, Presses Universitaires de France, 1983, pp. 183–93.

12 Michel Crouzet, *Stendhal et le langage*, Paris, Gallimard, 1981, p. 85.

13 Que l'on compare à Monsieur de Malivert le père de d'Artagnan, dans les premières pages, éminemment françaises, des *Trois Mousquetaires*.

14 *Hamlet*, IV, ii, 26.

15 *Ibid.*, III, iv, 8–9.

16 'Puisque l'on me tyrannise ici', *Armance*, Cercle du Bibliophile, t. V, p. 147. Octave le dit 'en riant', mais le mot est lâché.

17 Ne pas oublier que, dans son drame, Ophélie est la fille de Claudius. Voir *Théâtre* I, éd. cit., p. 231.

18 'Le moment crucial', dit Ernest Jones, de l'acte III, scène 4. Voir son *Hamlet et Œdipe*, (tr. Anne-Marie Le Gall), Paris, Gallimard, 1980.

19 *Hamlet*, I, ii, 66 et 68.

20 *Ibid.*, IV, iv, 33–35; 53–56.

21 *Ibid.*, V, i, 136.

22 Ernest Jones, *op. cit.*, souligne cet aspect de Laërtes.

23 Voir, sur cette notion de décalage, le *Journal* de Gide, Bibliothèque de la Pléiade, t. II, p. 255. Voir aussi le passage sur Hamlet et Wittenberg: 'je tiens la métaphysique allemande pour responsable', *ibid.*, t. I, p. 1063.

24 *Hamlet*, V, ii, 402–03.

25 *Courrier anglais* (Edition du Divan), V, p. 267.

VI

Le sens tragique du bonheur: l'exemple de Shakespeare et de Stendhal

JUAN BRAVO CASTILLO

Aussi bien Shakespeare que Stendhal trouvent un certain agrément à nous présenter — le premier à travers le théâtre, le deuxième à l'aide du roman — la malheureuse histoire d'un couple d'amants qui par la suite de circonstances créées, soit par leurs propres natures, soit par le monde extérieur, n'arrive pas à se frayer un chemin et échoue à la fin. Il est vrai que des amours tels que ceux d'Octave et Armance, de Julien Sorel et Mme de Rênal, de Lucien Leuwen et Mme de Chasteller, de Fabrice del Dongo et Clélia Conti, d'Hélène de Campireali et Jules Branciforte, de Roméo et Juliette, de Troïlus et Cressida, d'Othello et Desdémone ou d'Antoine et Cléopâtre, se retrouvent partout dans la littérature. John Wain rend raison en ces termes de l'attrait que ce genre de récit a toujours exercé sur les lecteurs et les spectateurs:

> Sexual love is the supreme emblem of our personal relationships. It is both primitive and sophisticated. Like the bond uniting parent and child, it is rooted in our biological nature. But unlike that bond, it is an affair of choice and will. We cannot decide to have one set of parents rather than another, but we can decide to have one lover rather than another. Hence the inexhaustible richness of interest. It is a wise instinct that makes almost everyone prefer a love-story to any other kind. But 'the course of true love never did run smooth', or it would be a simple affair of biology. And the truer the love, the more agony is generated by the things that frustrate it. When a love that is total, uncompromising, all-giving, meets an obstacle too strong to be pushed aside, the tragic nature of human life is illustrated right down to its depths.

Cependant, il convient de noter que ce schéma tragique qui n'a été pour Shakespeare qu'un sujet entre autres dans une très longue carrière théâtrale (d'autres sont celui du père qui cherche sa fille perdue, celui de l'homme intelligent qui se déguise et s'exprime d'une façon énigmatique, etc.), est chez Stendhal bien plus dominant, tout en subissant les variations auxquelles on s'attendrait. Dans tous les romans d'Henri Beyle on trouve l'histoire d'un homme et d'une femme qui s'aiment, et dont l'amour est tantôt foulé par les desseins aveugles du monde, tantôt mis en échec par les attitudes des amants eux-mêmes.

Or, on ne saurait comparer à cet égard Shakespeare et Stendhal sans approfondir la question des structures propres au drame et au roman. N'oublions pas que Stendhal finit par renoncer au théâtre et par reconnaître l'impossibilité de la comédie en 1836, en même temps qu'il annonce une nouvelle ère où le roman deviendra le moyen d'expression idéal: affirmation décisive pour lui. Il suffit en effet de mettre en parallèle les deux œuvres étudiés ici pour constater que le roman est le genre idéal pour la mise en pratique de ce schéma tragique, car quand on essaie de le développer sur scène, le résultat peut paraître trop concis sur certains points. Dans des œuvres telles que *Roméo et Juliette* ou *Othello*, il manque un peu au spectateur le temps pour savourer la période de bonheur des amants — contrepoint qu'on voudrait aussi marqué que possible. Le spectateur, chez Shakespeare, doit partir d'une donnée préalable qui fait la synthèse d'une longue durée et de nombreux faits. Dans *Roméo et Juliette*, après les scènes du bal, du balcon et du fugace mariage clandestin, il s'avère que les amants se sont à peine connus avant de se trouver voués à la mort. Dans *Othello*, on n'a pas une conscience nette du temps écoulé; le but exclusif de Shakespeare est de nous précipiter au cœur du piège préparé par Iago, et nous ne savons presque rien ni du temps où les amants étaient heureux, ni de la profondeur véritable de leurs sentiments. Dans les romans par contre, des périodes de plénitude telles que celle vécue par Julien à Vergy, ou le séjour de Fabrice à la Tour Farnèse, permettent au lecteur de mieux sentir un bonheur qui plus tard servira de contraste au moment où les héros affronteront leur destin tragique.

L'espace plus vaste du roman permet aussi, par opposition avec le théâtre — et notamment avec celui de Shakespeare, lequel se permet d'avancer l'histoire à coups d'ellipses parfois très brusques, ainsi que dans *Antoine et Cléopâtre* — de remplir toutes ces lacunes, de nuancer la psychologie des personnages, les intermittences de leurs cœurs, la complexité de leurs âmes éprises, telles qu'on peut les analyser dans *Lucien Leuwen* par exemple. Ce sont là des détails qui comptent, lorsqu'on veut faire sentir aux autres, lecteurs ou spectateurs, le drame des amants.

Mais arrivé à ce point, le problème se pose de savoir s'il est possible de situer les romans de Stendhal sur le même plan que les tragédies de Shakespeare et si le schéma stendhalien est authentiquement tragique. Si l'idée fondamentale qui gouverne le théâtre de Shakespeare est celle de l'ordre universel — ce qui explique le fait que la plupart de ses pièces représentent le passage du désordre, et des dégâts qu'il provoque, à un nouvel ordre — l'idée essentielle qui se dégage par contre des romans de Beyle est celle de la fugacité du bonheur et plus spécialement de l'amour, en quoi il fait écho au concept de l'amour romantique régnant à son époque. Ainsi l'éducation sentimentale subie par ses personnages s'achève invariablement — malgré la relative liberté qu'il leur laisse — par des échecs catastrophiques vis-à-vis du monde, échecs qui ne sont pas seulement la conséquence logique des structures contraignantes de l'époque, mais qui découlent aussi du mécanisme psychologique mis en œuvre par Beyle. Le héros stendhalien n'appartient pas à ce monde. Pendant une période plus ou moins prolongée il se livre au jeu social et lutte courageusement à fin de faire triompher ses principes sur les mesquineries de son entourage, mais comme à cette époque bourgeoise il n'y a que deux issues pour un héros — ou bien se plier au monde en faisant un pacte tacite avec lui, ou bien vivre éloigné de lui — le héros stendhalien choisira la deuxième issue, celle du rejet total. Or, ce schéma est-il un schéma tragique, malgré la différence avec la tragédie shakespearienne? Nous le croyons (et on appréciera le paradoxe chez un auteur qui avait d'abord voulu écrire des comédies), car les instants paisibles et les brèves parenthèses de bonheur amoureux dans ses romans ne sont, en fin de compte, que le seuil cruel d'autres moments postérieurs pleins de douleur et de détresse. C'est à une conclusion semblable qu'arrive Michael Wood lorsqu'il écrit:

Stendhal is extremely kind to his lovers, in one sense. He gives them all moments of bliss, takes them out of time and makes them happy: allows them their revenge on a hard, perplexing life. But then his sense of reality reasserts itself, he counts the moments of his lovers' communions, and quickly hands them back to the hard world. Octave is tricked by his wicked uncle, Julien is guillotined. Lucien is deceived by the grotesque Dr Du Poirier and Fabrice is kept from Clélia by her marriage and her vow.[2]

On trouve, en fait, dans les romans de Stendhal presque tous les mêmes éléments que dans les tragédies de William Shakespeare. Ainsi les dénouements tragiques d'*Armance*, du *Rouge et le Noir*, de la *Chartreuse de Parme* ou de l'*Abbesse de Castro*; ainsi le rôle des oracles, si fréquents dans la tragédie classique, qui dès le début annoncent le destin défavorable du héros dans le *Rouge et le Noir*, la *Chartreuse de Parme* ou l'*Abbesse de Castro*, et auxquels l'auteur donne, comme l'écrit Gilbert Durand,

> une gravité sacrée en les rattachant à un objet religieux: moine de l'*Abbesse de Castro* qui préface l'abbé Blanès, église funéraire des *Cenci*, enfin église de Verrières... la sacralité liée à la religion semble être utilisée pour renforcer la solennité du 'petit fait' prophétique.[3]

Ainsi l'amour qui pour réussir a besoin de se déguiser et devenir clandestin — circonstance pratiquée aussi par Shakespeare d'une façon assez régulière dans les quatre tragédies mentionnées — entrée dans l'obscurité qui atteint sa signification la plus riche dans le symbole merveilleux de la prison heureuse. Ainsi les démarches des amants se soumettant à un jeu marivaudesque de rapprochements et d'éloignements, jeu tragique de malentendus qu'on retrouve aussi chez Shakespeare. Ainsi, enfin, l'élément qui rapproche le plus le schéma stendhalien de la tragédie classique: les coups de théâtre divers — morts accidentelles, catastrophes déclenchées à leur insu par des mains naïves, désastres occasionnés par des scélérats égoïstes et aveugles agissant dans l'ombre. Stendhal s'est servi avec une maîtrise incomparable de cette sorte d'effet imprévu — parfois même de plusieurs combinés — par la suite duquel les couples amoureux ne pourront plus s'empêcher de glisser sur la pente tragique jusqu'à la catastrophe finale.

Le schéma tragique stendhalien atteint sans doute son apogée dans la *Chartreuse de Parme*. Balzac eut déjà le premier l'idée de comparer l'amour de Gina pour Fabrice à celui de Phèdre pour Hippolyte. Or, il suffit de penser à la fin du roman pour constater qu'elle suit de près les dénouements des grandes tragédies anciennes dans lesquelles les personnages sont victimes de quelque malédiction ou fatalité: l'enfant de Fabrice et Clélia meurt; quelques mois plus tard c'est Clélia elle-même qui meurt, Fabrice se retire dans une chartreuse et meurt aussi une année plus tard. Gina lui survit de très peu. Et il ne suffit pas d'alléguer que nous nous trouvons devant encore une chronique italienne; Stendhal va ici bien au-delà de la simplicité sombre des chroniques. Nous sommes en pleine atmosphère shakespearienne, comme le dit Michael Wood:

> The romance suddenly takes on the configuration of an accomplished tragedy. Everyone who counts is dead and the stage is left to the competent and the well-meaning, the Edgars, the Horatios, the Fortinbrases, people who keep the world going, but who do not breathe the icy air of the tragic heights, of the upper slopes of a privileged but terminal experience.[4]

Et à présent, après avoir esquissé les convergences entre les tragédies de Shakespeare et les romans stendhaliens, faisons l'analyse des rapports entre les amants ainsi que des obstacles qui empêchent leur bonheur.

En ce qui concerne les débuts complexes des relations entre les couples: ceux-ci peuvent aller du coup de foudre fulminant dans *Roméo et Juliette*, à la rencontre décisive — inspirée des *Confessions* de Rousseau — entre Mme de Rênal et Julien Sorel, au lent ensorcellement produit par la verve exotique d'Othello et jusqu'au charme oriental de Cléopâtre, qui finit par envoûter l'ardent Marc Antoine malgré sa beauté déjà un peu passée. Tout cela sans oublier l'idylle stendhalienne typique, telle qu'on la retrouve dans *Armance* ou *Lucien Leuwen*, romans parallèles où l'adoration, l'amour-propre et les qualités admiratives l'emportent dans la cristallisation, puisque, selon Graham C. Jones:

> au début, Lucien s'intéresse à Mme de Chasteller pour la même raison qu'Octave s'intéressait à sa cousine: il tient à gagner l'admiration d'une personne qui s'est fait, très injuste-

ment, une mauvaise idée de lui.[5]

Dans ces idylles le développement de l'amour se caractérise par la lenteur et par l'intermittence, ce qui le rapproche des amours de la littérature chevaleresque.

Dans toutes les œuvres analysées prédominent les couples d'un même âge. On ne trouve à cet égard des différences substantielles que dans le *Rouge et le Noir, Othello* et *Antoine et Cléopâtre.* Dans le premier cas, Mme de Rênal est presque une dizaine d'années plus âgée que son amant, bien que leur expérience amoureuse diffère à peine. Dans *Othello,* le décalage est encore plus grand, mais ici c'est bien sûr le guerrier qui est le plus âgé, tandis que Desdémone n'est qu'une jeune fille naïve et douce. Le couple Antoine et Cléopâtre est exceptionnel puisque là les amants sont des personnages déjà mûrs, bien que la reine l'emporte sur Antoine en âge et en expérience passionnelle.

Pour ce qui est de la condition sociale, on ne trouve des différences importantes que dans le *Rouge et le Noir* et l'*Abbesse de Castro*: dans les deux récits c'est le héros qui procède d'humble souche (position occupée par l'héroïne pour la première fois dans *Lamiel).* Julien Sorel est le fils d'un charpentier et Jules Branciforte celui d'un brigand italien, tandis que Mme de Rênal appartient à la noblesse et Hélène de Campireali est une aristocrate. Dans les autres cas analysés on ne trouve que de légères différences, avec cette particularité que si chez Stendhal il s'agit souvent d'amours entre bourgeois et nobles, chez Shakespeare il s'agit le plus souvent d'amants nobles ou même royaux.

Il n'est pas étonnant que dans les situations où se produit un décalage social, les rapports maintenus entre les amants deviennent clandestins: les obstacles que Julien Sorel doit surmonter pour faire durer son idylle avec Mme de Rênal sont trop grands pour que cette idylle se prolonge longtemps — son mari, la jalouse Elise, Valenod, son propre caractère changeant, etc. Dans le cas de Branciforte, les difficultés sont encore plus grandes, puisque là où Julien Sorel n'est congédié à coups de fusil que la dernière fois qu'il se rend chez sa maîtresse, l'Italien encourt tout le temps ce genre de danger auprès d'Hélène, circonstance qui contribuera d'ailleurs à donner plus de consistance à cet amour. Du reste, il est bien paradoxal que, bien qu'au début de cette liaison la mère d'Hélène soit la seule à protéger l'amour de sa fille, plus tard, après la mort de son fils en combat avec Branciforte et alors que son mari n'est plus qu'un pantin moribond, ce sera elle qui posera l'obstacle décisif à cet amour.

Néanmoins, il convient de noter qu'on ne trouve pas seulement des rapports clandestins dans les situations où les extractions sociales sont incompatibles. Chez Stendhal la situation clandestine la plus suggestive survient dans la *Chartreuse de Parme*, et il en tire des effets remarquables. Les conversations d'une fenêtre à l'autre entre Fabrice et Clélia sont non seulement plus passionnantes que les serments faits à la lumière de la lune par Hélène de Campireali, mais aussi plus dramatiques, puisqu'elles constituent un beau symbole des difficultés auxquelles se heurtent les amours stendhaliens, de l'impossibilité de maintenir ces idylles et de l'atmosphère tragique qui les enveloppe.

Shakespeare, lui aussi, éprouve une certaine faiblesse pour ces amours clandestins: dans les quatre pièces nommées les amants doivent se soumettre à vivre des rapports secrets. La situation la plus poussée est celle de *Roméo et Juliette*, où les amants doivent affronter les haines implacables d'une vendetta entre deux familles aristocratiques; une passion née au milieu de ces conditions est nécessairement condamnée à prendre une route nouvelle ou périr. Une situation semblable se produit dans *Troïlus et Cressida*, à l'exception près que le conflit qui sert de fond au développement des relations amoureuses est bien plus vaste puisque c'est le monde troyen tout entier qui est en train de se désintégrer. Ce qui éloigne maintenant les amants l'un de l'autre est un obstacle militaire et politique qui bloque toutes les issues du monde où ils vivent, ce qui n'était pas le cas dans *Roméo et Juliette*. Pendant quelque temps Othello lui-même doit maintenir des relations clandestines avec Desdémone, et les amants se voient contraints à se marier en secret par crainte de Brabantio. Malheureusement, la normalisation de leur liaison marquera le début de la chute d'Othello qui, de plus en plus aveugle et fou, finira par devenir une marionnette entre les mains de Iago. Dans le cas d'*Antoine et Cléopâtre*, le terme 'clandestin' ne convient pas pour qualifier leur liaison; mais les circonstances particulières où celle-ci se développe, l'opposition qu'elle rencontre et le scandale qu'elle provoque, nous permettent néanmoins de la rapprocher des exemples précédents.

Surtout il importe de signaler que, dans ces quatre tragédies de Shakespeare, l'obstacle qui empêche le plein accomplissement de l'amour est de nature strictement extérieure, comme il l'est dans les pièces de Corneille. Lorsque finalement Roméo et Juliette réussissent à tromper leurs familles, lorsqu'ils sont sur le point de s'enfuir et de commencer une nouvelle vie ailleurs, le destin frappera de nouveau: une lettre n'arrive pas à sa destination, un plan s'écroule et leur amour finit avec le double suicide dans la crypte. Sans cette intervention extérieure, cette pièce aurait bien pu devenir une tragi-comédie aux caractéristiques semblables à celles du *Marchand de Venise*, par exemple — car il convient de noter que chez Shakespeare l'atmosphère de certaines comédies est encore plus sombre que celle de cette tragédie. Au fond, *Roméo et Juliette* n'est une tragédie que parce que Shakespeare s'est proposé de lui donner un dénouement violent. A cette époque, selon John Wain:

> Shakespeare's mature conception of tragedy had not, at this time, taken shape. He was still working to the medieval idea of tragedy as a cautionary tale, illustrating that man is never out of range of the side-swipes of fate. This is the view we find in Chaucer. 'Tragedy is to seyn a dite of a prosperitie for a time, that endeth in wretchednesse'.[6]

Dans *Roméo et Juliette* donc, la mort accidentelle de Tybalt à la suite de son combat avec Roméo, ainsi que l'erreur du frère Laurent dans l'exécution du projet bizarre où Juliette doit feindre la mort, constitueront les pierres d'achoppement ultimes auxquelles Chaucer fait allusion.

Les circonstances qui empêchent toute possibilité de bonheur durable entre Othello et Desdémone sont provoquées, bien sûr, par la haine et le machiavélisme de Iago. La jalousie qu'il ressent envers Cassio parce qu'Othello lui a préféré celui-ci comme lieutenant, et son désir latent de venger l'idée qu'il s'est faite que son chef l'ait remplacé à plusieurs reprises auprès de sa femme, sont les ressorts qui vont déclencher la machination qui finira par faire sombrer Othello dans la folie. Mais il importe de souligner que, tout rusé que soit Iago et toute puissante que soit sa force de conviction, ces qualités trouvent pour agir un terrain déjà préparé. La différence raciale joue ici un rôle primordial; on dirait que Shakespeare s'évertue à démontrer que l'incompatibilité entre les races est une source de désordres dont les conséquences sont toujours imprévisibles:

Othello is like some huge man-of-war, aground in a creek, an easy prey to a boarding-party in a rowing boat. Desdemona has a natural guilelessness which, owing to her over-protective father, has never been brought into contact with the roughness and duplicity of the world.[7]

Indéracinables sont donc les forces qui empêchent les destinées des deux amants de se côtoyer longtemps, bien que l'auteur n'hésite pas ici, pas plus que dans *Roméo et Juliette*, à renchérir sur la fatalité en empêchant Othello, par exemple, de penser à affronter directement sa femme ou Cassio.

L'amour de Marc Antoine et Cléopâtre est voué à l'échec depuis le début. Une série de barrières extérieures s'opposent fermement à l'accomplissement d'un amour qui, tout passionné qu'il puisse paraître, inspire peu de confiance, puisque tandis que pour les uns il a l'air d'une simple velléité amoureuse, pour les autres il n'est que le nouveau caprice de la somptueuse Cléopâtre, œuvrant avec tout le charme magique de sa personne et de son pays. Au début de la pièce on a l'impression qu'Antoine va se reprendre et rentrer dans la bonne voie lorsqu'il apprend la mort de sa première femme, Fulvie. Son second mariage avec Octavie, la sœur chérie de César, qui semble renforcer d'abord le lien entre les deux hommes puissants du triumvirat, sera en fin de compte l'obstacle qui les séparera à jamais, accomplissant ainsi la prédiction faite par Enobarbus à Menas:

You shall find the band that seems to tie their friendship together will be the very strangler of their amity.[8]

La défaite d'Actium et le désastre ultérieur signifieront la lente agonie des amants et la gloire conséquente de César.

Bref, on retrouve chaque fois un ensemble de circonstances presque toujours imprévues qui petit à petit devient source de malheurs. Dans les romans de Stendhal par contre, bien que les amants soient souvent en butte à des obstacles pareils, qui ne dépendent nullement d'eux, l'écueil essentiel est de nature interne et a pour origine leur singularité même, dans toute sa complexité. Parmi nos exemples choisis, le seul où leurs difficultés sont essentiellement de nature extérieure est l'*Abbesse de Castro*. Dans cette nouvelle, comme dans *Roméo et Juliette*, c'est une mort fortuite qui dresse une barrière infranchissable entre les deux amants (dont les chances de réussite sont d'ailleurs restreintes en raison de l'écart social entre eux). Il y a un moment où on a l'impression que l'obstacle va être franchi, mais l'excès de confiance comme de scrupules chez Branciforte lorsqu'il attaque le couvent fait échouer tout espoir de bonheur.

Dans le *Rouge et le Noir*, les difficultés extérieures ne manquent pas non plus, à considérer les différentes positions sociales des amants, le mariage préalable de Mme de Rênal, ses trois enfants, la société de l'époque et le jésuite qui poussera cette femme à écrire la lettre fatale au marquis de La Mole. Mais au-delà de ces empêchements, on en trouve un autre bien plus important qui est de nature intérieure et jaillit du caractère singulier de Julien: à savoir sa méfiance à l'égard de tout et de tous, son orgueil, l'instabilité de son tempérament, surtout son complexe d'infériorité, traits qui ne lui permettent ni de jouir du temps de bonheur à Verrières, ni de jeter les bases d'un bonheur plus stable.

Dans *Armance* et *Lucien Leuwen*, le schéma est très semblable. Les obstacles de nature extérieure sont également fréquents. Dans *Armance* la difficulté la plus évidente est l'impuissance sexuelle d'Octave, mais il ne faut pas oublier les agissements ténébreux du commandeur de Soubirane, encore un scélérat stendhalien aux allures de marionnette tragi-comique, lequel veut empêcher son neveu d'épouser Armance, afin de pouvoir jouir à son gré de la fortune d'Octave. Dans *Lucien Leuwen*, c'est Du Poirier qui joue le rôle du scélérat lorsqu'il met en scène la comédie du faux accouchement, pour éloigner Lucien de Nancy et séparer définitivement les amants. Néanmoins dans ces deux romans l'obstacle principal reste de nature interne et naît des amants eux-mêmes: excès de timidité, manque de confiance mutuelle, doutes excessifs, scrupules inassouvissables, 'babilanisme' — obstacles qui se trahissent tous dans les revirements incessants de leurs rapports amoureux. Grahame C. Jones a déjà souligné que

> dans les deux cas, il s'agit de l'histoire de deux amants qui, par peur de se donner et par scrupules de conscience, reculent devant l'amour qui naît dans leur cœur.[9]

Dans la *Chartreuse de Parme* tout un ensemble de circonstances extérieures se dresse entre le héros et son bonheur. D'abord un destin qui se moque de Fabrice mais s'acharne sur lui de façon qu'il ne puisse trouver son véritable amour. Ensuite une autre mort fortuite — celle de Giletti — qui déchaînera une série d'événements paradoxalement aussi heureux que funestes, puisqu'ils finiront par rapprocher Fabrice de Clélia. Et finalement, ce cortège de bouffons qui passent leur temps à conspirer contre Fabrice et ses amis. Néanmoins il reste que ce héros donne l'impression de souffrir surtout de quelque fatalité intérieure. Les obstacles entre lui et Clélia n'emportent pas toujours la conviction du lecteur et semblent parfois des caricatures de la notion même d'obstacle: ainsi cette histoire d'un serment fait à la madone, ainsi le mariage de l'héroïne à un parfait pantin.[10] Le résultat est l'expression la plus parfaite du schéma stendhalien et de son message tragique sur l'impossibilité dans ce monde d'un amour authentique et durable. Les amours entrecroisés de Clélia, Fabrice, Gina et Mosca traduisent tous la hantise romantique de l'amour brisé et nécessairement sublimé, de même que les efforts de l'auteur pour dépasser son obsession.

Nous touchons à notre conclusion. Tandis que Shakespeare nous peint en général la confrontation de deux mondes opposés (qu'il s'agisse de deux familles, de deux peuples, de deux races ou de deux mondes) et cherche l'impossible harmonisation amoureuse entre deux êtres qui se trouvent mêlés et séparés par ce conflit, Stendhal part d'un schéma différent. Bien que la société où il place ses amants soit stratifiée en classes sociales marquées, cette opposition qu'elle recèle n'est pas affrontée ouvertement et les obstacles qu'elle posera au bonheur des amants resteront conventionnels. Par conséquent, l'échec amoureux semble avoir ses sources, non dans le monde extérieur, mais dans le caractère même des amants.

Au-delà de ce que la littérature implique de ludique et de capricieux chez l'auteur, et laissant de côté tout ce qui touche à la fidélité aux sources, on peut donc constater certaines divergences entre Shakespeare et Stendhal. Shakespeare, dans les quatre pièces en question, ne se projette pas directement sur ses personnages, bien que pour un esprit misanthrope, malheureux dans ses amours, il ait pu y avoir quelque satisfaction intime à mettre en scène des histoires d'amour contrarié dont on inculpe le monde. Il est plus probable qu'en se décidant pour de tels sujets, Shakespeare n'a fait que suivre les idées directrices de son temps. Il écrit *Othello* dans sa période tragique mais son but essentiel semble avoir été de peindre sans détours les effets de la jalousie, comme il avait déjà peint l'ambition effrénée, le doute systématique, l'avarice et ainsi de suite, comme le voulait le goût du temps. Dans *Antoine et Cléopâtre*, qui date de la même époque, le but essentiel semble avoir été de peindre le declin de deux protagonistes exceptionnels d'une époque sublime, perspective qui a nourri la beauté métaphorique de la pièce.

Stendhal fait au contraire une règle de se projeter sur ses personnages, de sorte qu'il est souvent difficile de séparer les réalités de sa vie de sa fiction, d'autant plus qu'il revient constamment au même schéma tragique, parfaitement exprimé dans la *Chartreuse de Parme*. Or le faible intérêt que l'auteur porte aux pressions externes sur la séparation des couples, et son insistance particulière que dans ce monde la passion a peu de chances de pouvoir durer, que les instants de bonheur sont comptés et qu'ils ne servent en fin de compte que d'amer préambule à une chute ultérieure non moins amère, cette sorte de plaisir morbide qu'a Stendhal à interrompre le bonheur de ses amants, ne peuvent avoir qu'une source bien personnelle dans les fondements de son propre caractère. Ce caractère, on le sait, n'a été que la conséquence logique de ses déceptions amoureuses, notamment de celle survenue au moment de son départ de Milan avant la mort de Métilde en 1825, et de cette autre lointaine et décisive mort de sa mère trente-cinq ans auparavant, laquelle ne pouvait être exorcisée qu'à travers des personnages imaginaires dont la tragédie répétée pouvait donner à sa frustration une certaine catharsis.

Un tel schéma participe évidemment de l'idée romantique de l'amour, laquelle souligne l'impossibilité de satisfaire la passion autrement que dans la mort. Mais comme nous savons que Stendhal ne se soumettait pas aisément aux caprices de la mode, et comme nous connaissons bien sa vie, il semble juste de privilégier tout ce que cette vision tragique a eu chez lui de personnel. Ses amants doivent chercher les rares réduits où se retranche le bonheur, que ce soit dans des paradis privilégiés, tel celui de Vergy, ou que ce soit dans les prisons qu'a préparées l'ordre bourgeois d'un Valenod ou d'un Rênal pour les non-conformistes. Et les heureux qui finissent, comme Fabrice, par connaître le bonheur vertigineux de l'élévation ne pourront plus jamais s'accommoder de la médiocrité dans laquelle ils se voient forcés à traîner après leur descente. Après l'ivresse de l'élévation survient la chute inexorable. Le héros stendhalien n'appartient pas à ce monde et sa destinée tragique trahit la vision fataliste de son créateur.

Notes

1 John Wain, *The Living World of Shakespeare*, Pelican Books, Harmondsworth, 1966, p. 122.

2 Michael Wood, *Stendhal*, Elek Books, London, 1971, p. 58.

3 Gilbert Durand, *Le décor mythique de la Chartreuse de Parme*, José Corti, Paris, 1961, pp. 48–49.

4 Michael Wood, *op.cit.*, p. 185.

5 Grahame C. Jones, *L'ironie dans les romans de Stendhal*, Editions du Grand Chêne, Aran, 1966, p. 127.

6 John Wain, *op.cit.*, p. 123.

7 John Wain, *op.cit.*, p. 139.

8 William Shakespeare, *Antony and Cleopatra*, Acte II, Scène 6.

9 Grahame C. Jones, *op.cit.*, p. 127.

10 Cf. Michael Wood, *op.cit.*, pp. 308 et suivantes.

VII

Le cas Hobbes:
un fiasco en philosophie
JAMES G. SHIELDS

> Les lois, qui sont les réverbères, ne
> pouvant pas prévoir tous les cas,
> éclairer tous les recoins, c'est à nous
> à nous munir d'une bonne lanterne.
> Pour cela, apprenons à ne faire que
> de bons raisonnements.[1]

'Voilà la lumière qui sortie d'un petit in–12 de la Bibliothèque Nationale m'éclaira soudainement vers l'an 1803': c'est en ces termes qu'Henri Beyle devait évoquer, au début de 1815, quelques lignes de lecture déjà relevées une dizaine d'années plus tôt.[2] Imprécise sur de menus détails, l'allusion se rapporte toutefois sans équivoque à un moment d'intellectualisme soutenu de sa part: digne apprentissage, s'il en fût, de 'poète-philosophe'. Mais qui donc était à l'origine d'une telle illumination? Helvétius? Cabanis? Tracy peut-être? Certes, il y aurait lieu de penser d'emblée à ces noms, brillants jalons, à n'en pas douter, pour le jeune esprit qui cherchait alors sa voie. Ils n'y sont, cependant, pour rien. Car la vérité qui venait d'apparaître à Beyle — vérité aussi éclatante que bienvenue en l'occurrence — n'avait en réalité d'autre source que le traité *De la nature humaine* du philosophe anglais Thomas Hobbes.[3]

Comme de juste, ce ne sont pas les penseurs d'outre-Manche qui viennent les premiers à l'esprit, lorsqu'on dresse le bilan des influences formatrices qui ont agi sur le futur Stendhal. Et pourtant, parmi toutes les lectures ayant exercé un ascendant sur le beylisme naissant, celle de ce mince ouvrage de Hobbes joue un rôle primordial. Dans les cahiers de 1804 où Beyle consigne l'essentiel de ses pensées, il se complaît — avec un enthousiasme qui côtoie l'exagération — à faire siens de nombreux extraits d'une œuvre qu'il estime carrément supérieure à tout ce qu'il avait lu jusque-là.

Vigueur du style, force de la raison, pénétration des analyses: tout suscite des éloges de Beyle attelé à cette lecture pendant toute une semaine.

Il n'en reste pas moins que ce curieux épisode si amplement documenté pose plus de questions qu'elle n'en résout; même dans le cas, ou surtout dans le cas, d'un Beyle si sujet aux revirements. Car on cherche en vain, après le moment de violente admiration, une période quelconque d'ostensible remise en question. A la plus énergique des approbations succède le plus énigmatique des silences: silence, au reste, qui ne relève ni de l'oubli ni de l'in-différence, mais plutôt, dirait-on, d'un refus de la part de Beyle de revenir sur un chapitre qu'il préfère considérer comme clos. Ce que nous proposons, c'est de rouvrir ce chapitre, et de mettre en valeur à notre tour une lecture qui nous en apprend bien plus, fina-lement, sur le génie d'Henri Beyle que sur les préceptes de Thomas Hobbes.

———

En abordant la question d'Henri Beyle, 'philosophe', on n'est que trop conscient des objections auxquelles on risque de se heurter. Beyle 'était très peu philosophe', déclare Emile Faguet, et 'presque incapable d'idées générales':[4] ce qui n'empêche pas Henri Dela-croix de retrouver, lui, chez le même esprit, non seulement quel-que talent pour les idées, mais une véritable 'profession officielle d'idéologie'.[5] Néanmoins, Henri Martineau a beau faire, à son tour, un plaidoyer pour ce génie précoce qui, dès l'âge de vingt ans, aurait parachevé sa 'méthode' autant que sa 'philosophie parti-culière': c'est sans la moindre équivoque que Victor Del Litto nous représente un Beyle qui 'n'a jamais eu du philosophe ni la pénétra-tion ni la puissance de raisonnement ni l'esprit de système'.[6] Par-tage d'opinions propre en effet à rendre perplexe quiconque chercherait la vérité à ce sujet. Et pourtant, Auguste Bussière, lui, n'avait-il pas déjà tranché la question — et en des termes lapid-aires — dans son article nécrologique de 1843, préférant s'en tenir à l'image de 'dilettante philosophant', plutôt que de chercher en Beyle un 'véritable philosophe'?[7]

S'il n'est pas besoin d'insister sur les divergences frappantes en-tre ces critiques respectives, nous n'en tenons pas moins à rétablir leur unanimité fondamentale; car toutes, à différents niveaux d'analyse, convergent sur le même point: l'aptitude, réelle ou non, de Beyle pour la philosophie. Ce n'est pas, du reste, sans cause que des générations successives de commentateurs se soient crus obligés à faire face à cette question ambiguë. Qu'on ait de l'estime ou non pour les lumières d'Henri Beyle, il faut tout de même tenir compte de ses prétentions: et en lui, sûrement, on a affaire à une intelligence qui convoitait d'abord et avant tout un succès de philosophe, et qui souhaitait atteindre cette hauteur avec une volonté qui l'amena, plus d'une fois, à s'en croire digne. Il suffit de parcourir au hasard les feuilles de ses premiers cahiers, pour découvrir un esprit fortement attiré par les questions philosophiques du jour. Bornons-nous à ce simple conseil intime, si plaisamment sérieux: 'Quel est mon but? D'être le plus grand poète possible. Pour cela connaître parfaitement l'homme. Le style n'est que la seconde partie du poète.'[8]

Devant pareille naïveté, devant pareille outrecuidance, doit-on s'étonner qu'en 1804 déjà, Beyle ait la ferme intention de rédiger un traité philosophique? Ce débutant, du reste, pressent rapidement que la seule, parce que la plus grande, question qu'il échoit à son génie de résoudre, c'est celle de la réciprocité d'influences s'opérant entre la 'tête' et le 'coeur' de l'homme. Dualisme qui, à vrai dire, ne fait que reposer l'éternelle problématique du déterminisme et du libre arbitre; et qui, de ce fait, veut préciser le moment (dont l'existence est controversée, mais indubitable pour Beyle) où l'activité humaine cesse d'être régie par l'action des passions (c'est-à-dire 'coeur', ou 'âme'), et se soumet à l'empire de la raison propre (c'est-à-dire 'tête').[9]

Or, ce qui ne ressort pas, à première vue, de la froide abstraction de ces termes, c'est la quiddité morale de ce problème tout à fait vivant pour un Beyle qui ne conçoit la philosophie qu'en fonction de l'éthique. La pure spéculation intellectuelle étant dénuée de sens pour lui, toutes ses préoccupations dans ce domaine relèvent à l'époque d'un sentiment qu'on pourrait, à juste titre, qualifier de philanthropique: c'est-à-dire, témoignant d'une profonde confiance dans la perfectibilité du genre humain par la seule force de la raison. Rien de nouveau, bien sûr, dans cette notion rabattue; mais il est de la première importance d'apprécier chez Beyle la portée d'une telle philanthropie, et à un moment surtout où elle n'est pas encore modérée par une connaissance des hommes.[10]

Convaincu, comme il l'est dès le début, donc, que 'c'est par erreur et non par méchanceté'[11] que le vice est perpétré, Beyle réduit toute la science morale aux termes de la seule question: comment extirper cette erreur? Comment décomposer et réaligner, sur les bases d'une vertu solide, les forces qui font agir l'homme? Par le moyen de sa *Filosofia nova*, il projette de résoudre cette question, la plus épineuse de l'idéologie; et par le moyen de son art dramatique, il compte mettre sur scène les résultats incarnés de son enquête.

_____

Tel est l'état d'esprit du jeune Beyle au moment où il découvre Thomas Hobbes. Comme nous l'indique Victor Del Litto, le tout premier contact de l'auteur avec la pensée du philosophe fut indirect, mais de très bon augure: au cours d'une lecture de J.-F. Cailhava d'Estendoux vers l'été de 1803, Beyle fait sienne l'une des clés arcanes dramatiques en tombant sur la fameuse définition du rire selon Hobbes;[12] définition à laquelle il restera désormais fidèle, l'invoquant à maintes reprises et en venant à la désigner comme l'un des cinq principes de base de toute la littérature.[13] On ne saurait, néanmoins, trouver à cette époque-là aucune trace d'une connaissance approfondie: Beyle s'en tient pour l'instant à tirer parti de sa trouvaille hors contexte; et on constate, non sans surprise, qu'il se passe en fait plus d'une année avant que la curiosité ne l'emporte et qu'il ne s'avise, enfin, de bien sonder la source réelle de son inspiration.

De la lecture qui s'ensuivit, à la Bibliothèque Nationale, les témoignages ne manquent pas. Si l'on frise parfois la ténuité en supputant l'effet de telle ou telle œuvre sur l'esprit de notre auteur, cette première lecture de Hobbes est, en revanche, un événement des mieux attestés par Beyle lui-même.[14] Tandis qu'il est douteux que celui-ci ait jamais abordé le *Leviathan* à proprement parler,[15] il est certain qu'entre le 15 et le 22 juin 1804, il disséqua avec minutie tout le traité *De la nature humaine* repris dans les premières pages du chef-d'œuvre de Hobbes.

Dès les premières lignes en effet, à la lecture de l'Epître Dédicatoire, Beyle ne pouvait manquer d'être séduit par un ouvrage qui se donnait pour but 'de commencer par établir des principes que la passion ne puisse attaquer, d'élever par degrés sur ces fondemens solides & de rendre inébranlables des vérités puisées dans les loix de nature, qui jusqu'ici ont été bâties en l'air'.[16] Là, en quelques mots, ne retrouvait-il pas l'écho de ses propres desseins? Et pourtant, bien plus que l'ensemble du plan, c'est la manière dont le philosophe s'y prend — c'est-à-dire, son esprit rigoureusement analytique et la clarté de son exposé — qui paraît toucher la corde sensible chez un lecteur sentant, depuis quelque temps déjà, le besoin de se 'dérousseauiser'. Beyle, dès l'abord, ne ménage pas ses éloges: 'L'ouvrage *De la nature humaine* par Hobbes est un excellent ouvrage. Le style est le meilleur style philosophique que j'aie encore vu.'[17] Ardeur qui, s'annonçant par d'initiales notations hâtives, ne fait que se renforcer à mesure que la lecture se poursuit: 'Hobbes, page 51, parag. 14. Il y a plus de CONNAISSANCE DU VRAI SUR L'HOMME ou de PHILOSOPHIE dans ce parag. 14 du chap. V de Hobbes que dans tout Jean-Jacques.'[18]

Or, il est important de se rendre compte que dans ce chapitre qui entre tellement dans le vif de la philosophie pour Beyle, Hobbes s'attaque à la nature équivoque du langage et aux paralogismes qui s'ensuivent.[19] Soutenant que les mots sont les instruments de la science par lesquels nous rappelons et communiquons nos conceptions passées, le philosophe insiste sur le fait que les mêmes dénominations ne s'en trouvent pas moins à l'origine de nos erreurs, la logique étant une espèce de calcul qui repose sur une nomenclature nettement définie: celle-ci disparue, il ne reste que contradiction et mésintelligence. Soucis nominalistes qui, en tant que lieu commun de la philosophie du dix-huitième siècle, peuvent nous apparaître bien plats. Beyle, pourtant, repère dans les termes du philosophe toute la vigueur du novateur, vigueur qui répond, au moment et en tous points, à cette manie des définitions que Brulard attribuera à son ancienne 'cohabitation passionnée avec les mathématiques'.[20] Et, dès qu'il entre en possession de ce précieux manuel, il s'apprête à faire le premier 'grand pas', à aiguiser sa propre aptitude à l'analyse:[21] démarche qui se réduit, pour les besoins du moment, à l'élaboration de définitions précises dans le style du chapitre IX de Hobbes, où Beyle puise d'abord toute une série d'exemples avant de s'atteler à l'étude systématique de l'œuvre 'depuis le commencement jusqu'à la fin'.[22]

La réalité — est-il besoin de le rappeler? — devait être bien plus prosaïque, et le 'pas' infiniment plus lourd, que cet empressement de néophyte ne donne lieu de penser. Mais le doute n'avait pas de place dans les espoirs engendrés par un engouement si vif, et par surcroît si exclusif. Car Hobbes ne manque pas de remettre en cause les principales autorités dont Beyle avait tiré parti à ce jour. Si Vauvenargues est soupçonné d'avoir pleinement puisé à cette source, Helvétius, quant à lui, s'en trouve explicitement accusé.[23] Et si Lancelin et Condillac échappent, en contrepartie, à toute imputation de plagiat, ce n'est que pour se montrer, par ce fait même, lacunaires.[24] Et la 'bible' que représente Cabanis est lésée dans ses droits au respect, rebutant un futur disciple qui, pour le moment, aime mieux 'lire Bacon et Hobbes'.[25]

Mais, objecte-t-on, Hobbes ne saurait apporter grand'chose au matérialisme d'un lecteur qui souscrit à Condillac, à Helvétius, et qui, bientôt, souscrira à Cabanis. Il faut convenir, du reste, que déjà en 1804, ce même lecteur avait peu à apprendre sur la portée morale du sensualisme, si l'on en croit les convictions qu'il se plaisait à afficher sur le rôle mobilisateur des sens dans la machine humaine. Toujours est-il que Beyle adhère, avec un regain d'assurance, au matérialisme mécaniste de ce penseur; matérialisme qui, à tout prendre, n'est que l'affermissement anachronique, pour notre lecteur, du sensualisme dont Hobbes préfigurait les prémisses essentielles. Tantôt, donc, on rencontre sous la plume de Beyle le résumé ainsi que la conclusion, fort justes et outrageusement matérialistes, du chapitre II où Hobbes s'étend sur la nature de nos sensations: tout phénomène des sens se réduisant pour l'exégète à rien d'autre que 'des portions de matière...entrant en mouvement'.[26] Tantôt on aperçoit un Beyle, qui, faisant abstraction de ses bêtes noires téléologiques, se plaît à rapporter toute science comme toute morale à 'quelque commencement ou principe des sens'.[27] Vu son antipathie marquée pour les 'kanto-platoniciens', Beyle était fait pour partager l'opinion de quiconque saperait de la sorte la grâce divine, la raison innée, l'âme immatérielle; mais l'originalité hardie de ce génie ne lui échappe pas, et il se rappelle avec une approbation laconique: 'Hobbes écrivait en 1640'.[28]

Ce serait, à notre sens, donc, mal apprécier le rôle de ce penseur auprès de Beyle, que de se borner à inventorier les préceptes de *De la nature humaine*. Car Beyle, les pages noircies de ses cahiers le prouvent, s'en remet en tout à Hobbes; et là où ses extraits ne divulguent rien de vraiment inattendu, comme c'est souvent le cas, l'apport du philosophe ne s'en avère pas moins déterminant, en disposant le jeune lecteur à pousser jusqu'à leur conséquence logique des vérités dont il croit entrer, ou rentrer, en possession. L'œuvre de l'Anglais tombe, en ce sens, singulièrement bien à propos. Car c'est précisément dans les petites initiatives de sa propre pensée, que réside toute la valeur de cette lecture pour notre apprenti raisonneur; et on peut faire remarquer à ce titre la rédaction d'une liste, non pas de données hobbesiennes, mais plutôt, comme il se targue, 'd'excellentes pensées qui me sont venues en faisant l'extrait de Hobbes hier à la Bibliothèque Nationale'.[29]

Deux brefs commentaires, notes marginales qui accompagnent ces extraits, serviront le mieux à démontrer notre thèse. En s'arrêtant sur une section du chapitre VII de Hobbes, où il lit (sans y apprendre grand'chose) qu'un 'mouvement animal' est le mobile de toute action humaine, Beyle commence, tout simplement, par reposer le postulat du philosophe: 'Il n'y a point de BONTE ni de MAUVAISETE sans relation. Chaque homme nomme BON ce qui est agréable pour lui-même, et MAL ce qui lui déplaît...'[30] Non content, toutefois, de ce qu'il copie, Beyle prolonge la phrase comme la pensée de Hobbes pour y insérer de son cru une déduction qui, tout en constituant le corollaire de l'hypothèse, va déjà bien plus loin que l'énoncé original: '...de manière qu'il y a autant de BONTES ou de MAUVAISETES qu'il y a d'hommes'.[31] Voilà, de fait, un principe qu'on retrouvera désormais, sous une forme ou une autre, partout où il sera question pour Beyle du crime et du châtiment, partout où il réitérera sa conviction que c'est à la seule législation de s'ériger en arbitre et d'ainsi suppléer à cette chimère, plus redoutable que réconfortante, que sera toujours pour lui la notion de la vertu innée.

Arrivé au chapitre IX, Beyle trouve le philosophe qui s'interroge brièvement sur la nature de l'amour, et qui conclut qu'on 'ne peut définir [l'amour] qu'en disant que c'est un BESOIN'.[32] Or, il était bien prévisible que Beyle ne laisserait pas passer sans commentaire un tel propos; et ce qui est intéressant tout d'abord, c'est le ton de sa réplique: 'Certainement l'amour pour une femme est un besoin', proclame-t-il, comme s'il s'étonne que Hobbes ait senti la nécessité d'indiquer une vérité aussi évidente.[33] Le principe de Hobbes approuvé, Beyle hasarde, à titre d'éclaircissement, une explication générale de la question, où il met en avant tout son déterminisme croissant: '...car tout désir suppose besoin et il [l'amour] est un désir et souvent une passion suite de désirs'.[34] Syllogisme peu raffiné, sans doute, et contestable; mais il est difficile de ne pas y voir la forme primordiale d'une idée qui ressortirait, une vingtaine d'années plus tard, comme l'un des principes-clés tant du beylisme que de la 'physiologie de l'amour': 'L'homme n'est pas libre de ne pas faire ce qui lui fait plus de plaisir que toutes les autres actions possibles'.[35]

Nous insistons sur ces deux cas pour faire ressortir avec plus de clarté ce que nous considérons être la vraie valeur de la lecture de Hobbes pour Beyle: lecture plutôt de consolidation, devant servir de tremplin pour son propre essor. Car Beyle, dans toutes ses lectures de l'époque, ne cherche qu'un bon départ: et voilà justement ce qu'il croit faire en examinant et, lorsqu'il le faut, en développant les axiomes que cette œuvre pose, ou repose, à son esprit. En témoigne la hardiesse même de quelques-unes des conclusions qu'il se permet en se rapportant aux passages si consciencieusement transcrits. Ne perdons pas de vue que ce philosophe en herbe aspire par-dessus tout à sortir de l'ornière et, en s'affranchissant enfin de tout mentor, quel qu'il soit, à frayer sa propre voie à travers l'idéologie.[36]

Sitôt terminée la lecture de *De la nature humaine*, espèce de catalyseur en l'occurrence, Beyle mobilise son génie. En jetant sur le papier, dès le 23 juin 1804, l'ébauche du traité qu'il envisage d'écrire, il ne se prive pas de faire valoir — modestie de cette étape de la vie — la parenté qu'il prétend établir entre la pensée de Hobbes et la sienne:

VOICI LE SQUELETTE:

Dans son livre *De la nature humaine*, Hobbes a la division qui fait la base de la *Filosofia nova*.

L'homme est composé: 1° d'un CORPS; 2° d'une TETE ou centre de combinaisons; 3° d'un COEUR ou AME centre de passions.[37]

Telle est l'idée mère de la *Filosofia nova*. Et si Hobbes n'en fournit pas la matière essentielle, c'est bien lui qui, d'emblée et à coup sûr, la ratifie, l'authentifie. Mais Beyle est-il vraiment en droit de se flatter d'un aussi puissant soutien? S'agit-il, en effet, de grands esprits qui se rencontrent?

Il n'en est rien. Trop impatient de faire étayer sa thèse, Beyle tient pour chose convenue la justesse du rapport qu'il se hâte d'établir. A la vérité, pourtant, il se méprend tout à fait sur la théorie de Hobbes, en lui attribuant une tripartition de l'homme propre à faire se retourner dans la tombe le pauvre philosophe.[38] Tout en parlant de 'tête' et de 'cœur' comme théâtres respectifs de la raison et de la passion, et tout en signalant cette raison et cette passion comme les 'principaux ingrédiens' de la nature humaine, Hobbes ne conçoit pour autant que deux espèces de 'facultés' (terme, en outre, dont il se méfie manifestement): 'celles du corps & celles de l'esprit'.[39] Or, une lecture plus judicieuse aurait fait comprendre à Beyle que, raison et passion n'étant que deux activités d'un seul et même 'esprit' — esprit en butte sans relâche à des déterminations d'origine extérieure — c'est un non-sens, pour le matérialiste, que de tenir à tant soit peu de réciprocité réelle entre ce que lui Beyle se plaît à désigner par ces deux concepts:

> ...la sensation est due à l'action des objets extérieurs sur le cerveau ou sur une substance renfermée dans la tête, &...les passions viennent du changement qui s'y fait & qui est transmis jusqu'au cœur...[40]

L'esprit reçoit des sensations, et l'esprit réagit: voilà la seule véritable réciprocité. Beyle, à ce qu'il semble, n'arrive pas à saisir tout à fait la portée déterministe de cette sollicitation — basée toujours sur le désir et l'aversion — que Hobbes tient pour arbitre unique de l'activité humaine:

> Toutes les conceptions que nous recevons immédiatement par les sens étant ou plaisir ou douleur, produisent ou le désir ou la crainte; il en est de même de toutes les imaginations qui viennent à la suite de l'action des sens.[41]

Sur la grande question concomitante de la 'volonté', la méprise s'amplifie inévitablement — et irréversiblement. Hobbes propose que les passions, en nous poussant à agir, 'sont la volonté même'.[42]

Beyle, en rapportant, à ce qu'il croit, l'essentiel de cette proposition, change une seule lettre de l'original: ce faisant, il altère tout le sens de Hobbes, en prétendant que les passions 'FONT la volonté', ou qu'elles en 'sont la cause'.[43] La différence peut être subtile en apparence, mais elle s'avère on ne peut plus fondamentale quant au sens, créant une disparité irrémédiable — et dont Beyle est loin de se douter — entre sa pensée et celle du philosophe auquel il se croit toujours fidèle. Car, d'après l'axiome de Beyle, la 'volonté' saurait s'attribuer une catégorie — ou 'faculté' — autre que celle de la passion; ce qui n'est pas de toute évidence l'avis de Hobbes: 'Dans la délibération le dernier désir, ainsi que la dernière crainte, se nomme VOLONTE'.[44]

Prenons garde, donc, lorsqu'on parle de Beyle sensualiste, matérialiste, lecteur effronté des philosophes, et pour qui n'existe que le 'cristallisé'.[45] Cette lecture de Hobbes démontre que, profondément attaché au matérialisme comme idée, Beyle ne souscrit pas pour autant à ses conséquences logiques. Comment, d'ailleurs, voudrait-on que le futur créateur de Julien et de Lamiel se passe de la 'faculté de vouloir'?[46] Certes, là même où Beyle se dit l'esprit le plus déterministe du monde, il lui reste comme une arrière-pensée de volition dont il ne peut — dont il ne veut — se débarrasser: ce qui ne l'empêche pas d'épouser de bon cœur la doctrine matérialiste, mais qui le pousse à commettre des infidélités sans cesse à son égard.

En décomposant l'esprit humain en parties autonomes, en s'obstinant à tenir la volonté pour une entité tant soit peu rationnellement volontaire, Beyle cherche à gagner sur tous les tableaux. Il ne réussit pourtant qu'à dénaturer les postulats de Hobbes, et à propager, la plupart du temps, une idée bien plus orthodoxe qu'il ne voudrait le croire.[47] Sa conception de l'âme témoigne aussi de cette pensée oscillante: tantôt elle revêt la forme d'un 'morceau de matière...dans la tête';[48] tantôt la forme d'une 'partie de nous' dont les opérations 'ne peuvent se rapporter à aucune partie du corps'.[49] Beyle se rendait-il compte de ce qu'il disait, en pactisant ainsi avec l'immatériel? Si Paul Bourget crut, en toute bonne foi, repérer chez l'auteur un 'matérialiste jusqu'à l'héroïsme',[50] force nous est de reconnaître à notre tour que la pensée de Beyle en toute cette matière tient moins de l'héroïsme que de l'irrésolution.

————————

Mais la fermeté de sa raison n'est pas encore un sujet de doute pour Henri Beyle; et s'il sous-estime, à sa façon, la complexité de sa tâche, c'est qu'il ne met pas en question sa capacité d'en venir à bout. Toujours harcelé par son dilemme de 'cœur' et de 'tête' — après une lecture peu faite en réalité pour l'en tirer — Beyle prend sur lui d'entamer une analyse exhaustive des passions. SIC ITUR AD ASTRA? Rien de moins. En embrouillant les termes-clés de son analyse, il tombe précisément dans l'erreur capitale selon ses propres prescriptions et, rappelons-le, selon ce sage paragraphe 14 du chapitre V de Hobbes.[51] Et si les instruments de son prétendu métier s'avèrent défectueux entre ses mains, il se montre aussi peu apte à voir où mènent ses raisonnements. Tantôt il postule que 'la TETE est absolument le valet de l'AME'; tantôt il détaille les façons dont se renversent les termes de ce rapport.[52] De même, il déclare catégoriquement que 'nos passions...sont la cause et non pas l'effet de la volonté': ce qui nous amène à demander par quelle aberration il en arrive à affirmer, guère plus de six mois après, que 'les passions sont un effet de la volonté'.[53]

————————

Il serait fastidieux de relever toutes les nuances de cette inconstance. Qu'il suffise de dire que Beyle, tout en se croyant solidaire de la pensée de Hobbes, la déforme au point même d'en faire la parodie ou presque. Et, ses raisonnements l'entraînant dans une telle suite d'antinomies, il était prévisible que les mêmes contradictions finissent par se trahir dans l'expression des sentiments les plus intimes. Comme du papier de tournesol, en effet, les notes de Beyle commencent à prendre d'un moment à l'autre les diverses couleurs de sa disposition, soit l'optimisme, soit l'abattement.[54] Fait pour 'nettoyer les étables d'Augias' de la société moderne,[55] cet Hercule des lettres se trouve, par contre, empêtré dans un combat d'arrière-garde contre les illogismes et les déconvenues.

Ebranlé, mais sûr d'avoir tiré profit de ses divers travaux, Beyle décide de recourir à Hobbes en septembre 1805, craignant, com-

me il se le confie, que toute autre lecture ne le rejette dans 'l'ornière' d'où il espère s'être tiré.[56] Par un ironique retour des choses,
ce singulier parti pris en faveur de l'Anglais, loin de lui assurer la
pérénnité dans l'estime de Beyle, fait sonner le glas de son empire.
Car notre lecteur s'avise tout d'abord de consulter non pas
l'œuvre même du philosophe, mais l'un de ses propres cahiers qui,
truffés de commentaires sur Hobbes, devaient autrefois former la
base de ce traité beyliste qui est, on le sait, voué à l'avortement. Ce
qu'il y retrouve le consterne. 'Gisquet, orgueilleux, vide, peu
réfléchi, ressemblant à un article de Geoffroy, surtout par la
présomption de l'ignorance';[57] voilà sa description, dans une lettre qu'il adresse à sa sœur Pauline, de l'élucubration sur laquelle il
promène son regard. Et dans une note encore plus franche qu'il
griffonne pour lui-même, il énonce son dilemme d'une façon bien
'beyliste': 'I BELIEVE THAT MY TALENT IS PERHAPS FOR BE THE BARD, mais je
sens que je n'ai pas le génie (la tournure d'esprit) philosophique'.[58]

Drôle de conclusion pour celui qui, une année avant, s'était
déclaré 'dans le plus haut de la philosophie'.[59] Méprise qui fait
sourire? La qualité douteuse des vers que nous a légués ce jeune
barde, les douleurs d'enfantement que lui a infligées chaque
médiocre alexandrin, nous font tout à fait conscients de ce qu'il a
dû sentir en disant son peu de talent comme raisonneur. La réflexion en elle-même ne porte aucune atteinte directe à l'autorité de
Hobbes; la confiance en soi de Beyle se fissure; situation qui, avec
le temps, ne fera que s'aggraver. A la suffisance succède l'inquiétude; et à l'inquiétude, le découragement: de manière qu'un
mois après, Beyle signale le 'nuage' qui vient de recouvrir ses connaissances sur l'homme.[60]

Or, ce qui est bien étonnant c'est qu'ainsi lésé dans sa certitude,
Beyle n'ait pas tout de suite recours à sa lecture d'autrefois, soit
pour raffermir, soit pour rejeter, les bases ébranlées de ses anciennes convictions. Le fait est pourtant qu'il diffère cette lecture, non
seulement pendant des semaines, mais pendant toute une année. Il
n'y revient en effet qu'en août 1806, et alors avec des préventions
qui, à chaque ligne de son commentaire exigu, font voir au lecteur
une issue bien réglée d'avance:

Je viens de lire la *Nature humaine* de Hobbes...ce livre est
de la force des cahiers que je composais il y a deux ans...Le

chapitre IX est le seul utile, il met sur la voie; on devrait tout analyser ainsi. Ce livre, qui m'avait laissé une telle admiration, m'a ennuyé.[61]

D'où la question que nous avons posée au départ: pour quelle raison, au fond, Hobbes échoue-t-il de façon si irrévocable auprès de Beyle? Comment, en l'espace de deux ans, le chef-d'œuvre qui répondait à toutes les exigences de celui-ci, a-t-il pu devenir 'le discours d'un homme de bon sens qui n'a pas assez approfondi sa matière, ou des vérités sans objet'?[62] Ce qui est certain, c'est qu'on interrogera en vain les écrits postérieurs de Beyle: si l'estime, qu'il a pour Hobbes est pleinement documentée, la répudiation de celui-ci est pratiquement passée sous silence.

Le plus plausible serait d'imputer cette apparente éclipse du philosophe à la lecture faite par Beyle, en novembre 1805, de la *Logique* de Destutt de Tracy — à plus forte raison parce que Victor Del Litto soutient la même hypothèse dans son œuvre magistrale sur la vie intellectuelle de notre auteur.[63] Et pourtant Beyle, rarement accommodant, refuse de se laisser prendre tout à fait par une explication aussi nette. En découvrant l'*Idéologie* peu de mois après sa première lecture de *De la nature humaine*, il place Tracy à côté de Hobbes 'sur la frontière de la science':[64] complémentarité qui, à en juger par une lettre qui serait de la fin de novembre 1805, n'aurait fait que se renforcer lecture faite de la *Logique*.[65] Jusqu'aux premiers mois de 1806, en fait, Beyle préconise la pratique des deux maîtres pris ensemble; ils prétendent de concert à son estime, tantôt grâce à cet inestimable 'art de conduire son esprit à la vérité', tantôt en faisant partie de ce 'fameux quinque' dont il prône la lecture à plusieurs reprises.[66]

Du reste, cet admirateur de la *Logique* n'aurait pu manquer de sentir l'hommage que Tracy lui-même avait rendu à 'ce philosophe éminemment remarquable par la précision et l'enchaînement de ses idées';[67] et il aurait certes trouvé en appendice à cette œuvre une soixantaine de pages traduites de l'anglais, sous le titre de *Calcul, ou Logique*.[68] A vrai dire, plus l'enthousiasme de ce lecteur pour Tracy croissait, moins on l'aurait cru susceptible de répudier le philosophe que celui-ci même honorait comme 'le fondateur de l'Idéologie et le rénovateur des sciences morales'.[69]

Dans trois lettres successives de janvier 1806, Beyle prie sa sœur de lui expédier, dans les plus brefs délais, un cahier renfermant des extraits commentés de Hobbes, le ton d'urgence croissante qu'elles trahissent ne laissant guère supposer que l'attachement en question soit éteint.[70] Dans la deuxième de ces lettres, l'auteur répète ses conseils sur la lecture du 'fameux quinque';[71] puis, dans la troisième, il dissipe toute équivoque sur la question qui nous intéresse:

> Mais surtout tâche de te procurer Hobbes, *De la nature humaine*. C'est la fin de l'édifice dont Helv(étius) jette les fondements. C'est l'analyse et la description de nos passions. Helvétius doit quelquefois te paraître insipide, parce que ce qu'il dit doit être trop simple pour toi. Hobbes t'amusera.[72]

Il est permis de douter que la jeune sœur ait trouvé vraiment amusante la matière d'un tel travail: mais il importe de noter que Beyle réaffirme ainsi un respect qu'on aurait pu croire perdu; et cela après avoir salué à deux reprises la 'bien heureuse révolution' dans ses idées que lui avait procurée le nouveau tome de Tracy.[73]

Nous terminons notre propos en avançant la simple hypothèse que, dans le cas de cet ancien maître de Beyle, autrefois si éclairant, on devrait moins parler d'éclipse que d'une inéxorable perte d'éclat. Car Beyle ne s'avise à aucun moment de réfuter les principes de Hobbes; et à aucun moment il ne prétend que quiconque l'ait fait. L'abandon de son précepteur lorsqu'il survient fait époque, mais les termes en eux-mêmes restent vagues, indéfinis, peu 'philosophiques' en un mot, et tout porte à le croire, ils sont intimement liés à l'état d'esprit de Beyle: c'est-à-dire à la conscience d'un échec personnel et à son embarras devant le fait. C'est un élève qui, n'arrivant pas à faire ses devoirs, s'en prend à son maître.

Beyle, il est à noter, gardera toute son estime pour ce qui fut pour lui le plus grand apport de Hobbes: ce style analytique dont le chapitre IX de *De la nature humaine* est l'exemple réussi, et aussi ses remarques lumineuses sur le rire.[74] Ne serait-ce pas parce que le philosophe s'est révélé infaillible dans ces deux domaines que

Beyle en est venu à trop attendre de lui, à investir en lui plus qu'il ne fallait de ses plus chères espérances?

Quoi qu'il en soit, la lecture de Hobbes figure parmi les lectures de Beyle comme une épreuve dont il n'a pas triomphé. En portant un nouveau regard sur les premiers jets de ce savant traité que l'auteur anglais aurait dû raffermir, Beyle les trouve, à juste titre, empreints de présomption: douloureuse prise de conscience, s'il en fût jamais. Mais l'expérience est salutaire. Car cet échec relatif, en ramenant sur terre le novice que fut Beyle, le conduit à mieux connaître ses limites et lui démontre surtout — puisqu'il fallait bien qu'il s'en rende compte — qu'il n'avait pas une vocation de philosophe. De sorte qu'on ne saurait nier la portée de ce revers édifiant dans le trajet littéraire du futur romancier. Bien sûr, il allait encore parcourir de nombreuses étapes avant qu'un mot de Tracy — curieusement — ne lui désigne son véritable talent.[75] Mais Hobbes y avait toujours sa part, ayant contribué à mettre Beyle dans le bon chemin, ou, plus précisément, ayant aidé à le détourner d'une voie qu'il n'était pas fait pour emprunter.

Notes

1 Stendhal, *Correspondance*, Bibliothèque de la Pléiade, t. I, p. 172.

2 *Journal littéraire* III, t. XXXV, p. 35. Pour la datation ainsi que la documentation de notre étude, nous sommes surtout redevable au minutieux rétablissement de ce journal par V. Del Litto.

3 Nous rappelons que ce n'est qu'en juin 1804 que Beyle entama la lecture de ce traité, dans la traduction du baron d'Holbach (Londres, 1772, in–8°). Cf. *Journal littéraire* I, t. XXXIII, p. 350; et III, t. XXXV, p. 388n. Il s'agit ici, bien sûr, de la mémorable définition du rire selon Hobbes; définition que Beyle connaissait déjà en 1803, mais de seconde main. Voir *Journal littéraire* I, t. XXXIII, pp. 146 et 519n; et ci-dessous à la note 12.

4 Emile Faguet, *Politiques et moralistes du dix-neuvième siècle*, Paris, Lecène et Oudin, 1900, t. III, p. 11. On peut rapprocher de ce jugement péjoratif celui de René Doumic pour qui 'le beylisme est une philosophie fort courte': *Hommes et idées du XIXe siècle*, Paris, Perrin, 1903, p. 123.

5 Henri Delacroix, *La psychologie de Stendhal*, Paris, Alcan, 1918, p. 4.

6 Voir respectivement: Henri Martineau, *L'Œuvre de Stendhal*,

Paris, Albin Michel, 1951, p. 14; et V. Del Litto, *Journal littéraire* I, t.XXXIII, Préface, p. xix.

7 Auguste Bussière, 'Henri Beyle (M. de Stendhal)', *Revue des Deux Mondes*, 1 janvier 1843, p. 286.

8 *Journal littéraire* I, t.XXXIII, p. 154. Comparer *ibid.*, p. 469.

9 Cette distinction est tantôt 'un flambeau qui éclaire bien dans la connaissance de l'homme' (*Correspondance*, t.I, p. 95), tantôt 'la base de toute connaissance' (*Correspondance*, t.I, p. 224). Pour le simple postulat, voir *Correspondance*, t.I, pp. 95 et 101, ainsi que *Journal littéraire* I, t.XXXIII, pp. 310–11. Sur la dette de Beyle envers Lancelin, nous renvoyons à J. Alciatore, 'Stendhal et Lancelin', *Modern Philology*, XL, 1942, pp. 78–81; et à V. Del Litto, *La Vie intellectuelle de Stendhal*, Paris, Presses Universitaires de France, 1959, pp. 142–45. Doit-on conclure à un lapsus de Beyle là où il se rapporte à 'mon système de l'AME et du CŒUR'? Cf. *Journal littéraire* II, t.XXXIV, p. 148.

10 Ce sentiment sous-tend les aspirations philosophiques et dramatiques du jeune Beyle: cf. *Journal littéraire* I, t.XXXIII, pp. 457 et 216; II, t.XXXIV, pp.136–38.

11 *Journal littéraire* II, t. XXXIV, p. 148. Entre bien des témoignages de cette conviction: *ibid.*, I, t.XXXIII, p. 238; II, t.XXXIV, pp.7, 18; *Correspondance*, t.I, pp. 93, 154, 169. Les pages de V. Del Litto sur l'attrait de Brissot de Warville pour Beyle renferment quelques idées utiles à ce propos; *op. cit.*, pp. 155–61. Noter en plus la définition que Beyle formulera de la philosophie une vingtaine d'années plus tard: *Mélanges II: Journalisme*, t.XLVI, p. 45.

12 V. Del Litto, *op.cit.*, pp. 75–77. Beyle désignera cette formule de Hobbes comme la seule idée qu'il ait trouvée dans 'ce diable de livre'; même s'il avoue — chose étrange — ne pas l'avoir comprise en la lisant. Cf. *Vie de Henry Brulard* II, t.XXI, p. 251; et *Correspondance*, t.I, p. 111.

13 *Journal* III, t.XXX, p. 62. Pour l'une des premières applications de ce principe, voir *Journal littéraire* I, t.XXXIII, p. 167, Beyle saura toujours gré à Hobbes d'une véritable innovation dans un sujet 'si difficile qu'aucun philosophe n'en a encore parlé'. Cf. *Correspondance*, t.I, p. 108. De même *Journal littéraire* III, t.XXX, p. 328.

14 Se référer au *Journal littéraire* I, t.XXXIII, pp. 350–97, et à l'analyse pénétrante de V. Del Litto, *op.cit.*, pp. 145–55. Sur cette lecture de Beyle, R. Vigneron laisse attendre une étude qui paraît, cependant, n'avoir jamais vu le jour. Cf. 'Stendhal disciple de Chateaubriand', *Modern Philology*, XXXVII, 1939, p. 54, n.84.

15 V. Del Litto dissipe sur ce point une équivoque due à un commentaire de P. Martino. Voir *Racine et Shakespeare*, t.XXXVII, pp. 450–51.

16 Hobbes, *De la nature humaine*, éd. cit., Épître Dédicatoire, p. 11. Toutes nos citations sont tirées de cette édition de d'Holbach, dont la pagination correspond exactement aux extraits de Beyle et dont le titre complet a dû faire espérer à celui-ci une ample récolte d'idées: *De la*

*nature humaine, ou Exposition des facultés, des actions & des passions de l'*AME, *& de leurs causes déduites d'après des principes philosophiques qui ne sont communément ni reçus ni connus.*

17 *Journal littéraire* I, t.XXXIII, p. 351, et pour ce que Beyle entend ici par 'style', *ibid.*, I, t.XXXIII, pp. 459 et 470.

18 *Ibid.*, I, t.XXXIII, p. 365. C'est Beyle qui souligne.

19 La section dont il est surtout question pour Beyle s'intitule: 'Translation du Discours de l'Esprit dans le Discours de la Langue & de l'erreur qui en résulte'. *De la nature humaine*, Chap. V, § 14, pp. 51–54.

20 *Vie de Henry Brulard* II, t.XXI, p. 251. Sur ce qui était bien déjà une préoccupation marquée de Beyle, et pour l'apport dans ce domaine d'Helvétius et de Lancelin avant Hobbes, voir *Journal littéraire* I, t.XXXIII, pp. 204–08 et 248–50, ainsi que les notes de l'éditeur, pp. 537–38 et 546. Comparer *Correspondance*, t.I, p. 93. Cette identification de la logique au langage restera l'un des traits marquants de Beyle. Cf. ses reproches à Kant en 1822: *Mélanges II: Journalisme*, t.XLVI, p. 43.

21 *Journal littéraire* I, t.XXXIII, p. 362.

22 *Ibid.*, p. 353.

23 Voir respectivement *Journal littéraire* I, t. XXXIII, p. 411, et *Correspondance*, t.I, pp. 109, 124–25.

24 *Journal littéraire* I, t.XXXIII, p. 369. Beyle reproche également à Condorcet le manque d'envergure qu'il reconnaît chez Helvétius, Lancelin et Condillac, et dont Hobbes lui paraît exempt. Cf. *Correspondance,* t. I, pp. 136–37.

25 *Journal* I, t.XXVIII, p. 255. A titre d'anecdote, rappelons que Brulard confondra, inexplicablement, les deux philosophes anglais, de manière à attribuer à Bacon son inoubliable définition du rire. Cf. *Vie de Henry Brulard* II, t.XXI, p. 251.

26 *Journal littéraire* I, t.XXXIII, p. 581. Hobbes, lui, résume plus tard le même chapitre, et on y perçoit toute l'essence de sa vision mécaniste de l'homme: '...les conceptions & les apparitions ne sont réellement rien que du mouvement excité dans une substance intérieure de la tête; ce mouvement ne s'arrêtant point là mais se communiquant au cœur doit nécessairement aider ou arrêter le mouvement que l'on nomme VITAL'. *De la nature humaine*, Chap. VII, § 1, pp. 64–65.

27 *Journal littéraire* I, t.XXXIII, p. 367. Cf. *De la nature humaine*, Chap. VI, §4, p. 59.

28 *Journal littéraire* I, t.XXXIII, p. 353.

29 *Ibid.*, I, t.XXXIII, p. 370.

30 *Loc. cit.* Voir aussi Hobbes, Chap. VII, §3, p. 66. Notons que Beyle souligne à l'instar du philosophe. Il ne saurait être ici question de nouveauté; Beyle avait déjà bien senti chez Helvétius comme il était 'aussi impossible d'aimer le bien pour le bien, que d'aimer le mal pour le mal'. *De l'Esprit* (Amsterdam, 1761), t.I, Disc. II, Chap. V, p. 86. Se rapporter au *Journal littéraire* II, t.XXXIV, pp. 11–12, où Beyle reprend précisément l'exemple d'Helvétius pour illustrer ce point.

31 *Journal littéraire* I, t.XXXIII, p. 370. Hobbes se borne à conclure qu'il 'n'existe point une bonté absolue considérée sans relation'. Chap. VII, § 3, p. 66.

32 *De la nature humaine*, Chap. IX, §16, p. 101.

33 *Journal littéraire* I, t.XXXIII, p. 391.

34 *Ibid.* Comme auparavant, il y a fusion de la pensée de Beyle et de l'extrait du philosophe, de sorte qu'il n'est pas tout de suite évident où l'un s'arrête et où l'autre commence. C'est Helvétius encore qui s'impose comme point de référence. 'Aimer c'est avoir besoin. Nulle amitié sans besoin: ce seroit un effet sans cause'. *De l'Esprit*, t.I, Disc. III, Chap. XIV, p. 406.

35 *De l'Amour* I, t.III, p.31. L'idée déterministe s'y renforce: 'L'amour est comme la fièvre, il naît et s'éteint sans que la volonté y ait la moindre part'. *Ibid.*

36 D'où sa satisfaction teintée d'amertume en trouvant chez Hobbes ce qu'il cherche à découvrir pour lui-même: *Journal littéraire* I, t.XXXIII, p. 366. Rappelons cette manie de forger sa propre méthode, son système à lui: *Ibid.*, pp. 171, 211, 225, et surtout p. 462.

37 *Ibid.*, t.XXXIII, p. 433. Pour les toutes premières conceptions du projet, se référer à V. Del Litto, *op.cit.*, pp. 147–49.

38 Sans en déduire les conséquences pour la lecture — et pour la logique — de Beyle, V. Del Litto fait tout de même remarquer que celui-ci croit bon de porter à trois les composantes de l'homme, alors que Hobbes n'en admet que deux. Cf. *op.cit.*, p. 152. R. Vigneron et surtout J. Alciatore paraissent, d'autre part, accepter la déformation des idées de Hobbes dont Beyle est coupable. Voir respectivement *art. cit.*, pp. 54–55, et *art. cit.*, p. 88.

39 *De la nature humaine*, Epître Dédicatoire, p. 1; et Chap. I, §5, p. 3.

40 *Ibid.*, Chap. X, §1, p. 113. Pour Beyle, l'esprit et la passion s'opposent tout en se complétant (cf. *Journal littéraire* II, t.XXXIV, pp. 74 et 136); pour Hobbes, au contraire, il n'est aucune division, les 'AFFECTIONS ou PASSIONS' constituant des 'actes' de l'esprit même. Chap. VI, §9, p. 63. Une fois l'erreur commise, Beyle s'y enlise sans s'en rendre compte. Cf. *Journal littéraire* I, t.XXXIII, p. 356.

41 *De la nature humaine*, Chap. VII, §3, p. 67. Noter que Beyle transcrit intégralement ce postulat: *Journal littéraire* I, t. XXXIII, p. 370.

42 *Ibid.*, Chap. XII, §5, p. 147.

43 *Journal littéraire* I, t.XXXIII, pp. 397 et 456. C'est Beyle qui souligne.

44 *De la nature humaine*, Chap. XII, §2, p. 145. Beyle consigne de nouveau dans ses notes un principe qu'il trahit par la suite: *Journal littéraire* I, t.XXXIII, p. 455. Si Beyle se fût rapporté au *Leviathan*, il n'aurait pu manquer de se rendre compte de sa méprise: 'In DELIBERATION, the last Appetite, or Aversion, immediately adhering to the action, or to the omission thereof, is that we call the WILL, the Act, (not the faculty), of WILLING'. *Leviathan* (London, 1651), Part I, Of Man, p. 28.

45 Pour cette formule irréductible du matérialisme selon Beyle, voir *Journal littéraire* I, t.XXXIII, p. 202; et sur la dette à Condorcet repérée par V. Del Litto, cf. *op.cit.*, p. 124.

46 On retrouve cette expression telle quelle sous la plume de Beyle. Cf. *Mémoires d'un touriste* I, t.XV, p. 77, et *Correspondance*, t.III, p. 194. Entre bien des variantes, voir aussi *Mémoires d'un touriste* I, t.XV, p. 294 et II, t.XVI, p. 159; *Voyages en Italie* (Bibliothèque de la Pléiade), pp. 570, 755 et 866. Ce ne serait pas par hasard que dans tous les cas signalés, l'auteur fait ressortir en italique le mot 'vouloir'.

47 Selon Hobbes, en revanche, la volonté — pour tout dire, la liberté — ne réside que dans l'accomplissement, sans encombre, d'un désir déterminé d'avance: '...& la volonté n'est point une action volontaire, car un homme ne peut pas plus dire qu'il VEUT VOULOIR qu'il ne peut dire qu'il VEUT VOULOIR VOULOIR...', *De la nature humaine*, Chap. XII, § 5, p. 147. Y a-t-il lieu de supposer que Beyle ait mieux saisi la portée de ce principe chez Helvétius? Nous pensons en particulier à la discussion de la liberté dans *De l'Esprit*, t.I, Disc. I, Chap. IV, pp. 45–47.

48 *Journal littéraire* I, t.XXXIII, p. 467.

49 *Ibid.*, p. 450.

50 Paul Bourget, *Essais de psychologie contemporaine*, Paris, Plon, 1916, t. I, p.283. 'Le matérialisme de Stendhal', de Jean Mélia, est un article bien décevant. (*La Nouvelle Revue*, 1 juin 1902, pp. 381–86.)

51 Le langage de Beyle reste partout trop flou pour lui permettre de manier avec aisance les concepts auxquels il tient. Voir, à titre d'exemple, *Journal littéraire* I, t.XXXIII, pp. 373 et 443, pour le terme de 'sensation'.

52 Cf. *Journal littéraire* I, t. XXXIII, pp. 393 et 434. Comparer *ibid.*, pp. 398, 417, n. 2, 440, 463.

53 *Ibid.*, p. 456; et *Correspondance*, t. I, p. 174. Il n'est guère étonnant que la *Filosofia nova*, à peine débutée, n'aille pas plus avant. Le projet, comme tel, disparaît à partir d'août 1804, même si Beyle ne se débarrasse pas aussi nettement des questions qui le lui avaient inspiré. Nous estimons insoutenable la thèse à laquelle souscrivent tour à tour H. Debraye, L. Royer et H. Martineau, et selon laquelle Beyle aurait porté beaucoup d'intérêt à son ancien projet en 1815. Cf. *Journal*, Champion, Paris, t. V, p. 302n; *Filosofia nova*, Edition du Divan, Paris, t. V, p. 269, n.I.

54 Les divers états d'esprit par lesquels Beyle passa à l'époque reflètent sa profonde ambivalence quant à son aptitude pour la philosophie. Comparer, à cet égard, les pages suivantes du *Journal littéraire* I, t.XXXIII, pp. 130 et 402; I, t.XXXIII, pp. 461 et 470; I, t.XXXIII, p. 154 et II, t.XXXIV, p. 78; II, t.XXXIV, pp. 88 et 102.

55 *Ibid.*, II, p. 123.

56 *Journal* II, t.XXIX, p. 82. 'Ma pensée acquiert plus de vérité, plus de force et plus de profondeur', note-t-il.

57 *Correspondance*, t.I, pp. 230–31. Sur le léger décalage entre la date et le contenu de cette lettre, nous renvoyons à R. Vigneron, *art.cit.*,

p. 60, n. 84.

58 *Journal* II, t.XXIX, p. 83. 'Je suis plus content, ajoute-t-il, de mes cahiers OF POETRY'. Comparer *Journal littéraire* II, t.XXXIV, p. 77. On a fait en général peu de cas de l'effet, sûrement non négligeable, d'une telle prise de conscience chez Beyle, surtout à cette époque-là. Voir toujours J. Alciatore, *art.cit.*, p. 96; R. Vigneron, *art.cit.*, p. 60; V. Del Litto, *op.cit.*, p. 282.

59 *Journal littéraire* II, t.XXXIV, p. 88.

60 *Ibid.*, II, p. 255.

61 *Ibid.*, II, p. 233. Beyle ne reviendra jamais sur ce jugement; le nom de Hobbes apparaîtra très peu sous sa plume désormais, et cela presque exclusivement à propos de la définition du rire. Voir, par exemple, *Journal littéraire* II, p. 385, comme III, t.XXXV, pp. 28–29.

62 *Ibid.*

63 V. Del Litto, *op.cit.*, p. 286.

64 *Correspondance*, t.I, p. 168. Sur cette lecture de l'*Idéologie*, nous renvoyons encore à V. Del Litto, *op.cit.*, pp. 164–66.

65 *Correspondance*, t.I, p. 253.

66 Cf. respectivement *Journal* II, t.XXIX, p. 147; et *Correspondance* I, pp. 226, 269, 282, 292.

67 Destutt de Tracy, *Elemens d'Idéologie*, Troisième Partie: *Logique*, Paris, Courcier, An XIII: 1805, *Discours Préliminaire*, p. 113.

68 *Ibid.*, pp. 523–85. 'Mon ouvrage en sera le commentaire', affirme Tracy: *ibid.*, p. 118.

69 *Ibid.*, p. 116. Pour la déférence que Tracy montre à l'égard de Hobbes, ainsi que les critiques qu'il lui fait, voir *ibid.*, pp. 112–19.

70 *Correspondance*, t.I, pp. 267–70. Les lettres, écrites de Marseille, sont datées du 19, du 22, et du 24 janvier 1806.

71 *Ibid.*, I, p. 269.

72 *Ibid.*, I, p. 270. Vu cette louange 'anachronique', il est très curieux de constater qu'à peine deux mois plus tard, Helvétius, précisément, supplante Hobbes et rejoint Tracy aux frontières de la science: et cela, paraît-il, sans que Beyle ait relu un seul mot du philosophe anglais. Cf. *Correspondance*, t. I, pp. 313–14.

73 Cf. *ibid.*, t. I, p. 246. Cela dit, nous ne prétendons rien ôter à 'cette source de toute lumière' pour Beyle (*Correspondance*, t. I, p. 310): voir les superlatifs que l'œuvre de Tracy suscite dès l'abord, ainsi que le 'cours par correspondance' auquel elle donne lieu: *Correspondance*, t.I, pp. 246–51. Pour cette lecture, celle qui marquait le plus Beyle à l'époque, voir toujours V. Del Litto, *op.cit.*, pp. 283–86. Voir aussi J. Alciatore, 'Stendhal et Destutt de Tracy. Les désirs contradictoires: source de malheur', *Le Bayou*, XLII, 1950, pp. 151–56.

74 If faut signaler le parti qu'il tire de cette formule dans les œuvres de sa maturité. Voir, à titre d'exemple, *Histoire de la peinture en Italie* I, t.XXVI, p. 183; et *Racine et Shakespeare*, t.XXXVII, pp. 26 et 159.

75 Voir la note, de Beyle lui-même, datée du 24 mai 1834, dans l'exemplaire interfolié du roman: *Le Rouge et le Noir* I, t. I, p. 389.

VIII

Stendhal et les Mémoires de Lucy Hutchinson
RICHARD BOLSTER

Dans les *Souvenirs d'égotisme*, Stendhal se rappelle un séjour fait à Londres en 1821, et les agréments de la terrasse de Richmond avec ses beaux arbres. Il nous informe qu'un soir, assis sur le pont qui traverse la Tamise à cet endroit, il lisait les *Mémoires de Mme Hutchinson* et il ajoute : 'c'est l'une de mes passions'.[1] On remarque l'emploi du temps présent, malgré le fait qu'une dizaine d'années s'étaient écoulées. Rédigés vers 1670, sous le règne de Charles II, et publiés pour la première fois en 1806, ces *Memoirs of the Life of Colonel Hutchinson*[2] avaient rapidement obtenu un succès considérable. Il n'est donc pas surprenant qu'ils aient été lus par Stendhal, qui appréciait 'les mémoires écrits avec vérité'.[3] Ce qui est moins évident est l'emploi du mot 'passion', car Lucy Hutchinson et son mari étaient des puritains, une espèce humaine que Stendhal n'aimait pas spontanément. Comparons ses remarques au sujet des mémoires d'une autre Anglaise, la comédienne Miss Bellamy. Les mémoires de Georgeanne Bellamy sont un récit amusant que Stendhal avait lu plusieurs fois à des intervalles de quelques années, mais il parle avec plus de chaleur du livre de la puritaine Lucy Hutchinson que de celui de Miss Bellamy, qu'il apprécie pourtant en tant que portrait du 'caractère anglais'. Dans *De l'Amour* également il est question de Lucy Hutchinson, qui est qualifiée de femme admirable et comparée à Mme Roland. Stendhal y parle de la constance que Lucy Hutchinson a montrée lorsqu'elle a refusé de sauver son mari en trahissant ses associés politiques. Il exprime seulement le regret que cette grande âme n'ait pas connu l'amour, à cause de son puritanisme. Or, une lecture des mémoires montre que Lucy Hutchinson semble avoir été passionnément attachée à son mari. Ce fait, qui ne cadrait pas avec les intentions de Stendhal, a donc été occulté, et notre auteur s'est rendu coupable d'un peu de désinvolture à l'égard de la vérité historique.

'Dans *De l'Amour* ... il est question de Lucy Hutchinson, qui est qualifiée de femme admirable et comparée à Mme Roland.' (p. 149)

L'intention de Lucy Hutchinson, en rédigeant l'ouvrage qui allait enthousiasmer Stendhal, était de perpétuer le souvenir d'un mari qui venait de mourir dans une prison royale. Son texte ne pouvait pas être publié de son vivant pour des raisons politiques, et, n'ayant personne à ménager, elle s'exprime avec une franchise totale en parlant des adversaires politiques de son mari. John Hutchinson (1615–1664) fut un de ces membres de la petite noblesse de province qui menaient une vie tranquille, loin de la cour et de l'activité politique. Pour lui, comme pour beaucoup d'autres, tout changea de façon dramatique à partir du 22 août 1642 : le drapeau royal fut planté sur le château de Nottingham en présence de Charles I, et ce fut le commencement d'une guerre civile qui allait ravager le pays pendant sept ans. Obligé de choisir un parti, Hutchinson préféra le camp parlementaire, et à l'âge de vingt-sept ans il fut nommé gouverneur du château de Nottingham , ville d'une réelle importance stratégique. Malgré de nombreuses difficultés, le jeune commandant courageux et incorruptible réussit à garder cette ville pendant toute la guerre civile. Devenu membre du Parlement, ce fut en janvier 1649 qu'il fit l'action qui allait assurer sa perte : il accepta d'être un des juges du roi captif, et signa son arrêt de mort. C'est ainsi qu'un homme sans ambition personnelle, menant une vie tranquille, a été pris dans l'engrenage d'un grand drame politique. Aux yeux de l'avenir, ce petit baronnet de province sera toujours John Hutchinson, *régicide.*

Quelle est l'importance du rôle joué par Hutchinson pendant la guerre civile et la révolution anglaises? Politiquement ce n'était qu'un comparse, et son épouse exagère un peu le rôle qu'il a joué comme adversaire de l'ambition personnelle de Cromwell. Si Lucy Hutchinson n'avait pas rédigé ses *Mémoires,* la postérité aurait généralement ignoré le nom de son mari, ainsi que le sien, bien entendu. Son ouvrage a un intérêt historique évident, étant un récit détaillé de la vie menée par deux individus engagés dans une importante guerre civile. Intérêt historique, dans ce cas, signifie également intérêt humain. Lucy Hutchinson nous a laissé un portrait d'elle-même ainsi que de son mari : il s'agit de deux individus doués d'une grande énergie, d'une grande constance, et d'un grand dévouement. Le fait d'avoir un frère dans le camp ennemi ne changea en rien le comportement politique de Lucy. Notons en passant le parallélisme entre la situation de Lucy Hutchinson et celle de la comtesse Pietranera, dont le frère soutient la vieille monarchie, tandis qu'elle donne dans les idées nouvelles, partagées par son mari. Mieux encore Lucy Hutchinson se démena dans l'espoir de faire libérer l'homme qu'elle aimait après qu'il eut encouru le déplaisir royal, mais le prisonnier ne tint pas à quitter sa prison: 'the Collonel endur'd it all so chearefully that he was never more pleasant and contented in his whole life, and ... diverted himselfe with sorting and shaddowing cockle shells which his wife and daughter gather'd for him'.[4] Or, cette résignation, ce prisonnier trop heureux inquiètent Lucy Hutchinson, qui craint de voir son mari mourir empoisonné, chose qui arrivait assez souvent aux ennemis de Charles II, affirme-t-elle.

Voilà donc une femme énergique qui essaie de sauver un prisonnier politique, et voilà le thème de la prison heureuse, malgré l'ombre des empoisonneurs. Peut-on dire que John et Lucy Hutchinson sont des modèles pour Gina et Fabrice? John Hutchinson, homme sévère et peu tolérant, est tout le contraire de Fabrice. Ce n'est pas lui qui aurait une liaison avec la fille du gouverneur de sa prison. Lucy Hutchinson, que Stendhal qualifie de grande âme, appartient à la même catégorie humaine que Gina : active, intelligente, jouant un rôle dangereux. Un modèle? Sans doute faut-il résister aux hypothèses trop séduisantes et trop précises. Or, la vie de John Hutchinson montre les dangers de l'activité politique dans une monarchie traditionnelle. Ce sera l'un des grands thèmes de la *Chartreuse de Parme*.

Les *Mémoires* de Lucy Hutchinson méritaient bien l'enthousiasme de Stendhal en tant que témoignage sur un pays en proie à une guerre civile. Il est impossible de lire ce récit sans avoir l'impression que le grand souci de son auteur est de dire la vérité. Parfois Lucy Hutchinson raconte des actions follement héroïques, et parfois elle parle de pillage, de lâcheté et de trahisons. Le plus souvent, elle voit cette guerre civile comme un mélange bizarre de dévouement et de carriérisme, de convictions sincères et de bas calculs. De courage et de lâcheté aussi, et c'est le cas dans le récit qu'elle fit du siège de Nottingham le jour où ses défenseurs parlementaires commencèrent par prendre la fuite afin de se barricader dans le château, abandonnant la ville aux royalistes. Vertement tancés par John Hutchinson, les fuyards font une sortie victorieuse le même soir, et cette fois ce sont les royalistes qui se sauvent en jetant leurs armes afin de mieux courir: 'Indeed, no one can believe but those that saw that day what a strange ebbe and flow of courage and cowardize there was in both parties that day. The Cavaliers marcht in with such terror to the Garrison, and such a gallantry, that they startled not when one of their leading files fell before them all at once, but marcht boldly over the dead bodies of their friends under the mouth of their enemies' cannon, and carried such valliant dreadfulnesse about them as made very couragious stout men recoyle ... Our horse, who ranne away frighted at the sight of their foes when they had breastworkes before them, and the advantage of freshnesse to beate back assaylants allready vanquisht with the sharpnesse of the cold and a killing march, within three or four howers, as men that thought nothing too great for them, return'd fiercely upon the same men after their refreshment, when they had enter'd into defensible houses.'[5] Ayant fait la campagne de Russie, Stendhal était bien placé pour juger de la vérité de cet aperçu de l'humanité en guerre, avec l'alternance d'états de peur panique et d'actions courageuses. Les *Mémoires* de Lucy Hutchinson possèdent également un intérêt réel en tant que récit de sièges comme il n'en existerait bientôt plus. Celui de Shelford, par exemple, où les assaillants accourent avec de longues échelles, où les deux chefs opposés croisent le fer dans un combat mortel. Et lorsqu'elle précise que Hutchinson était difficilement reconnaissable comme chef des attaquants, car il avait remplacé son armure trop lourde par son manteau beige, Lucy ajoute un petit détail vestimentaire qui nous rappelle qu'elle était non seulement le biographe du colonel, mais aussi son épouse.

Dans quelle mesure est-ce que l'enthousiasme de Stendhal pour les *Mémoires* de Lucy Hutchinson peut être attribué à leur style? La réponse demande quelques nuances, car le texte est de qualité variable, comportant des digressions, et parfois un excès de détails, et des pages d'une densité extrême. Mais ces défauts sont rachetés par des descriptions comme celle du château de Sandown où Hutchinson devait mourir onze mois après son arrivée:[6] 'When he came to the Castle, he found it a lamentable old ruin'd place, allmost a mile distant from the towne, the roomes all out of repair, not weather-free, no kind of accomodation either for lodging or diet, or any conveniency of life. Before he came, there was not above halfe a douzen souldiers in it, and a poore Lieftenant with his wife and children and two or three Cannoneers, and a few Guns allmost dismounted upon rotten carriages; but, at the

Collenell's coming thither, a squadron of foote were sent to Dover to helpe guard the place, pittifull weake fellows, halfe sterv'd and eaten up with vermine, whom the Governor of Dover cheated of halfe their pay, and the other halfe they spent in drinke'. On voit que la vigueur de ce style pouvait plaire à Stendhal, et sa qualité se montre également dans la description de la déroute des royalistes devant Nottingham:[7] 'For two miles they left a greate track of blood which froze as it fell upon the snow, for it was such bitter weather that the foote had waded allmost to the middle in snow as they came in, and were so nummed with cold when they came in-to the Towne that they were faine to be rubbed to gett life in them'. A ce don du détail précis, vivant, s'ajoute la saveur de la langue anglaise du dix-septième siècle, les métaphores énergiques qui contribuent à cette 'couleur des temps' chère à Victor Hugo, qui allait bientôt écrire *Cromwell*.

L'intérêt politique des *Mémoires* de Lucy Hutchinson est de nous faire comprendre comment la révolution anglaise a été vécue par les participants. Retraçant les étapes de ce grand drame qui se déroula entre 1640 et 1660, Mme Hutchinson montre que ceux-ci ignoraient tout du dénouement futur. C'est à contre-cœur que son mari prit les armes contre Charles I, et il avait longuement hésité avant d'être l'un des signataires de l'arrêt de mort du roi déposé. John Hutchinson, ce frère d'armes de Cromwell, ne prévoyait pas que son collègue deviendrait chef de l'armée et maître de l'état, pas plus qu'il ne s'imaginait qu'il verrait la monarchie des Stuart restaurée. John Hutchinson a vécu de façon intense le problème moral qui caractérise les périodes de révolution : le problème alors n'est pas seulement de faire son devoir, mais de le connaître. Révolution, régicide, saisie du pouvoir par un chef militaire : la partie politique des *Mémoires* de Lucy Hutchinson ne pouvait pas manquer de passionner Stendhal. L'ascension de Cromwell ressemble à celle de Bonaparte, se basant sur le prestige militaire, l'audace et l'habileté, y compris le don de flatter et de tromper. Et l'attitude de Lucy Hutchinson concernant Cromwell devait frap-per Stendhal : elle parle de son abus du pouvoir personnel, elle le critique pour l'élévation de sa famille, pour la création d'une aristocratie nouvelle, et elle l'appelle tyran. Mais toujours elle rend hommage à ce qu'elle reconnaît comme sa grandeur personnelle. On voit que les idées politiques de Lucy Hutchinson, attachée à la liberté mais capable de sentir la grandeur humaine, même chez un dictateur, pouvaient retenir l'attention de Stendhal. Oui, l'histoire s'était répétée — non pas de façon précise, mais sans que l'on puisse ignorer le parallélisme. La vie de John et de Lucy Hutchinson aurait été tout autre s'ils étaient nés un demi-siècle plus tôt ou plus tard. Vivant dans une époque de bouleversement politique, leur caractère énergique les a amenés à jouer un rôle dangereux. Leur existence avait été transformée par les circonstances historiques, comme ce fut le cas pour Stendhal et pour sa génération. Cette similarité d'expérience politique contribue à expliquer son attachement à ce récit désenchanté de la révolution anglaise et de sa faillite.

Est-ce que les *Mémoires* de Lucy Hutchinson ont pu contribuer de façon significative à l'idée que Stendhal se faisait du 'caractère anglais'? On sait qu'il croyait au caractère national des peuples, et que les Anglais de son époque lui semblaient réservés, tristes, sérieux, moralistes et obsédés par le rang social. Il leur accorde, par contre, le mérite de respecter la nature, de sentir Shakespeare, l'efficacité commerciale et industrielle, et une certaine sagesse politique. Mais c'est un caractère national assez différent qui se dessine sous la plume de Lucy Hutchinson. Certes, le sérieux et le moralisme sont représentés par le parti puritain. Mais elle montre le puritanisme comme étant combattu de tous les côtés, et dans sa propre classe sociale d'abord, car elle caractérise la majorité de la petite noblesse de province, comme la noblesse de cour d'ailleurs, comme étant vouée au plaisir et au vice. Et elle révèle que son mari ne fit rien pour augmenter sa popularité lorsqu'il ferma les tavernes où le peuple s'amusait trop. Lucy Hutchinson montre une Angleterre où le virus puritain sévit pendant une ou deux décennies, avant de succomber aux anticorps dans le caractère national. La sagesse politique est peut-être la chose la moins visible dans l'Angleterre que voit notre mémorialiste. Son thème le plus constant est le caractère presque ingouvernable du parti parlementaire, divisé en d'innombrables factions. Elle nous montre l'armée comme une soldatesque improvisée, rétive à la discipline, chacun voulant juger de tout, et discuter chaque ordre : vingt années de révolution permanente, en somme. Quant à l'*ennui*, que Stendhal voit comme un des traits les plus frappants des Anglais du dix-neuvième siècle, qui voyagent pour y échapper, il ne paraît jamais dans l'Angleterre décrite par Lucy Hutchinson. Ce qui y prédomine, c'est *l'énergie* de tous ces individus engagés dans une guerre civile et dans une révolution politique, motivés soit par une idéologie, soit par l'ambition personnelle, soit par l'instinct de conservation. C'est également cette sorte d'énergie qui s'exprime par la violence physique, comme le jour où John Hutchinson saisit son épée avec l'intention de l'enfoncer dans le corps de deux émissaires du Parlement qui osaient lui parler avec insolence. Lucy explique qu'elle les a priés de sortir, car elle ne voulait pas que ces insolents soient tués *en sa présence*. Est-ce que ces individus énergiques ont été une source d'inspiration pour les personnages fictifs de Stendhal? On ne peut pas l'affirmer de façon très précise. Mais il est évident que le cas de Lucy Hutchinson, qui est comparée par Stendhal à Mme Roland, montrait ce que peut une femme exceptionnelle dans certaines circonstances historiques, et garantissait l'authenticité d'un être humain qui fascinait Stendhal. John Hutchinson fournit l'exemple d'un homme totalement dévoué à ses principes politiques, quel que soit le prix à payer : une sorte de Ferrante Palla anglais. Est-ce que ce portrait de la nation anglaise à l'époque de Cromwell a pu influencer la pensée de Stendhal? Les *Mémoires* de Lucy Hutchinson ont probablement servi à confirmer l'une de ses idées les plus chères: que le comportement des nations change selon les époques. 'Rien ne ressemble moins que nous aux marquis couverts d'habits brodés et de grandes perruques noires, coûtant mille écus, qui jugèrent, vers 1670, les pièces de Racine et de Molière', affirme-t-il dans *Racine et Shakespeare*.[8] Or, Stendhal était conscient du fait que l'Angleterre de Cromwell, décrite par Mme Hutchinson, ressemblait assez à la France de Bonaparte.[9]

Notes

1 *Œuvres intimes*, Bibliothèque de la Pléiade, t. II, p. 479.

2 *Memoirs of the Life of Colonel Hutchinson*, ed. James Sutherland, London, Oxford University Press, 1973.

3 *Œuvres intimes*, t. I, p. 855.

4 *Memoirs of the Life of Colonel Hutchinson*, p. 264.

5 *Ibid.*, p. 114.

6 *Ibid.*, pp. 262–63.

7 *Ibid.*, p. 114.

8 *Racine et Shakespeare*, Cercle du Bibliophile, t.XXXVII, p. 3.

9 'Un bon tour à jouer à ces plats B[ourbons] par un homme d'esprit serait la réimpression des deux dernières années de Cromwell: Charles II, Louis XVIII; *Jacques* — le duc d'Angoulême; Guillaume III — le petit Napoléon ou le premier venu. Quelques notes pour substituer l'armée aux Puritains et faire sentir une ressemblance qui ne frappe pas, par la seule ignorance.' (*Journal littéraire* III, Cercle du Bibliophile, t.XXXV, p. 369. Note écrite le 28 septembre 1815.)

IX

Les leçons stendhaliennes de Fielding et de Scott
H.-F. IMBERT

Si le Milanese a vécu ses plus belles heures en Italie, en revanche, en ce qui concerne les problèmes de la création romanesque, l'Angleterre fut pour lui un champ inépuisable d'exemples et d'expériences. C'est là qu'il reçut les leçons et trouva les modèles les mieux adaptés à son génie.

Car Stendhal avait besoin de modèles. Le roman n'était pas sa véritable destination. Il rêva de théâtre — lui qui fut un des rares écrivains de son temps incapable d'écrire la moindre pièce — il écrivit des biographies de peintres et de musiciens, des essais de tourisme politique, souvent entrelardés, il est vrai, de belles histoires de passion et d'héroïsme. Mais une 'histoire intercalée' ne vaut pas roman. L'insuccès d'*Armance*, les réticences de ses amis devant le *Rouge et le Noir* l'amenèrent à réfléchir sur la nature et l'efficacité de sa manière.

C'est alors qu'il relut son Fielding, et particulièrement *Tom Jones*. Mais il serait par trop injuste d'oublier qu'il tira le plus grand profit de la lecture de Scott, comme l'attestent, tout au long de son œuvre, les allusions qu'il fit à l'auteur de *Waverley*.

En général, en dépit d'importantes remarques de Georges Blin à ce sujet, on n'aperçoit pas que Stendhal ait pu voir dans Scott un modèle romanesque. On retient surtout ses critiques contre le torysme de l'Ecossais, sa maladresse — sur laquelle il y aurait beaucoup à discuter — à peindre l'amour, sa descriptomanie — encore que, sur ce dernier point, Stendhal ne fut pas systématiquement négatif.[1]

Dans ses *Souvenirs d'égotisme*, Stendhal avance que la renommée du baronnet ultra tombera. Ce jour-là, il avait bu vinaigre! Car enfin, en d'autres temps, il avait rédigé — l'envoya-t-il ou non, peu importe — une lettre enthousiaste bourrée d'avis magistraux pour encourager ledit baronnet à traiter dans ses romans de la matière italienne. Et puis, surtout, il y a ces cris d'enthousiasme pour le chef d'œuvre de Scott, *Old Mortality*. Dans une lettre à Mareste le 18 juillet 1819: 'Le dernier demi-volume d' *Old Mortality* ne vaut pas un f..., le reste est à côté de *Tom Jones*, c'est-à-dire dans les nues'.[2] Il écrit à deux reprises au libraire Jombert pour se faire expédier *The Abbot, Rob Roy, The Antiquary*. A nouveau à Mareste, le 12 juillet 1820: 'Aurait-on la bonne idée à Paris de réimprimer les divins romans de Walter Scott? Je brûle de les lire. Je n'en connais que deux ou trois. Quel peintre! Qu'est-ce que Mme de Genlis auprès?'[3]

Bref, les réticences parfois peu amènes de Stendhal n'atténuent en rien l'intérêt qu'il ne cessa de manifester pour Scott. Bien sûr, il ne le mettait pas sur le même plan que Fielding: mais chez l'un comme chez l'autre il trouvait des esquisses de réponse à ses inquiétudes de romancier. Et peut-être ce qui le rapprochait en définitive de Scott, c'est qu'ils avaient tous deux une même admiration pour Fielding — maître romancier. Nous reviendrons sur ce point capital.

Je résisterai à une tentation qui gonflerait de manière déraisonnable la présente communication: relever les sources ponctuelles de Stendhal chez Fielding et Scott. D'ailleurs, je ne puis plus supporter qu'on accorde tant d'importance à ce faux problème des sources et j'entends restituer à Stendhal sa pleine liberté.[4] En ce qui concerne Scott, pourtant, il me paraît utile de montrer, au moins à titre exemplaire, que Stendhal l'a lu de manière très attentive. Aussi bien est-il injuste d'avoir, pendant si longtemps, considéré Scott comme un romancier pour la jeunesse et les distributions de prix, fort éloigné, par conséquent, du domaine du beylisme.[5] Je me contenterai de quelques incursions dans *The Abbot*, qui fut vraisemblablement un des premiers volumes de Scott lus par Stendhal.

Le destin de Roland d'Avenel: un jeune homme comme les héros de Stendhal, à la recherche de son identité familiale, que la dame d'Avenel, malgré les remarques jalouses ou prudentes de son mari et de son chapelain, élève au-dessus de sa condition. Elle pressent que Roland pourrait être de noble origine. On songe à Mathilde évoquant la même hypothèse, à propos de Julien devant son frère et ses amis. Roland est le premier persuadé qu'il n'est pas le fils d'une pauvresse et il se sait capable de s'élever par ses propres œuvres. Ce thème de la naissance est repris en mineur à propos d'Albert Glendinning, époux de la dame d'Avenel, sensible certes, aux mirages d'une illustre généalogie, mais capable, lui aussi, de compenser son obscurité par sa force de caractère. En dehors de ce thème maître, quelques thèmes de détail qui se retrouvent dans le *Rouge et le Noir*. Roland, jeune provincial, saisi d'admiration devant la grande ville. Edimbourg joue pour lui le même rôle que Besançon pour Julien. Comme Fabrice, Roland rêve de la bonne fortune d'assister à une bataille. Il y a, surtout, cette évocation du jeu du soleil sur d'étranges tâches de sang, le sang de Rizzio.

On pourrait poursuivre aussi bien ce genre de recherche avec *Waverley, Rob Roy* ou *Old Mortality*. Stendhal a donc bien reconnu chez Scott, autant que chez Fielding, la présence de ces éléments romanesques que j'ai appelés *similitudes stendhaliennes*.

Venons-en à l'essentiel de notre propos: les leçons que Stendhal a pu tirer de Fielding[6] et de Scott.

Les problèmes du personnage romanesque furent toujours pour lui source d'inquiétude. Aussi bien, son point de départ ne fut-il pas la création des personnages. Jamais il ne fut hanté de personnages comme Balzac ou Dostoievsky. Du jour où il avait commencé son *Journal* et sa correspondance avec Pauline, il n'avait imaginé que des schèmes d'idéologie pratique à l'usage du provincial ambitieux, vaniteux et maladroit qu'il était. Il avait décomposé dans ses essais biographiques ou politiques principes et méthodes d'action. En compagnie de Crozet et tout aussi bien, seul, il avait construit sur le modèle de La Bruyère, des *caractères* — sortes de schèmes préromanesques où il se donnait à lui-même le spectacle du fonctionnement d'un esprit et d'une âme.

Cette forme singulière d'imagination préromanesque tenait à sa personnalité profonde. S'en affranchirait-il jamais?

Nous affectons aujourd'hui de ne pas comprendre la dureté des premiers critiques stendhaliens. Mais ils jugeaient des romans de Stendhal à partir des canons romanesques de leur temps. Le plus avisé, Auguste Bussière, que je tiens pour le premier — donnez à cet adjectif le sens qui vous plaira — des critiques stendhaliens, sans lequel, vraisemblablement, Sainte-Beuve n'aurait pas écrit ses deux articles stendhaliens des *Lundis*, démonta parfaitement le système stendhalien. Il vit bien que le roman stendhalien était avant tout un exercice d'idéologie, un effort pour illustrer — ou, pour reprendre un anglicisme de stendhal, *exemplifier* — des traits de caractère. Il avait su trouver dans l'*Histoire de la peinture en Italie* cette réflexion significative: 'Les La Harpe auraient bien de la peine à nous empêcher de croire que, pour peindre un caractère qui plaise pendant plusieurs siècles, il faut qu'il y ait beaucoup d'incidents qui peignent le caractère et beaucoup de naturel dans la manière d'exposer ces incidents'.[7] Quelques lignes plus loin, cette version de Bussière 'Je me figure M. de Stendhal travaillant à peu près comme un homme qui ouvrirait La Rochefoucauld, je suppose, et qui se dirait: "A l'aide de pensées extraites de ce livre qui peint les hommes, je vais reconstruire un héros que je ferai agir. J'inventerai un incident pour chacune des maximes que j'aurai choisies, et j'aurai un roman".' Sainte-Beuve lui, poussa à l'extrême cette analyse de Bussière. Pour lui, les personnages de Stendhal sont des automates dont l'auteur touche à volonté, pour leur imprimer tel ou tel mouvement, les ressorts. Plus équitable, malgré quelques bévues, Zola n'en verra pas moins dans Stendhal une sorte de romancier de laboratoire. Nous haussons les épaules devant de telles analyses. Le roman moderne a donné raison à Stendhal: il étudie volontiers les fonctionnements de l'âme et de l'esprit et ne se soucie guère de descriptions, sauf lorsqu'il s'agit, comme dans le nouveau roman — paix à lui! — de suggérer, par l'éclairage des choses, la présence de l'esprit. Mais à ses contemporains, Stendhal ne pouvait qu'apparaître *différent*.

L'intrigue est le moteur naturel du roman français au dix-neuvième siècle. Balzac monte de splendides machines et machinations romanesques. Ainsi dans son chef-d'œuvre, le *Père Goriot*, où les enchaînements de l'action laissent transparaître en filigrane la structure tragique. Stendhal, lui, transformait le roman en une suite d'expériences idéologiques. Chaque chapitre du *Rouge* expose une expérience de Julien. Caractéristique cette remarque extraite du chapitre *Les affinités électives*: 'La vie de Julien se composait ainsi d'une suite de petites négociations'.[8] Toute l'histoire de Julien pourrait se réduire à la recherche des conditions les plus avantageuses pour négocier avec le partenaire, l'adversaire, l'ennemi. Aussi bien les romans de Stendhal sont-ils tous des romans de formation. Il est naturel, dans ces conditions, que les incidents romanesques correspondent à autant d'épreuves pour le héros. Au reste, le héros stendhalien n'aurait-il pas d'expérience à affronter qu'il est capable, de lui-même, d'en inventer. Octave *se met en expérience* pour voir s'il sera capable de supporter les jolies pièces de Scribe. Il refuse de 'mépriser sans connaître'.[9] Julien s'est jeté dans les bras de l'abbé Chélan: il est plein d'amertume pour cet accès de sensibilité. 'A l'avenir, continua Julien, je ne compterai que sur les parties de mon caractère que j'aurai éprouvées'.[10]

Conséquence de ce jeu, voire de double-jeu constant du héros: l'hypocrisie devient pour lui comme une seconde nature. On peut certes atténuer la laideur du terme, lui conférer une connotation idéologique, politique,[11] l'hypocrisie n'en apparut pas moins comme une arme odieuse. Stendhal, au reste, ne songeait pas à l'atténuer, comme en témoigne, dans toute son étrangeté la phrase célèbre du chapitre V — au titre tellement beyliste — *Une négociation*: '(Julien) jugea qu'il serait utile à son hypocrisie d'aller faire une station à l'église'.[12] On comprend pourquoi le *Rouge* parut illisible à certains lecteurs du temps: il enfermait l'action et le héros dans les mailles serrées d'un tissu romanesque étouffant. Stendhal en tira leçon dans ses marginales de *Lucien Leuwen*. Oui, le *Rouge* manquait de liberté, de gaieté. De là ces définitions-conseils: 'Le roman est un livre qui raconte en amusant'(19 janvier 1834),[13] ou encore; 'le roman doit raconter, c'est là le genre de plaisir qu'on lui demande' (1 avril 1835).[14]

Raconter en amusant, c'était précisément le propos de Fielding et, à un degré moindre, de Scott. Le cas de Fielding était d'autant plus intéressant pour Stendhal que le romancier anglais, bien avant que Destutt de Tracy ait vulgarisé le terme d'*idéologie*, avait fait du jeu idéologique un élément essentiel de l'action romanesque.[15] Dans *Tom Jones*, les exemples en sont innombrables. Il y a, évidemment, le jeu de Blifil, sur lequel nous ne nous attarderons pas. En fait, tous les personnages, comme les chats de Stendhal,[16] sont des idéologues: Molly entre ses deux amants, Tom et Square, Western lui-même qui n'a jamais lu Machiavel, mais que Fielding présente comme 'un parfait politique'. Entre Sophie et sa tante se joue un jeu très serré, admirablement féminin et dont Sophie devine fort bien les divers sous-entendus. Le jeu des deux femmes passionne même Fielding: elles ont outré leur rôle. Fielding en profite pour tirer quelques leçons générales qui ne pouvaient laisser Stendhal indifférent: 'A vrai dire, pour déceler la tromperie des autres, il importe beaucoup que la même clé serve à remonter — si l'on me permet cette image — nos artifices et les leurs, car des hommes très habiles échouent parfois pour avoir estimé les autres plus sagaces ou, autrement dit, plus grands fripons qu'ils ne l'étaient en réalité'.[17] Chef-d'œuvre d'application comique de l'idéologie: l'astuce de Tom, conseillé par Nightingale pour se débarrasser de Lady Bellaston: il lui propose le mariage, sûr que la dame aime trop sa liberté pour supporter un engagement solennel! Il n'est pas jusqu'aux petites classes qui ne pratiquent ce jeu idéologique, les garçons d'auberge, par exemple, qui manœuvrent et exploitent les grands de ce monde.[18] Les personnages de Fielding sont tous des duellistes romanesques.

Et pourtant l'atmosphère du roman de Fielding est constamment détendue, emportée par cette gaieté franche, un peu libre souvent, mais parfois aussi très tendre, qui dut souvent rappeler à Stendhal la gaieté de La Fontaine. Il est certain que la *Merry England* de Fielding n'a rien à voir avec les états d'âme d'une petite ville de province à l'époque de la Restauration et moins encore avec celle d'un séminaire dirigé par un janséniste en province jésuite! Mais surtout, Fielding, passionné pourtant pour démonter les mécanismes de la pensée et de l'action des hommes, se refuse à transformer ses personnages en brillantes mécaniques. Un roman n'est pas une partie d'échecs. 'Je rappellerai simplement ... que je n'écris pas un système, mais une histoire ...'.[19]

On aurait du mal à retrouver la marque de l'idéologie dans les romans de Scott. Du moins montrait-il à Stendhal qu'un roman de formation pouvait se dérouler d'une manière libre, sans esprit systématique, comme au hasard de l'aventure. Il est vrai que les personnages de Scott, moins démunis que Julien au départ, Waverley, Frank Osbaldistone, et même Henry Morton, ont moins de raisons que lui de s'enfermer dans l'hypocrisie idéologique. Ils possèdent un sens de la mesure qui, à coup sûr, limitent en eux le goût du risque, les fait souvent paraître s'abandonner aux circonstances. Mais les paroles de Waverley à l'issue d'une bataille perdue ont retenti dans l'âme de Julien. 'Le roman de ma vie est fini, son histoire réelle commence'[20] dit le héros de Scott; Julien à son tour dira que 'Mon roman est fini, et à moi seul tout le mérite'.[21]

Lié à la présence obsédante du jeu idéologique, est le problème des personnages. Certes, chez Stendhal, ne serait-ce que parce qu'il est difficile de trouver chez lui des imbéciles, tous les personnages, sans exception, sont aptes à pratiquer l'idéologie et, par exemple, M. de Rênal n'a pas la partie belle dans ses négociations salariales avec le père de Julien. Mais, en fait, Stendhal s'intéresse surtout à son héros principal. Les autres sont le plus souvent d'admirables seconds rôles, même, et j'hésite à le dire, une Mme de Rênal:[22] ils permettent au héros de mesurer sa progression sur le chemin de la perfection égotiste. Mais le lecteur, surtout le lecteur de Balzac, voudrait les éclairer d'une lumière plus juste. Comment Stendhal n'en eût-il pas pris conscience, lui pour qui les autres ne pouvaient fournir, à la rigueur qu'applications comiques ou, le plus souvent, études de 'caractères'? Romancier, Stendhal a du mal à s'aventurer hors du cercle magique de l'égotisme. Les marginales de *Lucien Leuwen* attestent qu'il s'inquiéta de cette impuissance: 'L'intérêt, au lieu d'être nourri par tous les personnages ne repose que sur Leuwen' (14 juin 1834);[23] 'La grande différence entre Fielding et Dominique, c'est que Fielding décrit *à la fois* les sentiments et les actions de *plusieurs* personnages, et *Dominique d'un seul.* Où mène la manière de Dominique? Je l'ignore. Est-ce un perfectionnement? Est-ce revenir à l'enfance de l'art, ou plutôt retomber dans le genre froid du personnage philosophique' (14 décembre 1834)?[24] Les dernières interrogations justifient par avance certaines critiques de Zola.

Dans la même période (entre le 13 juillet et le 18 septembre), Stendhal était vraisemblablement remonté à la source du mal: 'For me. Tu n'es qu'un *naturaliste:* tu ne choisis pas les modèles, mais prends pour *love* toujours Métilde et Dominique'.[25] Ne pas en conclure que le roman stendhalien est une entreprise autobiographique. En réalité, tout romancier, quelle que soit sa puissance d'observation, tire toujours plus ou moins de lui-même ses modèles, ses situations, ses schèmes. La base du roman stendhalien, c'est la *Correspondance* et le *Journal.* Le jeune Beyle, en dépit de quelques accès d'outrecuidance ou de vanité, avait su s'y présenter et s'y voir comme personne étrangère. Le roman devient ainsi comme un prolongement de l'expérience de soi, que, cette fois, le héros assume. Ce n'est pas hasard si le premier titre du *Rouge* fut *Julien* et si le héros éponyme a si souvent tenté Stendhal: *Armance, Lucien, Lamiel.* Encore Balzac regretta-t-il que le titre de la *Chartreuse de Parme* ne fût pas *Fabrice ou l'Italien au dix-neuvième siècle.* Dans tous les romans stendhaliens, il y a la matière d'un roman balzacien, c'est-à-dire d'un roman-univers. Cet effort romanesque ne convient pas à Stendhal. Il choisit un athlète romanesque paré de toutes les vertus du corps, du cœur et de l'esprit et il le jette dans les batailles du temps.[26]

Après le *Rouge,* il s'interrogea sur la valeur de cette méthode romanesque. La re-lecture de Fielding l'y aida. A coup sûr, *Tom Jones* était bien un roman-univers. Il avait son héros, mais on n'apercevait jamais ce héros que dans une foule de personnages, vaquant eux aussi à un destin romanesque qui ne leur était pas refusé. Fielding embouche la trompette épique pour célébrer les charmes de Sophie, mais il porte une égale attention à Molly Seagrim, à Mrs Waters, à Lady Bellaston. Petites gens de la ville et de la campagne, militaires, ecclésiastiques, gentilshommes, nobles de campagne, enseignants, hommes de loi, Fielding modèle toutes ces pâtes humaines avec une égale passion. Dans les chapitres liminaires des divers 'livres' de *Tom Jones*, il a posé avec humour et esprit les principes de sa recherche et de sa méthode: le devoir du romancier est de donner une vision totale de la société. Ses aubergistes, de tous ceux qui circulent dans le roman européen du dix-huitième siècle, sont vraisemblablement les plus vivants. Et Fielding entend qu'on le sache. Il conseille à son lecteur de 'ne pas trouver une trop grande ressemblance entre certains personnages ici présentés; comme, par exemple, entre l'hôtesse qui paraît dans le septième livre et celle du neuvième. Il faut que tu saches, ami, qu'il y a certaines caractéristiques communes à la plupart des individus de chaque profession ou occupation. Etre capable de conserver ces caractéristiques communes à la plupart des individus et en même temps d'en diversifier les effets, c'est l'un des talents du bon écrivain'.[27] Chasseur de singularités individuelles, Fielding marque une nette préférence pour la bourgeoisie, les classes populaires et les diverses professions. Il avance sur les classes aristocratiques des réflexions où Stendhal put reconnaître la griffe du *prébeyliste*. On ne peut apparemment peindre les milieux que si on les connaît de l'intérieur. Mais alors qui peut se vanter de pouvoir peindre les milieux aristocratiques? Les personnages qu'on y trouve sont conventionnels, ils n'ont aucun caractère. 'Les divers métiers des milieux inférieurs produisent une grande variété de plaisants personnages; tandis qu'ici, hormis chez le peu de gens occupés à la poursuite de l'ambition et chez ceux, moins nombreux encore, qui ont le goût du plaisir, tout n'est que vanité et imitation servile'.[28]

Jusqu'à quel point Stendhal put-il accueillir cette leçon de Fielding? Celui que Zola considéra comme un des fondateurs du naturalisme avait ses réserves. Dans son *Courrier anglais*, il reconnut que l'apparition en France d'un nouveau Fielding serait bénéfique pour le roman français.[29] Mais sous l'éloge qu'il fit en 1828 du roman de Michel Raymond, le *Maçon*, on sent percer un manque de sympathie pour la peinture des réalités populaires.[30] Au reste, dès 1804 un peu heurté par le 'mauvais ton' de Restif de la Bretonne il avait nettement marqué les limites de son réalisme: 'il faut peindre l'Apollon du Belvédère dans les bras de la Vénus de Medicis, dans les plus délicieux jardins des environs de Naples, et non un gros Hollandais sur sa Hollandaise dans un sale entresol'.[31] Laissons-lui ses illusions! Il n'empêche que ses réserves ne diminuaient en rien l'intérêt de Stendhal pour Fielding.[32] Toutes les marginales de *Lucien Leuwen* tournent autour de ce thème: comment peindre de manière vivante, et dans leurs singularités, les personnages? Les solutions proposées sont plutôt simplistes: multiplier les éléments descriptifs pour aider l'imagination du lecteur. Mais en attendant l'article de Balzac sur la *Chartreuse de Parme*, Fielding a permis à Stendhal de faire le point sur l'efficacité de sa manière.

Scott ne l'y aida pas moins. Reconnaissons une fois pour toutes qu'il avait horreur des détails physiques de la vie, surtout dans le domaine de l'amour. Mais cette discrétion, au demeurant fort honorable, ne l'empêcha nullement d'avoir le sens du réel. Il avait pour son pays d'Ecosse et ses habitants un amour profond. Il eut au plus haut degré le sens du réalisme humain, autant que Cowper, autant que Burns admiré de Stendhal à l'égal de Béranger. Il n'a écrit que parce qu'il aimait passionnément son pays. 'Je pensai aussi que ce qui me manquait en talent pouvait être suppléé par ma connaissance intime du sujet; car j'avais parcouru presque toute l'Ecosse, Highlands et Lowlands, fréquentant librement depuis mon enfance les vieillards et les jeunes gens de toutes les classes, depuis le pair jusqu'au laboureur'.[33] L'œuvre de Scott, comme celle de Stendhal, repose sur un ensemble infini de petits faits vrais. Et Stendhal ne s'y est pas trompé. Son admiration pour *Old Mortality* n'a pas d'autre cause. Scott lui fait sentir la nécessité de s'intéresser à ces zones obscures de la société et de l'Histoire où les passions, sous d'autres formes, en d'autres langages, n'ont rien perdu, bien au contraire, de leur vérité et de leur violence. Il y a Claverhouse, Bothwell, Burley, mais aussi Mause, la vieille théologienne prête à se sacrifier pour soi, mais roublarde en diable même devant Bothwell, Neil Blane, le cabaretier, l'étrange laird de Milnwood, oncle d'Henry Morton (Scott ne manque pas de nous décrire son menu habituel), Mistress Wilson sa servante, l'heureux

ménage de Cuddy Headrigg et de Jenny Dennison fille de Neil. Il
n'est pas jusqu'aux lieux qui ne soient décrits avec l'exactitude
pieuse d'un réalisme qui respecte toujours les traces de l'humanité
disparue.

Si la part de Scott apparaît moindre en ce qui concerne le problème des personnages, en revanche sur un point capital, le sens et
la fonction de l'Histoire dans la création romanesque, Scott a
beaucoup apporté à Stendhal. Encore une fois, je ne présente pas
Scott comme une source de Stendhal: Scott a matérialisé certaines
de ses hypothèses, certains aspects de sa pensée dans les situations
de romans qui passionnaient l'Europe entière. Pour Stendhal, comme pour Balzac — nous n'insisterons pas là-dessus — le roman ne
pouvait être qu'historique, j'entends lié à une conception historique et relative de la société. Ils ne concevaient leurs héros qu'engagés dans les affrontements d'une époque donnée et cette époque
ce fut, le plus souvent, celle-là même qu'ils vivaient. Toute une
partie de l'œuvre stendhalienne relève pourtant de l'histoire pure,
mais, à proprement parler, Stendhal n'est pas un historien. Ce qu'il
recherche — et par là il se sépare carrément de Scott dont il ferait
volontiers, très injustement, un antiquaire — c'est de voir comment les personnages, à diverses époques, jouaient le jeu de leur
temps, jusqu'à quel point, au fond, ils étaient beylistes.

Sur ce thème soyons plus juste que Stendhal: pour lui, comme
pour Balzac, l'exemple de Scott fut déterminant. Il y aurait, me
semble-t-il, une révision complète à opérer sur la nature de
l'influence scottienne sur nos romanciers. J'ai avancé quelques
conclusions à ce sujet dans mon article 'Conjectures sur l'origine
scottienne du titre de *Rouge et Noir*',[34] en m'appuyant sur l'admirable chapitre qui sert d'introduction à *Waverley*. Scott s'y ex-
cuse d'avoir choisi comme cadre historique une époque qui n'a ni
le pittoresque lointain et prestigieux du moyen âge, ni l'élégance
des fêtes modernes du roman *fashionable*. Soixante ans plus tôt, à
l'époque de Georges II les coutumes étaient moins brillantes. Mais
à toutes les époques les passions humaines sont identiques. Seules
changent les coutumes. Et les costumes. Pour emprunter le langage
du blason, chaque époque a sa couleur. Voici, dans la traduction
de Defauconpret, lue par Stendhal, le passage clé de l'introduction
de *Waverley:*

La colère de nos pères, par exemple, était fond de *gueules* (b), éclatant contre les objets de leur inimitié par des actes de violence et de sang. Notre haine à nous qui cherche à se satisfaire par des voies détournées et à miner les remparts qu'elle ne peut renverser ouvertement, peut bien être représentée par la couleur *sable* (c); mais le sentiment d'impulsion est le même.[35]

Contre une tradition au demeurant fort mal établie, c'est de là et non d'ailleurs que vient le titre le *Rouge et le Noir*.[36] Au reste, cette tradition repose sur un mot d'Emile Forgues. Or, celui-ci, en 1860, dans la préface de son recueil de nouvelles, curieusement intitulé le *Rose et le Gris: Scènes de la vie anglaise* avoue avoir interrogé Stendhal sur le sens de son titre et n'avoir recueilli de lui que les plus vagues explications. Et d'ajouter à propos de son recueil de nouvelles: 'Il a été baptisé le *Rose et le Gris*, parce que Stendhal avait baptisé le sien le *Rouge et le Noir!*'.

Quoi qu'il en soit, retenons que Scott, dès la première page de l'introduction de son premier roman, confirme à Stendhal l'importance symbolique du titre: il est une sorte d'engagement. La lecture stendhalienne de *Waverley* ou de *Old Mortality* est singulièrement différente de celle de ses contemporains qui ne virent dans les romans de Scott qu'un aimable divertissement romantique. Scott était beaucoup plus. Il fut, dans le domaine romanesque, la conscience historique de son temps. Contrairement aux reproches que lui adressa parfois Stendhal, il n'était pas un historien antiquaire. Il célébrait la geste des combattants des causes perdues pour exorciser le passé, mais en même temps pour faire comprendre aux hommes de son temps que les équilibres politiques et l'unité nationale étaient le résultat de lourds sacrifices qui méritaient le respect. Le présent est déjà de l'histoire engagée à l'insu des vivants dans l'invisible avenue des formes abolies et de l'éternel retour.

Sur ce thème, Stendhal fut en sympathie profonde avec Scott, beaucoup plus qu'il ne le crut lui-même. Au reste, au cours de ses lectures qui étaient toutes, pour reprendre un mot de Jünger, des *chasses subtiles*, il poursuivait toutes les expressions, scènes ou images, ces dogmatismes fragiles de la mode. Renvoyons à ce propos, à *Racine et Shakespeare*.[37] A ce confluent du passé et du présent, le marquis de La Mole m'apparaît comme le meilleur symbole du beylisme romanesque.

Serait-il toujours possible de se tourner vers le passé sans lasser le lecteur? Scott est conscient du danger. Chassez la politique du roman et elle revient au galop!

> Je demande pardon, une fois pour toutes, à ceux de mes lecteurs qui ne lisent des romans que pour s'amuser, si je les fatigue si souvent de cette vieille politique de *whigs* et de *tories*, de *jacobites* et d'*hanovriens;* mais la vérité est que je ne puis leur promettre que cette histoire serait intelligible sans cela. Mon plan veut que j'explique tous les motifs d'après lesquels marche l'action. Or, ces motifs prenaient nécessairement leur source dans les sentiments, les préjugés et les opinions des divers partis.[38]

Stendhal a rendu hommage à l'habileté de Scott. Il avait lui-même découvert les dangers que courait le romancier-historien. Ce danger était encore plus grand dans cette France de la Restauration secouée par l'affrontement des partis. Ici, l'histoire était vivante: elle s'appelait politique. Ici les thèmes mêmes de Scott retrouvaient toute l'intensité polémique de jadis: le destin des Stuarts, inlassablement repris dans la presse libérale et les brochures annonçait celui des Bourbons. Il était impossible en France d'introduire la politique dans un roman sans détruire l'harmonie du concert romanesque. Stendhal avait symbolisé la méthode de Scott dans une admirable formule: 'Walter Scott a évité la haine impuissante dans *Waverley* en peignant des feux qui ne sont plus que de la cendre'.[39]

La solution de Fielding avait été plus radicale. Cet hanovrien bon teint considérait la politique comme le plus léger des hors d'œuvre romanesques! Certes Tom rembarre ce jacobite de Partridge: 'La cause du roi Georges est celle de la liberté et de la vraie religion.' Ce zèle ne va guère plus loin! Et si Tom attend et redoute une arrivée, contrairement à Partridge, ce n'est pas celle des soldats, rebelles ou gouvernementaux, mais celle de Sophie! L'aubergiste chez qui est descendue Sophie, est tout heureux, lui, du bruit qui court d'un débarquement français: il décide alors que la belle voyageuse n'est rien autre que Jenny Cameron en personne, l'amie de Charles-Edouard! Le moins qu'on puisse dire, c'est que Fielding ignore la haine impuissante!

Stendhal, lui, ne peut se permettre de tels escamotages. Il esquisse une solution: faire comme Alfieri, écrire ses livres et les pub-

lier plus tard, *all passion spent.*[40] Mais c'est maintenant qu'il veut
écrire! Tout compte fait, il y a quelque chose à tirer de l'exemple
de Scott: tout en conservant dans leur âpreté les passions du
temps, il lance dans ses romans des héros généreux capables de
transcender la haine, Waverley, le colonel Talbot et même Fergus
MacIvor.[41] Il faut, en somme, désamorcer la politique. Et pour cela
égaliser les chances des combattants. Stendhal donna donc de
l'esprit, plus d'esprit, à ses personnages. Bons ou méchants, ils
sont tous idéologues, aptes, tous, à jouer le jeu convenable, même
s'il n'est pas toujours loyal. Au beyliste de se défendre. Il ne faut
pas attendre de l'ennemi qu'il vous épargne. Le ton de la narration,
dont l'auteur porte l'entière responsabilité, peut aider à sauver le
jeu de l'odieux. Et justement, le ton du *Rouge* était trop sec, trop
dur. La gaieté de *Tom Jones* et la familiarité de Scott seraient un
exemple efficace. *Lucien Leuwen* et la *Chartreuse de Parme*
porteront cette marque nouvelle d'une narration beyliste moins
heurtée, plus détendue.

Nous voici parvenus devant la dernière, et peut-être la plus importante leçon que Stendhal tira de Fielding et de Scott: une certaine conception de la structure romanesque. Nous ne pouvons,
on le conçoit, que nous limiter ici à quelques suggestions.

Le système adopté dans le *Rouge* était purement et simplement
celui de l'expérience idéologique, moins une répartition
rigoureuse d'une intrigue que l'organisation d'épreuves, voire de
batailles, variées et graduées pour la formation du héros. Le *Rouge*
a pourtant suivi en gros le plan de *Tom Jones*: chez Allworthy,
aventures de la route, aventures à Londres — Verrières, le
séminaire, Paris, le procès et la mort. Même plan d'ensemble pour
Lucien Leuwen. Et pourtant, dans les marginales de ce dernier
roman, Stendhal s'interroge sur l'efficacité de sa manière. Il voit
bien que ce plan repose en fait sur le seul personnage du héros.
Dans les marginales de la *Chartreuse* il reconnaît bien fondés les
reproches de la duchesse de Vicence: 'La duchesse dit que ceci
ressemble à des mémoires où l'on voit les personnages arriver successivement'.[42] Sainte-Beuve reprendra ce reproche. Et Balzac
verra dans la *Chartreuse* une biographie romanesque. Comment
structurer un roman? Ce problème a dû hanter Stendhal à partir de
1834 et, fort heureusement, il n'a pas essayé de le résoudre. Il avait
certainement vu dans l'introduction des *Aventures de Nigel* que
Scott, lui, y avait renoncé. Seul Fielding avait été capable de con-

struire un roman où le déterminisme de la narration et des caractères s'alliait heureusement à la liberté romanesque.[43] Et de fait l'intrigue de *Tom Jones* est aussi rigoureuse que celle de *Caleb Williams* de Godwin, mais en même temps, elle a l'allure imprévue, primesautière, précipitée, ou paresseuse d'un voyage en liberté.[44] Je termine en vous proposant un beau voyage: retrouvez les chemins de Fabrice et vous retrouverez, en dépit des différences historiques et nationales et de la philosophie des propos, le rythme de Fielding.

Notes

1 Bien sûr, le fameux article intitulé 'Walter Scott et la Princesse de Clèves' est sévère pour les descriptions des habits et des colliers de cuivre. Stendhal n'en est pas moins un de ceux qui ont le mieux compris la fonction de la description chez Scott: elle tient la place d'un prélude musical (*Vie de Rossini* I, Cercle du Bibliophile, t. XXII, p.75).

2 *Correspondance*, Bibliothèque de la Pléiade, t. I, p. 980.

3 *Ibid.*, p. 1030.

4 Je renvoie à ma courte étude: 'Similitudes stendhaliennes', en *Mélanges Jacques Vier*, Paris, Klincksieck, 1973.

5 Les études scottiennes connaissent un impressionnant renouveau. Quelques points de repère: Lukacs, *The Historical Novel* (trad. anglaise, London, Merlin Press, 1962), Alexander Welch, *The Hero of the Waverley Novels* (New Haven, 1963), David Brown, *Walter Scott and the Historical Imagination* (London/Boston, Routledge and Kegan Paul, 1979), mais surtout, pour ses nombreuses références à Stendhal, Francis R. Hart, *Scott's Novels: The Plotting of Historical Survival* (University Press of Virginia, 1966).

6 Pour une étude plus longue, je renvoie à mon article 'Stendhal et *Tom Jones*' en *Revue de Littérature Comparée*, XXX, 3, p. 351, juillet 1956.

7 *Histoire de la peinture en Italie* II, Cercle du Bibliophile, t. XXVII, p. 110, dernière phrase du chapitre CI. Utilisé par Bussière, ainsi que l'allusion à La Rochefoucauld, dans son article 'Henri Beyle (M. de Stendhal)', *Revue des Deux Mondes* du 15 janvier 1843, p. 293.

8 *Le Rouge et le Noir* I, Cercle du Bibliophile, t. I, p. 74.

9 *Armance*, Cercle du Bibliophile, t. V, p. 46.

10 *Le Rouge et le Noir* I, éd. cit., p. 81.

11 C'est dans des lettres à Pauline que Henri Beyle donne au mot 'politique' une coloration idéologique. Ainsi dans la lettre d'août 1804, la politique est-elle devenue 'l'art d'amener les autres à faire les démarches que nous désirons', et dans la lettre du 23 juin 1808 il mande à sa

sœur: 'Et la science du gouvernement de votre vie, qu'en dirons-nous?' *Correspondance*, Bibliothèque de la Pléiade, t. I, pp. 145, 498.

12 *Le Rouge et le Noir,* première partie, Ch. 5.

13 *Lucien Leuwen* IV, Cercle du Bibliophile, t.XII, p.421n.

14 *Ibid.*, t.XII, p. 471n.

15 Destutt est l'*inventeur* de l'idéologie. Mais il était le premier à savoir qu'elle coulait à pleins bords depuis la naissance du siècle!

16 Lettre à Pauline du 14 février 1805, sur l'idéologie: 'Même les chats, en prenant une souris, en ont une'. *Correspondance*, Bibliothèque de la Pléiade, t. I, p. 178.

17 Admirable chapitre 3 du livre VI de *Tom Jones*! (Bibliothèque de la Pléiade).

18 *Ibid.*, livre XII, chap. 9.

19 *Ibid.*, livre XII, chap. 8.

20 *Waverley*, Vol. III, ch. 13, fin.

21 *Le Rouge et le Noir* II, t.II, p. 376.

22 Il faudrait apporter des retouches à cette affirmation, pour Armance, Bathilde et Clélia qui, en raison de l'intensité et de la vérité de l'amour qui leur est voué, sont au-delà de tout jeu possible, malgré le 'mouvement presque involontaire' que se permit Fabrice devant Clélia.

23 *Lucien Leuwen* III, t.XI, p. 356n.

24 *Ibid.*, III, t. XI, p. 433n.

25 *Ibid.*, II, t. X, p. 403n.

26 Ce monothéisme romanesque n'empêche pas Stendhal de se méfier du héros. Dans son *Courrier anglais* (t. IV, p. 176, de l'édition du Divan) il ironise à ce sujet contre le vicomte d'Arlincourt: 'en dépit de son admiration pour Shakespeare et Walter Scott, (il) se soumet à la vieille absurdité du romancier francais: *il a un héros*'. Mais Stendhal lui-même?

27 *Tom Jones*, éd. cit., livre X, chap. I, p. 1050.

28 *Ibid.*, livre XIV, chap. I, p. 1269.

29 Voir *Courrier anglais*, édition du Divan, t. II, p. 105, à propos du vaudeville *Les Cuisinières*.

30 *Courrier anglais*, édition du Divan, t. V, pp. 349-50.

31 *Journal littéraire* II, Cercle du Bibliophile, t. XXIX, pp. 95-96.

32 Certaines de ces réserves ne sont d'ailleurs que relatives et tiennent au goût des temps. Ainsi marginale du 26 septembre 1834. Stendhal vient de relire le *Rouge*. Jugement: 'vrai mais sec — Il faut prendre un style plus fleuri et moins sec, spirituel et gai, non pas comme le *Tom Jones* de 1750, mais comme le même Fielding en 1834.'

33 Cette fidélité et cette loyauté du réalisme de Scott sont célébrées par l'*Edinburgh Review* de mars 1817, art. IX, pp. 193 et suiv., dans un compte rendu des *Tales of My Landlord*.

34 *Revue de Littérature Comparée,* 45, 3, juillet–septembre 1971, pp. 305 et suiv.

35 Les notes (b) et (c) de Defauconpret traduisent gueules = rouge,

sable = noir. *Waverley* pourrait aussi bien avoir pour titre le *Noir et le Blanc*, le *blanc* étant la couleur de Charles-Edouard, le *noir* celle de l'armée du roi Georges. Et si l'on évoque la robe *noire* de Flora et le *rouge* de l'échafaud de son frère Fergus, *Waverley*, c'est déjà le *Rouge et le Noir*.

36 Et peut-être aussi certains passages de l'avant-propos d'*Armance* par exemple: 'En 1766, il fallait de la grâce etc., etc.,' — et bien d'autres dans *Racine et Shakespeare*. La lettre à Salvagnoli (18 octobre –3 novembre 1832) montre bien que le *Rouge* est présenté par Stendhal, au moins *a posteriori*, et en dépit de l'opposition des conceptions romanesques, dans la mouvance scottienne. Au reste, la dernière phrase: 'Un jour, ce roman peindra les temps antiques, comme un roman de Walter Scott'.

37 Voir en particulier la belle citation du *Masque de fer* et une autre tirée des *Mémoires* de Mme Campan, *Racine et Shakespeare*, Cercle du Bibliophile, t.XXXVII, pp. 89–90, pp. 243–44.

38 *Waverley*, fin du chapitre V.

39 *Racine et Shakespeare*, Cercle du Bibliophile, t. XXXVII, p. 108, (lettre 5).

40 'Depuis la mort du dernier des Stuarts, qui pourrait trouver odieux le personnage du baron de Bradwardine ou le major Bridgenorth de *Peveril*? Notre *politique* de 1811 n'est plus que de l'histoire en 1824.' (*Ibid.*, p. 114.)

41 Fergus, dont la mort fait étrangement songer à celle de Julien et qui trouve, dans ses dernières heures, sinon le sens du pardon, du moins celui de l'apaisement. Mathilde baisera la tête de Julien. Cet horrible acte de piété est refusé à Flora MacIvor, puisque la tête du supplicié est exposé sur les murs de la prison.

42 *La Chartreuse de Parme* I, Cercle du Bibliophile, t. XXIV, p. 391n.

43 Dans l'introduction des *Aventures de Nigel*, Scott compare le rythme à celui d'un fleuve. Un des deux interlocuteurs (l'auteur): 'il faudrait un Hercule pour inventer une histoire dont la marche rapide et coulante ne se ralentit jamais, devient plus large et plus profonde, et tout ce qui s'en suit... Il n'y eut jamais de roman écrit sur ce plan depuis que le monde est monde.' Second interlocuteur (le capitaine): 'Pardonnez-moi: *Tom Jones*'.

44 Nous reprenons la description de Fielding lui-même, *Tom Jones*, éd. cit., livre XI, chapitre IX, fin.

X

Henry Brulard
et le vicaire de Wakefield
ou les ironies
de l'autobiographe
BEATRICE DIDIER

On connaît d'une façon assez précise quels contacts Stendhal put avoir avec l'œuvre de Goldsmith. Dès 1803, il note dans une liste d'ouvrages à voir; 'Romans de Fielding, de Richardson, de Goldsmith. Histoire de Goldsmith, de Richardson, de Gibbon'.[1] Le 23 février 1803, il projette: 'Crayonnons comme moyen d'instruction un personnage extrêmement philosophe, et un autre extrêmement poète (Fontenelle, J.-J. Rousseau, Goldsmith)'.[2] D'autre part la *Vie de Henry Brulard* affirme: 'Je n'ai appris l'anglais que bien des années après, quand *j'inventai* d'apprendre par cœur les quatre premières pages du *Vicaire de Wakefield* (Ouaikefilde). Ce fut, ce me semble, vers 1805. Quelqu'un eut la même idée en Ecosse, je crois, et je ne l'ai su qu'en 1812 quand j'accrochai quelques Edinburgh Reviews en Allemagne'.[3] Cette deuxième date est contestée par V. Del Litto qui rappelle que c'est en 1816 et à Milan que Stendhal connut l'*Edinburgh Review*. Nous y reviendrons. Le premier contact date donc de cette période 1803–1805. Goldsmith apporte alors au jeune Beyle une occasion d'apprendre l'anglais. Même si Stendhal s'imagine avoir créé une méthode relativement originale, K. G. McWatters nous rappelle qu'elle ne l'est guère: 'on trouve au dix-huitième siècle de nombreuses éditions du roman où le texte anglais est imprimé avec des indications concernant la prononciation'.[4]

Comme Stendhal songe d'abord à être écrivain de théâtre, l'image de Goldsmith et de ses personnages va donc immédiatement être annexée à ces projets théâtraux. A plusieurs reprises dans *Letellier*. 'L'excellente scène de vanité de Goldsmith au sujet des marionnettes est pour un vaniteux beaucoup moins profonde, beaucoup plus en dehors que Letellier: un bon petit homme qu'on mystifierait et auquel on donnerait des ridicules doux'.[5] Allusion à une anecdote racontée dans l'*Essay on the Life of Samuel Johnson*, où Goldsmith se serait montré jaloux de l'adresse de marionnettistes et aurait dit: 'Donnez-moi un esponton, j'en ferai tout autant moi-même'.[6] Tout un passage de l'*Essay* avec cette anecdote est recopié dans le *Journal*, à Brunswick, le 3 mai 1808. Mais pour son théâtre, Stendhal ne songe pas seulement à Goldsmith lui-même mais aussi à un personnage du *Vicaire*, le Squire Thornhill, et à plusieurs reprises: ainsi dans son commentaire de *Georges Dandin*.[7] Le *Journal* du 20 mars 1810 contient encore ce bel éloge de Goldsmith. A propos de Crozet, Stendhal note: 'Je lui désirerais de l'aisance, de la liberté, de l'enjouement, cette facilité noble de *Wakefield*, duquel, au reste tout le monde est infiniment éloigné'.[8]

Il semble qu'après le premier contact de 1803–1805, avec les prolongements que nous venons d'évoquer, il y eût réactivation de l'image de Goldsmith, peut-être après 1816 et les premiers contacts avec l'*Edinburgh Review*. Dans l'*Histoire de la peinture en Italie*, la famille Primrose est présentée comme la famille anglaise-type, impensable en Italie: 'Ce n'est qu'en Angleterre que l'on peut comprendre cette phrase du bon Primrose: *My sons, hardy and active, my daughters beautiful and blooming*, non plus que *auburn hair*'.[9] Il y est aussi fait allusion, à propos des effets physiques de la peur, aux réactions de Primrose devant l'incendie de sa maison.[10] Mais surtout c'est au tome II de l'*Histoire de la peinture en Italie* qu'apparaît la célèbre adresse aux 'happy few' qui a toute chance d'avoir été empruntée au *Vicaire de Wakefield* et qui va revenir à la fin du *Rouge et le Noir*, à la fin de la *Chartreuse de Parme* et dans les écrits autobiographiques. *Rome, Naples et Florence* contient des citations en anglais tirées du premier chapitre du *Vicaire*.[11]

Le 27 octobre 1821, la pièce de Goldsmith *She stoops to conquer* est jouée à Haymarket, et Stendhal, comme il l'écrit dans les *Souvenirs d'égotisme*, se rend au théâtre: '*She stoops to conquer*, comédie de ...m'amusa infiniment à cause du jeu de joues de l'acteur'.[12] Il est d'ailleurs intéressant de constater ce trou de mémoire de Stendhal qui lui a fait, au moment de la rédaction, oublier le nom de l'auteur. Enfin, avant d'en venir aux autobiographies de façon plus approfondie, notons encore que Goldsmith était présent à Civitavecchia, dans la bibliothèque de Stendhal.

L'inventaire du fonds Bucci comporte des ouvrages de Goldsmith, mais non le *Vicaire de Wakefield;* il s'agit de: *Roman History. Abridged by himself for the use of schools*, London, 1816, in–12, et *History of Greece*, Beaume, Bordeaux, 1806 2 vol., in–8.[14]

Que faut-il conclure de cette énumération? Que l'image de Goldsmith accompagne Stendhal au cours de sa vie entière, de 1803 à sa mort, pendant donc près de quarante ans. Qu'il s'est enquis de sa personnalité dans la *Vie de Johnson* de Murphy,[15] qu'il ne connaît certes pas toute l'oeuvre de Goldsmith, et qu'il s'est peut-être parfois contenté d'abrégés; mais que cependant sa connaissance du *Vicaire de Wakefield* ne se borne pas aux quatre premières pages apprises par cœur; les références au personnage de Thornhill, renverraient plus aux chapitres III et VI du roman, celles aux effets de l'incendie, au chapitre XXII. Enfin Stendhal connaît d'autres oeuvres de Goldsmith que ce roman universellement célèbre. Il a lu ses oeuvres de compilation historique, a vu une pièce de théâtre, a une idée aussi de l'oeuvre poétique de Goldsmith puisque, rendant compte pour la presse anglaise de l'*Elégie sur la vie d'un petit ramoneur* de Guiraud il évoque le *Deserted Village* qui lui apparaît bien supérieur: 'Vous qui avez le *Deserted Village* de Goldsmith, vous ne sentirez pas le plaisir que nous fait M. Guiraud en nous donnant des vers coulants et intéressants'.[16] Stendhal connaît probablement mieux Goldsmith que beaucoup de ses contemporains. On voit ce qu'il a aimé chez lui: ce naturel, une certaine bonhomie qu'il reprochait tant aux Français d'ignorer, et qu'il se reproche à lui-même de ne pas toujours parvenir à atteindre. Mais s'il fallait en rester là, notre bilan serait un peu maigre. C'est dans l'autobiographie que le *Vicaire* va être soudain investi d'une place qui peut sembler surprenante.

J'ai déjà eu l'occasion de montrer qu'il y avait dans les *Souvenirs d'égotisme,* et plus précisément dans les dernières pages de ce texte, une annonce assez curieuse du réseau thématique de la *Vie de Henry Brulard.* C'est à ce moment-là, par exemple, qu'apparaissent l'oncle Gagnon et l'enfance grenobloise qui, *a priori*, n'avaient pas place dans une autobiographie dont Stendhal avait fixé les limites aux années 1821 et suivantes. C'est aussi dans les toutes dernières lignes que l'on trouvera une allusion au *Vicaire:* 'M. de l'Etang est un caractère dans le genre du bon vicaire de Wakefield. Il faudrait pour en donner une idée toutes les demi-teintes de Goldsmith ou d'Addison'.[17] Il s'agit évidemment de

Delécluze pour qui on connaît la sympathie de Stendhal: une sorte de parenté spirituelle s'établit entre cet homme qui représente la pensée libérale et Beyle. Mais le chapitre sur Delécluze n'est pas terminé. La chaleur interrompt l'écriture. Peut-être aussi d'autres raisons plus profondes qui vont l'amener à reprendre le projet autobiographique de fond en comble et à remonter à ses premières années.

On sera étonné de la place que tient le *Vicaire de Wakefield* dans la grande autobiographie stendhalienne. On le voit en effet figurer à trois moments capitaux pour l'autobiographie: la page de titre; quand se pose le problème du nom du héros; enfin lorsqu'il s'agit d'évoquer les destinataires du texte. Les recherches modernes sur l'entreprise autobiographique ont montré comment c'est là que se joue le jeu, que se décide si le texte appartient bien au registre de l'écriture de soi. Il est assez curieux de retrouver le naïf héros de Goldsmith précisément à ces trois points stratégiques.

Et d'abord la page — ou plutôt les pages — de titre. Philippe Lejeune a attiré l'attention sur l'importance de la page de titre pour ce pacte entre le lecteur et l'auteur qui semble fondamental dans ce type d'écrits. C'est là tout autant que dans les premières pages que serait posée l'identité entre le narrateur, le héros et l'écrivain. Or la référence au *Vicaire de Wakefield* n'est pas une fantaisie passagère; elle va se trouver répétée avec une insistance bien curieuse. Dans le Ms R.5896, t.XII: 'Vie de Henry Brulard écrite par lui-même. Roman imité du *Vicaire de Wakefield*'. L'adresse ironique souligne encore: 'A MM. de la Police. Ceci est un roman imité du *Vicaire de Wakefield*. Le héros, Henry Brulard, écrit sa vie, à cinquante-deux ans, après la mort de sa femme, la célèbre Charlotte Corday'. On retrouvera une mention comparable dans le Ms R.299, tome 1, fol. 249 v°, et cette fois-ci pour le tome II: 'Vie de Henry Brulard écrite par lui-même, tome second. Roman imité du *Vicaire de Wakefield* surtout pour la pureté des sentiments'. Enfin, pour le tome III (Ms R.299, tome III, fol. 13): 'Vie de Hy Brulard tome III. Troisième volume commencé le 20 janvier 1836 par la page 501, fini le 10 mars 1836 à Civitavecchia par 796. *Vie de Henry Brulard*, écrite par lui-même. Roman à détails, imité du *Vicaire de Wakefield*. A Messieurs de la Police. Rien de politique dans ce roman. Le plan est un exalté dans tous les genres qui, dégoûté et éclairé peu à peu, finit par se consacrer au culte des hôtels'.[18] Une telle insistance réclame que l'on y prête attention.

Ce qui frappe, évidemment, au premier abord, c'est la mystification bouffonne et le caractère politique de cette mystification. L'innocent *Vicaire* est évoqué pour détourner 'MM. de la Police', ce qui alerte le lecteur et l'invite à comprendre par antiphrase: le texte a bien un sens politique. Par cette page de titre se trouve donc soulignée l'importance des pages où l'enfant se révolte contre la tyrannie paternelle,[19] et se solidarise avec la Révolution française contre la tyrannie des rois, l'importance aussi de tant d'attaques lancées contre 'le plus fripon des Kings': Louis-Philippe. L'enfant et le narrateur adulte se retrouvent et coincident dans la même révolte. C'est parce que le texte a cette valeur explosive qu'il faut détourner 'MM. de la Police'.

Mais ces quelques phrases contiennent encore d'autres enseignements. C'est justement parce que Stendhal a le sentiment de son originalité, et veut la marquer ici, qu'il prétend ne faire autre chose qu'imiter, et même suivre la mode la plus banale qui soit: l'anglomanie qui sévit en France depuis le dix-huitième siècle. Mais l'ironie est subtile. Car s'il est bien vrai que nombre de romans français de la fin du dix-huitième siècle et du début du dix-neuvième sont copiés sur leurs modèles d'outre-Manche, il est vrai aussi que la mystification est courante, et que sont souvent présentés comme des imitations ou même comme des traductions de l'anglais des textes qui, en fait, sont plus originaux qu'ils ne le disent: c'est une mode de librairie, une façon de faire vendre le livre: elle sévit tout particulièrement dans le domaine du roman sentimental et du roman noir où Richardson d'un côté, Lewis et Ann Radcliffe de l'autre, sont des maîtres incontestés.

Il y a dans ces quelques lignes plusieurs éléments encore à retenir. Si la *Vie de Henry Brulard* ressemble au *Vicaire*, ce serait par le goût des 'détails', par l'innocence, par le caractère religieux du héros. La bouffonnerie, la mystification, d'autant plus subtile qu'elle n'exclut pas toute vérité, dans un inextricable mélange, apparaissent encore ici. Certes la *Vie de Henry Brulard* n'est pas un roman à détails; Stendhal s'y refuse systématiquement à la description réaliste qui fait justement le mérite des romanciers anglais du dix-huitième siècle (et encore de Walter Scott). On sait sa répugnance pour la description. Mais le 'détail' n'est-ce pas aussi le petit fait vrai pour lequel il a un culte? Faire croire à la police — ou au lecteur malévole dont la police peut être une figure — qu'il va trouver dans le texte beaucoup de détails, c'est donc l'orienter sur une piste à la fois trompeuse et vraie, ou plus exactement trompeuse par la faute du lecteur qui ne saura pas voir le sens du détail. Les détails, les gens importants les croient des broutilles: 'de minimis non curat praetor'. Ce sont pourtant eux qui sont véritablement porteurs de sens, vraiment révélateurs: chez Stendhal, l'artiste, comme le philosophe sensualiste, en sont persuadés.

L'innocence est encore une de ces pistes dangereuses. Il y a certes une innocence de Brulard qui rejoint cette insignifiance dont Stendhal a peur qu'elle ne décourage le lecteur superficiel. Mais l'innocence cache de troublantes profondeurs. Le mot ici ferait-il allusion, à cette confession de l'inceste imaginaire qui est si fondamentale (il ne faut pas oublier que Charlotte Corday peut être considérée, par sa génération, et par la cristallisation dont elle est l'objet, comme une figure maternelle) ou à cet autre aveu, complémentaire du premier, de la joie à l'annonce de la mort du Roi-Père? Ou encore aux 'Mille e tre' dont la liste s'inscrit au premier chapitre — tous sujets brûlants, fondamentaux de cette autobiographie: Stendhal sait qu'il n'est pas innocent, et que là réside l'intérêt de son texte.

Ces pages de titre évoquent aussi, de façon ironique, un autre thème: ce serait la 'conversion' d'Henry Brulard. On sait les répugnances de Stendhal pour la littérature romantique d'inspiration chrétienne telle que Chateaubriand l'avait inaugurée, et sur la page de titre du 'tome 2d', il s'en prenait également à Lamartine: 'Le héros de ce roman finit par se faire prêtre comme Jocelyn'. Ce serait certes un trait de ressemblance avec le *Vicaire* qui lui, cependant, est 'vicaire' dès le début. Mais alors l'expression 'rien de politique' devient particulièrement ironique, puisque, surtout sous le règne de Louis-Philippe, la collusion entre l'Eglise et l'Etat est évidente, mais ce que MM. de la Police considèrent comme n'étant pas politique, c'est ce qui sert *leur* politique.

Une certaine émotion est peut-être trahie par la maladresse de la phrase: 'Le plan est un exalté' et par la faute d'orthographe: 'au culte des hôtels'. Stendhal nous a dit lui-même qu'il ne savait plus l'orthographe lorsqu'il était ému. Il se peut aussi que le maquillage du mot soit une forme d'ironie à l'endroit de MM. de la Police. Quoi qu'il en soit, la référence au *Vicaire* a encore amené Stendhal à faire allusion à un aspect capital de la personnalité d'Henry Brulard: son refus de l'hypocrisie catholique de la Restauration, et, y répondant, l'annonçant, son refus de la 'boimerie' provinciale de l'abbé Raillane et des dévotes amies de tante Séraphie.

Enfin voilà posée, à la faveur du *Vicaire* une question centrale: s'agit-il de roman ou d'autobiographie? Le titre du *Vicaire* est exactement: 'The Vicar of Wakefield. A Tale Supposed to be written by Himself'. Le titre de la *Vie de Henry Brulard* reprend assez exactement la formule 'écrit par lui-même', et 'roman' peut correspondre à 'tale'. Le *Vicaire* est un roman à la première personne. La *Vie de Henry Brulard* est une autobiographie mais, et comme c'est évidemment là un point capital, la page de titre où pourtant devrait se trouver la marque même de l'intention autobiographique, se trouve maquillée, et grâce à la référence au *Vicaire*. Notons qu'il manque ce qui pourtant est l'élément fondamental du 'pacte' le nom de l'auteur. Mais c'est qu'alors apparaîtrait la complexité de la double pseudonymie qui subvertit de façon subtile les données de l'autobiographie.

Que dans l'autobiographie, la question du nom soit fondamentale, Stendhal en est le premier conscient. Et il va revenir sur ce problème difficile à un autre moment, dans le texte même de l'autobiographie, en rappelant encore le *Vicaire*. Mais là, nous sommes en dehors de ce jeu ironique de la page de titre et Stendhal sait fort bien que MM. de la Police ne s'aventureront pas si loin dans le manuscrit: 'tout le mal n'est que dans ces cinq lettres: B, R, U, L, A, R, D, qui forment mon nom, et qui intéressent mon amour-propre. Supposez que j'eusse écrit *Bernard*, ce livre ne serait plus, comme le *Vicaire de Wakefield* (son émule en innocence), qu'un roman écrit à la première personne'.[20] On a plusieurs fois souligné le lapsus — révélateur — et que 'cinq lettres' correspond exactement à 'Beyle', non à 'Brulard'. Nous n'y reviendrons pas; ce qui nous intéresse maintenant, c'est de retrouver encore le *Vicaire* à ce point névralgique de l'autobiographie, de montrer comment la ressemblance avec le *Vicaire* est ici dénoncée, pour établir, à partir de la question du nom, la différence entre l'autobiographie et le roman, tandis que la ressemblance est affirmée sur le chapitre de 'l'innocence', déjà évoquée dans les pages de titre.

Ce passage de la *Vie de Henry Brulard* prend place, on s'en souvient, après une évocation de l'éventuel lecteur: 'Où se trouvera le lecteur qui, après quatre ou cinq volumes de *je* et de *moi*, ne désirera pas qu'on me jette, non plus un verre d'eau sale, mais une bouteille d'encre? Cependant, ô mon lecteur ...' La présence du lecteur est capitale. C'est avec lui qu'est passé ce pacte sans lequel il n'y aurait pas d'autobiographie. Si lointain qu'on le situe, l'auto-biographe ne pourrait écrire, si le lecteur ne se profilait à qui il peut adresser l'ensemble de son texte. Dans la *Vie de Henry Brulard* les adresses explicites à ce personnage capital sont parti-culièrement fréquentes, et j'ai eu l'occasion de les étudier. Or, nous voilà encore et toujours ramené au *Vicaire* puisqu'il s'agit des 'happy few', et que la formule a certainement beaucoup plus de vérité pour les écrits autobiographiques que pour les romans. L'histoire même de la publication des textes de Stendhal, montre comment les lecteurs furent plus lents à venir pour les textes auto-biographiques; les tirages actuels de la *Vie de Henry Brulard* et du *Rouge et Noir* demeurent caractéristiques. Il est bien certain, en tout cas, que dans l'esprit de Stendhal, les écrits autobiographiques devaient conserver un certain caractère confidentiel.

Or, là encore, l'ironie intervient; car si le cher Primrose s'a-dresse aux 'happy few', c'est contraint et forcé: ses brochures écrites pour défendre la stricte monogamie et interdire le remariage des vicaires veufs, ne se vendent pas. C'est là l'inno-cente manie du Vicaire, son 'point faible', sur lequel ses amis le ta-quinent. Avant donc de désigner le cercle aristocratique des beylistes, la formule a donc été employée par Stendhal en référence ironique à un personnage, sympathique certes, mais quelque peu ridicule, en particulier par sa manie d'écrire. Stendhal opère un retournement: le Vicaire se consolait devant ses inven-dus, en se disant qu'il serait lu seulement par les 'happy few'. Avant même d'avoir pu constater si ces livres se vendent ou non — et pour les écrits autobiographiques, nous savons que Stendhal ne voulut pas tenter l'expérience de son vivant — l'écrivain a décidé de ne s'adresser qu'à quelques lecteurs espérant que le petit nom-bre serait synonyme de qualité.

Nous avons donc été amené à retrouver le *Vicaire* à tous les points nodaux de l'autobiographie. Et l'on est en droit de s'en étonner. Revenons en effet à ces premières pages du roman de Goldsmith que Stendhal possédait par cœur, nous voyons dès le départ le héros défini par trois caractéristiques qui le situent aux antipodes de Brulard. Dans les quelques mots d'avertissement, avant de donner la parole à son personnage, Goldsmith le définit comme réunissant les trois plus grandes qualités que l'on puisse trouver sur terre: Primrose est un clergyman, un mari et un père de famille. Brulard-Stendhal, malgré ce qu'il avait promis à MM. de la police, ne devint pas prêtre, ne se maria jamais, ne fonda jamais une famille. Ce dernier aspect est particulièrement important dans les premières pages du *Vicaire* où Primrose ne cesse de se glorifier de sa brillante progéniture. Lui qui s'est fait un vaillant défenseur de la natalité, prêche d'exemple, et s'en trouve fort bien. Ses fils sont forts, ses filles sont belles, et le mariage lui fournit le thème favori de ses sermons.

Il semble que Stendhal se soit amusé à trouver un personnage de référence aussi éloigné que possible en vertu d'un goût de la mystification qui le pousse à conduire son lecteur (et en particulier celui qui aurait quelque accointance, au moins dans le caractère, avec la police) vers des pistes aberrantes. Les relations de Stendhal avec son lecteur sont complexes et en particulier dans les textes autobiographiques. Il veut toujours être vrai, éviter l'emphase, le mensonge, tout ce qui nuirait à la transparence. Et pourtant des générations de stendhaliens ont dépisté non pas exactement des mensonges, mais un jeu de l'écrivain qu'enchante l'idée de tromper le lecteur crédule.

Ce goût en rejoint un autre: celui du déguisement, du masque — que Kurt Ringger a fort bien analysé récemment[21] — Brulard déguisé en clergyman anglais, vicaire, père de famille: cela ne manque pas d'être réjouissant. Cela comble chez Stendhal ce désir d'être autre, et un autre aussi éloigné que possible de lui-même. Il arrivera à Stendhal de rêver d'être un grand Allemand mince et blond. Les *Privilèges* où l'imagination vogue en liberté, loin des contraintes de la logique, sur un registre qui est celui du rêve ou des *Mille et une nuits*, livreront jusqu'où peut aller ce rêve: à la fois vers la disparition (être invisible), vers la métamorphose, vers l'ubiquité (être en plusieurs lieux, et même avoir plusieurs corps). Or le projet autobiographique semblerait, à l'encontre, répondre à un désir de se trouver soi-même, d'écrire pour affirmer son unité. 'Il serait temps de me connaître.' Mais si se connaître, c'est se découvrir plusieurs, légion? Or ce désir d'être autre est un élément paradoxal de l'autobiographie stendhalienne et qui apparaît à plusieurs reprises, que Stendhal exprime déjà dans les *Souvenirs*, et précisément au moment où il évoque son départ pour l'Angleterre: 'J'étais au désespoir, ou, pour mieux dire, profondément dégoûté de la vie de Paris, de moi surtout. Je me trouvais tous les défauts; j'aurais voulu être un autre.'[22]

Si la *Vie de Henry Brulard* avait été un roman, il y aurait eu cette ressource bien facile de créer des personnages pour exprimer ces autres 'moi'. Mais puisque Stendhal se refuse si scrupuleusement dans ce texte à 'faire du roman', il lui reste à doubler les niveaux de pseudonymes (Stendhal, Brulard), et à user de la référence littéraire qui est aussi un moyen d'être autre, non pas en créant un personnage, mais en faisant appel aux personnages déjà existants de l'univers romanesque, et, dans ce monde si vaste de la littérature, de se choisir des sosies ou des anti-sosies. C'est un des modes de l'intertextualité les plus féconds dans l'autobiographie stendhalienne. Certes, il n'écrit pas un roman, mais il a vécu en compagnie de beaucoup de ces personnages: et ils sont là dans sa mémoire, et sous sa plume, créations imaginaires et bien réelles, toujours prêtes à lui servir de référence pour se découvrir ou pour se cacher. Il a pu lui arriver d'être 'comme' Saint-Preux dans le Valais. Il a pu même lui arriver de s'écrire 'canaille', comme Julien. Ces allusions aux personnages romanesques sont à rapprocher d'une démarche quasi-scientifique du jeune Stendhal, lorsque, imbu d'Idéologie et de science, il désirait, par exemple, classer ses amis de jeunesse par 'genres', comme Jussieu l'avait fait pour les plantes. On sait aussi avec quel soin, à l'époque des premiers journaux, il cherche à se faire entrer lui-même dans les catégories prévues par Cabanis, concluant finalement qu'il répond plutôt au 'tempérament mélancolique'. Mais ces catégories scientifiques ont quelque chose de bien rigide, et l'univers imaginaire des héros de roman offre une palette beaucoup plus subtile et riche.

Or on peut se définir pas des ressemblances, mais tout aussi bien par des oppositions. Le personnage de Goldsmith est admirablement situé aux antipodes. Et justement parce qu'il rêve toujours d'être autre et d'être *un* autre, il n'est pas impossible que Stendhal se soit amusé un moment à s'imaginer sous les traits du vicaire, comme Chateaubriand imagine ce qu'il serait devenu s'il avait épousé Charlotte Ives et s'il était devenu un bon époux vivant en Angleterre dans un paisible oubli. Ce fantasme de la vie imaginaire, de ce qui aurait pu se passer si... fait partie aussi de l'activité autobiographique et on en retrouve la trace un peu partout, chez Rousseau, chez Chateaubriand, chez George Sand, chez Gide (s'il était devenu professeur de piano...). Parmi ces rêves, celui de la vie obscure, fascine particulièrement l'écrivain célèbre, en vertu des antithèses qui sont à la clé de la rhétorique comme de l'imaginaire.

Totalement différent de Brulard, Primrose est le symbole d'une vie dont il est peut-être arrivé à Stendhal d'entrevoir le charme. La famille Primrose, dans son heureuse entente, est à l'opposé de la famille Beyle dont l'écrivain a tant regretté le caractère oppressant. Quant à la progéniture, celle de Brulard sera purement spirituelle; mais il n'est pas impossible que ces lecteurs futurs, ces 'happy few' précisément soient un substitut de cette abondante descendance dont Primrose lui, à la différence de Brulard, peut se vanter avec quelque étalage. Enfin Goldsmith offre un tableau qui n'est pas sans charme de ce dix-huitième siècle à qui l'on sait que Stendhal portait, comme beaucoup de romantiques, une sorte d'affection nostalgique.

Mystification, masque, simple point de référence, l'innocent vicaire amène donc à s'interroger sur l'importance dans l'entreprise autobiographique de tout ce monde, presque aussi réel que la vie vécue, et qui est le monde des lectures. Un jeu incessant entre lecture et écriture se trouve ici mis à nu, et qui implique également tout un jeu entre l'écrivain et le futur lecteur. Car si l'autobiographe est lecteur avant d'être écrivain, marqué donc par tout un passé culturel, par toute une préhistoire, antérieure à sa propre vie, le lecteur auquel il s'adresse, doit être lecteur non seulement de ce texte qu'il lui présente, mais de tous ces autres textes sans lesquels il n'eût pas pu écrire. Il est bien évident, par exemple, que les allusions au *Vicaire de Wakefield* ne prendront tout leur sel que si le lecteur connaît — et même d'une façon assez précise[23] — le texte de Goldsmith. Alors se crée au fur et à mesure que se tisse le texte de l'autobiographie, une connivence culturelle qui est à la base même du rapport auteur-lecteur.

On remarquera aussi que parmi toutes ses lectures les romanciers anglais semblent avoir eu un rôle très particulier dans le déclenchement de l'écriture autobiographique. Je n'ai pas ici l'intention de traiter l'ensemble de ce sujet qui je crois sera étudié dans une autre communication. Si l'on est en droit de s'étonner un peu de la place que tient le *Vicaire de Wakefield* dans la *Vie de Henry Brulard*, on en verra une explication peut-être dans ce phénomène plus vaste. Je me contenterai de rappeler que l'une des premières esquisses de la *Vie de Henry Brulard* se trouve sur un exemplaire de *Clarissa Harlowe:* c'est cette décision si importante du 6 janvier 1831, de passer de la biographie à l'autobiographie; 'il me vient l'idée d'écrire une vie dont je connais fort bien tous les incidents. Malheureusement l'individu est bien inconnu: c'est moi.'[24] L'exemplaire de *Tom Jones* criblé de notes de juillet 1820 sur Métilde Dembowski, ou de 1833 sur Giulia Rinieri, montre aussi un cas où la lecture d'un romancier anglais a suscité une écriture qui est du registre du journal et de l'autobiographie à la fois.[25] Il faudrait aussi relever dans les *Souvenirs* et dans la *Vie de Henry Brulard* les allusions à Richardson, Scott, Fielding, plus nombreuses que les références aux romanciers français (si l'on excepte Rousseau), ce qui est assez curieux de la part d'un écrivain qui n'est pas un angliciste. Si l'on parvenait à prouver que la lecture de romanciers anglais suscitait, plus que celle de romanciers français, la veine autobiographique, cela amènerait à poser certaines questions. Le texte étranger provoque le retour vers soi, peut-être parce que Stendhal a besoin de tout un détour pour se trouver. Il faut donc que son point de départ soit situé en quelque sorte dans cet ailleurs que représente une langue, une littérature étrangères, pour qu'il éprouve le besoin de revenir à lui-même. Ce curieux phénomène serait peut-être à rapprocher du goût du masque que nous venions de signaler, du goût aussi de la grimace, du besoin de paraître un autre avant de se découvrir. J'en prendrai un seul exemple et qui ne nous écarte pas du domaine anglais. Dans la *Vie de Henry Brulard*, Stendhal se demande ce qu'il serait devenu si la pédagogie de l'abbé Raillane avait été efficace.'Ce coquin-là aurait dû faire de moi un excellent jésuite, digne de succéder à mon père, ou un soldat crapuleux coureur de filles et de cabarets. Le tempérament eût, comme chez Fielding, absolument voilé *l'ignoble*.'[26] La démarche est très caractéristique: imaginer ce qu'il aurait pu être dans ce vertige des possibles si fréquent chez les autobiographes, l'imaginer en faisant référence à un autre — et précisément à un romancier anglais — pour finalement progresser dans la voie de la découverte de son moi réel.

C'est peut-être à cause de ce besoin d'être autre pour être lui-même que le séjour en Angleterre joue un tel rôle dans ce premier texte autobiographique: les *Souvenirs d'égotisme*.[27] En Angleterre, il a pu se libérer de lui-même, et c'est précisément en écrivant cette libération qu'il s'exerce à la première entreprise autobiographique d'envergure. C'est avec un désir d'échapper à lui-même qu'il part, avec même un désir d'anéantissement et de suicide. Il s'absente de lui-même dans cette ivresse de la bière anglaise, cette demi-folie du départ qui risque de le conduire au duel. Mais c'est finalement chez les prostituées anglaises habitant cette maison lilliputienne et comme irréelle, qu'il trouve, et qu'il relate dans les *Souvenirs*, une réponse, un contrepoids au 'fiasco' du chapitre III. De même que le voyage l'a libéré, le récit du voyage le libère à nouveau, et le rythme du récit connaît alors un allant, un élan, sans quoi peut-être Stendhal n'eût pu triompher de cette difficulté de parler de soi-même, de cet obstacle initial, fondamental, de toute autobiographie.

On voit aisément alors l'utilité de l'humour pour l'autobiographe — et nul doute que cette référence appuyée au *Vicaire de Wakefield* ne soit justement une de ces formes de cet humour si important chez Stendhal et qui n'a peut-être pas suffisamment attiré l'attention. L'humour permet de dédramatiser cet acte, en lui-même grave, et même tragique qui consiste à écrire son autobiographie, acte essentiellement funèbre et qui n'est pas si différent finalement de celui de rédiger son inscription funéraire. Sans cet humour, l'entreprise, du moins pour Stendhal, serait intolérable. L'humour est un garde-fou, un rempart contre le désespoir.

L'humour permet aussi un autre type de relation avec le lecteur. Il permet à l'écrivain de prévenir ses réactions, et par conséquent de le désarmer. Ainsi, on serait mal venu de se moquer de cette accumulation de 'je' et de 'moi' qui font parti de la démarche autobiographique elle-même, puisque l'écrivain prend les devants, et a déjà ironisé sur son 'égotisme'; faut-il rappeler que le mot est alors fortement ressenti comme un anglicisme, et qu'il a une nuance nettement péjorative? L'humour libère l'écrivain, non seulement de lui-même, mais du regard de cet autre, gênant parfois, indispensable pourtant, très sensible en tout cas dans les *Souvenirs* et dans la *Vie de Henry Brulard*.

Comme chaque fois que l'on pénètre dans le réseau de ces textes, tout se tient, et l'étude de ces curieuses, paradoxales références au *Vicaire de Wakefield* amène encore à s'interroger sur les mécanismes les plus profonds de l'écriture de soi, sur tout ce jeu qui consiste à se masquer pour se révéler, à se dérober pour se trouver, à jouer avec le lecteur une étrange parade de déguisement et de dévoilement.[28] Nul doute que la référence humoristique dont nous avons examiné ici un exemple parmi bien d'autres, ne constitue un élément très important (et peut-être plus particulièrement chez Stendhal) dans l'élaboration d'une écriture neuve, nécessaire pour atteindre cet impossible moi qui toujours fuit et que pourtant chaque page crée.

Notes

1 *Journal littéraire* I, Cercle du Bibliophile, t.XXXIII, p. 107. On consultera: V. Del Litto, *La vie intellectuelle de Stendhal*, Presses Universitaires de Grenoble, p. 334, et K. G. McWatters, *Stendhal lecteur des romanciers anglais*, Aran, Editions du Grand Chêne, 1968, pp. 19-20.

2 *Journal littéraire* I, Cercle du Bibliophile, t.XXXIII, p. 130.

3 *Vie de Henry Brulard* II, Cercle du Bibliophile, t.XXI, p. 138.

4 K. G. McWatters, *op.cit.*, p. 19.

5 *Théâtre* II, Cercle du Bibliophile, t.XLIII, p. 153, voir l'excellente note.

6 *Journal* II, Cercle du Bibliophile, t.XXIX, p. 300.

7 *Théâtre* I, Cercle du Bibliophile, t.XLII, p. 90; cf. K. G. McWatters, *op.cit.*, pp. 11, 20.

8 *Journal* II, Cercle du Bibliophile, t.XXIX, p. 369.

9 *Histoire de la peinture en Italie* II, Cercle du Bibliophile, t.XXVII, p. 120, n. 2.

10 *Histoire de la peinture en Italie* I, Cercle du Bibliophile, t.XXVI, p. 245; K. G. McWatters, *op.cit.*, p. 19, n. 10.

11 *Rome, Naples et Florence* I, Cercle du Bibliophile, t.XIII, p. 334.

12 *Souvenirs d'égotisme*, Cercle du Bibliophile, t.XXXVI, p. 80 et la note p. 334.

13 *Mélanges V: Littérature*, Cercle du Bibliophile, t.XLIX, p. 205.

14 *Ibid.*, pp. 217, 223. Cf. *Catalogo del fondo stendhaliano Bucci*, Milan, Pesce d'Oro, 1980, pp. 100, 101.

15 Préface aux *Œuvres de Johnson*, Londres, 1801, 12 vols. Cf. Stendhal, *Théâtre* II, Cercle du Bibliophile, t.XLIII, p. 362, note.

16 *Mélanges II: Journalisme*, Cercle du Bibliophile, t.XLVI, p. 9.

17 *Souvenirs d'égotisme*, Cercle du Bibliophile, t.XXXVI, pp. 149-50.

18 *Vie de Henry Brulard* II, Cercle du Bibliophile, t.XXI, pp. 425-46.

19 Cf. Michel Crouzet, *La vie de Henry Brulard ou l'enfance de la révolte*, Paris, Corti, 1982.

20 *Vie de Henry Brulard* II, Cercle du Bibliophile, t.XXI, p. 126.

21 Kurt Ringger, *L'âme et la page*, Aran, Editions du Grand Chêne, 1982.

22 *Souvenirs d'égotisme*, Cercle du Bibliophile, t.XXXVI, p. 75.

23 Un petit détail est curieux. On se souvient que le Vicaire a rédigé lui-même l'inscription funéraire de sa femme, alors qu'elle est encore vivante; de façon identique et transposée, Stendhal rédige à plusieurs

reprises, et en particulier dans les *Souvenirs*, son inscription tombale.

24 *Souvenirs d'égotisme*, Cercle du Bibliophile, t.XXXVI, p. 158; cf. note p. 351 et F. Boyer, 'Pour dater les premières pages de Brulard', *Le Divan*, décembre 1930.

25 Cf. K. G. McWatters, *op.cit.*, pp. 26–28. Cf. P. P. Trompeo, 'All Lost, Nothing Lost', *Rivista Trimestriale di Letteratura contemporanea*, 1937.

26 *Vie de Henry Brulard* I, Cercle du Bibliophile, t.XX, p. 151.

27 *Souvenirs d'égotisme*, Cercle du Bibliophile, t.XXXVI, p. 75.

28 Cf. Béatrice Didier, *Stendhal autobiographe*, Paris, Presses Universitaires de France, 1983.

XI

Stendhal and the English Jacobin novelist Thomas Holcroft

BRIAN RIGBY

Stendhal only refers to Thomas Holcroft twice throughout all his published and unpublished writings. The first reference is to be found in his *Journal* for 'Jeudi 17 oct(obre), je crois, 1806':

> Les plaisirs les plus vifs que j'ai eus m'ont été donnés par la conscience de mes progrès dans la connaissance du monde, dans le genre Duclos. Ce que j'ai lu avec le plus de plaisir, c'est la *Vie de Duclos* et *Hugh Trevor*, ce dernier m'a réellement fait réfléchir; me le rappeler souvent.[1]

The second reference to Holcroft is to be found in the epigraph to the first edition of *Rome, Naples et Florence en 1817*. The passage which forms the epigraph is attributed by Stendhal to the '*Mémoires* d'Holcroft', but, as is well known, does not come from this work at all but from Hazlitt's review of Sismondi's *La Littérature du Midi de l'Europe*, which had appeared in the *Edinburgh Review* two years earlier.[2] So, in effect, we are left with only one genuine reference to Holcroft, and this does indeed seem a slender basis on which to construct any meaningful relationship between the two authors. What is more, if Stendhal's reminder to himself to remember *Hugh Trevor* frequently was not actually heeded, then the whole subject of Stendhal's relationship to Holcroft would seem to disappear. His reading of *Hugh Trevor* would then simply remain a single moment of enthusiasm in a long career of reading which celebrated many such moments.

J.-J. Hamm, however, has already suggested that further study of the novel *Hugh Trevor* and the *Memoirs* should be undertaken, in an attempt to define their possible importance for Stendhal.[3] He quite naturally points to the picaresque aspects of *Hugh Trevor* and also to theme of choosing a profession. But there are, in fact,

several features of *Hugh Trevor* which bear a striking
resemblance to *Le Rouge et le Noir* and I shall be going on to look
at these more closely.[4]

However, I will not only be looking at specific features which
Holcroft's works may seem to have in common with Stendhal's.
What is also important and interesting is to present a more complete idea of *Hugh Trevor* and its author with the aim of explain-
ing more fully Stendhal's interest in the novel in 1806 and also
with the aim of initiating an investigation into Stendhal's
awareness of the English radical and republican tradition and his
use of this tradition in his work. In this light, Holcroft can serve as
a starting-point for a larger inquiry. What is more, in establishing
Stendhal's enduring interest in English radicals and republicans
one may be allowed to speculate that Holcroft remained a conscious if unexpressed point of reference for Stendhal in the state-
ments he made about English radicals and republicans throughout
his life.

Thomas Holcroft has a small but honourable place in the history
of English radicalism and republicanism. He was a prominent
figure in London literary circles in the 1790s and mixed above all
with radical and dissenting groups. He was of course the closest
friend and ally of William Godwin who was regarded at the time
as the intellectual figurehead of English Jacobinism, and they
shared precisely the same mixture of idealism, rationalism, republicanism and anarchism. He had access not only to middle-class intellectual circles but also to radical artisan groups. The idealized
figure called Turl in *Hugh Trevor* is in fact based on the engraver
William Sharp, a prominent figure in radical artisan circles.[5] In
political terms Holcroft is remembered as one of the many sym-
pathizers with the French Revolution and as a small part of the
radical movement which was at this time intent on enlarging the
freedoms of the citizens of England.[6] He was, however, central
enough to this movement to have helped in the publication of the
second part of Thomas Paine's *The Rights of Man* in 1792. But he
is above all remembered as being one of the English Jacobins
charged with high treason in 1794 at the height of the repression
of the 'friends of liberty' by Pitt's government.[7] He was imprisoned for two months in Newgate and was eventually acquitted of the
charge brought against him. Nonetheless, he had by this experience succeeded in entering into the pantheon of English

'[Holcroft] is above all remembered as being one of the English Jacobins charged with high treason in 1794 at the height of the repression of the "friends of liberty" by Pitt's government.' (p. 192)

republican heroes and near-martyrs.

In literary terms Holcroft is remembered as a popular dramatist and as the writer of radical novels. He was also an active translator of French and German literature and is remembered notoriously as the man who, with the help of his friend Nicolas de Bonneville, pirated Beaumarchais' *Mariage de Figaro*. They attended several performances of the play in Paris in 1784, memorized as much as they could, and wrote down what they had learned after the performances. Holcroft returned to London to put on his version of the play two months later as *Follies of a Day*. Through his French translations he formed close links with sections of the Parisian literary world during his three visits to Paris, firstly in 1783 (April to October), secondly in 1784 (for two weeks at the end of September) and lastly from the end of 1799 to October 1802.[8] Among others he seems to have been friendly with Mérimée's father Léonor and Mme de Genlis. Holcroft himself was married to the niece of Louis-Sébastien Mercier and on Holcroft's death his widow Louisa married the Irish dramatist James Kenney who was resident in Versailles in the early 1820s. His long stay in Paris at the beginning of the century provided him with his material for his *Travels from Hamburg, through Westphalia, Holland, and the Netherlands, to Paris (1804)*.[9] There are obviously many lines of investigation — biographical and literary — which could be fruitfully followed in the study of Holcroft's relations with France.

The first three volumes of *The Adventures of Hugh Trevor* were published in 1794, just before Holcroft was imprisoned in Newgate. The novel was published almost simultaneously with William Godwin's *Things As They Are; or the Adventures of Caleb Williams*. They were reviewed togther in July 1794 by the *British Critic*, a very conservative organ, which had in fact been set up in 1793 specifically to counter the influence of radical ideas and which was subsidized by Pitt's government.[10] It is the two reviews in the *British Critic* which were translated word for word and used in the *Bibliothèque Britannique* of 1796 as announcements of the two novels. As we know, it was *Bibliothèque Britannique* that offered Stendhal the much-desired opportunity to become acquainted with English literature, and it is presumed that he first heard of Holcroft's *Hugh Trevor* through its pages.[11] The actual extract from the novel given in *Bibliothèque Britannique* was in fact a strange choice and does not at all reflect the social, political, and religious preoccupations outlined in the announcement and which do indeed constitute the novel's particular character and originality. If Stendhal was drawn to the novel by the *Bibliothèque Britannique*, he no doubt paid little attention to the conservative viewpoint expressed in the announcements, but on the contrary hoped to find a novel which presented a progressive and critical view of English society.

In the two announcements Holcroft and Godwin are taken together as a single phenomenon, and both are presented as being in opposition to Religion, Family, Law, and Government and in favour of the rights of man — all of which would have appealed to the young Stendhal in 1806 when *Hugh Trevor* gave him such pleasure and provoked him into profound reflection. For up to this point in his life Stendhal had professed a militant kind of republicanism which was very similar to that professed by Holcroft and Godwin. In fact they can all three be seen as forming part of an international body of republicans whose republicanism had of course been to a large degree inspired by the French Revolution. Although English republicanism has its own special history, it is fair to say that the republicanism professed by the English Jacobins of the 1790s closely resembled the republicanism of the French type.[12] This is hardly surprising given that they were influenced not only by the French Revolution itself but also by French Enlightenment philosophers, particularly those in whom materialism and republicanism were closely allied, notably d'Holbach, Helvétius and Condorcet. The English Jacobins are in fact as close an equivalent as one could find of the contemporary French *Idéologues* who exerted such an influence on Stendhal.[13]

Michel Crouzet has written very fully and very illuminatingly on Stendhal's republicanism at this precise moment.[14] M. Crouzet focused particularly on the figure of Alceste with his austere virtue, unwillingness to compromise with a corrupt social world, and his readiness always to speak the truth in face of social opprobrium and ridicule. Alceste is a modern equivalent of the classical republican hero, and was seen as such by republicans of the 1790s, as is clear from Fabre d'Eglantine's play *Le Philinthe* which Stendhal so admired at the time. The heroes of the English Jacobin novel bear a significant resemblance to this ideal republican type and one can see in the idealized characters of these novels how the traditions of classical republicanism are fused with the indigenous traditions of English republicanism, which has its roots in seventeenth-century puritanism. Stendhal himself made the link between Alceste and seventeenth-century English puritanism and republicanism when he said that Alceste could have become 'un héros citoyen, un Hampden'.[15] In the eighteenth century, English republicanism became inseparable from Dissent and particularly Unitarianism, and it is in this particular context of Radical Dissent that the English Jacobins of the 1790s must be seen.[16] The chief quality of the Radical Dissenter is always said to be 'candour' and it is a candour of a very similar kind to that of Alceste. It is the natural expression of the Radical Dissenter's proud, unbending, manly, virtuous character, which stands up against and refuses to obey the precepts and practices of a corrupt established society. 'Candour' is specifically attributed to Turl, the idealized figure in *Hugh Trevor*, as his principal characteristic.[17] Turl is described as having a 'sedate, undeviating rectitude',[18] and this is how he described himself to Hugh Trevor:

> Mr Trevor, you are already acquainted with the plainness, and what you perhaps have thought, the bluntness of my character. I have but one rule: I speak all that I think worthy of being spoken.[19]

Crouzet shows, however, that by 1806 Stendhal was slowly moving away from this austere, puritanical kind of republicanism. The high idealism, the self-sacrifice, the polarization of a virtuous self against a corrupt society — all of these, Stendhal was coming to see, quite simply prevented him from being happy[20] and also prevented him from making his way in society. When he read *Hugh Trevor* in 1806 Stendhal was rapidly deciding that he needed a different strategy to face the world and to succeed in it, from that of adopting a distance from it, assuming a moral superiority over it, and nurturing a burning desire to change it. He was deciding that he should go into society, learn to negotiate it, and learn its subtle if evil ways.[21] Stendhal was clearly at a significant turning-point of his life and the journal entry which records his reading of *Hugh Trevor* sets down neatly the two poles between which he was moving:

> Les plaisirs les plus vifs que j'ai eus m'ont été donnés par la conscience de mes progrès dans la connaissance du monde,

dans le genre Duclos. Ce que j'ai lu avec le plus de plaisir, c'est la *Vie de Duclos* et *Hugh Trevor.*[22]

On the one hand *Hugh Trevor* is a high-minded, moralizing text which stigmatizes the corruption and injustice of the social and institutional world, and which recommends a stoical and austere virtue in the character of Turl, who lives an honest and industrious life withdrawn from the world. On the other hand Duclos is a writer who offers Stendhal the opportunity to learn about the mechanisms of the social world, and the complex workings of human psychology, a knowledge of which would enable the young Stendhal to come to a realistic assessment of men and society without adopting a prior moral stance.[23]

It is true that this contrast is not absolutely clear-cut, since the picaresque structure of *Hugh Trevor* is designed to show how the hero gradually discovers the true nature of the social world. In the French translation of *Hugh Trevor* the hero demonstrates this intention by describing how he responds to the sequence of experience he undergoes:

> Ainsi chaque nouvel incident étoit une nouvelle leçon qui me dévoiloit un système moral, politique et ecclésiastique, dont l'expérience pouvoit seule me faire soupçonner l'existence. (Chapitre XXIX)

The picaresque structure used in this way combines Stendhal's desire to go into the world and know more about it with an enduring desire to maintain moral and political values.

Hugh Trevor was presented to the French-reading public in 1798 as *Les Aventures de Hugues Trévor, ou le Gilblas anglais.*[24] It was translated by Cantwell who had previously been responsible for the translation of Gibbon. More relevant to our present interests is the fact that in the early 1790s he had also translated Joseph Priestley's *Discours sur l'histoire et sur la politique en général.*[25] Joseph Priestley was the principal representative in late eighteenth-century England of Radical Dissent and the fact that Cantwell translated his work suggests that he was a small but important channel for the communication of English radical ideas and literature into France. With this addition of 'Le Gilbas anglais' to the title, it seems obvious that *Hugh Trevor* would have been read in France with a primary awareness of its picaresque dimensions. There was obviously a fashion for up-dated versions of *Gil Blas* in the Parisian publishing world at the time. The German writer Knigge had his *Geschichte Peter Clausens* (1783–85) translated into French in 1789 as *Le Gil Blas allemand ou aventures de Pierre Claus*.[26] The fact that Knigge became a significant republican writer during the Revolution suggests that there is an interesting link to be drawn between picaresque writing and explicit political comment at this period. In 1791 the French had their own version in Le Maire's *Le Gil-Blas François ou Aventures de Henri Lançon*.[27] This last is very different from the puritanical and moralizing English *Hugh Trevor*, since it is a semi-pornographic novel which is rather explicit in its sexual descriptions. Its portrayal of a lusty young man climbing up ladders into young girls' bedrooms does however remind one that, if Stendhal did profit from reading serious novels of social criticism in the vein of Thomas Holcroft, he also drew amply on the example of eighteenth-century erotic literature. Interestingly enough, it was Thomas Holcroft who reviewed the English translation of Le Maire's novel, *The French Gil Blas* in the *Monthly Review*.[28] Not surprisingly, Holcroft adopts a serious moral tone in his review and criticizes the novel for its romantic notions of the 'force of love', and for its 'sensuality' and' 'licentiousness'.

The forcing of the *Gil Blas* connection on to *Hugh Trevor* in the French translation may possibly have served the function of deflecting Stendhal's awareness of its austerely moralizing, not to say pompously sententious, nature. For Stendhal, as for other readers, Lesage's *Gil Blas* was generally regarded as worldly, humane, humorous, and natural.[29] There are many humorous sections in *Hugh Trevor* but these are definitely the exception to the rule and do not affect the overall didactic tone of the novel. It is, anyway, difficult to believe that, given the nature of the announcement in the *Bibliothèque Britannique* and given the ample evidence of the novel itself, Stendhal would not have been fully aware of the radical sentiments and virtuous indignation that lay behind Holcroft's satirical portrait of the various corrupt aspects of eighteenth-century English society.[30] There was, however, another slight obstacle to Stendhal responding to *Hugh Trevor* as a radical novel and this was due to the fact that the translator omitted some examples of Holcroft's extreme atheism and anticlericalism and also omitted details which related to the specific nature of the English radical debate. But above all the translator omitted the numerous sections of varying size and importance which dealt with religious issues. Since the English radical debate at this time was, as ever, inseparable from religious questions, this can be regarded as an important matter. The portrayal of the fanatical fervour of the Methodists is largely omitted and the translator chose above all to eliminate the large amount of Biblical quotation and Biblical imagery in Holcroft's novel. Such excisions probably relate more to French aesthetic taste at the period than they do to political and religious censorship. It is also obvious that French readers would have been less at home than English readers with the range of obscure Old Testament references. Holcroft, like other English radicals, while professing atheism, was profoundly indebted to Biblical culture and clearly found it difficult to write without using Biblical forms of language. In all probability Stendhal would anyway not have reacted sympathetically to Biblical references. In his later writings he makes it very clear that in his view the English had remained too much a prey to the influence of the Bible on their lives.[31]

Despite such preliminary reservations based on the translated version of the novel *Hugh Trevor*, one can nevertheless conclude that the translation still manages to be sufficiently true to the original for its principal characteristics to be perceived.

Hugh Trevor has many defects as a novel[32] but despite these Stendhal was still greatly impressed by it. It seems reasonable to suggest that in reading *Hugh Trevor* Stendhal must have had a first inkling of how a modern social and political novel could be written. Indeed, not only in 1806 but also in 1830 there were few if any examples of a modern social and political novel that came as close as did *Hugh Trevor* to Stendhal's example in *Le Rouge et le Noir*. The picaresque structure and the social and political satire in *Hugh Trevor* are no doubt to be found before Holcroft (Smollett's *Roderick Random* is the obvious text which forms a bridge between Lesage's *Gil Blas* and *Hugh Trevor*), but it is probably fair to say that no one had taken the conscious politicization of the picaresque as far as Holcroft did in *Hugh Trevor*.[33]

When one now reads *Hugh Trevor* one cannot avoid sensing the resemblances with *Le Rouge et le Noir* both in specific detail and in overall conception, even while of course being fully aware of the enormous differences and the vast disparity in quality and complexity. *Hugh Trevor* charts the progress of the central figure Hugh Trevor beginning with his harsh, impoverished, rural childhood, in which in several incidents Hugh is treated brutally when he is discovered reading instead of working on the farm:

> J'avois trouvé par hasard un vieux traité d'arithmétique; et comme c'étoit alors la seule source d'instruction qui fût à ma portée, je le portois habituellement sur moi, et je l'étudiois dans tous les moments où je me trouvois seul. J'en étois sérieusement occupé lorsque je fus surpris par mon maître. La première fois, il m'avertit avec l'air et le ton de la fureur qu'il n'entendoit pas souffrir que je perdisse ainsi le temps que je devois occuper à son service; la seconde fois, il me saisit par l'oreille, et me secoua si rapidement, qu'il me jeta sur le carreau: mais ce ne fut pas tout, il s'empara de mon livre, et l'enferma dans son armoire.[34]

At this stage of the novel provincial rural society is satirized, particularly the petty tyrannies and petty rivalries of local aristocracy and local churchmen. Hugh Trevor's first idea on how to make his way in the world is to enter the Church and become a preacher.[35] He therefore goes to Oxford to study theology, where we find a striking satirical portrait of the defects and corruptions of this educational institution. The excessive concern for ritual and formality is reminiscent of Stendhal's portrayal of Julien's seminary at Besançon.[36] Hugh is also actually penalized at Oxford, as Julien was at Besançon, for his lack of orthodoxy. In the novel as a whole, patronage and plots are the stuff of politics, whether in the provinces, in education, the Church, law or parliament. Hugh moves to London to become secretary to a lord, where, once he has settled the question of whether he is to be treated as a servant or an equal, he proceeds to display his skills of memory, writing and reading out loud:

> So copious was my elocution that in less than four hours I had filled eights pages of paper; two of which at least were Greek and Latin quotations, from Aristotle, Demosthenes, and Cicero. I meant to astonish mankind with my erudition!
>
> [his lordship] was quite surprised to hear me read Greek with such sonorous volubility.[37]

In this aristocratic world Hugh is drawn into a life of vanity and social success. He goes on to experience at first hand the workings of the legal system and parliamentary politics and emerges from these experiences with a final awareness that 'systematic selfishness, systematic hypocrisy, and systematic oppression' constitute the so-called order of society. The novel has also been a critique of 'passion'. Instead of dissipating his energies and talents in the search for false ends, Hugh Trevor moves closer to learning to limit his wants and desires to the few goals of real worth. By the end he is also learning to moderate the expression of his feelings with the realization that the principal events of men's lives are 'le résultat de tous ces petits mouvemens de colère'.[39]

One does not want to push possible comparisons between *Hugh Trevor* and *Le Rouge et le Noir* too far. The direct link can still not be definitively made, but the connections are almost too close to be purely coincidental or to be due simply to shared sources in the picaresque tradition. At the very least these connections show a close affinity between the two novels in that the novels can be seen to share a similar political and social landscape, a similar use of a politicized picaresque structure, and similar key incidents in the heroes' biographies. Not least, they share a similar republican, anti-clerical attitude underlying both novels.

There is in fact another possible link between Holcroft and Stendhal which has not been brought to light before. In the *Bibliothèque Britannique* of 1807 another Holcroft novel was announced and two lengthy extracts given.[40] The novel is given as '*Mémoires d'Arthur Bryan* (Roman d'Holcroft)'.[41] The original English title is *Bryan Perdue* and the novel was first published in 1805. It too has a picaresque structure but this time the novel is principally concerned with launching an attack on capital punishment. The hero is initially ruined by his gambling habits. He ends up in Newgate and the crime he is charged with is sufficient to get him hanged if he is found guilty. The trial scene itself, which is included in one of the extracts in the *Bibliothèque Britannique*, provides a passage with some surprising reminiscences of the trial scene in *Le Rouge et le Noir*. The hero describes his appearance in court in the following way:

J'étois vêtu de noir, et l'arrangement de mes cheveux étoit soigné sans affectation. Ma jeunesse, ma figure, mon air pro-

fondément abattu produisirent un grand effet sur la cour et les
spectateurs. Un murmure de pitié s'éleva autour de moi. Il y
avoit beaucoup de femmes, et j'entrevis les mouvemens
qu'elles faisoient pour essuyer leurs larmes.[42]

The similarities between this passage and the related passage in *Le
Rouge et le Noir* may yet again be purely coincidental, and it true
that the rest of *Bryan Perdue* bears little relationship to *Le Rouge
et le Noir*.[43] However, it does lead one to a surprising little detail in
the depiction of Julien Sorel's court case. As Julien enters the court
he is struck by the architecture: 'C'était un gothique propre, et une
foule de jolies petites colonnes taillées dans la pierre avec le plus
grand soin. Il se crut en Angleterre.'[44] There is an obvious interpretation of this detail, namely that the Gothic architecture simply reminds him of England. But Julien finds it sublime and a memory of
England would not normally uplift Julien, who is presented as
something of an anglophobe.[45] However, there is a small incident
earlier in the novel which may help to interpret this detail. During
Julien's visit to London, despite his dandy friends, he makes a special effort to see:

> le célèbre Philippe Vane, le seul philosophe que l'Angleterre
> ait eu depuis Locke. Il le trouva achevant sa septième année de
> prison. L'aristocratie ne badine pas en ce pays-ci, pensa
> Julien; de plus, Vane est déshonoré, vilipendé, etc.
> Julien le trouva gaillard; la rage de l'aristocratie le
> désennuyait. Voilà, se dit Julien en sortant de prison, le seul
> homme gai que j'aie vu en Angleterre. 'L'idée la plus utile aux
> tyrans est celle de Dieu', lui avait dit Vane...
> Nous supprimons le reste du système comme *cynique*.
> A son retour: — Quelle idée amusante m'apportez-vous
> d'Angleterre? lui dit M. de La Mole... Il se taisait.

François Vermale some years ago suggested that Vane was based
on Richard Carlile, the most important working-class republican at
this time.[46] The sentiments quoted are certainly very typical of
Carlile who was a republican in direct line from the English republicans of the time of the French Revolution. But if one looks at the
choice of name one will realise that Stendhal has chosen the name
of one of the most celebrated English republicans of the seven-

teenth century — Sir Henry Vane the Younger, a man who in 1662 was charged with regicide, put in the Tower, made to stand trial and was finally taken to the scaffold wearing scarlet and black where he was duly beheaded.[47] By the obvious conscious choice of the name Vane, Stendhal showed his considerable awareness and respect for the English republican tradition. In making Julien go to see Vane, Stendhal shows that he wanted Julien to be seen as nurturing secretly within himself a self-image partly based on the model of an English puritan, republican hero-martyr.[48]

It is certainly true that English readers are prone to see in Julien the puritan, dissenting type. From different sides of the political fence we have George Saintsbury on the one hand saying that Julien Sorel is like a Temperance fanatic or a Trade Union demago-gue.[49] On the other hand we have Aneurin Bevan, the famous Labour politician from a Welsh working-class, mining back-ground, whom Michael Foot describes as 'of good dissenting stock',[50] saying that the one book that had influenced him most was *Le Rouge et le Noir*.[51] The lives of poor autodidacts who make good are a central form in English literature and the genre has a long religious, social, and literary heritage. It is almost inevitable that English readers should see in Julien Sorel elements of this type.[52]

The fact that Stendhal chose the name of a seventeenth-century hero-martyr of English republicanism to represent a modern En-glish republican is not surprising in that Stendhal was deeply in-terested and well-versed in seventeenth-century English history to which he referred frequently. There are numerous possible sources for his knowledge of the story of Vane,[53] and as for the connection between seventeenth-century republicanism and nineteenth-century republicanism, the line was regarded as con-tinuous. William Godwin in his *History of the Commonwealth*[54] had most sympathy with the figure of Vane.[55] When Godwin's daughter Mary Shelley was reading Holcroft's *Life* in 1816, she was also reading Clarendon's *History of the Rebellion and Civil Wars in England*, and at the very moment she was reading Holcroft's *Travels* a few days later, Shelley himself was reading *The Life of Cromwell*, Cromwell who became the chief opponent of Vane.[56]

Stendhal himself set down the principal moments of English republican history as firstly the seventeenth century, secondly the late eighteenth century, particularly 1794, and thirdly the early nineteenth century, with the prediction of an English revolution in 1830.[57] In 'L'Italie en 1818' he chooses the date 1794 several times[58] as a key date when England lost its liberties under Pitt. We know that this is the very year when English republicans suffered severely from the repression of the English government and that Holcroft in particular was then imprisoned and accused of high treason. In the section 'Théologie en Angleterre' of 'L'Italie en 1818' Stendhal describes the alliance of the rich and an 'ultra' clergy working to keep down the poor and to proscribe 'le jacobinisme'. Stendhal is therefore obviously aware of the presence of a specifically Anglo-Saxon Jacobinism which embraces republicans throughout English history: 'Pour mériter les grâces du gouvern[emen]t anglais il faut commencer par abhorrer la liberté et les jacobins tels que Franklin et Algernon Sidney'.[59]

It seems improbable that in Stendhal's awareness of the English republican tradition from the seventeenth century to the nineteenth century, and in his specific awareness of 1794, he did not have a constant notion of Holcroft's role in that year and it seems more than likely that Holcroft remained not only a name but an internal point of reference for Stendhal as a novelist and as an English republican.

Notes

1 *Œuvres intimes*, édition établie par V. Del Litto, Bibliothèque de la Pléiade, Gallimard, 1981, t.I, p.471.

2 *Edinburgh Review* no. 49, June 1815, On the subject of the false epigraph see R. Vigneron, 'Stendhal et Hazlitt', *Modern Philology*, May 1938, pp. 375–414; V. Del Litto, *La Vie intellectuelle de Stendhal*, P.U.F., Paris, 1959, pp. 535 ff.; Stendhal, *Voyages en Italie*, édition établie par V. Del Litto, Bibliothèque de la Pléiade, Gallimard, 1973, p. 1321; J.-J. Hamm, 'Sur une épigraphe de *Rome, Naples et Florence en 1817*', *Stendhal Club*, no. 84, 1979, 15 juillet, pp. 261–65. V. Del Litto wonders how Stendhal knew that Hazlitt was the author of the *Mémoires*. If Stendhal had seen a copy, then the answer is in the Advertisement, which is signed by Hazlitt as the author. If he had not seen a copy he would probably have known through one of his English acquaintances, and possibly through no less a figure than Byron. Stendhal

met Byron on 16 October 1816 (V. Del Litto, *La Vie intellectuelle,* p. 509). Byron had been reading Holcroft's *Memoirs* just before this date, as he told J. Murray in a letter dated 5 October 1816 (*So late into the night, Byron's Letters and Journals,* vol. 5, 1816–1817, ed. L. A. Marchand, John Murray, London, 1976, p. 112). The *Memoirs* were very much on people's minds at this time. Byron was in close contact with Shelley at this precise moment and we know that Shelley and his sister Mary read the *Memoirs* from 30 September to 2 October 1816. Mary Shelley went on to read Holcroft's *Travels* and his novel *Bryan Perdue* in 1816, and his novel *Anna St. Ives* in 1817. She had already read his novel *Hugh Trevor* in 1815. See *Mary Shelley's Journal,* ed. F. L. Jones, University of Oklahoma Press, Norman, 1947.

3 'Il faudrait s'interroger sur les raisons qui l'ont poussé à s'intéresser aussi vivement à ce roman picaresque. Deux raisons, entre autres, semblent expliquer cet intérêt: la bâtardise du héros et la question du choix d'une profession. Enfin, l'allusion aux *Mémoires* renvoie évidemment au genre autobiographique.' J.–J. Hamm, *art. cit.,* p. 26.

4 The importance of the *Memoirs* for Stendhal is less obvious, although one might find some links with Stendhal's autobiographical works in Holcroft's descriptions of childhood despair and paternal harshness.

5 See *The Life of Thomas Holcroft* written by himself, continued to the time of his death from his diary notes and other pages by William Hazlitt, and now newly edited with introduction and notes by Elbridge Colby, 2 vols., Benjamin Blom, New York, 1925, reissued 1968, vol. 2. p. 64n.

6 On this radical movement see in particular E. P. Thompson, *The Making of the English Working Class,* Penguin Books, Harmondsworth, 1962; G. A. Williams, *Artisans and Sans-culottes,* Edward Arnold, London, 1968; A. Goodwin, *The Friends of Liberty — the English Democratic Movement in the Age of the French Revolution,* Hutchinson, London, 1979.

7 See E. P. Thompson, *op. cit.,* Chapter 5.

8 See T. V. Benn, 'Holcroft en France', *Revue de littérature comparée,* vol. 6, 1926, pp. 331–37.

9 This work seems to have been popular at the time but received a hostile reception from the *Edinburgh Review* (vol. 4, 1804, pp. 84–99). However, the *Edinburgh Review's* comparison of the method employed in the *Travels* with that of Sterne in *The Sentimental Journey* would have encouraged rather than discouraged Stendhal from looking at the work if he had happened to see this article.

10 See D. Roper, *Reviewing before the 'Edinburgh' 1788–1802,* Methuen, London, 1978, p. 23 and pp. 265ff.

11 See K. G. McWatters, *Stendhal Lecteur des romanciers anglais,* Editions du Grand Chêne, Lausanne, 1968, p. 30. The announcement of Godwin's and Holcroft's novels are in vol. 1, March 1796, pp. 496 and 497 respectively of the *Bibliothèque Britannique.* The extract from

Hugh Trevor itself is in vol. 6, December 1797, pp. 382–401 and is taken from volume 4 of the novel, chapters 6, 7, and 8. This is the translated text of the announcement of *The Adventures of Hugh Trevor*. *Les Aventures de Hugh Trevor:*

> On a dit souvent que les meilleurs écrivains en politique sont disposés à se ranger du parti de l'opposition. Il est triste de trouver parmi les meilleurs romanciers Anglais, deux auteurs qui prennent ouvertement parti contre la Religion et les institutions civiles. Ce que nous venons de dire de *Caleb Williams* peut, à divers égards, s'appliquer à *Hugh Trevor*. Celui-ci a également le malheur de ne rencontrer que brutalité et insolence parmi les Ecclésiastiques, depuis l'Evêque jusqu'au Curé de village, et qu'injustice ou inhumanité chez tous ceux qui lui sont supérieurs par le rang. MM. *Godwin* et *Holcroft* paroissent s'être distribué les rôles dans leur attaque contre tout ce que les hommes ont jusqu'ici regardé comme respectable. Le premier s'attache surtout à ridiculiser l'honneur et le désir d'obtenir l'estime de nos semblables; le second dirige surtout ses attaques contre l'institution du mariage. Il faut convenir avec l'Auteur que cet objet de son aversion oppose quelque obstacle au libre exercice de ce qu'il appelle les *droits de l'homme*. Mais comme il ne met rien à la place de ce qu'il détruit, il n'est pas probable que les mœurs gagnent à ses raisonnements; que les hommes en deviennent plus scrupuleux et les femmes plus modestes. Cependant comme ces trois volumes ne sont que le commencement des malheurs de Trevor, on peut espérer que la longueur de l'ouvrage sauvera à l'Auteur la responsabilité de beaucoup de mal qu'il auroit pu faire.

The following is the translated text of the announcement of *Things as they are. Les choses comme elles sont; ou les aventures de Caleb Williams.*

> Cet ouvrage est un exemple frappant du mauvais usage qu'on peut faire de talens distingués, lorsqu'ils se trouvent associés à beaucoup de malice et d'audace. L'Auteur attaque la Religion, la Vertu, le Gouvernement, les Lois et paroit absolument insensible à ce désir, si général parmi les hommes, de faire passer à la postérité un nom recommandable. Dans cet étrange livre, tout Gentilhomme est un meurtrier ou un tyran; tous les Juges sont injustes, aveugles ou corrompus. Le plus vil personnage du roman est le seul qui montre quelques sentiments religieux; et le plus respectable d'entre les acteurs qui occupent la scène, abhorre l'idée 'de donner à son ami mourant les fers de la superstition'. Dans le but de rendre odieuses les Lois de son pays, l'Auteur place dans une prison un innocent dont il a trouvé l'histoire dans le registre de Newgate sous George I; et il le représente gémissant sous tous les maux que le sensible Howard a décrits dans un but bien différent. Enfin l'Auteur s'arrête surtout avec complaisance sur le caractère d'un chef de brigands

qui, de la caverne qui lui sert de retraite, envoye des bandes d'assassins désoler le pays à la ronde. On doit observer que dans un ouvrage destiné à relâcher tous les liens de la société, à empoisonner tout ce qui en fait le charme, c'est un tort de plus à l'Auteur que d'avoir su y répandre quelqu'intérêt.

12 For the international nature of republicanism see particularly F. Venturi, *Utopia and Reform in the Enlightenment,* Cambridge University Press, Cambridge, 1971.

13 See J. C. Alciatore, *Stendhal et Helvétius. Les sources de la philosophie de Stendhal,* Droz, Geneva, 1952.

14 'Misanthropie et Vertu. Stendhal et le problème républicain', *Revue des sciences humaines,* vol. XXXII, 1967, pp. 29–52.

15 Quoted in Crouzet, *ibid.,* p. 37. *Racine et Shakespeare,* Cercle du Bibliophile, p. 232.

16 See the works quoted above by G. A. Williams and E. P. Thompson.

17 *The Adventures of Hugh Trevor,* ed. S. Deane, London, Oxford University Press, 1973, p. 81.

18 *Ibid.,* p. 204.

19 *Ibid.,* p. 158.

20 Crouzet (*art. cit.,* p. 47) quotes the passage from the *Journal* entry of 1806: 'mon bonheur a augmenté par la perte de ma vertueuse indignation'. He also quotes (p. 45) the following entry:'par la piété puritaine, le plaisir fuit la cité démocratique'.

21 Cf. *Œuvres intimes,* t. I, p. 398: 'Me chercher moi-même, aller beaucoup en société, acquérir des talents pour le monde'.

22 *Ibid.,* t. I, p. 471.

23 On Duclos and Stendhal see P. Meister, *Charles Duclos,* Droz, Geneva, 1956, pp. 146–54. See also B. G. Silverblatt, *The Maxims in the Novels of Duclos,* Nijhoff, The Hague, 1972; P. Brooks, *The Novel of Worldliness,* Princeton University Press, Princeton, 1969.

24 A Paris, chez Maradan, 1798. The preceding quotation is in t. II, p. 72.

25 Paris, H. J. Jansen, an IV.

26 Adolph, Franz, Friedrich, Ludwig, Freiherr von Knigge, *Le Gil Blas allemand ou aventures de Pierre Claus,* Hôtel de Bouthillier, Paris, 1789.

27 *Le Gil-Blas François ou Aventures de Henri Lançon,* par M. Le Maire de Nancy. A Neuwied sur le Rhin, 1791.

28 *Monthly Review,* N.S., XII, 1793, pp. 392–96.

29 Cf. *Œuvres intimes,* t. I, p. 326: 'Triture-toi ferme à Marseille. N'aie qu'un but: produire le rire: et, une fois que tu sera *naturel,* tu verras où tu iras. Beaumarchais, *Gil Blas, Grammont,* Chamfort, les romans de Voltaire, *La Pucelle'.* And indeed *Gil Blas* was one of the handful of books he planned to take to Marseille in 1805, (*ibid.,* p. 328).

30 Stendhal did, however, seem to misjudge seriously the *tone* of

Godwin when he compared him with Molière and chose the following statement by Godwin as an example of his humour: 'Si la fidélité et l'honneur étaient bannis de chez les voleurs où est-ce qu'ils (la fidélité et l'honneur) trouveraient un refuge sur la terre?'. *Œuvres intimes*, t. I, p. 361.

31 'L'Italie en 1818', in *Voyages en Italie*, pp. 252–53; 259–60, 263, 278–79.

32 For a general consideration of *Hugh Trevor* see G. Kelly, *The English Jacobin Novel 1780–1805*, Oxford, Clarendon Press, 1976, to whose book I am greatly indebted.

33 See G. Kelly, *ibid.* Irving Howe in *Politics and the Novel*, Cleveland, Horizon Press, 1957, pp. 18–20, locates the emergence of the political novel in Europe with Stendhal's *Le Rouge et le Noir*, but what he says could equally well apply to the English Jacobin novels of the 1790s.

34 *Les Aventures de Hugues Trévor*, t. I, pp. 66–67. The parallel passage in *Le Rouge et le Noir* is: 'Un coup violent fit voler dans le ruisseau le livre que tenait Julien; un second coup aussi violent, donné sur la tête, en forme de calotte, lui fit perdre l'équilibre'. *Romans et Nouvelles* I, éd. Henri Martineau, Bibliothèque de la Pléiade, Gallimard, 1952, p. 232.

35 Given the English Jacobin ideas on the evils of war, there is no question that Hugh might be drawn to military service, even though it does occur in the first sentence of the novel as one of the options open to a young man:

> Every man of determined inquiry, who will ask, without the dread of discovering more than he dares believe, what is divinity? what is law? what is physic? what is war? and what is trade? will have great reason to doubt at some times the virtue, and at others of the utility, of each of these different employments. (*Hugh Trevor*, ed. S. Deane, *op.cit.*, p. 3.)

36 'Quelles sont donc les fonctions des procureurs, des chefs des collèges, des doyens et autres supérieurs qu'on m'a nommés? — De régler et surveiller les houppes des bonnets, les ceintures, l'étoffe et la forme des robes, et de leurs glands; de réprimander les jeunes gens qui portent des habits rouges ou verts, de prendre soin que les étudians ou porteurs de robes s'assemblent à une certaine heure pour entendre marmotter des prières aussi rapidement que la langue peut le permettre, ou des lectures qui endorment les auditeurs et le lecteur.' *Les Aventures de Hugues Trévor*, t. I, pp. 147–48.

37 *The Adventures of Hugh Trevor*, ed. S. Deane, p. 119. See also the account in *The Life of Thomas Holcroft* (ed. E. Colby), of Holcroft's own autodidactic skills of reading and spelling, especially his reading from the Bible and his ability to spell Mahershalalashbas! (vol. I, p. 97).

38 *The Adventures of Hugh Trevor*, ed. S. Deane, p. 414.

39 *Les Aventures de Hugues Trévor*, t. IV, pp. 4–5.

40 *Bibliothèque Britannique*, vol. 36, 1807, pp. 227–65; 367–406.

41 R. Baine in his *Thomas Holcroft and the Revolutionary Novel*, (University of Georgia Press, Athens, 1965), mentions a French translation of *Bryan Perdue*, but calls it *Le Fils perverti par son père*. I have found no other trace of this title or version. But neither have I seen another listing of *Mémoires d'Arthur Bryan* apart from its announcement in the *Bibliothèque Britannique*.

42 *Bibliothèque Britannique*, vol. 36, p. 382. Here is the related passage in *Le Rouge et le Noir:*

> En se retournant vers le public, il vit que la tribune circulaire qui règne au-dessus de l'amphithéâtre était remplie de femmes: la plupart étaient jeunes et lui semblèrent fort jolies; leurs yeux étaient brillants et remplis d'intérêt...
>
> Quand tous les yeux qui cherchaient Julien s'aperçurent de sa présence, en le voyant occuper la place un peu élevée réservée à l'accusé, il fut accueilli par un murmure d'étonnement et de tendre intérêt.
>
> On eût dit ce jour-là qu'il n'avait pas vingt ans; il était mis fort simplement, mais avec une grâce parfaite; ses cheveux et son front étaient charmants. (*Romans et Nouvelles* I, p. 672.)

43 The presence of the very words 'Rouge et Noir' in *Bryan Perdue* are probably not a surprise, since it is a novel about gambling, although they do seem to jump out at the reader of the English text, particularly if the reader is looking for Stendhalian clues! Cf. *Memoirs of Bryan Perdue*, 3 vols., Garland Publishing Co., N.Y. and London, 1979, vol. III, p. 40.

44 *Romans et Nouvelles* I, p. 672.

45 Cf. 'Nous ne dirons point avec quel sentiment de haine et presque d'horreur il toucha le sol anglais'. *Ibid.*, p. 480.

46 François Vermale, 'Le Philippe Vane du "Rouge et Noir" ', *Le Divan* no. 266, avril-juin 1948, pp. 325–28. Cf. *Romans et Nouvelles* II, p. 481.

47 Cf. V. A. Rowe, *Sir Henry Vane the Younger,* Athlone Press, London, 1970, pp. 233ff., and especially p. 241: 'On the scaffold Sir Henry, in a black suit and cloak with scarlet waistcoat, denounced the mockery of a trial to which he had been subjected'.

48 Julien is himself knowledgeable about seventeenth-century English history. cf, 'ses idées sur la ressemblance que les événements qui vont fondre sur nous peuvent avoir avec la révolution de 1688 en Angleterre'. *Romans et Nouvelles* I, p. 554.

49 Cf. G. Saintsbury, *A History of the French Novel*, Vol. II, Macmillan, London, 1919, p. 144 n.

50 Michael Foot, *Aneurin Bevan*, London, MacGibbon and Kee, 1962, p. 15.

51 *Harold Nicolson, Diaries and Letters 1945–1962*, ed. N. Nicolson, London, Collins, 1968, vol. 3, p. 368.

52 One of the most striking features of the early lives of working -

class autodidacts is the importance placed in their early lives on the desire for knowledge and culture, and therefore one finds a special place allotted in their autobiographies to books and reading (cf. D. Vincent, *Bread, Knowledge and Freedom: A Study of Nineteenth-Century Working Class Autobiography*, Methuen, London, 1981; R. D. Altick, *The English Common Reader*, Chicago, University of Chicago Press, 1957; R. K. Webb, *The British Working-Class Reader 1790–1848*, London, George Allen and Unwin, 1955). The importance of a few books to Julien Sorel is well known. What separates him from the typical English working-class autodidact is the nature of this reading. Thomas Holcroft himself is typical of the English model. In his *Life* and in *Hugh Trevor* also we find a typical list of the kind of reading undertaken by English working-class autodidacts of the period: the Bible, chapbooks, old ballads, Bunyan and other works of piety. Julien Sorel's reading is very different. It shows that Stendhal is not depicting a French working-class type, who would also no doubt have been reading material equivalent to his English counterpart and particularly books from the Bibliothèque bleue. Cf. J.-J. Darmon, *Le Colportage de Librairie*, Plon, Paris, 1972; F. Furet et J. Ozouf, *Lire et Ecrire*, Editions de Minuit, Paris, 1977.

53 There are the obvious histories of England that Stendhal read, but there is also an article in the *Edinburgh Review*, vol. 43, 1826, p. 421, which quotes the extract from Samuel Pepys' *Memoirs* describing the execution of Vane.

54 Published in 4 vols.: 1824, 1826, 1827, and 1828, London, H. Colburn.

55 D. Locke, *A Fantasy of Reason: the Life and Thought of William Godwin*, London, Routledge and Kegan Paul, 1980, p. 315.

56 Cf. *Mary Shelley's Journal*, ed. F. L. Jones, pp. 65–66.

57 'L'Italie en 1818', in *Voyages en Italie*, p. 260. Stendhal also says that England can only be purified by another Luther (*ibid.*, p. 279). One remembers that Julien Sorel is referred to as Luther in *Le Rouge et le Noir*.

58 *Ibid.*, pp. 259, 260, 278. Cf. also the note to *Rome, Naples et Florence en 1817, ibid.*, p. 139.

59 *Ibid.*, p. 280.

XII

Stendhal et son 'ami' Shelley
C. W. THOMPSON

L'hommage rendu à Shelley dans le *Rome, Naples et Florence* de 1826, à 'ce grand poète, cet homme si extraordinaire, si bon et si calomnié', que Stendhal prétendait avoir rencontré à Bologne, est si inattendu à cette date qu'Henri Peyre consacra de nombreuses pages à Stendhal dans son étude sur Shelley en France.[1] Ses conclusions furent pourtant assez négatives, et depuis nous ne sommes pas beaucoup plus avancés. Aucune rencontre entre les deux n'est attestée, ni aucune lecture de Shelley par Stendhal. Même les renseignements sur le poète que Stendhal a pu glaner dans les revues ne ressortent pas avec netteté des enquêtes faites par Henri Peyre et, plus récemment, par George Rosa.[2] Mais aujourd'hui les découvertes que nous venons de faire sur le système d'allusions dans *Armance* et sur le rôle intertextuel qu'y joue le livre de Thomas Medwin sur Byron, nous permettent de rouvrir le dossier.[3] Car s'il est maintenant certain que la mort d'Octave, cet héritier du romantisme de Rousseau, doit rappeler la nuit en bateau sur le lac où Julie et Saint-Preux ont failli se noyer,[4] le livre de Medwin atteste que cette mort renvoie en même temps au fait étrange qu'en l'été de 1816, Byron et Shelley avaient tous les deux été près de se noyer au même endroit que les amants de Rousseau.[5] Et dès lors, on peut aussi supposer que la fin si riche de ce roman recèle une allusion simultanée à la mort de Shelley en 1822, lors d'une tempête au large de Livourne, fin décrite dans le livre de Medwin.[6]

Ainsi se trouve posée de nouveau toute la question des rapports entre Shelley et Stendhal. Car n'y aurait-il pas un rapport essentiel entre cette fin d'*Armance* et l'hommage rendu au poète le même automne dans *Rome, Naples et Florence* ? L'allusion à Shelley placée par Stendhal au début des *Souvenirs d'égotisme*, ne serait-elle pas plus significative qu'on ne l'a pensé jusqu'ici? Et ne faut-il pas réfléchir plus longuement sur le désir de Stendhal, deux fois exprimé, d'être enterré à Rome dans le cimetière protestant, à côté de 'mon ami Shelley'?[7] De fait, nous allons voir que Stendhal s'était fort bien informé sur le poète, non seulement grâce à certaines revues, mais probablement aussi grâce à certains Anglais bien placés pour le renseigner. Nous verrons les raisons de sa sympathie et surtout comment son imagination s'était saisie de la mort du poète et l'avait faite sienne, tant cette mort semblait à Stendhal la plus belle mort d'un génie au désespoir, et tant elle ressemblait à celle qu'il aurait voulu connaître lui-même, aux plus sombres heures de sa vie.

———————

Si nous ne croyons pas que les deux écrivains se soient jamais vus, surtout parce que nous allons montrer plus avant comment Stendhal s'y est pris pour inventer la rencontre de Bologne, il est certain qu'il s'en a fallu de peu pour que le croisement de leurs chemins ne se produise en Italie, entre 1818 et 1821.[8] Et ils n'ont jamais été plus près de se connaître qu'en l'été de 1819, lorsque Stendhal arrive peu avant Shelley à Livourne, à la poursuite de Matilde, se précipite à Volterra, où il se fait éconduire, et se réfugie à Florence alors que Shelley s'installe à Livourne pour y écrire *The Cenci*.[9] Rapprochement prémonitoire entre Shelley, Livourne, Volterra et Stendhal, sur lequel l'imagination stendhalienne se mettra plus tard à travailler, lorsqu'il apprendra que ce fut justement au large de Livourne que Shelley se noya.

Nous savons en effet, qu'à Volterra la passion de Stendhal fit véritablement naufrage, comme il écrivit à Matilde:[10]

> J'allai rêver à tout cela hors de la porte à Selci ... (...) ... Je m'appuyai contre le parapet et je restai là deux heures à regarder cette mer qui m'avait porté près de vous et dans laquelle j'aurai mieux fait de finir mon destin.

Jamais Stendhal n'oubliera ces deux heures passées à contempler la mer de Livourne. Dans *De l'Amour*, dont l'auteur est supposé être mort à Volterra,[11] il s'en souviendra lorsqu'il peindra l'immobilité du comte Delfante rêvant pendant trois heures à son malheur,[12] et sans doute aussi, d'une manière renversée, quand il raconte l'histoire d'un jaloux noyant sa maîtresse à Livourne, en 1819 justement.[13] Mais ce ne sera qu'en 1826, lorsque le désespoir de 1819 est renouvelé par la rupture avec Menti, que le moment où Stendhal aurait voulu sombrer dans la mer de Livourne devient vraiment cette mort de Shelley, dont il avait lu entre-temps le récit.[14] Ce qui le montre, en dehors des rapports entre *Armance* et le livre de Medwin, c'est une lettre à Sutton Sharpe, écrite en juillet 1827, entre la publication de l'hommage à Shelley dans *Rome, Naples et Florence* et la parution d'*Armance*, lettre pleine de souvenirs de l'été précédent passé en Angleterre, alors qu'*Armance* était en gestion.[15] Car dans cette lettre, Stendhal fournit un itinéraire italien à Sharpe, et au sujet de Gênes il ne manque pas d'écrire, 'Deux ou trois felouques fort bonnes pour se noyer, comme M. Shelley, partent tous les jours...pour Livourne'. Ressuscité par le nom de Livourne, l'écho lointain du drame de Volterra, mêlé désormais au souvenir de Shelley et de la fin d'*Armance*, nous semble ici évident. La force persistante de cette image chez Stendhal est d'ailleurs encore démontrée par sa réapparition dans *Lisimon*, récit de 1838 dont d'autres détails aussi font penser à *Armance*.[16] Se rappelant son désir de se suicider, 'il y a une douzaine d'années' (ce qui donne justement 1826), l'ancien misanthrope y précise, en effet:[17]

> dès le premier moment j'avais songé à tomber par hasard à la mer d'un paquebot italien allant de Livourne à Naples et moi enregistré sous un faux nom.

Cela prouve à quel point, pour Stendhal, la mort de Shelley était devenue l'image idéale du suicide, image à laquelle il avait identifié les morts dont il avait rêvé lui-même, en 1819 et 1826, et dont il avait tiré parti en imaginant la fin d'Octave.

Voilà donc ce qui explique vraiment que, voulant ouvrir les *Souvenirs d'égotisme* sur ses velléités de suicide lors du départ de Milan et de la perte définitive de Matilde, Stendhal citera Shelley à côté d'allusions à Volterra.[18] Et si, comme l'a montré V. Del Litto, Stendhal substitue des paroles de Marivaux, 'Je ne respirais qu'en soupirant', aux vers de Shelley qu'il a pu connaître, tels que 'The sighs I breathe, the tears I shed for thee', cela trahit moins, à notre sens, quelque confusion profonde, qu'une connaissance suffisante de l'œuvre anglaise pour permettre au futur créateur de Fabrice, lorsqu'il n'a pas à portée de la main le volume nécessaire, de trouver un équivalent heureux de la poésie respiratoire de Shelley.[19] Rien d'étonnant, non plus, à ce que vers la même époque, Stendhal ait en outre souhaité être enterré à côté du poète, près de la pyramide de Cestius à Rome.[20] Qu'il ait connu ou non la préface d'*Adonaïs*, avec sa célébration de ce lieu 'si doux' que

'Rien d'étonnant, non plus, à ce que vers la même époque, Stendhal ait en outre souhaité être enterré à côté du poète, près de la pyramide de Cestius à Rome.' (p. 213)

l''on pourrait devenir amoureux de la mort',[21] tout cela montre que même chez cet égotiste, les malheurs les plus réels se confondent avec la littérature.

━━━━━━━━━━

Si, pour des raisons très personnelles, les circonstances de la mort de Shelley n'avaient donc pas manqué d'envoûter l'imagination de Stendhal, bien avant l'engouement général pour le poète, l'intérêt qu'il lui portait n'en est pas resté là, et l'essentiel, maintenant, est de préciser ce qu'il savait du poète en 1826, l'année où la mort de Shelley fut incorporée à sa mythologie intime, de même qu'à la fin d'*Armance*. Or, le problème n'est pas qu'à cette époque en France, on manquait absolument d'informations sur Shelley, même avant le livre de Leigh Hunt sur Byron et l'anthologie de 1829.[22] Le problème est plutôt que jusqu'ici, nous sommes restés mal renseignés sur ce que Stendhal avait lu sur son compte, surtout parmi les articles dans les revues. De même, rien n'indiquait s'il avait parlé de Shelley avec des gens l'ayant connu, même si l'on pense qu'en 1816, Byron avait dû parler à Milan de l'ami qu'il venait de quitter.[23] Mais sur ces sujets, il est maintenant possible d'acquérir plus de certitude et nous allons tâcher d'établir, brièvement, ce que Stendhal avait lu et avec qui il avait parlé.

Tout d'abord, nous sommes maintenant encore mieux assurés que n'a pu l'être George Rosa, que Stendhal a longuement médité le portrait de Byron par Medwin, et partant, la longue note sur Shelley que celui-ci avait jointe aux *Conversations*.[24] Ensuite, le fonds Bucci nous fournit des précisions nouvelles sur les lectures pertinentes de Stendhal. Le fonds n'a aucun livre de Shelley; mais on constate, non sans surprise, que sur quatorze numéros de revues conservés par Stendhal et datant d'avant 1830 (dont six du *Producteur*) trois contiennent des articles sur Shelley ou le citent longuement.[25] On croit difficilement à une coïncidence, même si Stendhal a parfois eu d'autres raisons pour garder ces numéros, et même si nous ne saurons jamais s'il a su identifier les vers de l'*Epipsychidion* publiés, sans nom d'auteur, dans la *Paris Monthly Review*.[26] En tout cas, voilà ce qui nous montre que Stendhal avait certainement lu l'article sur Shelley publié en 1825 dans la *Revue Encyclopédique* par Louise Swanton-Belloc,[27] et surtout, la notice nécrologique parue, en août 1822, dans la *Paris Monthly Review*, notice importante qu'on croit de Horace Smith, un ami de Shelley dont nous aurons à reparler.[28] Bien plus, la lecture de cette notice aurait signalé à Stendhal l'article notoire de la *Quarterly Review*, dans lequel, en 1819, John Taylor Coleridge avait exposé tout ce que les esprits conservateurs redoutaient dans les théories de Shelley — tant politiques que sociales, religieuses et sexuelles — et tout ce qu'ils trouvaient à désapprouver dans la vie privée du poète.[29] Stendhal eût-il manqué de suivre ce renvoi, que Medwin lui donnait aussi,[30] lui qui connaissait bien la revue et ses autres polémiques?[31] On refusera de le croire, et cela est important, car cet article était, entre autres choses, une des sources imprimées des bruits qui couraient sur Shelley et l'inceste.[32] Or, si l'on ajoute à tout cela, avec George Rosa, que Stendhal a lu le *Voyage* de Pichot, avec sa lettre très fouillée sur Shelley, notamment au sujet de *Queen Mab*,[33] de même que les remarques pertinentes de Swanton-Belloc dans sa biographie de Byron,[34] on peut assurer qu'à l'heure d'*Armance*, Stendhal connaissait l'essentiel de ce qui avait été publié par les critiques avant 1826.[35]

Mais Stendhal a-t-il parlé, en outre, avec des gens qui avaient connu le poète? A cet égard, les champs d'investigation se réduisent bientôt à deux; d'abord à ce petit monde anglo-irlandais installé à Paris et à Versailles, redécouvert par K. G. McWatters, auquel le journalisme a introduit Beyle au début de 1822;[36] ensuite aux rencontres faites au cours du voyage qui mena Stendhal en Angleterre pendant l'été de 1826.

Les littérateurs qui tournaient à Paris un peu autour de Thomas Colley Grattan, le fondateur de la *Paris Monthly Review*, nous retiendront en premier lieu parce que c'est eux que Thomas Medwin voyait lors de ses visites à Paris. Lorsqu'il s'y trouve, il dîne avec Grattan, Frank Mills et James Kenney, de même qu'il voit Thomas Moore.[37] En l'hiver de 1822–23, et de nouveau au printemps de 1824, Stendhal aurait donc pu le rencontrer,[38] et il aurait alors trouvé un homme intarissable au sujet de Shelley, cousin et ami d'enfance dont il avait vu et copié certains manuscrits à Pise, et dont il allait se faire le biographe.[39] Si jusqu'ici, cependant, rien n'atteste cette rencontre, par contre, dans ce même milieu, Beyle semble avoir connu quelqu'un qui avait été un ami de Shelley au moins aussi intime que Medwin: l'agent de bourse devenu écrivain, le charmant Horace Smith. De 1821 à 1825, Smith habitait Versailles et contribuait à la *Paris Monthly Review* comme au

Galignani's Magazine.[40] Il voyait souvent Grattan et Moore, mais était spécialement lié avec les Anglais de Versailles, tel l'auteur dramatique James Kenney, et c'est dans ce milieu que Mary Shelley l'a vu, en revenant d'Italie en 1823.[41] Smith, en effet, avait rencontré Shelley chez Leigh Hunt en 1816, et était resté son ami et son homme d'affaires.[42] Shelley lui envoyait tous ses livres et célébra leur amitié dans la *Letter to Maria Gisborne*;[43] Smith se montrait un lecteur perspicace et admirait profondément le poète.[44] Rien d'étonnant, alors, qu'au sujet de Shelley, ce soit lui qu'en 1829, Cyrus Redding voudra consulter pour une anthologie publiée à Paris.[45] Mais qu'est-ce qui indique que Beyle a fini par rencontrer cet autre habitué de la maison Galignani? Surtout, le fait qu'en 1834 Stendhal a signé Horace Smith une lettre au comte Cini.[46] Mais il ne nous semble pas sans rapport, non plus, qu'en 1826 et 1827, ces années où Beyle pense à Shelley, il ait sans cesse mis Versailles comme son adresse sur ses lettres à Sutton Sharpe et à d'autres Anglais.[47] Choix de masque qui trahit, dirait-on, un mouvement de sympathie envers ces Anglais qu'il avait connus à Versailles, Anglais dont Horace Smith était certainement un de ceux dont les activités professionnelles l'avaient rapproché le plus de Beyle.[48] Smith, qui aimait les Français, a vraisemblablement été une source importante d'informations pour Stendhal.[49]

Reste le voyage que Stendhal fit en Angleterre entre la fin de juin et septembre 1826. Ce voyage a eu lieu, on le sait, après l' abandon du premier jet d'*Armance*,[50] et interrompt ses travaux sur *Rome, Naples et Florence*.[51] On sait aussi que le départ était lié à la crise dans ses rapports avec Clémentine Curial, crise qui lui rappelait vivement 1819 et le drame de Volterra.[52] A son retour, Stendhal pourra récrire *Armance* et terminer *Rome, Naples et Florence*, où se trouve l'hommage à Shelley.

Or, ce qui nous permet d'abord de constater à quel point ce voyage était décisif pour l'intérêt qu'il portait à Shelley, c'est la découverte de l'origine de la prétendue rencontre de Bologne. On se rappellera que c'est à une date impossible, le 29 décembre 1816, que Stendhal prétend avoir 'l'honneur d'accompagner' Shelley à Bologne, et qu'il le peint louant l'anglais de Mezzofanti, polyglotte célèbre qu'ils sont censés venir de rencontrer.[53] Or, cette conjonction de Shelley, de Bologne et de Mezzofanti linguiste se trouve dans un autre texte, la cinquante-troisième des *Detached Thoughts* de Byron, et il nous semble clair qu'en dehors d'anciens souvenirs rapprochant déjà Mezzofanti et Byron, c'est aussi de ce passage que Stendhal se souvient:[54]

> In general, I do not draw well with literary men ... There are several exceptions, to be sure, but then they have either been men of the world, such as Scott and Moore, etc. or visionaries out of it, such as Shelley, etc; but your literary everyday-man I never went well in company, especially your foreigner ... except Giordani, and ... perhaps Mezzophanti, who is a monster of languages, the Briareus of parts of speech ...

Et sur Mezzofanti, Byron continue jusqu'à la fin de la note. Bien plus, cette pensée de Byron a été publiée pour la première fois par Thomas Moore en 1830, soit trois ans après la parution de *Rome, Naples et Florence*, et par conséquent, la question se pose de savoir comment Stendhal en a eu connaissance dès 1826.[55]

Les *Detached Thoughts* ont été écrites à Ravenne en 1821–1822, dans un cahier que Byron a envoyé à son éditeur John Murray en juin 1822.[56] Ce cahier semble être resté chez Murray jusqu'à ce que celui-ci l'ait donné à Thomas Moore, à une date impossible à préciser entre 1826 et 1830, pour utiliser dans sa biographie du poète.[57] Il y a donc deux possibilités. Soit, Stendhal a vu en France l'une des copies clandestines qui circulaient des manuscrits et même des *Memoirs* brûlés de Byron.[58] Soit, il a vu l'original en Angleterre, chez Murray ou chez Moore, ou encore une copie chez un de leurs amis. Or, nous ne croyons pas nous tromper en disant que c'est probablement en Angleterre que Stendhal a vu ce cahier. En effet, le contrat pour la nouvelle édition de *Rome, Naples et Florence* a été signé en janvier 1826. Le vingt-six mars, Stendhal avait vu dix feuilles imprimées et nous savons qu'après, les choses ont traîné jusqu'à son retour de l'Angleterre.[59] Or, V. Del Litto confirme que ces dix feuilles imprimées en mars ne représentent pas plus de 160 pages, et l'allusion à Shelley se trouve à la page 223 du premier tome.[60] Il y a donc toutes les chances que c'est en revenant de Londres en septembre, ayant vu les *Detached Thoughts*, que Stendhal ait choisi de défendre Shelley dans *Rome, Naples et Florence*, à la place de la défense désormais trop scandaleuse que dans la première édition il avait faite de Byron.[61]

Si c'est exact, ce voyage en Angleterre déjà mystérieux, devient toujours plus fascinant.[62] Pour ce qui est des *Detached Thoughts,* n'est-il pas frappant que Stendhal arriva à Londres juste après le début de la réconciliation entre Murray, Hobhouse et Thomas Moore qui allait ouvrir les archives de Murray au poète irlandais, et lui permettre d'écrire la *Vie* où ces *Thoughts* ont paru?[63] Mais Moore ne semble pas avoir reçu de Murray beaucoup d'inédits en 1826, et ne s'est attelé au travail qu'à partir de 1827.[64] Nous sommes, d'ailleurs, bien renseignés sur ses mouvements, de même que sur sa vie sociale, et il n'y a aucune trace chez Stendhal plus tard de reconnaissance envers Moore, bien au contraire.[65] C'est donc probablement Murray qui a montré les *Detached Thoughts* à Stendhal. D'autant plus que Murray avait publié l'édition anglaise des *Lettres sur Haydn, Mozart et Métastase*, et que Stendhal venait à Londres à la recherche de contacts avec les éditeurs.[66]

Nous nous en tiendrons là jusqu'à nouvel ordre. Mais si nous savons maintenant à peu près comment Shelley est entré dans *Rome, Naples et Florence*, nous ne sommes guère plus avancés au sujet des amis de Shelley que Stendhal a pu voir au cours de son voyage. A première vue, tout paraît possible, puisqu'à un moment donné, Beyle a pris la clef des champs.[67] Mais il y a une connaissance de Shelley que Stendhal a certainement vue, et avec qui il semble avoir parlé du poète. Il s'agit de Henry Brougham, qui fut l'avocat de Shelley dans le procès où le poète perdit la tutelle de ses enfants, par suite de ses idées subversives.[68] Stendhal l'a vu aux 'Assizes' de Lancaster, où il avait accompagné Sharpe,[69] et il ne peut guère être accidentel que dans les *Souvenirs d'égotisme*, il se rappelle une conversation avec Brougham au sujet du suicide, où c'est encore la mort dans les eaux que Beyle se met à évoquer, par des paroles où retentissent toujours les drames de Livourne et de Volterra:[70]

> Quoi de plus simple, répondis-je, que de prendre l'habitude d'aller se promener sur mer, avec les bateaux pêcheurs. Un jour de gros temps, on tombe à la mer par accident.

Cela ne trahit-il pas que Stendhal parla avec Brougham de Shelley, en cette année où la mort du poète fut incorporée à sa mythologie intime?[71] Sans doute, Brougham lui a-t-il parlé de Shelley comme il y a tout lieu de croire qu'en 1816, il lui avait déjà parlé de Byron, c'est-à-dire avec une liberté qui le faisait traiter de mauvaise langue.[72] Stendhal semble avoir su profiter autant du côté léger de

Brougham que de ses réflexions politiques.[73]

Il paraît donc que Stendhal soit revenu à Paris assez bien renseigné sur Shelley, non seulement par les revues, mais aussi par des connaissances du poète, même si nous sommes toujours dans l'incertitude sur ce qu'il avait lu de son œuvre.[74] Mais est-ce seulement la mort de Shelley qui est entrée dans le jeu d'allusions d'*Armance*, ou ces renseignements ont-ils nourri aussi l'image générale du romantisme qu'on y trouve?[75] A certains égards, il est évident que ce que Stendhal avait appris sur les conflits latents chez Shelley entre l'action et la poésie, entre la science et le goût du merveilleux, entre le matérialisme athée et le panthéisme mystique, entre le privilège aristocratique et la révolution,[76] entrait fort bien dans son analyse des ambivalences des âmes rousseauesques.[77] Mais rien ne sert de simplifier le tissu serré d'allusions à l'ensemble du romantisme dont Stendhal a créé *Armance*,[78] et de cela il y a un exemple qui concerne Shelley, entre autres. Au congrès de Mayence nous avons signalé l'allusion à *Lalla Rookh* que constituent les 'feux du Bengale' illuminant les forêts d'Andilly où Octave s'est déguisé pour faire la cour à Madame d'Aumale.[79] Mais c'est en magicien qu'Octave y paraît, non en conteur comme Feramorz, et l'allusion à Thomas Moore paraît ainsi doublée par une allusion aux deux magiciens séducteurs de jeunes filles cités dans l'intertexte de Medwin, au Faust de Goethe et à son devancier, le 'Mágico prodigioso' de Calderón, deux personnages dont Shelley, justement, avait commencé à traduire les drames.[80] Dans *Armance*, ce sont de telles images synthétiques que Stendhal a cherché du romantisme, et c'est pourquoi nous nous proposerions de limiter surtout à un point la contribution au personnage d'Octave de l'image stendhalienne de Shelley. La soif de pureté et d'angélisation qui informe l'amour d'Octave et d'Armance, trouve, en effet, un pendant aussi frappant chez le Shelley qu'on croit de Horace Smith dans la *Paris Monthly Review* que dans les poèmes de Moore et de Byron sur les amours des anges, auxquels Stendhal fait aussi allusion.[81] Bien plus, l'aboutissement de cet idéalisme chez Shelley aux mythes d'amours incestueux transparaissait déjà dans les articles que Stendhal avait étudiés,[82] et on peut penser que c'est ce thème qu'ont dû nourrir plus spécialement les témoignages personnels sur le poète.[83]

Nous croyons, toutefois, qu'on aurait tort de réduire à de tels échos dans *Armance*, et même à sa mort idéalisée, le Shelley de Stendhal. Car chez lui il a vu également le disciple de Godwin, de Paine, de Robert Owen,[84] qui était l'auteur de la *Queen Mab* et d'un *Cenci* incendiaire, longuement analysés par Pichot,[85] et partant un frère dans la révolte contre le royaume cruel des Pères.[86] Shelley n'était-il pas, en outre, un de ces rebelles anglais sortis des classes nanties, lesquels — on le devine — fascinaient Stendhal parce qu'ils lui semblaient autrement audacieux dans la transgression morale que les nobles romantiques français, et parce qu'ils le faisaient parfois rêver d'un séduisant mélange anarchique du libéralisme politique et du libertinage du siècle passé?[87] On peut soupçonner, même, que parmi ces rebelles, intuitivement Stendhal se sentait plus proche de Shelley que de Byron, qui a fini par le decevoir. Un peu comme Fourier aura sa sympathie, le poète de la *Revolt of Islam* a dû sembler à Beyle un Quichotte plus sensible et plus sympathique que Byron dans sa volonté de réaliser une convergence des libérations économiques, politiques et sexuelles.[88] Vraisemblablement, il n'a pas connu Shelley et n'a pas été son ami,[89] mais par son intuition de sa vie, Stendhal aurait mérité de l'être.

Notes

1 *Voyages en Italie*, éd. V. Del Litto, Bibliothèque de la Pléiade, 1973, p. 394. Henri Peyre, *Shelley et la France*, Paris, Droz, 1935, pp. 107–10, 214–17, 220–23.

2 Bien qu'il n'ait pas vu jusqu'où est allé l'intérêt que Stendhal portait à Shelley, et bien qu'il n'ait pas vu l'importance du livre de Medwin sur les *Conversations de Lord Byron* pour *Armance*, George M. Rosa a eu le mérite de souligner tout ce que Stendhal a dû apprendre sur Shelley dans le livre de Medwin ('Stendhal et Shelley', *Stendhal Club*, no. 79, avril 1978, pp. 268–74). Il y a, d'autre part, des rapprochements suggestifs dans le beau livre de Margaret Tillett, *Stendhal, the background to the novels,* London, Oxford University Press, 1971, p. 92.

3 Cf. Thomas Medwin, *Les conversations de Lord Byron*, Paris, Ladvocat, 1824, et notre article 'Les clefs d'"Armance" et l'ambivalence du génie romantique du Nord', *Stendhal Club,* no. 100, juillet 1983, pp. 520–47.

4 *Ibid.*, pp. 538–39. L'édition nouvelle du *Journal* le confirme; voir les notes écrites le 22 et le 28 septembre 1826 en marge de *La*

Nouvelle Héloïse (*Œuvres intimes*, éd. V. Del Litto, Bibliothèque de la Pléiade, 1982, t. II, p. 84).

5 Cf. notre article cité, p. 539.

6 Medwin, *op. cit.*, t. 2, pp. 109–10. Comme nous l'avons déjà observé dans notre article sur *Armance*, la description chez Medwin de l'incinération dramatique du corps du poète sur la plage déserte n'est pas sans rappeler certains détails de la fin d'*Armance*: 'La vue, de ce côté, est bornée par une chaîne immense des Alpes italiennes, qui sont particulièrement remarquables par leur aspect volcanique et varié à l'infini. Le marbre blanc de leurs sommets les ferait prendre pour des monts couronnés de neige.'

7 *Œuvres intimes*, t. II, pp. 433, 999, 1000.

8 Lorsque Shelley passa un mois à Milan, par exemple, entre le 4 avril et le 1er mai 1818, Beyle était justement absent à Grenoble (du 2 avril au 10 mai). Et lorsque Shelley était à Bologne en novembre 1818, Stendhal semble ne s'être absenté de Milan que pour aller à Varèse (*ibid.*, t. II, pp. 28, 1023).

9 Stendhal part de Milan le 24 mai, passe rapidement par Gênes et Livourne, et arrive le 3 juin à Volterra où il reste jusqu'au 9 juin. Du 11 juin au 21 juillet il est à Florence, et le 17 juin Shelley arrive à Livourne, où il demeure jusqu'au 30 septembre. De Florence, Stendhal ne semble pas s'être rendu à Livourne après le 17 juin, ni Shelley à Florence avant une courte visite le 23 septembre. Cf. Richard Holmes, *Shelley. The Pursuit*, London, Quartet Books, 1976, pp. 518–38.

10 *Correspondance*, éd. H. Martineau et V. Del Litto, Bibliothèque de la Pléiade, 1962–1968, t. I, pp. 970–71.

11 *De l'Amour* I, Cercle du Bibliophile, t. III, p. 17.

12 Comme l'ont bien vu Daniel Muller et Pierre Jourda, *ibid.*, t. I, pp. 140–41, 270.

13 *Ibid.*, t. I, p. 194. La note en bas de la page, 'Livourne, 1819', semble transformer ce fait divers en une commémoration plus personnelle.

14 Les circonstances aidant, comme toujours, puisqu'il a traversé la Manche au désespoir: 'Débarqué à Douvres à 6h. 10 minutes, après une traversée de 3h½. Orage sur San-Remo' (*Journal* V, Cercle du Bibliophile, t. XXXII, p. 34). En dehors du récit fait par Medwin de la mort de Shelley, il en avait vu un autre récit dans la *Paris Monthly Review* d'août 1822. Cf. plus bas, les notes 25 et 28.

15 *Correspondance*, t. II, p. 119. Voir, dans cette lettre, les rappels de Lancaster, de Brougham et de Sidney Smith, 'l'homme gai'. *Rome, Naples et Florence* parut en février, et *Armance* en août 1827.

16 Voir les références à don Juan et à Byron, l'habitude qu'a Lisimon de toujours changer de journal comme Octave, et son refus marqué de ces clefs qui se multipliaient dans *Armance* (*Journal littéraire* III, Cercle du Bibliophile, t. XXXV, pp. 194, 196, 199).

17 *Ibid.*, pp. 195 et 205.

18 *Œuvres intimes*, t. II, pp. 433–34.

19 *Ibid.*, t. II, p. 1239 (*Vie de Marianne*). C'est H. Martineau qui avait suggéré un souvenir possible de ce vers de *To Emilia Viviani*, paru dans les *Posthumous Poems* de 1824, et nous verrons plus loin ce qui tendrait à confirmer que Stendhal ait effectivement lu ce volume. Cf. *infra*, la note 80 et l'édition des *Souvenirs d'égotisme* établie par H. Martineau en 1950, p. 144.

Sur la poésie aérienne chez Shelley, voir G. Bachelard, *L'Air et les songes*, Corti, 1943, pp. 49–65, et chez Fabrice, voir notre livre *Le jeu de l'ordre et de la liberté dans 'La Chartreuse de Parme'*, Aran, Editions du Grand Chêne, 1982, pp. 169–71.

20 Le fait qu'en 1832, la presse recommence à parler de Shelley a sans doute aidé aussi à le lui rappeler; cf. Peyre, *op. cit.*, pp. 199–206 et N. I. White, *Shelley*, London, Secker and Warburg, 1947, t. 2, pp. 395–410. Stendhal a-t-il vu les *Souvenirs* de Hogg sur Shelley à Oxford, parus dans le *New Monthly Magazine* entre janvier et avril 1832, juste avant la rédaction des *Souvenirs d'égotisme* en juin?

21 Comme l'a suggéré Peyre, *op. cit.*, p. 221. George Rosa ajoute que même s'il n'avait pas lu *Adonaïs* dans l'anthologie de *Coleridge, Shelley and Keats* parue chez Galignani en 1829, il avait lu ces mots chez Medwin (*art. cit.*, p. 272).

22 Stendhal a loué (*Journal littéraire* III, Cercle du Bibliophile, t. XXV, p. 172) le livre de Leigh Hunt, *Lord Byron and some of his contemporaries*, paru chez Galignani en 1828, qui renforça la tendance des victoriens à voir en Shelley un ange par rapport à Byron (cf. t. 2, pp. 16–129, et Sylva Norman, *Flight of the Skylark*, London, Max Reinhardt et University of Oklahoma Press, 1954, pp. 86–87). Sans doute, le fait que Hunt cita élogieusement 'Count Stendhal' ne lui était-il pas indifférent, non plus (t. 1, pp. 58, 121).

23 On sait qu'il venait de passer une partie de l'été avec les Shelley à la villa Diodati.

24 Cf. *supra* note 3 et Medwin, *op. cit.*, t. 2, pp. 139–51.

25 Outre les six numéros du *Producteur*, Stendhal avait à sa mort les numéros de revue suivants qui dataient d'avant 1830 (G. F. Grechi, *Catalogo del fondo stendhaliano Bucci*, All'insegna del Pesce d'Oro, Milan, 1980):

> *Westminster Review*, t. 2, juillet-octobre, 1824. *Galignani's Magazine and Paris Monthly Review*, no. XVII, juin 1823.
> *Paris Monthly Review*, no. 2, mars 1822, contenant aux pages 355–56, un extrait anonyme 'from a poem called *Epipsychidion*'.
> *Paris Monthly Review*, no. 7, août 1822, contenant aux pages 392–96, un compte rendu anonyme, 'Hellas, a poem, by Percy Bysshe Shelley'.
> *Revue Encyclopédique*, août 1825, contenant aux pages 437–38, un compte rendu signé L. Swanton-Belloc, d'*Adonaïs* et d'*Hellas*.

26 Dans le numéro de la *Revue Encyclopédique*, par exemple, il y avait un long compte rendu par Chauvet de *Racine et Shakespeare no. 2*

(pp. 313–30). Mais les numéros de la *Paris Monthly Review* ne présentent pas des particularités de ce genre. Celui de mars 1822 publie son extrait d'*Epipsychidion* en disant simplement, 'This poem was published anonymously; but as people began to apply it to a certain individual, and make their own inferences, it was suddenly withdrawn'.

27 *Revue Encyclopédique*, août 1825, pp. 437–38.

28 *Paris Monthly Review*, août 1822, pp. 392–96. Voir sur Smith comme l'auteur probable, N. I. White, *op. cit.*, t. 2, p. 390, et Sylva Norman, *op. cit.*, pp. 16–17.

29 *Quarterly Review*, avril 1819, pp. 460–71; voir R. Holmes, *op. cit.*, pp. 543–45.

30 *Op. cit.*, t. 2, p. 145.

31 Cf. *Journal littéraire* III, Cercle du Bibliophile, t. XXV, p. 171; *Mélanges I: Politique*, Cercle du Bibliophile, t. XLV, pp. 259–60; *Chroniques pour l'Angleterre*, éd. K. G. McWatters et R. Dénier, Publications de l'Université des Langues et Lettres de Grenoble, 1980, t. I, p. 295.

32 Pour ce qui est des autres, nous ne savons pas si Stendhal a jamais lu la préface écrite par Polidori pour *Le Vampire*, dans laquelle le médecin parle d'une façon fort compromettante du séjour de Claire avec Mary et Shelley en Suisse (London, Sherwood, Neely and Jones, 1819, pp. xiv–xv). Par contre, il a certainement lu les observations de Pichot, à propos de *Rosalind and Helen* sur 'une affectation de la part du poète à légitimer l'amour incestueux entre frère et sœur, à maudire le lien du mariage comme une institution contre nature' (*Voyage historique et littéraire en Angleterre et en Ecosse*, Paris, Ladvocat et Gosselin, 1825, t. 3, p. 110); voir la note suivante.

33 *Ibid.*, lettre LXXII, et sur *Queen Mab*, pp. 113–17. Sur Pichot, voir dans le *Courrier anglais*, Edition du Divan, t. II, pp. 312–13; t. V, pp. 139–42. George Rosa croit Stendhal trop vite sur parole au sujet de Pichot et sous-estime certainement ce qu'il a dû apprendre chez lui sur *Queen Mab* comme sur *The Cenci*.

34 Renouard, Paris, 1824, t. 2 , pp. 53n, 291–92, 418n, 420n, 436–37. Cf. *Correspondance*, t. II, pp. 42–46.

35 Et cela sans avoir à nous demander si Stendhal avait vraiment lu (bien que la chose paraisse probable) le célèbre compte rendu des *Posthumous Poems* publié par Hazlitt en juillet 1824 dans l'*Edinburgh Review*, et repris anonymement en octobre dans le *Galignani's Magazine* (pp. 33–40).

36 *Chroniques pour l'Angleterre*, t. I, pp. 5–14.

37 Cf. E. J. Lovell, *Captain Medwin*, London, Macdonald, 1963, pp. 123, 125–26, 150–55. Medwin a dû rencontrer Horace Smith aussi ami intime de James Kenney.

38 Puisque Medwin se trouve, comme Stendhal, à Paris d'octobre 1822 à mars 1823, et de nouveau en avril et mai 1824, lors du retour de Beyle de l'Italie (Lovell, *Captain Medwin*, pp. 123, 138–39, 146). En soi, la publication de la lettre de Byron à Stendhal dans les *Conversations* de Medwin ne nous permet pas de conclure à une rencontre. C'est en effet

Colburn qui semble avoir pris l'initiative d'insérer la lettre dans l'édition anglaise, et il aurait pu la recevoir directement de Stendhal: 'In the absence of the author, who is in Switzerland, the editor has ventured to add a few documents' (London, Colburn, 1824, pp. 296–97).

39 Cf. Lovell, *Captain Medwin*, pp. 67, 72–73, 151; Washington Irving, *Journals and Notebooks*, éd. W. A. Reichart, University of Wisconsin Press, Madison, 1970, t. 3, p. 280; R. Holmes, *op. cit.*, pp. 572–73, 616–27.

40 Voir Arthur H. Beavan, *James and Horace Smith*, London, Hunt and Blackett, 1899, pp. 161 et 257 pour les dates, et *Chroniques pour l'Angleterre*, t. I, p. 6.

41 Washington Irving, *op. cit.*, t. 3, pp. 286–87; Sir Percy Florence Shelley, *Shelley and Mary*, BL Ashley, 1882, t. 4, p. 971.

42 R. Holmes, *op. cit.*, pp. 351, 359–60, 648–49, 660–62, 676–77, 716, 727.

43 Cf. Leigh Hunt, *op. cit.*, t. 2, pp. 191–96.

44 Cf. A. H. Beavan, *op. cit.*, pp. 155–56 et R. Holmes, *op. cit.*, p. 716.

45 Cyrus Redding, *Fifty Years Recollections*, London, C. J. Skeet, 1858, t. 2, pp. 206–07.

46 *Correspondance*, t. II, p. 690 — il était alors en veine de pseudonymes anglais (voir pp. 688, 691 de l'édition citée).

47 *Correspondance*, t. II, pp. 80, 83, 86, 90, 91, 92, 94, 99, 100, 101, 104.

48 Cf. *Lamiel*, Cercle du Bibliophile, pp. 124–25: 'Versailles ... cette ville triste' habitée par 'les Anglais ruinés'. Rappelons aussi, à cet égard, que depuis 1822, ni T. Moore, ni Grattan n'habitaient Versailles (Hoover H. Jordan, *Bolt Upright: The Life of Thomas Moore*, Institut für Englische Sprache und Literatur, Universität Salzburg, 1975, t. 2, pp. 345–48; Thomas Colley Grattan, *Beaten Paths and those who trod them*, London, Chapman and Hall, 1862, t. 1, pp. 343, 345).

49 Cf. A. H. Beavan, *op. cit.*, p. 165.

50 En février; cf. *Journal* V, Cercle du Bibliophile, t. XXXII, p. 35.

51 *Voyages en Italie*, Bibliothèque de la Pléiade, pp. 1490–93.

52 Comme le trahit dans *Rome, Naples et Florence* un moment de confusion topographique au sujet de cette ville, et qui a été relevée par V. Del Litto (*ibid.*, p. 1497).

53 *Ibid.*, pp. 393–94.

54 T. Moore, *Letters and Journals of Lord Byron*, London, J. Murray, 1830, t. 2, pp. 804–05. Dès 1820, Stendhal avait rapproché Byron et Mezzofanti dans une lettre à Mareste (*Correspondance*, t. I, p. 1036); à partir de là il est vrai qu'il aurait pu inventer la rencontre de Bologne, en substituant Shelley à Byron. Mais il est difficile de ne voir qu'une simple coïncidence dans le fait qu'il ait inventé ce détail, et insisté sur Mezzofanti linguiste, précisément comme Byron l'avait fait dans les *Detached Thoughts,* et cela justement à son retour de Londres, à la fin de l'été de 1826.

55 *Rome, Naples et Florence* a paru en février 1827.

56 Par l'intermédiaire de Lord Clare. Cf. *The Ravenna Journal by Lord Byron*, éd. Lord Ernle, The First Edition Club, London, 1928, p. 3 et L. Marchand, *Byron's Letters and Journals*, London, J. Murray, t. 9, 1979, pp. 11, 30–31, 168.

57 Cf. Doris Langley Moore, *The Late Lord Byron*, London, J. Murray, 1961, pp. 272–76, et H. H. Jordan, *op. cit.*, t. 2, pp. 421–22.

58 Cf. Doris Langley Moore, *op. cit.*, pp. 28–32.

59 *Voyages en Italie*, pp. 1490–93.

60 En effet le contrat passé le 10 janvier 1826 entre Stendhal et Delaunay stipule que l'ouvrage 'devra former un volume in-8 de 500 pages ou trente feuilles d'impression'. Notons que 30 feuilles de 16 pages donne 480 pages (*ibid.*, p. 1492).

61 Voir les remarques dans notre article cité sur *Armance*, p. 529 et la note 66.

62 Voir l'article de K. G. McWatters, 'Stendhal aux "Assizes"', ou Stendhal en liberté', in *Stendhal-Balzac. Réalisme et Cinéma*, éd. V. Del Litto, Presses Universitaires de Grenoble, 1978, pp. 207–12.

63 Cf. Doris Langley Moore, *op. cit.*, pp. 273–75; H. H. Jordan, *op. cit.*, t. 2, pp. 417–23; *Memoirs, Journal and Correspondence of Thomas Moore*, éd. Lord John Russell, London, Longman, Brown, Green and Longmans, 1853–1856, t. 5, pp. 66, 74, 76, 77, 99.

64 Voir, dans les archives de Murray, les lettres de Moore à Murray du 21 août et du 1er octobre 1826. Moore parlera du *Ravenna Journal* dans une lettre au même datée du 1er mai 1829, et nous savons qu'il recevait des manuscrits de Murray à partir de février 1828 (Samuel Smiles, *Memoirs and Correspondence of the late John Murray*, London, J. Murray, 1891, t. 2, pp. 306–08). Voir aussi, Doris Langley Moore, *op. cit.*, pp. 272–76; *Memoirs, Journal and Correspondence of Thomas Moore*, t. 5, pp. 99, 154–55; H. H. Jordan, *op. cit.*, t. 2, pp. 422–23.

65 T. Moore a passé tous les mois de juin, de juillet et d'août loin de Londres, dans le Wiltshire. Il aurait pu voir Stendhal là, ou le 5 septembre à Londres lorsqu'il voit Grattan, mais on remarquera que Moore manque rarement de consigner ses rencontres dans son journal ou dans ses lettres (*Memoirs*, t. 5, pp. 85, 101–02). Après la destruction des *Mémoires* de Byron, Stendhal, pour sa part, n'est jamais revenu à sa bienveillance initiale envers Moore (cf. *Correspondance*, t. II, pp. 172, 175; *Oeuvres intimes*, t. II, p. 535).

66 Sur ses problèmes alors avec Colburn, voir *Correspondance*, t. II, pp. 74–90, 963–64. Murray, pour sa part, aurait sans doute été curieux de voir un homme qui, grâce à une seule lettre reçue de Byron, réussissait à se faire 'poffer', dans les études biographiques de Medwin, de Swanton-Belloc et de R. C. Dallas (*Correspondence of Lord Byron with a friend*, Paris, Galignani, 1825, t. 3, pp. 195–99).

67 Cf. K. G. McWatters, *art. cit.*, p. 209. Il aurait donc pu voir, par exemple, Charles Ollier, l'éditeur de Shelley, ou même Thomas Hookham, qui s'était brouillé avec le poète.

68 R. Holmes, *op. cit.*, p. 356.

69 *Correspondance*, t. II, pp. 118, 120 (lettres du 20 juin et du 2 juillet 1827 à Sutton Sharpe). Voir aussi sur Brougham et la tournée de la Cour d'assises dans le nord de l'Angleterre, l'ouvrage de G. T. Garratt, *Lord Brougham*, London, Macmillan, 1935, pp. 166–67.

70 *Œuvres intimes*, t. II, p. 472. Raymond Lebègue vit le rapport avec *Armance* (Cercle du Bibliophile, t. V, p. xlix).

71 En 1832, Beyle croyait pouvoir placer cette conversation en 1816 (*Œuvres intimes*, t. II, p. 471), mais il a dû soit confondre complètement les rencontres de 1816 et de 1826, soit laisser contaminer une conversation de 1816 par une autre en 1826 avec Brougham sur Shelley. Rappelons que dans *Armance*, Octave insiste que Brougham est de ceux qu'on ne peut manquer d'aller voir en Angleterre (éd. cit., p. 145).

72 Voir notre article, 'Stendhal connaisseur de l'*improper*: de Byron à William Courtenay, lord Link et Balzac', *Stendhal Club*, no. 114, janvier 1987.

73 *Œuvres intimes*, t. II, p. 456 (*Souvenirs d'égotisme*): 'Pour moi, accoutumé à Napoléon et à lord Byron, j'ajouterai à lord Brougham, à Monti, à Canova, à Rossini, je reconnus sur-le-champ la grandeur chez M. de La Fayette'. C'est surtout en 1816–17 que Stendhal semble avoir profité de la pensée de Brougham (cf. *Voyages en Italie*, pp. 68, 139, 152, 155, 172; *Histoire de la peinture en Italie* I, Cercle du Bibliophile, t. XXVI, p. 56), mais il a continué à suivre sa carrière de près (*Courrier anglais*, édition du Divan, t. V, p. 69; le *Rouge et le Noir* II, Cercle du Bibliophile, t. II, p. 269; *Mémoires d'un touriste* I, Cercle du Bibliophile, t. XV, p. 537n; *Œuvres intimes*, t. II, pp. 324, 342).

74 Par les observations de Pichot, de Medwin et de Swanton-Belloc, il aurait su l'expulsion de Shelley d'Oxford, la rupture avec son père, sa séparation d'avec sa première femme, son mariage avec une fille de Godwin.
Les œuvres qu'il a certainement connues de nom sont les suivantes: *The Cenci, Prometheus Unbound, Queen Mab, The Revolt of Islam, Hellas, Adonaïs, Rosalind and Helen, The Necessity of Atheism, Alastor, Julian and Maddalo*. Nous verrons dans les notes 77, 80, 86 les raisons qui suggèrent une lecture possible des *Posthumous Poems* de 1824, comme des *Cenci*.

75 Cf. notre article cité sur *Armance*, pp. 533–39.

76 Voir, au sujet de la révolution, Medwin et l'article qu'on suppose de Horace Smith; les mêmes au sujet de l'action, de la science, du mysticisme et du merveilleux; Medwin au sujet du panthéisme de Shelley, et puis sur son athéisme et son matérialisme, Medwin de nouveau, Pichot et Swanton-Belloc.

77 Stendhal a-t-il su l'importance de Rousseau pour Shelley (M. H. Scrivener, *Radical Shelley*, Princeton, Princeton University Press, 1982, pp. 101, 106, 309–10)? C'est possible dans la mesure qu'il aurait lu, chez Horace Smith par exemple, les *Posthumous Poems* où Rousseau apparaît comme le Virgile de Shelley dans *The Triumph of Life*.

78 Voir, par exemple, les allusions à Foscolo relevées par Marguerite

Arnaoutovic, allusions qui à notre sens n'infirment nullement notre interprétation du roman comme une exploration du caractère essentiellement septentrional du romantisme ('Les deux "Milanais": Stendhal et Foscolo', in *Stendhal e Milano*, Florence, Leo S. Olschki, 1982, pp. 87–88, 99–107).

79 *Armance*, p. 115 et *Lalla Rookh (The Poetical Works of Thomas Moore*, Paris, Baudry, 1835, t. 1, p. 428).

80 Medwin, *op. cit.*, t. 1, pp. 154–56. Les scènes de Goethe et de Calderón traduites par Shelley étaient aussi parues dans les *Posthumous Poems* et c'est peut-être là encore une raison pour supposer que Stendhal a vu ce tome, où figurait aussi *To Emilia Viviani*. Ajoutons que Medwin avait remarqué le goût de Shelley pour la littérature allemande (t. 2, p. 147) et que Pichot l'avait rapproché de Faust (*op. cit.*, t. 3, p. 108).

81 Cf. *Paris Monthly Review*, 'Hellas, a poem by Percy Bysshe Shelley', p. 393, 'Never did the remorseless deep engulph so gentle, so angelic, so melodious a Lycidas, as Percy Bysshe Shelley', p. 395, 'a fragile youth moving upon the earth like a gentle spirit'. Pichot avait souligné, pour sa part, la quête chez son héros Alastor, d'un '*beau idéal* qui n'existe point' (*op. cit.*, t. 3, p. 109).

82 *Ibid.*, t. 3, p. 110.

83 On sait que Shelley a également été touché par le mythe romantique et mystique de l'androgyne; voir R. Holmes, *op. cit.*, pp. 430–36, 517, 566, 604–07, 631–32, et Nathaniel Brown, *Sexuality and Feminism in Shelley*, Cambridge, Harvard University Press, 1979.

84 Stendhal l'aurait vu, un peu trop vaguement, comme proche de Godwin, de Paine et d'Owen, grâce à Pichot (t. 3, p. 106) et à Medwin (t. 2, pp. 145–46). Pour les idées qui plaçaient Shelley en fait bien à gauche du libéralisme whig d'un Brougham, d'un Lansdowne, d'un lord Holland, que connaissait surtout Stendhal, voir le livre cité de M. H. Scrivener et Paul Foot, *Red Shelley*, London, Sidgwick and Jackson, 1980.

85 Pichot, *op. cit.*, t. 3, pp. 112–17.

86 Pour la politisation des rapports familiaux chez Shelley, voir R. Holmes, *op. cit.*, pp. 96–98 et Scrivener, *op. cit.*, pp. 205–06. Nous voyons maintenant toutes les raisons pour lesquelles Stendhal n'a guère pu manquer de lire les *Cenci*, que Byron avait appelé, selon Medwin, 'la meilleure tragédie de notre temps' (*op. cit.*, t. 2, p. 147). On sait qu'en 1837, Stendhal a néanmoins choisi de faire autre chose de cette histoire, après Shelley et Custine.

87 Voir note 72 pour notre article, 'Stendhal connaisseur de l'*improper*: de Byron à William Courtenay, lord Link et Balzac'.

88 Sur Fourier, voir les *Mémoires d'un touriste* II, Cercle du Bibliophile, t. XVI, p. 482. Horace Smith appelait Shelley 'a moral Quixote' (Beavan, *op. cit.*, p. 136) et Marx a bien vu qu'il se serait toujours trouvé à gauche de Byron (Scrivener, *op, cit.*, p. 326).

89 En tout cas, une brève rencontre se serait probablement très mal passée, étant donné la francophobie de Shelley et son hostilité à Napoléon (Holmes, *op. cit.*, p. 414; Scrivener, *op. cit.*, p. 293).

XIII
Stendhal entre Walter Scott et Rossini
FRANCIS CLAUDON

Tous les témoignages d'époque en font foi: Henri Beyle n'a guère été reconnu, en son temps, comme romancier; en revanche ses articles de critique, ses échanges d'idées avec ses amis comme avec des personnages publics ont davantage fait parler de lui; or, dans la production du journaliste, qui pratiquait aussi volontiers le pamphlet que la critique musicale ou picturale, deux noms reviennent assez souvent: Walter Scott et Rossini. Le premier se rencontre, par exemple, dans *Racine et Shakespeare* où il équivaut à une violente prise de position en faveur du 'romanticisme' et de la modernité; au second a été consacrée une *Vie* qui, à sa parution et pendant assez longtemps, a représenté le livre sinon le moins contestable, du moins le plus célèbre de notre auteur. Mais y a-t-il quelque rapport entre le romancier anglais et le musicien italien? Ces deux noms, que Beyle-Stendhal cite à plaisir, symbolisent-ils réellement à ses yeux une révolution esthétique qu'il appelait de ses vœux? Ce rapprochement même, ne serait-il pas autre chose qu'une commodité rhétorique, une facilité comme une autre, qu'un esprit aussi vif pouvait un peu vite jeter en pâture à la mode, à un public béat et snob?

Il semble que non; le rapprochement auquel a procédé Stendhal dénote un rapport réel, au moins dans l'esprit et selon les vues 'romanticistes' de notre auteur. On essayera de le faire apparaître plus clairement en examinant d'abord la nature de l'admiration à laquelle s'est abandonné Stendhal: admiration intense, égale, et par laquelle le rapprochement de Scott et de Rossini devient non seulement explicite mais encore très rationnel. On découvrira en second lieu que la mise en rapport du romancier anglais et du compositeur italien se fonde principalement dans la *Vie de Rossini* sur des concordances stylistiques, rhétoriques, esthétiques d'autant plus judicieuses qu'elles fondent une 'logique' de la modernité stendhalienne. Enfin on aime penser que, fort de cette machinerie intellectuelle, Beyle a réellement médité sur l'art du roman, modifié ses propres conceptions, et placé la *Chartreuse de Parme* sous le double patronage de Scott et de Rossini. Ainsi, entre l'un et l'autre, oscillant une fois de plus entre musique et littérature, notre auteur a découvert sa vraie voie et l'a réalisée.

Il y a de la ferveur et de l'enthousiasme communicatifs dans l'admiration que Stendhal accorde, en part égale, à Scott et à Rossini. D'emblée les deux artistes font partie avec Canova, Viganò, et très peu d'autres, de ce Panthéon de la modernité que Stendhal n'a eu de cesse de proclamer. 'Depuis la mort de Napoléon, il s'est trouvé un autre homme duquel on parle tous les jours ... La gloire de cette homme ne connaît d'autres bornes que celles de la civilisation ...' Ce début de la *Vie de Rossini*[1] n'est-il pas tout à fait consonant avec celui de *Racine et Shakespeare* où le pamphlétaire lance à la face de tous les doctes, de tous les partisans des Anciens: 'Quel est l'ouvrage littéraire qui a le plus réussi en France depuis dix ans? Les romans de Walter Scott! Qu'est-ce que les romans de Walter Scott? de la tragédie romantique, entremêlée de longues descriptions?'[2]

Voilà bien les héros de l'art moderne, voilà ceux dont le journaliste se propose de retracer la geste; mais ce sont eux encore, et presque surtout, qui intéressent le simple lecteur, en son privé l'émotif Henri Beyle, comme il l'écrit à Mignet, avec une certaine dose d'indignation et de naïveté: 'Nierez-vous que Canova et Rossini ne soient de grands artistes? ... Monti, Byron et surtout Walter Scott, ne sont-ils pas de grands poètes?'[3] Fausses questions sans vraie alternative, on le sent; intéressantes en tout cas, parce qu'elles introduisent ce fameux rapprochement dont il faut tirer un sens. Il s'esquisse, encore plus nettement, en ce paragraphe de la *Vie de Rossini* où critiquant le pâle épigone qu'était S. Mayr, le critique musical s'emballe soudain, et rapprochant les deux génies modernes, suggère qu'ils pourraient se confondre pour écrire le vrai chef-d'œuvre à la mode, l'ouvrage dramatique, historique, et libre de forme, qu'attend le nouveau siècle: '*La Rosa bianca e la rosa rossa,* sujet superbe, tiré de l'histoire des guerres civiles d'Angleterre, eut un grand succès en 1812. Walter Scott n'avait pas encore révélé quelle quantité de sublime renferme, pour un peuple, l'histoire de ses guerres civiles de la fin du moyen âge.'[4] Il n'y a plus, alors, à s'étonner des rapprochements explicites dont fourmille la *Vie de Rossini* et qui sont d'abord biographiques:

s'intéressant aux mêmes sujets les deux artistes organisent leur carrière comme en un chassé-croisé: voici *Tancredi* et ses chevaliers farouches, qui rappellent ceux dont Scott vient de peupler *Ivanhoë* (1819), voici *Elisabetta* (1815) qui traite exactement de la même donnée que *Kenilworth* (1820). L'un comme l'autre, le musicien comme le romancier œuvrent à l'avènement de cette sensibilité moderne qui va s'appeler 'romanticisme'.

Aussi est-il tout naturel qu'enfin Rossini s'inspire directement de Scott pour la *Donna del Lago*, opéra 'ossianique' tiré de *The Lady of the Lake* 'mauvais poème de Walter Scott' mais dont la musique a 'une certaine énergie sauvage extrêmement piquante';[5] comprenez, implicitement, que ce qui est piquant est au goût du jour: romantisme est né. Anecdote, coïncidence? Non pas, car l'historique n'est que la base du rationnel et ces petites éphémérides de la nouveauté n'ont d'autre but que d'introduire progressivement, doucement, au rapprochement logique.

Rapprochement personnel aussi: il y a quelque chose de sincère, qui n'ose pas se déployer totalement, dans cette admiration conjointe, et qui nous paraît aujourd'hui bien ridicule; pourtant la justesse du propos surgit au détour d'une phrase, d'un rapport inattendu, pesée, pensée, bien dite, et c'est ce qui fait son prix: dans l'*Adelaïde de Borgogna*, petit opéra inconnu d'un maître négligent, le chant *O crude stelle* est 'admirable comme faisant beaucoup de plaisir et comme peignant juste le désespoir dans un cœur de seize ans (le désespoir de miss Ashton de Walter Scott). Quel sens peut avoir une telle phrase pour le lecteur qui voit peut-être pour la première fois le nom *Adélaïde di Borgogna?*'[6] Alléguera-t-on que, selon la formule, comparaison n'est pas raison? Il y a mieux dans les critiques du dilettante pour le *Journal de Paris*, au chapitre du *Crociato* de Meyerbeer le chroniqueur rappelle avec un à propos irréfutable 'le pas immense que nous avons fait' avec Rossini;[7] et d'opposer le *Crociato* à la *Donna del Lago*, en d'autres termes, au mélange 'piquant' et opportun de Rossini avec Walter Scott(!), car n'est-il pas vrai que le progrès 'est une conséquence du plaisir que l'on trouve dans les châteaux, dans les longues soirées d'automne, à lire les romans de Walter Scott'?[8]

Et puis il y aurait surtout cet aveu personnel précieux, cette volonté de s'inscrire sous le double parrainage de l'Italien et de l'Ecossais comme le dit une petite note de la *Vie de Rossini*: 'Avez-vous lu avec délices les romans de Walter Scott et les brochures de

M. Courier? j'écris pour vous! Avez-vous lu avec délices l'*Histoire de Cromwell*, les *Mélanges* de M. Villemain et les *Histoires* de MM. Lacretelle ou Raoul Rochette: fermez ce livre-ci,...'[9] On ne peut désormais refuser de considérer le rapprochement, plus encore sa valeur propédeutique, et personnelle, aux yeux de Beyle. Entre Walter Scott et Rossini il doit y avoir effectivement une parenté et Stendhal s'est réclamé de ce lignage.

En quoi réside exactement la ressemblance? La *Vie de Rossini* nous l'enseigne. Il y a d'abord chez les deux étrangers une stylistique concordante: Rossini fait usage de l'harmonie comme Scott de la description. Grande nouveauté, et qui choque terriblement le public même un peu averti; aussi, à de multiples occasions Stendhal explique-t-il le phénomène. Le progrès des arts réside moins dans la nouveauté des idées que dans la façon de les présenter. Or, en musique l'harmonie — que Stendhal se plaît à appeler allemande en raison de la vogue des symphonies viennoises — habille la mélodie; semblablement dans le roman, nouvelle manière, la description rehausse puissamment action et caractères: 'Nos anciens auteurs, La Bruyère, Pascal, Duclos, Voltaire, n'ont jamais eu l'idée de décrire la nature, pas plus que Pergolèse et Buranello ne songèrent à l'harmonie. Nous nous sommes réveillés de ce défaut pour tomber dans l'excès contraire ...'[10] A chaque instant Walter Scott interrompt et soutient le dialogue par la description qui impatiente à peu près comme l'harmonie allemande choque les cœurs italiens. Pourtant lorsqu'elle est bien placée elle laisse l'âme dans un état d'émotion qui la prépare merveilleusement à se laisser toucher par le plus simple dialogue. De même, à l'opéra, Rossini 'prépare et soutient ses chants par l'harmonie',[11] ainsi par exemple, à l'arrivée de Tancrède, retrouvant sa patrie, l'harmonie à la flûte 'a un talent tout particulier pour peindre la joie mêlée de tristesse, et c'est bien là le sentiment de Tancrède en revoyant cette patrie ingrate'. Par ce moyen Rossini a 'employé avec succès le grand artifice de Walter Scott',[12] cela donne à la page une aura mystérieuse et sentimentale tout à fait analogue au début d'*Ivanhoë*, où l'évocation du soleil couchant qui darde ses rayons vers l'habitation de Cédric le Saxon nous intéresse déjà au sort de ces personnages malheureux.[13]

IVANHOE.

"Gurth", said the Jester, "I know thou thinkest me a fool, or thou
would'st not be so rash in putting thy head into my mouth,
"Dog, thou would'st not betray me", said Gurth,
Betray thee!" answered the Jester" no, that were the trick of
a wise man:

PRINTED FOR ROBERT CADELL EDINBURGH.
AND WHITTAKER & C⁰ LONDON.
1832,

'A chaque instant Walter Scott interrompt et soutient le dialogue par la description ...' (p.
232)

Autre analogie stylistique, un peu criticable il est vrai: l'abus des répétitions; à propos du début de *Torvaldo e Dorliska* Stendhal écrit fort justement: 'C'est comme un mauvais roman de Walter Scott, le rival du maestro de Pesaro en célébrité européenne'; 'Walter Scott répète le même mot trois fois dans une phrase, comme Rossini le même trait de mélodie, exécuté successivement par la clarinette, le violon et le hautbois'.[14] Et sans rien abandonner de sa lucidité il conclut que ce ne sont pas là des façons de grand maître, comme chez Mozart ou Cimarosa, car 'ce qui distingue le grand maître, c'est la hardiesse du trait, la négligence des détails, le grandiose de la touche; il sait économiser l'attention pour la lancer tout entière sur ce qui est important'.[15]

Plus étonnante encore est la rhétorique des deux auteurs qui réussissent à construire des scènes dramatiques sans intervention de l'amour. Le phénomène a beaucoup frappé Stendhal qui note ce détail au moins deux fois, à propos du finale du *Barbier de Séville*, lorsque Rosine jalouse, abusée par la calomnie du docteur, ne s'exprime que par des roulades qui débouchent sur un terzetto vivement enlevé ('zitti, zitti, piano, piano'),[16] à propos de son *Otello*, dont le héros qui n'est pas assez fou d'amour pour faire croire à sa jalousie meurtrière;[17] et pourtant: 'Remarquez que ce n'est jamais, ou presque jamais dans les moments de sentiment que l'on peut faire compliment à Rossini sur la vérité dramatique',[18] ce qui se rapproche de cette autre appréciation tout à fait convergente: 'Il est piquant et nouveau de voir les romans de Walter Scott réussir sans les scènes d'amour qui, depuis deux cents ans, sont l'unique base du succès de tous les romans'.[19] Modernité, hardiesse? On sent que, par delà la convergence des procédés, Stendhal a réfléchi à ce qui pouvait être une ressource romanesque nouvelle.

En dernière analyse le critique conclut par un parallèle qui pour être restrictif n'en demeure pas moins fort pertinent; Scott et Rossini sont des auteurs d'immense talent, plutôt que des génies à la Shakespeare: l'Othello de l'opéra tend vers Barbe Bleue et tous les héros — ceux de *Kenilworth*, ceux d'*Elisabetta* — n'ont de jalousie que 'par vanité';[20] et Stendhal résume son appréciation par une remarque de portée esthétique: si l'on en juge par la *Donna* et son modèle *The Lady of the Lake*, les deux artistes offrent un art 'plutôt épique que dramatique'[21] aux caprices de la mode satisfaite de belles descriptions plus que de passions vives, de beau chant *spianato* plutôt que d'airs expressifs en situation. D'ailleurs

une lettre à Mareste où les deux auteurs se trouvent cette fois for-
tuitement rapprochés donne parfaitement la mesure de la lucidité
stendhalienne: après avoir avoué qu'il trouve longueurs et
faiblesses à *Old Mortality*, roman bien dénué d'amours(!), Stendhal
ajoute, comme par plaisanterie, qu'il va se détendre en allant
écouter *Cenerentola* 'c'est très bien chanté; mais toujours du
Rossini, c'est le pâté d'anguilles!'.[22]

Faudrait-il alléguer que ces rapprochements doivent être
replacés dans un certain contexte, celui de l'évolution des idées de
Stendhal? Pourtant la chronologie ne permet pas de déceler une
quelconque évolution, dans le positif ou le négatif. Non, dès le
début, il faut l'admettre, Stendhal a rapproché Rossini et Walter
Scott, sciemment; il a scruté leur art, en a démonté les ressorts en
pressentant que leur exemple, même avec ses faiblesses, permettait
peut-être de créer ce beau idéal moderne qu'attendait le Romantisme. En d'autres termes Stendhal a probablement conçu sa propre doctrine du romanesque à partir des exemples de Rossini et de
Scott. On pourrait le penser au moins pour ce qui concerne la
Chartreuse.

En effet, le parallèle qu'on a souligné avait — il est vrai — une
contrepartie; l'affirmation des facilités que s'octroient Scott et
Rossini suggérait nettement que pour modernes qu'ils soient les
deux auteurs ne l'étaient pas encore assez radicalement. Du moins
c'est une des interprétations possibles qui découle de tous les
développements sur le 'germanisme' de Rossini; en tout cas dans
les 'derniers mots' le doute n'est plus permis: 'Vif, léger, piquant,
jamais ennuyeux, rarement sublime, Rossini semble fait exprès
pour donner des extases aux gens médiocres ... Quel rang lui don-
nera la postérité? C'est ce que j'ignore.'[23] De même les *Chroniques
pour l'Angleterre,* divers articles de journaux, frappent par une
égale et parallèle sévérité envers l'Ecossais: 'l'habit et le collier de
cuivre d'un serf du moyen âge sont plus faciles à décrire que les
mouvements du cœur humain', ou encore 'Dix ans suffiront pour
faire tomber de moitié (sa) réputation'.[24] Palinodie, double-jeu?
Non pas, ce que critique Stendhal c'est l'excès, ou son corollaire,
l'insuffisante hardiesse d'une technique, qui est bonne dans son
principe mais fausse dans son objet ou son application; le grand artiste moderne, le vrai romantique, qui méritera d'être lu encore en
1930 ne serait-il pas celui qui unira les mérites des romans de
Walter Scott avec la divine *Princesse de Clèves,* les qualités de

Mozart avec celle de Rossini? Dans une lettre à Scott le futur auteur de la *Chartreuse* ne s'annonce-t-il pas, qui, après toutes sortes d'éloges, trouve dommage 'que l'auteur n'ait pas eu à peindre le moyen âge de cette admirable Italie',[25] l'égoïsme héroïque et l'énergie sublime de l'âme? Lui saura éviter ces fautes d'un talent trop facile.

A la différence de Scott il excellera autant à 'peindre ses personnages en train de parler qu'à les faire bien parler'.[26] Il n'écrira pas, comme Rossini, vingt mesures ou vingt lignes sans qu'on décèle la présence du génie. Il se distinguera 'dans l'art d'esquisser les portraits et dans celui de peindre même les circonstances extérieures'.[27] Lui saura égaler 'Mozart dans le genre tendre et mélancolique...Cimarosa dans le style comique et passionné' tout en se révélant, comme Rossini, 'le premier pour la vivacité, la rapidité, le piquant et tous les effets qui en dérivent'.[28]

Qu'on ne crie pas à l'exploitation de citations fortuites; il s'agit seulement de rappeler que le parallèle Scott/Rossini a sa contrepartie négative; et puis surtout il s'agit de suggérer que l'admiration, comme le dépit, stendhaliens comportent des accents créateurs, impliquent un appel à faire mieux, par les mêmes moyens. Oui, entre Rossini et Scott il y avait une place à prendre.

Il est facile de montrer que, dans son principe, la *Chartreuse* se place dans la ligne des enseignements — médités — de Walter Scott. D'abord le sujet, comme on le sait, tiré d'une chronique relatant la vie d'Alexandre Farnèse et adaptée à l'Italie moderne, semble faire la synthèse de diffuses espérances exprimées à propos de l'Ecossais: il y a cette lettre à Mareste qu'on a citée, où Stendhal regrette que le romancier ne se soit pas penché sur l'Italie médiévale; il y a une autre lettre à Mareste où il est dit qu' 'en 1890 on enseignera l'histoire dans les collèges avec les pièces historiques de Shak[espeare], les romans de Scott';[29] enfin il y a *Racine et Shakespeare:* 'Les *Puritains* (comme *Werther, Tom Jones,* la *Nouvelle Héloïse,* etc.) sont la nouvelle tragédie du siècle'.[30] Ensuite il faut s'en rapporter au dialogue épistolaire avec Balzac; même si divers brouillons prouvent quelques incertitudes chez Stendhal, la ligne générale est nette: à Balzac qui lui écrivait de son roman 'C'est fait comme Borgognone et Vouvermans, Salvator Rosa et Walter Scott',[31] il répond, sans refuser le patronage, mais précisant ses limites: 'Le style de W[alte]r Scott vous l'avez à Paris; c'est le style bourgeois de M. Delécluze...' mais encore: 'Je me consolai par les premiers *demi*-volumes si ennuyeux de *Walter Scott* et par le long préambule de la divine *Princesse de Clèves*'.[32]

Ne peut-on alors en conclure que la *Chartreuse* a bien été conçue comme un roman 'historique' inspiré de l'exemple de Walter Scott et dont une autre communication tire la leçon?[33] Roman de mœurs, panorama des forces politiques antagonistes, résurrection de caractères ancestraux miraculeusement conservés en quelques brillantes individualités, et puis aussi Italie rêvée, plus que réelle, comme l'Ecosse de Scott, oui voilà bien les 'chefs' généraux que Stendhal a dû reprendre au romancier d'outre-Manche.

———————

Il reste que, méditant ces principes, notre auteur avait aussi en tête l'autre nom, l'autre terme du parallèle de la modernité: Rossini dont la *Chartreuse* semble pasticher le style.

On est frappé, assez généralement, par la façon dont Stendhal a traité les paysages dans la *Chartreuse;* beaucoup plus systématiquement que dans *Leuwen* où ils étaient déjà pourtant heureusement sollicités, ils entrent ici dans tout un système de restriction du champ visuel, de construction récurrente, d'amplification harmonique, dont on a pu montrer ailleurs le lien évident avec la musique.[34] Or n'y a-t-il pas une correspondance évidente entre les sentiments éprouvés à l'audition de *Demetrio et Polibio* par le biographe de Rossini venu exprès à Côme et ceux que ressent Fabrice devant ce même lac?

Le texte de la *Vie de Rossini* dit: 'Le soleil était déjà brûlant...les vagues du lac venaient se briser au pied de nos fenêtres, à huit pieds au-dessous de nos balcons ... nous vîmes enfin commencer *Demetrio e Polibio*... Nous étions transportés, c'est le mot propre; chaque nouveau morceau nous présentait les chants les plus purs, les mélodies les plus suaves'.[35] Dans la *Chartreuse* c'est la fameuse description du début du roman avec les mêmes détails, les mêmes étapes: le petit clocher, le bruit des eaux mourantes, la méditation intérieure des personnages joyeux d'échapper à la prison que représente Grianta et s'élevant par la pensée, plus loin encore, vers le royaume merveilleux, littéraire 'du Tasse et de l'Arioste'.[36]

Qu'on y prenne garde, dans la *Vie de Rossini* aussi on trouvait une semblable 'pointe' littéraire, discrètement allusive, d'ailleurs, à Walter Scott: 'Nous nous trouvâmes bientôt comme perdus dans les détours d'un jardin délicieux tel que celui de Windsor, par exemple'.[37] En d'autres termes Stendhal utilise le paysage, vis-à-vis de ses héros, et vis-à-vis de ses lecteurs, comme il trouve qu'agit la musique de Rossini quand ses harmonies à l'allemande sont bien placées, c'est-à-dire laissant 'l'âme dans un état d'émotion qui la prépare merveilleusement à se laisser toucher par le plus simple dialogue'.[38]

Si l'autre grand mérite, l'autre trait moderne volontiers retenu par son biographe consiste dans la mélancolie que Rossini prête à certains de ses personnages, on n'oubliera pas que, là aussi, il se rencontre avec Walter Scott: 'il peint une chose nouvelle. La partie de Tancrède dans le duo: *Ah! se de' mali miei*, qui commence par la profonde mélancolie du héros ... finit par l'éclatant triomphe du courage qui sait se roidir contre les malheurs.'[39] Et l'on n'aura pas de plus mal à noter que c'est aussi la marque des héros de la *Chartreuse*;[40] on peut trouver jusqu'à la reproduction de cette alternance subite de nostalgie et de vivacité joyeuse, par exemple lorsque méditant une autre fois au bord du lac Fabrice résout de ne jamais mentir à la duchesse ('il se sentit comme délivré d'un poids énorme ... eh bien! je ne reverrai jamais la petite Marietta, se répondit-il à lui-même, avec gaieté')[41] ou lorsqu'il pénètre dans sa prison. Dans ce cas précis, ce *lento* ému du prisonnier sur le point de devenir amoureux rencontre un point d'orgue ('ceci est-il une prison?') avant de rebondir à l'opposé dans la joie la plus débridée, émoustillée par le *nébieu* d'Asti et ponctuée par l'irruption du chien;[42] mobilité de sentiments et narration typiquement stendhaliennes dira-t-on? Raison de plus pour rappeler que c'est aussi une 'clausule' rossinienne.

Enfin notre auteur paraît aussi imiter l'Italien — et l'Ecossais — dans sa façon d'introduire l'amour sans que cela freine le moins du monde l'action. Si l'on a dit que l'éloge de ce procédé par Stendhal pouvait comporter des réserves tacites, il n'en reste pas moins qu'il s'agit d'une nouveauté évidente, d'ailleurs difficile à manier, si l'on en croit les maladroites transpositions balzaciennes. Eh bien, la *Chartreuse* manie, encore plus habilement que les romans précédents l'ellipse, le raccourci chargé d'humour.[43] De même que Rossini ne se révèle plus magistral dans l'évocation des reliefs de l'amour que dans sa zone étale — songeons au *Barbier*! et songeons aussi à quel point il se distingue en cela de Mozart! — de même le romancier ne peint pas directement le plein des amours de Fabrice ou de Gina, mais les commencements, les accrocs, les retournements. Voici l'entrevue de Fabrice et de Clélia dans la chapelle de la prison: Clélia est dépitée, presque aigre, derrière la grille, comme Rosina au dernier acte; elle aussi se reproche d'aimer un homme léger. Tout va-t-il rebondir? Nullement, le général arrive, piano, pianissimo, et tous les cœurs rentrent dans l'ordre, ponctué de cette seule ellipse 'depuis ce jour la vie fut une suite de transports de joie'.[44] Voici encore la fameuse scène de la soirée à la cour, lorsque Fabrice retrouve Clélia et que soudain l'on joue 'Quelle pupille tenere';[45] comme chez Rossini toujours il y a d'abord le dépit, le dédain, la colère; puis soudain, pour éviter à l'auteur le péril de décrire, d'analyser l'inanalysable sous peine d'être plat, on pirouette: Fabrice se tourne vers le général des Franciscains et entame un propos bouffon sur les maladies des yeux; nouvel accès de dépit jaloux, causé sans doute par l'impossibilité — à laquelle consent bien volontiers l'auteur! — de laisser les deux amoureux s'expliquer, petit désordre, mouvements divers, Clélia se retrouve — par hasard? — près de Fabrice, lui tend son éventail en 'souvenir d'amitié'.[46] L'amour est bien là, présent, piquant, mais pas au centre du propos narratif, pour laisser toute sa vigueur à l'action dramatique; comme ont fait Rossini et Scott: 'J'hésitais à dire que le chef-d'œuvre de la pièce est, à mes yeux, la fin de ce terzetto, dont la première partie est comme les scènes d'amour de *Quentin Durward*: *Zitti, zitti, piano, piano*'.[47] Comme on a envie de reprendre '*zitti*' et '*piano*' pour caractériser le style de la *Chartreuse*, particulièrement dans les moments passionnés!

Au terme de ces propos il serait opportun de souligner l'adverbe qui paraissait dans le titre de cette communication: *entre* Scott et Rossini, Stendhal a vu des correspondances, et trouvé aussi une voie qu'il a empruntée pour sa création romanesque: usage bien spécifique de la description — et de son pendant l'harmonie — fausse négligence des répétitions, traitement cavalier des mises en scènes de l'amour, voilà les caractéristiques d'une dramaturgie moderne, romantique, qui a ouvert le chemin à la *Chartreuse*. On comprend alors que malgré l'agacement ressenti ou exprimé en privé devant des auteurs qui abusaient d'un talent facile, Stendhal, à toutes les époques, ait constamment défendu, en les rapprochant, Rossini et Walter Scott:[48] contre les doctes ils attestent qu'il existe effectivement des genres romantiques et que le roman historique est une forme susceptible des modifications les plus souples, les plus nouvelles, à mi-chemin, comme chez notre auteur, du récit romanesque et de l'opéra.

Notes

1 *Vie de Rossini* I, Cercle du Bibliophile, t. XXII, p. 3.

2 *Racine et Shakespeare,* édition procurée par R. Fayolle, Paris, Garnier-Flammarion, 1970, p. 53.

3 *Correspondance,* édition procurée par Henri Martineau et V. Del Litto, Bibliothèque de la Pléiade, t. II, p. 59, (lettre 784 du 31 mars 1825).

4 *Vie de Rossini* I, p. 28.

5 *Vie de Rossini* II, pp. 159, 162.

6 *Ibid.*, II, p. 165.

7 *Ibid.*, II, pp. 340–41.

8 *Ibid.*

9 *Vie de Rossini* II, p. 252n.

10 *Vie de Rossini* I, p. 77.

11 *Ibid.*

12 *Ibid.*, p. 75.

13 *Ibid.*, p. 76.

14 *Ibid.*, p. 228.

15 *Ibid.*

16 Cf. *Vie de Rossini* I, p. 260.

17 *Ibid.*, p. 275.

18 *Ibid.*, p. 258.

19 *Ibid.*, pp. 258–59.

20 *Ibid.*, t. I, p. 276; cf. aussi sur *Elisabetta*, p. 205.

21 *Vie de Rossini* II, p. 162.

22 Lettre 679, à Mareste, du 18 juillet 1819, *Correspondance,* t. I, p. 981.

23 *Vie de Rossini* II, éd. cit., t. XXIII, p. 202.

24 *Mélanges II: Journalisme,* Cercle du Bibliophile, t. XLVI, pp. 221–22.

25 *Correspondance,* t. I, p. 1056 (lettre 725 du 18 février 1821).

26 *Courrier anglais,* édition du Divan, t. III, pp. 264–65.

27 *Ibid.*, p. 265.

28 *Vie de Rossini* II, p. 202 et cf. aussi dans le même sens, p. 248.

29 *Correspondance,* t. I, p. 1053 (lettre 722 du 22 décembre 1820).

30 *Racine et Shakespeare,* éd.cit., t. I, p. 208.

31 Lettre de Balzac citée dans *Correspondance,* t. III, p. 555 (fin mars 1839).

32 Réponses de Stendhal, *ibid.*, pp. 397–98 (c'est nous qui soulignons).

33 Cf. la communication de H.-F. Imbert, à ce même congrès: 'Les leçons stendhaliennes de Fielding et de Scott'.

34 Cf. Francis Claudon: *L'idée de la musique chez les Romantiques et chez Stendhal*, Paris, Champion, 1979, particulièrement les pages 577 et suiv. et 599 et suiv.

35 *Vie de Rossini* I, pp. 179–82 passim.

36 *La Chartreuse de Parme*, édition d'Henri Martineau, Paris, Garnier, 1954, p. 23. Il s'agit du deuxième chapitre du roman.

37 *Vie de Rossini* I, p. 182.

38 *Ibid.*, p. 77.

39 *Ibid.*, p. 81.

40 Cf. *L'idée de la musique, op. cit.*, p. 589.

41 *La Chartreuse de Parme*, éd.cit., pp. 146–47.

42 *Ibid.*, pp. 293–95.

43 Cf. sur ce point l'ouvrage bien connu de Georges Blin: *Stendhal et les problèmes du roman*, Paris, Corti, 1958, poursuivi dans la perspective des 'transpositions' musicales par notre *Idée de la musique*, ch. 21.

44 Tout ce passage fait référence à la *Chartreuse de Parme*, éd.cit., pp. 332–35.

45 *Ibid.*, p. 446.

46 *Ibid.*, p. 450. Cf. aussi, p. 474 le même genre de raccourci expressif après le fameux sermon, la scène de l'orangerie: 'Ici, nous demandons la permission de passer, sans en demander un seul mot, sur un espace de trois années'.

47 *Vie de Rossini* I, p. 260.

48 Cf. l'ironie de ce passage dans *Racine et Shakespeare*, éd.cit., p. 124: 'On s'est moqué à Paris, pendant vingt ans du roman historique, l'Académie a prouvé doctement le ridicule du genre; nous y croyions tous, lorsque W. Scott a paru, son *Waverley* à la main'.

XIV

Byron's ghost in Stendhal and Heinrich Heine

CARSTEN PETER THIEDE

When Byron wrote to Stendhal on 29 May 1823 to thank him for 'a very flattering mention in *Rome, Naples and Florence in 1817*', he ended the letter with the following lines:

> If you do me the honour of an answer, may I request a speedy one — because it is possible (though not yet decided) that circumstances may conduct me once more to Greece. My present address is Genoa where an answer will reach me in a short time, or be forwarded to me wherever I may be.[1]

Byron's letter was written mainly in defence of Sir Walter Scott whom he thought unjustly criticized by Stendhal, and Stendhal's reply, written in Paris three weeks later, was an attempt to justify this critique in some detail.[2]

Two months later, Byron arrived on the island of Cephalonia, with only the Gulf of Patras between himself and Missolonghi, where he was to die on 19 April 1824. On 2 May, Byron's body was sent to the island of Zante, south of Cephalonia; on 25 May the 'Florida' left Zante for England, where she arrived on 29 June 1824. It was this crossing that inspired Heinrich Heine's poem *Childe Harold*, published in the 'Romanzen' of the *Neue Gedichte* (1840):

> Eine starke, schwarze Barke
> Segelt trauervoll dahin.
> Die vermummten und verstummten
> Leichenhüter sitzen drin.
>
> Toter Dichter, stille liegt er,
> Mit entblösstem Angesicht;
> Seine blauen Augen schauen
> Immer noch zum Himmelslicht.

> Aus der Tiefe klingt's, als riefe
> Eine kranke Nixenbraut,
> Und die Wellen, sie zerschellen
> An dem Kahn, wie Klagelaut.[3]

The same motif of the dead hero on a bark reappears in Stendhal's first novel, *Armance*, written in 1827:

> Un mousse du haut de la vigie cria: *Terre!* C'était le sol de la Grèce et les montagnes de la Morée que l'on apercevait à l'horizon. Un vent frais portait le vaisseau avec rapidité. Le nom de la Grèce réveilla le courage d'Octave: Je te salue, se dit-il, ô terre des héros! Et à minuit, le 3 de mars, comme la lune se levait derrière le mont Kalos, un mélange d'opium et de digitale préparé par lui délivra doucement Octave de cette vie qui avait été pour lui si agitée. Au point du jour, on le trouva sans mouvement sur le pont, couché sur quelques cordages. Le sourire était sur ses lèvres, et sa rare beauté frappa jusqu'aux matelots chargés de l'ensevelir.[4]

Needless to say, Stendhal's Octave de Malivert is thoroughly permeated by Byron and his Childe Harold, a fact noticed, even if in a slightly derisory manner, as early as January 1828 in a review in the *Foreign Review and Continental Miscellany*, where it says of Octave, 'like his literary parents, Childe Harold and Co., he was a misanthrope, *avant l'âge*. What the proper age for misanthropy is, we are not told.'[5] Allusions to Byron can be seen not only in the epigraphs to chapters V and VII, both taken from the first canto of *Don Juan*, but also, and more directly, in chapter III, where Byron and Octave appear, as it were, side by side:

> Les deux amies s'étaient arrêtées devant la cheminée d'un grand boudoir voisin du salon. Armance avait voulu montrer à Méry un portrait de lord Byron, dont M. Philips, le peintre anglais, venait d'envoyer une épreuve à sa tante. Octave entendit très distinctement ces mots comme il passait dans le dégagement près du boudoir: 'Que veux-tu? Il est comme tous les autres! Une âme que je croyais si noble être bouleversée par l'espoir de deux millions!' L'accent qui accompagnait ces mots si flatteurs, *que je croyais si noble*, frappa Octave comme un coup de foudre; il resta immobile.[6]

The mention of the fall of Missolonghi in chapter XIX, an event that took place on 25 March 1826 and therefore helps to date the plot of the novel, turns the memories of the reader to Byron and his death yet again; the reader knows that Octave wants to fight for the liberation of Greece as Byron did, and he may, at this stage, safely assume that Octave, like Byron, will die without having fired a shot. Octave's sea voyage to the shores of Greece is therefore a fitting conclusion to the novel, a memorial to Byron and the European spirit of the age, full of mythical and religious imagery, as is Heine's poem, *Childe Harold*. Octave de Malivert becomes, in effect, a super-Byronic hero. 'Je te salue, se dit-il, ô terre des héros', echoing the eighty-fifth stanza of the second canto of Byron's *Childe Harold*, where it says:

> And yet, how lovely in thine age of woe,
> Land of lost gods and godlike men, art thou!

Octave dies, but there is nothing coincidental about the time of his death; even though the speed of action of his deadly potion could not have been determined to the minute, he dies at midnight precisely, on 3 March 1827. The pertinent question, why Stendhal wants us to know these data, and why these instead of others, such as 4 March or perhaps 1 April, is explained by the numerical value of the date: all four elements are in fact threes or multiples of three; midnight is the quadruple of three, 3 March, March being the third month of the year, is a palpable, effective duplication, and 1827, whichever way one looks at it, also is a multiple of three, just like the year of Byron's death, 1824.

Why three? Because among all symbolic numbers, it has always been the most numinous, signifying godlike status and completeness. In his death, in the very moment of his death, underlined by its numerical value, Octave reaches this zenith of his career, dying, like Moses, within sight of the promised land, without being able to set foot on it, but looking 'a godlike man' (to quote Byron's *Childe Harold* again) to the sailors:

> Le sourire était sur ses lèvres, et sa rare beauté frappa jusqu'aux matelots chargés de l'ensevelir.

The scenery itself heightens the symbolism of the event; for when Octave dies, the exact date is supplemented by a topographical

'Octave's sea voyage to the shores of Greece is ... a memorial to Byron and the European spirit of the age ...' (p. 245)

detail:

> Et à minuit, le 3 mars, comme la lune se levait derrière le mont Kalos...

The moon, of course, is called 'a mourning widow' by St Ambrose, in his *Exameron* (IV,2,7); and *kalos,* in Greek, means good, honourable, and, in the ethical sense of the word, fair and noble. To have Octave die not only surrounded by numinous dates, within sight of the promised land, but also with the mourning moon rising behind a mountain indicating heroic qualities, is in fact a feast of the 'sous-entendu'.

The Greek people, we are told, looked forward to Lord Byron's arrival as to the coming of a Messiah.[7] Stendhal, by emulating the religious, pseudo-religious and mythical elements surrounding Byron's arrival in Greece and his death as seen by the Greeks and indeed by many others back in France, Germany, Italy and Britain, turns Octave de Malivert into a romantic blend of Byronism, ancient Greek hero-lore and biblical imagery. It is therefore not an unfitting conclusion that, in the very last sentence of the novel, 'Armance et Madame de Malivert prirent le voile dans le même couvent'. In such a densely symbolized final paragraph, it is not only the 'couvent' that makes sense in more than one way, it is also the 'voile', signifying both sail and veil. As Honorius Augustodunensis, summing up a long tradition of Christian symbolism, so aptly put it in his *Scala caeli maior:*

> Navis est Christiana religio, velum fides, arbor crux, funes opera ... ventus Spiritus sanctus, portus aeterna requies.[8]

And it comes as no surprise when we find that the moon, the moon that rose behind the fair and noble Mount Kalos, is not only the mourning moon of St Ambrose, but also an ancient patristic symbol of the church, reflecting the light of Christ to the Christians, as the moon reflects the light of the sun to men. 'Sicut autem sol et luna illuminant corpora nostra, ita et a Christo atque Ecclesia illuminantur mentes nostrae', says Origen in his homily on Genesis.[9] By getting themselves to a nunnery, Armance and Madame de Malivert interpret the numinous events on Octave's bark quite logically, and we realize that their way to the convent is more than mere convention.

Heinrich Heine's sea voyage, taking Childe Harold's (i.e.

Byron's) corpse back to Britain, was probably written soon after Byron's death in 1824, even though the oldest extant manuscript is dated 1827, the year of Stendhal's *Armance*. Heine, too, conjures up the world of myth, folklore and religion, but in a much more obvious manner. All the necessary ingredients are evoked with an immediacy that places the protagonist among the heroes of Greek and Nordic mythology from the very beginning:

> Eine starke, schwarze Barke
> Segelt trauervoll dahin.
> Die vermummten und verstummten
> Leichenhüter sitzen drin.

We are invited to think of Charon, the ferryman conveying the dead across the Styx to Hades, but only fleetingly so, for the strong, black bark of the first line is even more evocative of *Beowulf*, where we read à propos the burial of Scyld, in Charles W. Kennedy's translation thereof:

> His loving comrades carried him down
> To the shore of ocean; a ring-prowed ship,
> Straining at anchor and sheeted with ice,
> Rode in the harbour, a prince's pride,
> Therein they laid him, their well-loved lord,
> Their ring-bestower, in the ship's embrace,
> The mighty prince at the foot of the mast
>
> ....
> Mournful their mood and heavy their hearts.[10]

Heine does not tell his readers where the ship is sailing: 'Segelt trauervoll dahin' is sufficiently vague, as is the statement in *Beowulf*,

> No wise man nor warrior knows for a truth
> Unto what haven that cargo came.

It is only in the second stanza of Heine's poem that the reader is informed about the cargo of the black bark, and the carefully crafted mood of mythical uncanniness, intensified by the presence of silent, cloaked guardians, suddenly gives way to an image of almost serene beauty:

> Toter Dichter, stille liegt er,

Mit entblösstem Angesicht;
Seine blauen Augen schauen
Immer noch zum Himmelslicht.

The dead poet looks up, face uncovered, unveiled, as it were, with open, blue eyes, into the sky — 'immer noch', the text says, he is *still* doing it, even in death. Was he seeking a last contact with the powers that are above, or is there here a gesture of defiance? 'Das Himmelslicht', the light of heaven, which is what the German expression means, literally translated, for heaven and sky are the same word in German, could nonetheless be the sun, or, as in *Armance*, the moon, the stars or just the blue sky itself; Heine does not tell us, but it remains the focal point, the blue of the sky merging with the blue of the dead hero's eyes, another way of portraying the demi-god-like stature of the protagonist, clearly reminiscent of the final scene in Stendhal's *Armance*:

Au point du jour, on le trouva sans mouvement sur le pont, couché sur quelques cordages. Le sourire était sur ses lèvres, et sa rare beauté frappa jusqu'aux matelots chargés de l'ensevelir.

Heine's third and final stanza is the most uncanny of the whole poem:

Aus der Tiefe klingt's als riefe
Eine kranke Nixenbraut
Und die Wellen, sie zerschellen
An dem Kahn, wie Klagelaut.

It sounds as though a sick, a love-sick water-sprite were calling out of the depths of the sea — Melusina perhaps, the legendary wife of Child Raymond, Duke of Poitiers, who was said to have returned to her original state when her husband broke the contract never to see her on a Saturday and who, having become a mermaid again, gave warning by shrieks whenever a danger or a misfortune threatened the ducal family. Heine had a penchant for underwater maidens — as betrayed in one of his most popular, semi-autobiographical poems, *Seegespenst,* in the first cycle of *Die Nordsee* of 1825. Here, in *Childe Harold,* he clearly links Byron with the romance of a true medieval 'Childe', mourned, and indeed called down by the water-sprite as he himself, Heine, had been on his own north sea voyage a couple of years before. Heine had resisted that call, or rather he had been saved at the last moment by the captain of his boat:

> Aber zur rechten Zeit noch
> Ergriff mich beim Fuss der Kapitän,
> Und zog mich vom Schiffsrand,
> Und rief, ärgerlich lachend:
> Doktor, sind Sie des Teufels?[11]

And in *Childe Harold*, too, the mermaid is calling in vain:

> Und die Wellen, sie zerschellen,
> An dem Kahn, wie Klagelaut.

All that remains is mourning, as monotonous as the breaking waves, while the bark is sailing on towards its destiny.

Are we permitted to see in Heine's *Childe Harold* the same mock-heroic irony that ends his own experience in *Das Seegespenst*? He had, after all, denounced his youthful imitation of Byronic manners as early as 1826, in the third and prose section of *Die Nordsee*, where he wrote:

> Wahrlich, in diesem Augenblicke fühle ich sehr lebhaft, dass ich kein Nachbeter, oder besser kein Nachfrevler Byrons bin, mein Blut ist nicht so spleenisch schwarz, meine Bitterkeit kommt nur aus den Galläpfeln meiner Tinte, und wenn Gift in mir ist, so ist es doch nur Gegengift, Gegengift wider jene Schlangen, die im Schutte der alten Dome und Burgen so bedrohlich lauern.[12]

Heine's *Childe Harold* may well be a subtly ironic way of getting even with Byron's ghost; and I suggest that the same holds good for that final passage of Stendhal's *Armance*. Heine, the baptized Jew, for whom biblical imagery remained a constant source of reference throughout his literary career, portrays Byron as a figure of medieval folklore; Stendhal, the self-confessed atheist, surrounds his Byronic hero, the finally suicidal Octave de Malivert, with densely wrought religious symbols and metaphors.

The ghost of Byron himself, of the real Byron who had shaped a whole generation of young Europeans, including Heine, as only Goethe with his *Sorrows of Young Werther* had managed to do four years before Byron was born, and whose conversation had amused Stendhal in 1816 in Milan, disappeared behind the poetic imagery of Stendhal and Heinrich Heine, but in doing so, it has helped to inspire two of the most remarkable valedictions to the romantic spirit of the 1820s.

Notes

1 In Stendhal, *Correspondance*, t. II, éd. Victor Del Litto, Paris, Bibliothèque de la Pléiade, 1967, p. 780.

2 *Ibid.*, pp. 16–18.

3 The text of the poem is given as in Heinrich Heine, *Sämtliche Schriften*, Berlin, Ullstein, 1981, Bd. 7, p. 375. There is no reliable English translation, but rhythm and atmosphere are conveyed to some degree in Hal Draper's version (*The Complete Poems of Heinrich Heine, A Modern English Version*, Oxford/Boston, Suhrkamp/Insel, 1982, p. 242):

> Stout and stark, a sable bark
> Sails in sorrow on the tide.
> There black-suited men sit muted
> As a deathwatch at his side.
>
> Dead he's lying, death-defying
> Poet's face now marble-white;
> His blue eyes now pierce the skies,
> Still upturned to heaven's light.
>
> Waves are flailing as if wailing
> From a nixie bride's deep sighs,
> And the surges break like dirges
> On the bark with mournful cries.

4 *Armance*, Cercle du Bibliophile, pp. 302–03.

5 Quoted from K. G. McWatters' 'Armance en Angleterre en 1828', in *Stendhal Club*, no. 20, 15 juillet 1963, pp. 309–15.

6 *Armance*, pp. 48–49.

7 John Galt, *The Life of Lord Byron*, in *The Complete Works of Lord Byron*, Paris, Baudry's European Library, 1835, p. lxxxi.

8 The ship is the Christian religion. The sail (or, in French, in order to underline the play on words, the 'voile') is the faith. The mast is the cross. The ropes are works. The wind is the Holy Spirit. The harbour is eternal rest. In *[PL] Patrologiae cursus completus, series Latina*, éd. J. P. Migne, Paris, Vol. 172, p. 1230 C.

9 In *Origenes Werke*, Bd. 6, ed. W. A. Baehrens (*Die griechische christliche Schriftsteller*, Leipzig, J. C. Hinrichs, 1920), p. 9.

10 In *The Oxford Anthology of English Literature*, edited by Frank Kermode, John Hollander *et al.*, vol. I, New York/London/Toronto, Oxford University Press, 1973, pp. 29–30.

11   But just in the nick of time
        The captain grabbed me by the foot
        And pulled me from the rail,
        And cried with an angry laugh;
        'Doctor, what the devil's got in you?'

(Trans. Hal Draper, in *The Complete Poems of Heinrich Heine, A Modern English Version*, Oxford/Boston, Suhrkamp/Insel, 1982, pp. 141– 43.)

12 'At present I know I am not a worshipper of Byron, at any rate I am not one of those who almost blasphemously adore him. My blood is not so splenetically black, all my bitterness is in the gall of my ink, and, if I am venomous, my venom is nothing but an antidote against the poisonous serpents which lurk menacingly beneath the rubbish of old cathedrals and castles.'

(Trans. R. D. Gillman, *Heine's Pictures of Travel*, London, Sampson, Low, Marston and Co., 1907, pp. 82–83.)

XV

Les dandys stendhaliens — dandysme et authenticité
MECHTHILD ALBERT

Stendhal, écrivain du dandysme — deux ans après sa mort, il reçoit cet étonnant hommage de la part de Barbey d'Aurevilly qui écrit dans la dédicace de son étude *Du dandysme et de G. Brummell* que Brummell, incarnation suprême du dandysme, 'pourrait être le sujet d'un livre que Beyle (Stendhal) a oublié d'écrire'.[1]

'Beau Brummell', il est vrai, n'apparaît sous la plume de Stendhal qu'occasionnellement en tant que 'roi de la mode',[2] faisant revivre l'ancienne chevalerie sous forme de *fashion*[3] et comme 'l'existence la plus curieuse que le XVIIIᵉ siècle ait produite en Angleterre et peut-être en Europe'.[4]

Le dandysme par contre, vu comme phénomène anthropologique et socio-culturel, fut évidemment un sujet qui intriguait profondément et l'homme Beyle et l'écrivain Stendhal. Toutefois, en retrouvant les dandys dans les romans de Stendhal on peut s'étonner du mauvais traitement que l'auteur leur inflige. A l'exception du *Rouge et le Noir* les dandys sont de simples fats, antagonistes prétentieux mais insignifiants des héros stendhaliens qui leur livrent des duels;[5] on se rappelle ainsi le marquis de Crêveroche dans *Armance*, le chevalier de Beauvoisis dans le *Rouge et le Noir* et les jeunes 'beaux' de province dans *Lucien Leuwen*. Reconnaître dans ces duels significatifs le combat du naturel contre la fatuité n'explique pas toute la portée de ces affrontements, car dans une autre perspective ceux-ci apparaissent comme la pierre de touche du dandysme virtuel des protagonistes.

A l'occasion de ces duels on s'aperçoit qu'il y a deux types de dandys chez Stendhal: ceux qu'il qualifie explicitement de tels ne sont en général que des 'hommes-copies'.[6] Les adversaires de Lucien Leuwen par exemple se donnent toutes les peines du monde 'pour imiter les dandys anglais'[7] — mais n'est pas dandy qui veut, ou, comme le dit Barbey d'Aurevilly: 'On l'est ou on ne l'est pas'[8] — 'Singerie n'est pas ressemblance'.[9] En s'opposant à cette

'A l'exception du *Rouge et le Noir* les dandys sont de simples fats ...' (p. 253)

fatuité vulgaire et imitée que pratiquent les 'populaces de salon',[10] le dandysme implicite et virtuel des protagonistes se précise et se manifeste comme un mode d'authenticité. Julien Sorel a la chance de recevoir une 'initiation [ayant] pour but d'induire l'originalité du sujet, de l'aider à se manifester au mieux'.[11] Mais même avant et sans ce secours Julien ainsi que ses frères dissemblables Octave et Lucien se révèlent dandys. Le type particulier de dandysme que chacun d'eux représente s'annonce à travers les duels. Après avoir tué le marquis de Crêveroche, accident dont il prend note par ce commentaire sec et méprisant 'Ce n'est qu'un fat de moins',[12] Octave, malgré un bref interlude sentimental, accentue le côté aristocratique de son attitude, résumé dans la devise *Noblesse oblige*, et pousse à bout son isolement splendide et meurtrier.

Pour Julien, par contre, le duel avec le chevalier de Beauvoisis, causé par le heureux hasard d'une mauvaise plaisanterie, est un premier pas vers le grand monde et vers son initiation à la 'haute fatuité'. Il 'se sent ... une vive inclination pour eux',[13] 'serai[t] heureux de les voir souvent'[14] — et effectivement, les jeunes 'beaux' lui font des visites, l'emmènent à l'Opéra et lui attribuent une naissance noble quoique douteuse.

> Julien faisait presque la cour au chevalier; ce mélange de respect pour soi-même, d'importance mystérieuse et de fatuité de jeune homme l'enchantait.[15]

Lucien Leuwen, enfin, se battra aussi contre un camarade insolent, mais le véritable duel se joue pour lui contre Roller, Goello et compagnie. C'est un sourd combat par intrigues où Lucien succombe. Son dandysme hésitant reflète, en effet, la faiblesse de son caractère et n'empêchera pas l'échec honteux de son existence.

Nous admettons donc qu'originairement Octave de Malivert et Lucien Leuwen sont tout aussi bien que Julien Sorel des 'individus prédestinés'[16] au dandysme. Pour eux tous le dandysme constitue — sciemment ou pas — le mode même de l'authenticité puisqu'il représente la meilleure, voire l'unique manière de sauvegarder l'originalité de l'individu dans une situation d'aliénation généralisée. Ainsi l'art de paraître garantit la dignité de l'être et acquiert les dimensions d'un fait anthropologique, social et moral. Dans ce sens Barbey d'Aurevilly souligne très justement que 'la réalité du Dandysme est humaine, sociale et spirituelle'.[17] Selon la particularité des circonstances sociales et individuelles chacun des protagonistes stendhaliens parvient d'une façon différente et à des degrés divers à réaliser son dandysme virtuel. Nous allons voir par la suite et en nous appuyant sur des parallèles avec des dandys exemplaires, dans quelle mesure le caractère, les jugements et le comportement des protagonistes stendhaliens témoignent du fait que le dandysme constitue l'essence profonde de ces héros.

Le dandysme est fils d'une 'société difficile',[18] il est 'la conséquence d'un certain état de société'[19] marqué à la surface des rapports humains par 'l'antagonisme des convenances et de l'ennui'.[20] Voilà pourquoi Fabrice, fils de l'heureuse Italie où aristocratie, passions et amour de la liberté vont encore de pair n'est pas affecté par ce 'mal'.

Le dandysme surgit d'une aliénation profonde sur le plan individuel, social et métaphysique. Dans ce sens, la singularité qui marque tous les héros stendhaliens les prédispose au dandysme. Ainsi Octave de Malivert possède un caractère 'singulier',[21] 'étrange',[22] doté d''originalité'.[23] Il a 'le malheur de ne pas être exactement comme un autre',[24] 'il vit comme un être à part, séparé des autres hommes',[25] 'les hommes [sont] pour lui des êtres d'une espèce étrangère',[26] ses discours *étrangent*'[27] les autres de lui. Cette séparation une fois posée, le type de dandy que représente Octave n'essaye pas de l'affronter (ainsi il déteste de '*flâner* sur le boulevard'[28]). Cultivant sa mélancolie[29] et sa misanthropie dont il souffre en même temps, il réduit sa personnalité à la seule existence de l''homme intérieur',[30] claustré dans son moi narcissique:[31] 'mon unique plaisir consiste à vivre isolé, et sans personne au monde qui ait le droit de m'adresser la parole'.[32] Les millions que lui procure l'indemnité seront employés à réaliser ce rêve d'un isolement splendide.

> J'aurai un salon magnifique ... et moi seul j'y entrerai ... Je ferai placer dans le salon selon mon goût trois glaces de sept pieds de haut chacune. J'ai toujours aimé cet ornement sombre et magnifique.[33]

De là il n'y a qu'un pas au précepte de Baudelaire: 'Le dandy doit aspirer à être sublime sans interruption; il doit vivre et dormir devant un miroir'.[34] En poursuivant cette filiation, on arrive à Des Esseintes qui 'se calfeutr[e] dans une retraite'[35] et meuble son intérieur en tant que substitut individualisé du monde extérieur.

Bien sûr, l'isolement d'Octave s'explique aussi par une raison bien précise, à savoir son impuissance. Là encore il rejoint Des Esseintes avec son 'dîner de faire-part d'une virilité momentanément morte'[36] ainsi que Baudelaire dont Walter Benjamin écrit:

L'impuissance est la figure-clé de la solitude baudelairienne. Un gouffre le sépare de ses semblables. C'est ce gouffre-là dont parlent ses vers.[37]

Comparé au gouffre, le 'mur de diamant'[38] indique un isolement moins cruel et désespéré, il permet en outre une vision nette du milieu ambiant.[39] Octave surprend par son analyse extrêmement pertinente de la société contemporaine qui fait ressortir les raisons sociales de son isolement. A chaque antagonisme social qu'il constate il oppose une autre possibilité de réalisation de soi. Face à l'industrialisation l'aristocratie devient un anachronisme:

Depuis que la machine à vapeur est la reine du monde, un titre est une absurdité, mais enfin je suis affublé de cette absurdité.[40]

Son rêve de 'commander ... une machine à vapeur'[41] est donc également absurde. Etant donné que la noblesse compte beaucoup moins que la richesse, Octave voudrait aller à Londres pour se faire introduire dans les cercles français influents par le biais de 'tout ce qu'il y a de distingué dans la haute société' anglaise[42] — et voilà qu'est tracé le chemin de Julien Sorel. Octave fait partie de la 'bonne compagnie' qui 'proscrit toute énergie, toute originalité. Si l'on n'est *copie*, elle vous accuse de mauvaises manières.'[43] Pour fuir cette fausseté et 'l'ennui des manières trop parfaites',[44] Octave fait une échappée dans la 'mauvaise compagnie'[45] qui permet 'l'imprévu'.[46] Octave sait qu'il appartient au 'parti battu'.[47] Dans les nobles moralement déchus qui ne jugent plus d'après noblesse et bienséance mais d'après leurs plats 'intérêts'[48] il voit les habitants d'une 'ville assiégée'[49] ou bien 'les prêtres des idoles du paganisme, au moment où la religion chrétienne allait l'emporter'.[50] Dans 'le plus beau de [ses] projets'[51] il consommerait son aliénation individuelle et sociale ainsi que sa propension inavouée au dandysme:

Je me ferais le valet de chambre de quelque jeune homme destiné à jouer à peu près le même rôle que moi dans le monde

... j'espère me placer chez quelque jeune Anglais fort riche ou fils de pair.[52]

De cette façon il aurait échangé son rôle social et pourrait satisfaire 'le besoin impérieux de voir agir un autre vicomte de Malivert'.[53] Mais la solution finale de son intenable position sociale est bien en accord avec le rôle dans lequel il est 'embarqué'[54] et elle obéit au mot d'ordre *Noblesse oblige:*[55] refaisant le chemin d'Enguerrand de Malivert il va 'montrer en Grèce qu'il n'a pas dégénéré de ses ancêtres'.[56] Or, dans ce 'siècle douteux'[57] la noblesse de l'individu aristocratique ne peut s'affirmer que dans son impossibilité même — en cherchant une mort digne de son destin solitaire. Plutôt que d'assister à la dégénerescence de l'aristocratie, Octave préfère mourir en beauté: face au mont *Kalos* il se donne la mort et 'sa rare beauté frappa jusqu'aux matelots chargés de l'ensevelir'.[58] Fin digne d'un dandy, d'autant plus que 'le dandysme est dans la durée ce que le suicide est dans l'instant, à savoir le rejet catégorique du milieu social'.[59] Chez Baudelaire le suicide, 'passion particulière',[60] deviendra la 'quintessence de la modernité'.[61]

A un troisième niveau l'aliénation d'Octave, considérée d'abord sur le plan individuel et social, prend la forme d'une 'révolte métaphysique' (Camus). A travers son satanisme — qui se situe de toute évidence dans la filiation byronienne — Octave fait figure de 'dandy métaphysique'.[62] On le prend pour 'Lucifer en personne',[63] sa mère lui prédit une fin comparable à celle de Faust,[64] Mme de Bonnivet constate son 'diabolicisme'[65] et reconnaît en lui *l'être rebelle*';[66] finalement l'expression sombre de sa physionomie peut se rapprocher de l'idéal de Baudelaire: 'le plus parfait type de Beauté virile est *Satan,* — à la manière de Milton':[67]

> Il n'y avait pas jusqu'à la physionomie si noble d'Octave qui n'alarmât sa mère; ses yeux si beaux et si tendres lui donnaient de la terreur. Ils semblaient quelquefois regarder au ciel et réfléchir le bonheur qu'ils y voyaient. Un instant après, on y lisait les tourments de l'enfer.[68]

Le 'diabolicisme' du faustien Octave trouve son écho dans le rire méphistophélique de Julien Sorel qui ne laisse pas de rappeler la théorie du rire satanique développée par Baudelaire dans l'*Essence du rire.* C'est précisément lorsqu'il affirme sa rébellion contre la société qu'il méprise, que Julien rit 'comme Méphistophélès'.[69]

Faust et Méphisto — pour que le 'trio infernal' soit au grand complet il ne manque plus que les monstres. Octave de Malivert s'exclame '*Je suis un monstre*'.[70] Grâce à la 'politique russe' prescrite par le dandy Korasoff, Julien arrive à se faire aimer de ce 'monstre d'orgueil'[71] qu'est le dandy femelle — si telle espèce existe[72] — Mathilde de La Mole. Cette tactique amoureuse trouve d'ailleurs l'admiration entière de Barbey d'Aurevilly dans son essai *Un Dandy d'avant les Dandys* consacré à Lauzun dont il dit — non sans raison — 'Cela vaut un roman de Stendhal'.[73] Et pour qualifier le séducteur, le père outragé ne trouve que ce mot 'Monstre!'[74] A Barbey d'Aurevilly de remarquer qu'aux yeux des 'cœurs tendres' le dandysme doit représenter '*une monstruosité*'.[75]

En effet, par rapport à la société établie les dandys sont des monstres, des marginaux, inadaptés et rebelles. Chez Julien Sorel ce fait est plus évident que dans l'aliénation passive d'Octave. Né au bas de l'échelle, Julien restera toujours en marge des ordres établis puisqu'il adhère consciemment à cette position. La scène de l'épervier dans le *Rouge et le Noir* illustre très bien la différence qui existe entre l'isolement misanthrope d'Octave et la solitude agressive et librement assumée de Julien, contraste qui caractérise deux types différents de dandysme — celui de la retraite, de l'intérieur et celui de la confrontation:

> ...il se trouva debout sur un roc immense et bien sûr d'être séparé de tous les hommes. Cette position physique le fit sourire, elle lui peignait la position qu'il brûlait d'atteindre au moral. L'air pur de ces montagnes élevées communiqua la sérénité et même la joie à son âme.[76]

Dès le séminaire Julien se fait à l'évidence que '*différence engendre haine*'.[77] C'est là le point de départ du dandysme qui se nourrit de l'originalité individuelle:

> En France, l'originalité n'a point de patrie: on lui interdit le feu et l'eau; on la hait comme une distinction nobiliaire. Elle soulève les gens médiocres, toujours prêts, contre ceux qui sont *autrement qu'eux*, à une de ces morsures de gencives qui ne déchirent pas, mais qui salissent.[78]

Une fois qu'il a admis son altérité essentielle, Julien y reconnaît la possibilité unique de se réaliser d'une manière authentique: il se définit comme étant un 'plébéien révolté'[79] et choisit 'l'uniforme de [son] siècle',[80] l'habit ecclésiastique. Ce penchant pour la soutane ou l'uniforme qu'on dénote chez tous les héros stendhaliens n'obéit pas seulement à un calcul utilitaire mais relève aussi de leur dandysme intrinsèque. Pour Baudelaire, dont les témoins signalent la 'physionomie cléricale',[81] 'Il n'y a de grand parmi les hommes que le poète, le prêtre et le soldat ... Le reste est fait pour le fouet.'[82] Dans le même sens Roger Kempf souligne: 'Comme l'habit du prêtre, l'habit du soldat désigne un homme que sa condition met à part du reste de la société'.[83] Ce dandysme dû à la condition, Stendhal semble encore l'accroître, car qu'en est-il de ce fameux 'habit noir râpé' dont il aime à revêtir ses personnages? Chez Barbey d'Aurevilly on trouve à ce sujet une note fort curieuse:

> On peut être Dandy avec un habit chiffonné ... Un jour même, le croirait-on? les Dandys ont eu la fantaisie de l'*habit râpé*. C'était précisément sous Brummell. Ils étaient à bout d'impertinence, ils n'en pouvaient plus. Ils trouvèrent celle-là, qui était si *dandie* (je ne sais pas un autre mot pour l'exprimer), de faire râper leurs habits, avant de les mettre, dans toute l'étendue de l'étoffe, jusqu'à ce qu'elle ne fût plus qu'une espèce de dentelle, — une nuée. Ils voulaient marcher dans leur nuée, ces dieux! L'opération était délicate, et on se servait, pour l'accomplir, d'un morceau de verre aiguisé. Eh bien! voilà un véritable fait de Dandysme. L'habit n'y est pour rien. Il n'*est* presque *plus*.[84]

Le comportement mondain et érotique de Julien, domaine où son dandysme virtuel s'épanouit à la perfection n'exige plus de commentaire, maint travail érudit ayant été consacré à ce sujet.[85]

Reste à prendre en considération la fin de Julien, la punition de sa révolte.[86] Loin d'exclure la révolte, le dandysme la présuppose: dans le *Peintre de la vie moderne* Baudelaire afffirme que 'raffinés, incroyables, beaux, lions ou dandys ... tous participent du même caractère d'opposition et de révolte',[87] fait que Camus dans l'*Homme révolté* va exprimer dans cet axiome: 'le dandy ne peut se poser qu'en s'opposant'.[88] Certes, chez le dandy blasé, cette opposition s'épuise généralement dans son art de paraître, tout au plus dans de vains propos méprisants. Mais à un moment donné 'la révolte quitte peu à peu le monde du paraître pour celui du faire'.[89] N'est-ce pas précisément Julien Sorel, associé au 'régicide'[90] Danton, qui accomplit ce passage du 'paraître' au 'faire'? Lors de son entretien avec Altamira on le voit encore professer une conception presque esthétisée du meurtre, évoquant par anticipation *Le bonheur dans le crime* ou *Murder considered as one of the fine arts*:

> Tant pis! dit Julien; du moins, quand on fait des crimes, faut-il les faire avec plaisir: ils n'ont que cela de bon, et l'on ne peut même les justifier un peu que par cette raison.[91]

Lorsqu'il aura commis son crime en effet, son apparition devant les juges nous fait assister à ce passage du dandy à l'homme d'action: Julien rompt avec l'attitude impassible du dandy qu'il affectait afin de réaliser pleinement le potentiel révolutionnaire inhérent au dandysme. Vainqueur et victime d'une société qu'il méprise il consomme *sa* destinée, la destinée d'un héros de la modernité.

Face à cette révolte, Lucien Leuwen fait la triste figure d'un collaborateur. Néanmoins lui aussi possède quelques traits de dandysme. Mal à l'aise dans son rôle social, dans une position fausse entre aristocratie royaliste et bourgeoisie régnante, il se trouve donc en marge, quoiqu'à un niveau élevé de l'échelle sociale. Doté en plus d'une belle fortune, il se trouve dans la possibilité de faire une brillante carrière de dandy. Signes prometteurs d'un dandysme naissant sont ses extravagances au régiment, sa 'froideur chaîne de puits',[92] son ironie et l'attitude méprisante envers les autres qu'il veut traiter comme des insectes,[93] procédé dandy spécifiquement stendhalien.[94] Sa 'noire mélancolie' interrompue par des 'mouvements d'impatience' le fait passer pour 'une imitation savante de lord Byron'.[95] Confronté aux cercles clos des royalistes, Lucien qui se voit 'plébéien et libéral'[96] montre même des velléités soreliennes:

> Il y a ici une société qui ne veut pas recevoir les gens qui portent mon habit, essayons d'y pénétrer.[97]

Mais le moyen d'y parvenir, ce seraient des 'lettres d'introduction [de son] père'.[98] Incapable de jouer le rôle d'un Don Juan, Lucien doit abandonner Mme de Chasteller, place forte du royalisme. Chassé par l'intrigue des dandys provinciaux, il quitte l'aristocratie de Nancy pour la bourgeoisie parisienne. Là il se livre à l'action la

plus méprisable aux yeux d'un dandy révolté: il devient le complice d'un gouvernement détestable. En ce qui concerne la
déchéance politique et morale du héros de ce roman qui devait
s'intituler le *Télégraphe*, il est intéressant de rappeler les termes
par lesquels Baudelaire exprime son dédain pour 'Napoléon le
petit':

> En somme, devant l'histoire et devant le peuple français, la
> grande gloire de Napoléon III aura été de prouver que le
> premier venu peut, en s'emparant du télégraphe et de
> l'imprimerie nationale, gouverner une grande nation.[99]

L'écart qui sépare Lucien du dandy révolté serait donc signalé dans
le titre. Quoiqu'il condamne lui-même ce vil procédé, Lucien n'arrive pas à se relever de la fange et Stendhal lui prépare une évasion
en Italie, terre bénite où aura lieu le roman suivant et où le problème du dandysme ne se pose plus, l'individu y pouvant vivre à
son aise.

L'obstacle majeur qui s'oppose à ce que Lucien Leuwen élève
son dandysme virtuel à l'état d'une réalisation de soi, c'est son
manque de conscience; au fond, le véritable impuissant, c'est lui.
Pour que le dandysme puisse devenir un mode d'authenticité, il
faut que l'individu possède une conscience lucide de soi-même et
des conditions sociales qui ont causé sa singularité, pour ne pas
dire son aliénation. Or, Lucien n'est 'sûr de rien sur [son] compte',[100] et il se pose cette question sans trouver de réponse: 'Sous le
rapport de la valeur réelle de l'homme, quelle est ma place? Suis-je
au milieu de la liste ou tout à fait le dernier?'[101] Seuls Octave et
Julien disposent de ce jugement éclairé qui leur permet de vivre
sur le mode d'authenticité, mode qui ne peut être que celui du
dandysme, vu les conditionnements de l'époque. A travers l'isolement ou la révolte, à travers le dandysme métaphysique ou social,
ils mènent leur vie à fond et affirment leur singularité jusqu'à sa
négation même, pour aboutir au suicide ou à la mort violente, leur
anéantissement portant encore la marque caractéristique de leur
type de dandysme. C'est ainsi que ces deux héros stendhaliens
confirment l'assertion de Baudelaire:

> Le dandysme est le dernier éclat d'héroïsme dans les
> décadences.[102]

Notes

1 J. Barbey d'Aurevilly, *Du Dandysme et de G. Brummell*, Paris, Librairie Alphonse Lemerre, sans date, p. 4.

2 Stendhal, 'Lord Byron en Italie', *Mélanges* II, Cercle du Bibliophile, t. XLVI, p. 245.

3 Stendhal, *Mémoires d'un touriste* I, Cercle du Bibliophile, t. XV, p. 464, et II, t. XVI, p. 127. Pour l'idéal du 'gentleman' qui hérite, comme le dandy, de la chevalerie, cf. Philip Mason, *The English Gentleman — The Rise and Fall of an Ideal*, London, Deutsch, 1982.

4 Stendhal, 'Lord Byron en Italie', éd. cit., p. 245.

5 Pour une histoire du duel en France cf. Micheline Cuénin, *Le duel sous l'Ancien Régime*, Paris, Presses de la Renaissance, 1982.

6 A ce sujet et en ce qui concerne le dandysme stendhalien en général cf. la thèse de Ruth Grün, '*Homme-copies*', '*dandies*' *und* '*fausses passions*'. *Ein Beitrag zu Stendhals Kritik an der Gesellschaft*, Genève, Droz, Paris, Minard, 1967.

7 *Lucien Leuwen*, Bibliothèque de la Pléiade, p. 1049.

8 Barbey d'Aurevilly, *op. cit.*, p. 9.

9 *Ibid.*, p. 17.

10 *Ibid.*, p. 9.

11 Roger Kempf, *Dandies — Baudelaire et Cie.*, Paris, Editions du Seuil, 1977, p. 23.

12 *Armance*, Bibliothèque de la Pléiade, p. 133.

13 *Le Rouge et le Noir*, Bibliothèque de la Pléiade, p. 475.

14 *Ibid.*, p. 475.

15 *Ibid.*, p. 475.

16 Roger Kempf, *op. cit.*, p. 23, faisant allusion au compliment des dandys anglais à l'adresse de Julien: 'Vous êtes prédestiné, mon cher Sorel', *Le Rouge et le Noir*, Bibliothèque de la Pléiade, p. 480.

17 Barbey d'Aurevilly, *op. cit.*, pp. 24–25.

18 *Ibid.*, p. 9.

19 *Ibid.*, p. 36.

20 *Ibid.*, pp. 26–27; cf. Wolf Lepenies, *Melancholie und Gesellschaft*, Frankfurt/Main, Suhrkamp, 1972, pp. 126 et suiv. et, au sujet de l'ennui, la thèse de Dora Brauchlin, *Das Motiv des 'ennui' bei Stendhal*, Strassburg, Heitz, 1930.

21 *Armance*, Bibliothèque de la Pléiade, pp. 34 et 45.

22 *Ibid.*, p. 94.

23 *Ibid.*, p. 93.

24 *Ibid.*, p. 101.

25 *Ibid.*, p. 36.

26 *Ibid.*, p. 187.

27 *Ibid.*, p. 108.

28 *Ibid.*, p. 37.

29 Cf. à ce sujet Frank Paul Bowman, 'Melancholy in Stendhal', in *Esprit Créateur*, II, 1962, no. 1, pp. 5 et suiv.

30 En ce qui concerne cette notion de Maine de Biran qui caractérise l'individu kierkegaardien aussi bien que le type de dandy représenté par Octave cf. Wolf Lepenies, *op. cit.*, pp. 141–44. Un autre rapport entre Stendhal et l'esthéticisme moderne développé par Kierkegaard peut être dressé à travers l'étude d'Eugene Goodheart, 'The aesthetic morality of Stendhal', in *The Cult of the Ego. The Self in modern Literature*, Chicago, London, University of Chicago Press, 1968, pp. 36–60.

31 Pour le narcissisme d'Octave cf. les thèses d'Isaac Ohayon, *L'archétype de Narcisse à la fin de l'âge des lumières. Exploration thématique chez Laclos, Restif de la Bretonne et Stendhal*, City University of New York, 1975, et Charles Francis O'Keefe, *The shadow image. A study of ambiguity, truth and narcissism in Stendhal's 'Armance'*, Durham, North Carolina, Duke University, 1969.

32 *Armance*, Bibliothèque de la Pléiade, p. 34.

33 *Ibid.*, pp. 43–44.

34 Charles Baudelaire, *Mon cœur mis à nu*, édition établie par Béatrice Didier, Paris, 1972, Livre de Poche, p. 114.

35 J. K. Huysmans, *A rebours*, Paris, 1975, Editions 10/18, p. 56; au sujet de l'intérieur cf. le chapitre 'Räume der Langeweile und Melancholie', in Wolf Lepenies, *op. cit.*, pp. 115 –71.

36 J. K. Huysmans, *op. cit.*, p. 63.

37 Walter Benjamin, *Das Passagen-Werk*, Frankfurt/Main, Suhrkamp, 1983, p. 425. Le parallèle entre Octave et Baudelaire s'accuse aussi à travers cette autre affirmation de Benjamin: 'Cette impuissance cause l'attachement de Baudelaire pour l'image de la femme séraphique de même que son fétichisme', *ibid.*, p. 432.

38 *Armance*, Bibliothèque de la Pléiade, p. 108.

39 En ce qui concerne le rapport entre impuissance et société cf. Michel Crouzet, 'Le réel dans "Armance". Passions et société ou le cas d'Octave', in *Le Réel et le Texte*, Paris, Colin, 1974, pp. 31–110; François Landry, 'Entre noblesse et bourgeoisie. "Armance" ou le désir sans traduction', in *Romantisme*, XVII–XVIII, 1977, pp. 228–42; Lee Brotherson, 'Impotence in "Armance". A medium for social criticism', in *Australian Journal of French Studies*, XVI, 1979, pp. 55–67.

40 *Armance*, Bibliothèque de la Pléiade, p. 101.

41 *Ibid.*, p. 104.

42 *Ibid.*, p. 104.

43 *Ibid.*, p. 85.

44 *Ibid.*, p. 84.

45 *Ibid.*, p. 84.

46 *Ibid.*, p. 85; sur l'antagonisme entre 'imprévu' et 'convenances' cf. entre autres chez Stendhal, *Le Rouge et le Noir*, pp. 469–70, ainsi que Barbey d'Aurevilly, *op. cit.*, pp. 27–28: 'Aussi, une des conséquences du

dandysme, un de ses principaux caractères — pour mieux parler, son caractère le plus général — est-il de produire toujours l'imprévu, ce à quoi l'esprit accoutumé au joug des règles ne peut pas s'attendre en bonne logique'.

47 *Armance*, Bibliothèque de la Pléiade, p. 103.

48 *Ibid.*, p. 85.

49 *Ibid.*, p. 100.

50 *Ibid.*, pp. 103–04.

51 *Ibid.*, p. 106.

52 *Ibid.*, p. 107.

53 *Ibid.*, p. 107.

54 *Ibid.*, p. 107.

55 *Ibid.*, pp. 121, 122.

56 *Ibid.*, p. 126.

57 *Lucien Leuwen*, Bibliothèque de la Pléiade, p. 849.

58 *Armance*, Bibliothèque de la Pléiade, p. 189.

59 Dolf Oehler, *Pariser Bilder 1 (1830–1848) — Antibourgeoise Ästhetik bei Baudelaire, Daumier und Heine*, Frankfurt/Main, Suhrkamp, 1979, p. 199.

60 Charles Baudelaire, *Salon de 1846*, chapitre XVIII 'De l'héroïsme de la vie moderne', in *Œuvres Complètes,* Bibliothèque de la Pléiade, t. II, pp. 493–94.

61 Walter Benjamin, *op. cit.*, p. 455.

62 Albert Camus, *L'homme révolté*, Paris, Gallimard (Idées), 1951, p. 107.

63 *Armance*, Bibliothèque de la Pléiade, p. 30; 'Lucifer lui-même', p. 108; au sujet de Lucifer cf. Ernst Osterkamp, *Lucifer — Stationen eines Motivs*, Berlin, de Gruyten, 1979.

64 *Ibid.*, p. 34.

65 *Ibid.*, p. 65.

66 *Ibid.*, pp. 64, 65.

67 Charles Baudelaire, *Fusées*, éd. cit., p. 33.

68 *Armance*, Bibliothèque de la Pléiade, p. 36.

69 *Le Rouge et le Noir*, Bibliothèque de la Pléiade, pp. 525, 692.

70 *Armance*, Bibliothèque de la Pléiade, p. 177.

71 *Le Rouge et le Noir*, Bibliothèque de la Pléiade, p. 639.

72 Cf. les divers jugements que porte sur Mathilde Roger Kempf, in *op. cit.*, pp. 45, 150, 157, 160–61.

73 Barbey d'Aurevilly, 'Un Dandy d'avant les Dandys', in *op. cit.*, p. 106.

74 *Le Rouge et le Noir,* Bibliothèque de la Pléiade, p. 629.

75 Barbey d'Aurevilly, 'Un Dandy d'avant les Dandys', in *op. cit.*, p. 103.

76 *Le Rouge et le Noir*, Bibliothèque de la Pléiade, pp. 499, 506.

77 *Ibid.*, p. 393.

78 Barbey d'Aurevilly, *Du Dandysme et de G. Brummell*, éd. cit., pp. 52–53.

79 *Le Rouge et le Noir*, Bibliothèque de la Pléiade, pp. 499, 506.

80 *Ibid.*, p. 525.

81 Cf. les nombreux témoignages rapportés par Walter Benjamin, *op. cit.*, pp. 327, 345, 350; pour d'autres masques de Baudelaire, voir *ibid.*, pp. 322, 346, 356.

82 Charles Baudelaire, *Mon cœur mis à nu*, éd. cit., p. 65.

83 Roger Kempf, *op. cit.*, p. 151.

84 Barbey d'Aurevilly, *Du Dandysme et de G. Brummell*, éd. cit., p. 25.

85 Soient mentionnés à titre d'exemple Ruth Grün, *op. cit.*; Roger Kempf, *op. cit.*; Marjorie Taylor, *The Arriviste*, Bala, Dragon Books, 1975; Pierrette Sy, 'L'importance de la toilette chez le héros stendhalien', in *Stendhal Club*, no. 50, 1971, pp. 127–37; Anneli Vermeer-Meyer, 'Don Juan und Julien Sorel. Mottos aus Byrons "Don Juan" in "Le Rouge et le Noir"', in *Wissen aus Erfahrungen*, éd. M. von Mandelkow *et al.*, Tübingen, Max Niemeyer Verlag, 1976, pp. 195–511.

86 Cf. Ruth Grün, *op. cit.*, pp. 98–100.

87 Charles Baudelaire, *Le peintre de la vie moderne*, chapitre IX 'Le Dandy', in *Œuvres Complètes*, Bibliothèque de la Pléiade, t. II, p. 711.

88 Albert Camus, *op. cit.*, p. 72; d'ailleurs le titre de la thèse de Michel Crouzet *L'écrivain révolté ou le point de départ* est très significatif à cet égard.

89 Albert Camus, *op. cit.*, p. 74.

90 Cf. le chapitre conservé à cette catégorie de 'révoltés', in Albert Camus, *op. cit.*, pp. 140–63.

91 *Le Rouge et le Noir*, Bibliothèque de la Pléiade, p. 496.

92 *Lucien Leuwen*, Bibliothèque de la Pléiade, p. 806.

93 *Ibid.*, p. 891.

94 Cf. Roger Kempf, *op. cit.*, p. 35.

95 *Lucien Leuwen*, Bibliothèque de la Pléiade, p. 954.

96 *Ibid.*, p. 882.

97 *Ibid.*, p. 835.

98 *Ibid.*, p. 835.

99 Charles Baudelaire, *Mon cœur mis à nu*, éd. cit., p. 59.

100 *Lucien Leuwen*, Bibliothèque de la Pléiade, p. 975.

101 *Ibid.*, p. 825.

102 Charles Baudelaire, *Le peintre de la vie moderne*, chapitre IX 'Le Dandy', in *Œuvres Complètes*, Bibliothèque de la Pléiade, t. II, p. 711.

XVI

L'apport de l'Angleterre dans la vision stendhalienne du monde moderne
MICHEL ARROUS

Dans la vision stendhalienne du monde moderne l'apport de l'Angleterre est décisif. Il a permis de dépasser le stade de la simple observation pour inaugurer une réflexion sur le processus producteur et ses conséquences politiques dans le cadre d'un dialogue des nations qui s'établit entre la France et l'Angleterre d'après 1815, non sans répercussions sur l'ensemble de l'œuvre. Si l'Italie a nourri le mythe personnel du désir inassouvi et de la contemplation nostalgique qu'on lit au début de la *Vie de Henry Brulard*, l'Angleterre n'en exerce pas moins sur Stendhal une fascination à laquelle il ne saurait échapper et qui le tire vers l'avenir en le confrontant à l'histoire en train de se faire. L'histoire du dix-neuvième siècle — siècle de l'utile, du revenu et du profit — se manifeste dans ce dialogue dont l'un des interlocuteurs devance l'autre et lui sert de modèle, sinon de repoussoir. Que l'Angleterre requière Stendhal, nous en sommes tous convaincus; il convient cependant de relever que l'aspect déterminant du monde moderne que le discours stendhalien exclut habituellement par prétérition ou rejet systématique reçoit, dans le cas de l'Angleterre, un statut particulier.

L'industrie moderne, Stendhal l'a découverte dans ce champ privilégié pour la science sociale qu'offrait l'Angleterre. Dans le premier pays qu'ait transformé la révolution industrielle il va, après tant d'enquêteurs ou de visiteurs de toute espèce, observer les mécanismes de l'inégalité des classes et de la révolution sociale. Son expérience lui servira de référence absolue: l'ouvrier de Birmingham ou de Manchester symbolisera la condition prolétarienne. L'analyse de ses connaissances livresques et des

bénéfices tirés de ses voyages permet de préciser la définition stendhalienne de l'ordre bourgeois au dix-neuvième siècle en l'opposant à l'ordre aristocratique qui tente de survivre en Angleterre. A
la différence de la plupart de ses contemporains, Stendhal a pris en
compte la réalité nouvelle du monde ouvrier anglais dès 1818.
Pour cet ancien lecteur de Malthus, la condition ouvrière est marquée d'un signe négatif: industrialisation et paupérisme vont de
pair, c'est ce qu'il a retenu de l'*Essai sur le Principe de Population.*[1]

Manifeste dans ses romans, l'observation critique du monde
contemporain demeure seconde par rapport à l'importance centrale accordée aux héros, solitaires à la recherche d'eux-mêmes.
Une précaution s'impose: loin de nous l'idée de mettre sur le
même plan tous les écrits de Stendhal; pareille méthode aboutirait
à affirmer que la pensée sociale de l'écrivain se trouverait ailleurs
que dans ses plus grandes œuvres. Plus que la simple présence
d'ouvriers dans *Lucien Leuwen*, c'est la structure même de ce
roman qu'il faut interroger, le conflit des valeurs qu'il met en
présence. Il en va de même pour une œuvre toute différente, les
Mémoires d'un touriste, qu'on a souvent considérée comme un
travail documentaire; là aussi, l'organisation et le fonctionnement
du texte en disent plus que les glanes à propos des ouvriers ou du
monde du travail qu'on peut y faire. Existe une grande tentation, à
laquelle ont succombé bien des historiens séduits par le témoignage de Stendhal: parcourir chronologiquement la vie et l'œuvre.
Il serait aisé de citer des épisodes inclus ou antérieurs à la période
choisie, prouvant que l'attention accordée à ce sujet n'a jamais
faibli, que la première phase du développement industriel Stendhal l'a abordée avec d'honnêtes connaissances. D'où une
présence en contrepoint, fragmentaire et sporadique, d'où la fréquente mention de l'ouvrier de Birmingham, qui succède au
mineur du Harz, comme autant de références si personnelles
qu'elles deviennent implicites. Fort anciennes pour la plupart,
elles restent d'actualité pour Stendhal; nous ne les rappelons que
pour signaler le peu de vraisemblance d'une prétendue rupture
provoquée par le passage au roman.

A travers quelques exemples, on suivra la cohérence de son
raisonnement qui aboutira en 1836, et à propos de la France, à l'affirmation d'une nécessité inhérente au monde moderne. Nécessité
ou, plutôt, réactualisation du principe fondamental de l'économie

d'ancien régime assurée par l'apport de l'Angleterre. Sur ce point les préoccupations de Stendhal recoupent celles de Sismondi et visent les interprétations des économistes anglais (Malthus, Smith, Ricardo) ou de leurs partisans et défenseurs (MacCulloch, Mackintosh). Plus important encore, le fait que l'exemple anglais soit resté pour Stendhal à l'ordre du jour après 1830 et jusqu'en 1840. Avec les exemples de Bristol et de Lyon se pose une nouvelle fois le problème de la révolution et du rôle du peuple travailleur. L'exemple de l'Angleterre infléchit la conception que Stendhal se faisait du peuple: le peuple-lion qui ne sort de sa léthargie séculaire que par de brefs accès de conscience.

Cet apport de l'Angleterre on le mesurera mieux en comparant deux moments de la pensée stendhalienne.

Trois épisodes, situés sous l'Empire, sont à rappeler:[2] en mars 1804, accompagné d'Alphonse Périer, il visite une fabrique d'indiennes aux Eaux-Vives, près de Genève; en mai 1808, il a l'occasion de descendre dans une mine du Harz; enfin, de passage à Morez en septembre 1811, c'est une petite fabrique de clous dont il se souviendra pour évoquer celle de M. de Rênal, avec ses 'jeunes filles fraîches et jolies', néanmoins prolétarisées.

Plus que les connaissances techniques que Stendhal a pu tirer de ses excursions, c'est son comportement d'observateur qui doit être relevé car il ne changera pas. S'il observe avec précision — dans les passages du *Journal* consacrés aux fabriques d'indiennes et de clous, 'voir' est sa seule action notée — il ne se départit pas une fois de son attitude de touriste qui se contente de regarder. Excepté quand il s'étonne: 'Le marteau passe diablement près du nez', ou quand il manifeste sa présence au détriment des faits à observer: 'suivant ma mauvaise habitude, le spectacle qui m'amusa le plus fut celui que je me donnai à moi-même'. En aucun cas il ne juge; il se contente de regarder et de rapporter; pour lui tout est spectacle. Le diariste emmagasine des sensations; l'heure de la réflexion sur le processus producteur n'a pas encore sonné.[3]

Avant même son premier voyage en 1817, limité à Londres, extrêmement rapide et davantage consacré à la vie de société qu'à un examen attentif des choses, Stendhal possédait des connaissances toutes livresques, depuis longtemps répertoriées. Ses lectures d'ouvrages exclusivement francais ont entretenu chez lui l'anglophobie latente du bonapartiste qu'il lui arrivait d'être.[4] Victor Del Litto a étudié le thème commun à *Rome, Naples et*

Florence en 1817 et à *L'Italie en 1818,* pages qui ne paraissent pas avoir été marquées par le premier contact, d'une révolution qui gronde sourdement dans un pays où nobles et riches, pauvres et travailleurs sont dramatiquement aux prises.[5]

Cette menace d'insurrection, il est important que Stendhal en ait été averti avant les grandes crises de la monarchie bourgeoise; il n'est pas moins important de remarquer que son analyse pêche par insuffisance. Pouvait-il en aller autrement? S'il croit possible une révolution, un soulèvement, c'est parce qu'il ne se rend pas compte que les conditions nécessaires manquent. Sur ce point, il vaut la peine de lui opposer Benjamin Constant qui juge improbable une telle révolution car la classe laborieuse est maintenue dans l'impuissance par sa division:

> La faim, qui est le motif de ses soulèvements, la force en même temps à se rendre à toutes les tentations qu'on lui présente. Livrée à elle-même, cette classe infortunée, contre laquelle toutes les autres conspirent, peut agiter ses fers, mais non les briser; elle les reprend, après en avoir frappé ses maîtres, et n'est redoutable que lorsque des rangs plus élevés lui fournissent des chefs. Or, en Angleterre, ces rangs plus élevés sont tous ligués contre cette classe malheureuse. Dans un pays où la liberté politique existe, et où les personnes et les propriétés n'ont rien à craindre de l'arbitraire, tous ceux qui possèdent quelque chose se coalisent en faveur de l'ordre établi, dès que l'anarchie se présente.[6]

Sous la monarchie de Juillet, la classe laborieuse ne vivra pas encore son unité, aussi ne doit-on pas s'étonner si Stendhal considère la force qu'il croit déceler dans les masses populaires comme une manifestation de l'individualisme et non du groupe, de cette *virtù* primitive qui le fascine.

Néanmoins, les premières tentatives de ces masses populaires ne le laisseront pas indifférent. L'exemple, emprunté à Lord Brougham, qui reviendra fréquemment, c'est la grève de 15,000 ouvriers à Manchester en 1818, après les troubles de Birmingham, deux des métropoles où s'est écrite l'histoire du prolétariat.[7] Histoire que Stendhal, pertinemment, fait débuter après Waterloo, quand 'les nobles et les riches de toute espèce ont définitivement signé un traité d'alliance offensive et défensive contre *les pauvres et les travailleurs'.*[8]

Ses deux autres voyages en 1821 et 1826 lui ont permis d'enrichir ses premières observations. Nous en retiendrons ce qui se rapporte à la condition de l'ouvrier anglais, non qu'elle soit minutieusement décrite car Stendhal n'a pu l'examiner systématiquement, quoiqu'il ait vu de près, semble-t-il, la misère anglaise,[9] mais parce qu'elle l'a aidé dans sa formulation des principes d'aliénation et de lutte des classes.

Se rappelant en 1832 son second séjour londonien, le narrateur des *Souvenirs d'égotisme* dénonce ce qu'il y a d'intolérable dans la condition ouvrière. Analyste plus profond que ses compagnons d'alors qui se moquèrent de sa comparaison entre l'ouvrier anglais accablé par dix-huit heures de travail et le pauvre italien déguenillé mais heureux, il affirme avec la certitude de celui à qui l'histoire donne raison: 'Mon paradoxe devient vérité à vue d'œil, et sera lieu commun en 1840'.[10] Quant au séjour de 1826 au cours duquel il suivit Sharpe dans son 'circuit', il lui permit de voir Lancaster, Manchester et Birmingham, ville près de laquelle il séjourna quelque temps.[11] S'il est difficile de vérifier son itinéraire,[12] il faut se rappeler que Stendhal a dit à son ami que 'peu de voyages aussi courts lui ont laissé autant de notions précises', particulièrement sur la cherté d'une justice de classe.[13]

Il en conclut que, dans ce pays, 'Le malheureux qui vit de sa journée est plus esclave qu'au Maroc'.[14] Il a pris soin de noter ses impressions et ses idées: il a pu voir les tribunaux essayer de faire respecter 'une loi pour qu'on ne forçât pas les enfants au-dessous de quinze ans à travailler plus de douze heures par jour'. Il y a vu de nouvelles machines, connaît les horaires de travail: 'Au bout de quelques années de cette vie, un ouvrier devient une machine travaillante'. L'ouvrier est un esclave; sa condition n'est pas plus enviable que celle des noirs aux Etats-Unis. D'où le rappel, en 1834, des 'enfants que tuent les manufacturiers de Birmingham à force de les faire travailler'.[15]

A partir de cette série d'exemples se précise, non seulement le conflit entre l'aristocratie, nobiliaire et financière, et les ouvriers, que Stendhal, à tort d'ailleurs, juge fatal pour l'Angleterre, mais aussi le conflit entre le besoin naturel de bonheur et la condition prolétarienne. Pour lui, les enfants de quatorze ans qui, à Liverpool, travaillent seize à dix-huit heures par jour, condamnent définitivement le système économique moderne. Qu'il ne cesse de lui opposer, en guise d'argument, sa boutade d'une Italie politique-

ment opprimée et économiquement attardée, parce que 'l'Italien est tyrannisé, mais il a tout son temps à lui',[16] n'affaiblit en rien son argumentation. En 1836, il pourra affirmer: 'L'arrêt du destin est conçu en ces termes: les riches devront bientôt chercher leur sécurité dans l'absence de désespoir chez le pauvre'.[17]

A la différence de ses contemporains qui ont rapporté leurs voyages en Angleterre, et dont il connaissait les récits, on s'aperçoit que Stendhal s'est quelque peu intéressé au monde ouvrier anglais. Les publications de Blanqui (1824), Staël-Holstein et Pichot (1825), Custine (1830), suivaient les grands modèles donnés par Baert-Duholant en 1800 et le maréchal de camp Pillet en 1817.

Des *Lettres* du baron de Staël-Holstein qu'il n'a certainement pas lues[18] mais qu'il connaît grâce à un bon article de Guadet dans le *Mercure du XIXe siècle*, il ne retient que l'analyse de l'aristocratie anglaise.[19] C'est à la lecture des *Mémoires et voyages* de Custine que Stendhal doit sa connaissance de la situation politique et économique de l'Angleterre. Aux 'honnêtes trembleurs', terrorisés par l'invraisemblable hypothèse d'une coalition européenne contre la France, il réplique en reprenant le raisonnement de Custine: 'l'aristocratie anglaise, malgré la haine qu'elle porte au gouvernement et aux deux chambres, ne voudra jamais se dessaisir des *dîmes* et des *sinécures*'. Une fois ce *détail* traité, Stendhal aborde la question de fond en démasquant le vrai visage de l'aristocratie anglaise:

> En Angleterre, treize millions d'hommes travaillent au-delà des forces humaines. Sept à huit cents familles jouissent d'une opulence dont on n'a pas d'idée sur le continent. Semblables aux prêtres de l'ancienne Egypte et de l'Etrurie, elles sont même parvenues à se faire respecter, et presque aimer par les pauvres diables qu'elles condamnent à un travail aussi opiniâtre. Le peuple anglais, raisonnable et religieux, porte le respect pour la loi jusqu'à s'étonner de ce que les hommes consciencieux et énergiques veuillent améliorer sa situation.[20]

Stendhal a connu, utilisé ou rendu compte de tous ces livres au moment de leur parution. S'il ne les a pas lus, il connaît l'existence des rapports que Dupin fit à la suite des ses missions en Angleterre, publiés de 1820 à 1824.[21] Il s'est documenté: le 8 juin 1826, à la veille de son départ, il demande à Mareste de lui procurer *Une année à Londres* de Defauconpret (1819), qui contient un récit de la grève et des émeutes de Manchester, les ouvrages de Staël-Holstein, de Cottu. Il a lu *De l'Angleterre* (1815 – 1819) de Maurice Rubichon ainsi que son *Mécanisme de la société en France et en Angleterre* (1833) où seront dénoncées les conséquences de l'industrialisation. Par contre, il n'a pas lu *La Grande-Bretagne en 1833* du baron d'Haussez qui décrit la nouvelle féodalité instituée par la puissance industrielle, l'oppression et l'aliénation qui en découlent.[22]

Pour lui comme pour Adolphe Blanqui, Auguste de Staël-Holstein ou Custine, c'était bien sûr un monde nouveau et étonnant, mais si ces auteurs — Custine excepté — se contentent de voir et d'admirer le spectacle d'une industrie en pleine expansion, s'il leur arrive d'exprimer leur pitié sur le travail des femmes et des enfants, jour et nuit, ou sur la condition des mineurs, aucun ne va jusqu'à analyser les causes de cette situation. Si cela arrive, c'est le cas d'un Duvergier de Hauranne, jeune ami de Stendhal qui connaissait fort bien l'Angleterre, c'est en usant d'expressions si abstraites et générales que leur constat en perd une bonne partie de sa pertinence.[23]

Plus important est le fait que l'exemple anglais soit resté à l'ordre du jour après 1830. Ce fut avec une attention inquiète que les observateurs français suivirent les émeutes de Bristol en octobre 1831. Au moment même où à Lyon s'esquissait une transaction entre fabricants et ouvriers en soie, on s'interrogeait devant les 'désordres commis par la populace en fureur'. S'il s'avérait difficile de définir cette populace, on était sûr de quelques faits relevés en Angleterre aussi bien qu'en France: les lamentables conditions de travail et la misère physiologique de l'ouvrier français et, plus particulièrement, de 'cette race dégénérée, mais non pas dégradée des ouvriers en soie' ou de leurs compagnons employés dans les manufactures françaises de glaces — 'le visage hâve, les yeux ternes et les pommettes saillantes' — qu'on citait à côté de ceux de Birmingham, victimes de la 'poussière mortelle' de leurs ateliers.

Le peuple anglais s'était déchaîné; on souhaitait que le peuple français qui 'avait grandi comme le siècle en intelligence et en amour de l'ordre' resterait aussi raisonnable qu'en Juillet... Mais déjà six mille ouvriers se réunissaient à la Croix-Rousse.[24]

En 1840, Stendhal s'intéressera encore aux problèmes économiques anglais: on le verra annoncer à Romain Colomb la publication d'enquêtes menées par Rubichon et L. Mounier.[25]

Dans cette masse d'écrits sur l'Angleterre en crise et le problème ouvrier tel qu'il se pose à une nation industrielle que la France n'a cessé d'observer depuis la Restauration comme pour y lire son avenir, il faut distinguer l'œuvre de Sismonde de Sismondi[26] pour lequel l'Angleterre est bien l'image de l'avenir. De son côté Stendhal affirmera: '... ce n'est que dans ce qui arrive en Angleterre que nous pouvons puiser des conjectures sur le sort que l'avenir nous réserve. Je suis donc, je l'avoue, d'une curiosité d'enfant pour tout ce qui arrive dans ce pays si mal connu.'[27] Stendhal ne le cite et ne l'utilise qu'en tant qu'historien de l'Italie médiévale et théoricien du romantisme, mais ses préoccupations recoupent si étroitement celles de l'économiste qu'on a pu se demander s'il n'avait pas pris connaissance des *Nouveaux principes d'économie politique*. Sismondi fut le premier à analyser de façon réaliste les maux causés par la révolution industrielle en France et à les présenter en un 'tableau inoubliable'.[28] Une étude comparée montrerait que de nombreux points communs existent,[29] d'autant plus intéressants qu'ils ont pour base commune l'analyse de la situation de l'Angleterre et l'usage qu'on en peut faire pour comprendre le monde moderne. La question ne pouvant être débattue en détail, on se contentera des résultats de la recherche.[30]

La pensée de l'écrivain rencontre celle de l'économiste quand celui-ci, radicalement opposé comme celui-là au 'pari pour l'industrie' de Saint-Simon,[31] déclare contre Ricardo que 'la jouissance est le seul but de l'accumulation, et qu'il n'y a accroissement de la richesse nationale que quand il y a aussi accroissement des jouissances nationales'. Sismondi tirait ce principe de sa connaissance de l'Angleterre: 'J'ai vu dans ce pays surprenant, qui semble subir une grande expérience pour l'instruction du reste du monde, la population augmenter tandis que les jouissances diminuent. La masse de la nation semble y oublier, aussi bien que les philosophes, que l'accroissement des richesses n'est pas le but de l'économie politique, mais le moyen dont elle dispose pour procurer le bonheur de tous.'[32]

S'il n'a pas eu entre les mains les *Nouveaux principes*, Stendhal rejoint une de leurs thèses essentielles comme le prouvent les critiques qu'il a adressées à Mackintosh: le but de la vie n'est pas la richesse mais le bonheur.[33] Critiques droit venues de ce Sismondi dont il supportait difficilement le style? En 1810, il les faisait déjà siennes en reprochant aux économistes d'oublier que 'le meilleur encouragement à la production est la réjouissance résultant de la consommation'.[34] Plus que de contact, c'est de convergence qu'il faut parler.

Si nous attachons autant d'importance à l'expérience anglaise de Stendhal, c'est qu'elle a nourri sa réflexion sur les rapports qu'entretiennent les différentes classes sociales. L'exemple de la société anglaise, société bloquée — 'divisée en tranches comme un bambou'[35] — menacée par un prolétariat victime de crises perpétuelles (1811, 1815, 1817, 1826, etc.), préfigure les conflits qui éclateront en France sous la monarchie de Juillet. Cette réflexion sur la lutte des classes était d'autant plus naturelle à Stendhal que toute une culture économique l'y prédisposerait.

L'intérêt de Stendhal pour l'économie ne fut pas d'aussi courte durée qu'on le croit habituellement. Il faut constater combien il a insisté sur l'application à cette science du principe fondamental du beylisme: l'idée de bonheur. On sait que cette exigence s'inscrivit quelque temps dans le titre de son projet de traité d'économie politique: *Influence de la richesse sur la population et le bonheur.* Bien qu'il ne soit pas un technicien compétent et que son analyse soit superficielle sous bien des aspects, dès 1810 il s'est montré sensible à la qualité de la vie des travailleurs. Il a eu le souci de se munir des instruments d'analyse nécessaires à la pénétration du réel.[36] L'apport des spécialistes lus de bonne heure et parfois annotés peut se résumer en un petit nombre de concepts classiques dès le dix-huitième siècle: la division du travail et l'aliénation qu'elle entraîne, l'exploitation de l'homme par l'homme manifeste dans le travail des enfants, la loi d'airain du salaire aussi peu acceptable pour lui que le mépris pour les ouvriers qui caractérise les pères de la science économique, la nécessaire restriction des naissances; autant de concepts réactivés par le spectacle et la méditation de l'exemple anglais, puis par la France des grandes insurrections de 1831 et 1834. Certes, ses solutions ne sont guère originales; c'est plutôt sa description critique du monde et sa prise de conscience du problème économique et social qui doivent retenir notre attention. L'expérience anglaise a fourni à Stendhal la preuve de la validité de ses réflexions sur les limites d'une science qui prétend gérer le nouveau siècle. Désormais, pour lui, l'économie n'est plus la science régulatrice des échanges, chargée de trouver des solutions, mais un mode d'analyse des sociétés.

———————————

Est-il possible d'esquisser un bilan? Ce qui confère à l'exemple anglais son caractère original ou, mieux, son rôle matriciel dans la vision stendhalienne, c'est le fait que dans le domaine de l'économie conçue comme méthode d'explication du monde moderne, l'apport des économistes de la monarchie de Juillet est pratiquement nul. Quant aux économistes français lus avant 1830, leurs théories sont, aux yeux de Stendhal, mises à mal par la dure réalité anglaise. Stendhal n'épargnera pas Dunoyer qui prétendait inventer une Arcadie industrielle. Le romancier fera le procès de cet idéalisme qui confond, fidèle en cela à sa caution philosophique — l'éclectisme — l'utilité, la morale et la liberté. Ainsi, dans le *Rouge et le Noir,* l'utile sera une catégorie négative reconnue par les seuls personnages hostiles au héros; c'est à M. de Rênal que le narrateur prête l'axiome fondamental: 'RAPPORTER DU REVENU'. Ce qui sépare les héros stendhaliens dans le monde moderne qui est le leur, ce qui les rend 'singuliers', c'est leur refus existentiel du concept d'utilité tel que le formule le discours politique contemporain, lequel s'inspire des écoles anglaises.

La sociologie romanesque construite par Stendhal ne peut se lire entièrement que par référence à l'image qu'il se fit de la société anglaise. Dans la France révolutionnée des romans de Stendhal, la société est ouverte: la pesanteur qu'exerce l'aristocratie est purement formelle, elle ne peut empêcher le plébéien de s'imposer. Alors que l'aristocratie anglaise vise à immobiliser l'histoire en préservant les avantages acquis, l'aristocratie française, dans le *Rouge et le Noir* — où elle est à la veille d'être dépossédée de son pouvoir politique — comme dans *Lucien Leuwen*, n'a d'existence que théâtralisée et sur une scène exiguë; elle est devenue représentation dans l'espace clos des règles désuètes, des alliances dépassées et d'une onomastique qui n'a plus cours. Alors que l'aristocratie anglaise dispose d'un pouvoir effectif qui lui permet de s'intégrer par la force à la société moderne — après son séjour à Londres Julien Sorel pourra dire que 'L'aristocratie ne badine pas en ce pays-ci' — l'aristocratie française qu'observent Julien et Lucien devient objet de parodie en se laissant parasiter par de ridicules faussaires comme la maréchale de Fervaques ou la belle madame Grandet... La 'haute fatuité' des dandys londoniens est un modèle inégalable pour les contemporains de Julien. Alors que l'aristocratie anglaise survit à travers les premiers conflits du monde moderne, ridiculisée par son inaction ou sa pleutrerie l'aristocratie française ne fait que mimer son impossible résurrection. C'est ainsi que le comparatiste, voyageur ou romancier, présente le monde moderne, et qu'il le perçoit, tantôt selon l'ordre aristocratique de l'Angleterre tory, tantôt selon l'ordre bourgeois de la France d'après Juillet.

Cet apport de l'Angleterre est d'autant plus sensible et déterminant dans la vision stendhalienne du monde moderne que le 'côté français' est vu par Stendhal à travers le double écran de son expérience livresque ou vécue de l'Angleterre, et ce qu'il sait de son pays. Son appréhension du monde moderne se confond avec le dialogue du comparatiste qui aboutit en 1830. A cette date, la question ouvrière existe déjà pour Stendhal, et le monde moderne est résolument engagé dans un siècle de tensions ou de révolutions inauguré par l'Angleterre. C'est la conséquence logique de sa culture économique entreprise sous le signe décisif de Malthus[37] et, d'autre part, de son expérience anglaise comme sensibilisation aux données nouvelles de l'Histoire.

Notes

1 D'après une note de Stendhal en regard d'un passage de l'*Essai*, publiée par V. Del Litto, *Stendhal Club*, no. 73, 15 oct. 1976, p. 8.

2 *Journal* I, Cercle du Bibliophile, t. XXVIII, pp. 211–12: les Eaux-Vives et Morez; *Correspondance*, Bibliothèque de la Pléiade, t. I, p. 481: descente dans une mine du Harz, reprise dans l'*Histoire de la peinture en Italie*, chapitre 59 et dans les *Mémoires d'un touriste* I, Cercle du Bibliophile, t. XV, p. 41. Dans le même *Journal* il est fait mention de plusieurs visites de fabriques ou manufactures; nous ne retenons que celles où il est question de l'intérieur de ces établissements.

3 Voir la communication de J.-J. Hamm au XIIe congrès international stendhalien, Bruxelles, mai 1977: 'L'industrie, l'argent et le travail dans le "Journal intime" ', in *Stendhal, le saint-simonisme et les industriels*, Actes du XIIe Congrès International Stendhalien, Bruxelles, 23–25 mai, 1977, Editions de l'Université de Bruxelles, 1979, pp. 55–57.

4 Voir son éloquente déclaration de 1815, *Journal* IV, éd. cit., t. XXXI, pp. 165 et 263–80, notes sur le voyage de 1817 où abondent les

réserves. (Journal rédigé par le baron Schmidt qui a consigné ce qui dut être l'impression commune aux deux voyageurs.) La polémique antibritannique est encore plus aigre dans les notes de 1818.

5 Ouvrages signalés dans Doris Gunnell, *Stendhal et l'Angleterre*, Paris, 1908; Ethel Jones, *Les voyageurs français en Angleterre de 1815 à 1830*, Paris, 1930; P. Reboul, *Le Mythe anglais dans la littérature française sous la Restauration*, Lille, 1962; Flora Tristan, *Promenades dans Londres*, Paris, réédition de 1978, préface de F. Bedarida. Stendhal a lu les romans de Godwin, cf. F. Rude, *Stendhal et la pensée sociale de son temps*, Paris, 1967, pp. 48–50; V. Del Litto, *La vie intellectuelle de Stendhal*, Paris 1962, pp. 135 et 318; H.-F. Imbert, *Les métamorphoses de la liberté ou Stendhal devant la Restauration et le Risorgimento*, Paris, Corti, 1967, pp. 573–74.

6 *Commentaire sur l'ouvrage de Filangieri*, Paris, P. Dufart, 1822, pp. 92–93. Cette idée d'une révolution imminente est partagée par Tocqueville, *Œuvres complètes*, t. VIII, pp. 327–28, édition de 1877, et par Balzac, cf. J.-H. Donnard, *Les Réalités économiques et sociales dans la Comédie Humaine*, Paris, 1961, p. 35.

7 V. Del Litto, *op. cit.*, pp. 621–22; *Rome, Naples et Florence en 1817* in *Voyages en Italie*, édités par V. Del Litto, Bibliothèque de la Pléiade, 1973, pp. 139, 168; *L'Italie en 1818*, *ibid.*, pp. 236, 256–58; *Journal littéraire* III, Cercle du Bibliophile, t. XXXV, p. 144, préface à *Del Romanticismo nelle arti*.

8 *L'Italie en 1818* in *Voyages en Italie*, Bibliothèque de la Pléiade, p. 258; c'est Stendhal qui souligne. Sur la crise de 1816–18, cf. J.-P. Rioux, *La Révolution industrielle, 1870–1880*, Paris, 1971, pp. 140–41.

9 D'après une note de 1826 dans *Rome, Naples et Florence en 1817*, éd. cit., p. 379.

10 *Souvenirs d'égotisme*, Cercle du Bibliophile, t. XXXVI, pp. 86–87. Comparaison déjà utilisée en 1823 dans la *Vie de Rossini* II, Cercle du Bibliophile, t. XXIII, p. 264.

11 *Souvenirs d'égotisme*, éd. cit., p. 131, chez Daniel Rogers, oncle de Sutton Sharpe.

12 Doris Gunnell, *op. cit.*, pp. 20–21; H. Martineau, le *Calendrier* de Stendhal, Paris, 1950, p. 222; K. G. McWatters a repris cette chronologie, in *Stendhal–Balzac. Réalisme et cinéma*, Grenoble, 1978, pp. 208–10.

13 *Correspondance*, Bibliothèque de la Pléiade, t. II, p. 114 (30 avril 1827).

14 *Ibid.*, t. II, p. 89 (15 sept. 1826).

15 *Mélanges I: Politique-Histoire*, Cercle du Bibliophile, t. XLV, pp. 295–300, 'Sur l'Angleterre'; Annotations aux *Domestic manners of the Americans* de Frances Trollope in *Journal littéraire* III, éd. cit., p. 319.

16 *Vie de Rossini* II, Cercle du Bibliophile, t. XXIII, p. 264 n. Exemple du même genre dans une lettre de Victor Jacquemont, *Correspondance inédite*, t. I (1867), pp. 121–22.

17 *Mémoires d'un touriste* I, Cercle du Bibliophile, t. XV, pp.

415–16.

18 Le 8 juin 1826, il demandera à Mareste de les lui acheter, *Correspondance*, t. II, p. 85.

19 *Courrier anglais*, édition du Divan, t. II, pp. 312–13 et t. III, pp. 186–87; *Mercure*, X, pp. 361–66.

20 *Le Temps*, 3 février 1830, in *Mélanges II: Journalisme*, Cercle du Bibliophile, t. XLVI, p. 215. Sur l'opinion de Stendhal quant aux mérites du livre de Custine, cf. *Correspondance*, t. II, p. 171.

21 K. G. McWatters (éd.), *Chroniques pour l'Angleterre*, Publications de l'Université des Langues et des Lettres de Grenoble, 1980, t. I, p. 287.

22 Baron d'Haussez, *La Grande Bretagne en 1833*, Paris, Canel, 1833, t. I, pp. 339–45. Compte rendu in *Revue encyclopédique*, septembre 1833, pp. 448 et suiv. et, pour la 2ᵉ édition in *Le Temps* du 31 octobre 1834. Aux pages 346–48 se trouve la comparaison entre les ouvriers et les nègres de la Jamaïque qu'on rencontrera chez Stendhal et qui affleure dans le titre de Lamennais, *De l'esclavage moderne* (1836); elle deviendra un cliché dans l'*Education sentimentale*, édition Garnier, 1964, p. 138.

23 Duvergier de Hauranne, *De la nouvelle révolution ministérielle en Angleterre*, Paris, Guiraudet, 1827, p. 22: '...Une masse effrayante de prolétaires attachés, non plus à la glèbe, comme dans le moyen âge, mais à la machine'. Voir, du même, 'De la situation de l'Angleterre', *Le Globe*, 28 juin 1827. En 1826, Duvergier avait publié dans *Le Globe* une série de lettres sur l'Angleterre que Stendhal apprécia; cf. *Courrier anglais*, t. III, pp. 183–84.

24 Citations extraites du *Temps*, 4, 6, 7 novembre 1831.

25 *Correspondance*, t. III, p. 406. Il s'agit de travaux sur l'agriculture anglaise.

26 Voir J.-R. de Salis, *Sismondi 1773–1842: La vie et l'œuvre d'un cosmopolite philosophe*, Paris, 1932. Le genevois bénéficie aujourd'hui d'un regain de faveur qu'illustre la réédition des ses *Etudes sur l'économie politique* chez Slatkine, Genève, 1980.

27 *Mémoires d'un touriste* II, p. 349.

28 Ch. Rist cité par De Salis, *op. cit.*, p. 403. Voir aussi les 'Notes de lecture' d'Alfred Sauvy dans *Le Monde* du 10 février 1981.

29 Rapprochement fait pour la première fois en 1962 par P. Reboul, *op. cit.*, p. 221; repris, sans le signaler, par F. Rude, *op. cit.*, pp. 90–92, et G. Dupuigrenet-Desrousilles, dans la préface à son édition des *Nouveaux principes* (Paris, Calmann-Lévy, 1971) et lors du XIIe congrès stendhalien de Bruxelles (voir *Stendhal, le saint-simonisme et les industriels, op. cit.*, pp. 27–43). Sur l'influence de Sismondi, voir A. L. Dunham, *La Révolution industrielle en France 1814–1848*, Paris, 1953, pp. 178–79.

30 Nous avons tenté de préciser l'histoire des rapports entre les deux écrivains dans notre thèse.

31 'Les économistes ne cessent d'encourager les nations à produire,

à inventer de nouvelles machines, ils signalent les oisifs à l'indignation publique...ils voudraient que chacun fût ouvrier, que chacun travaillât pour vivre. Mais l'homme ne se fatigue que pour se reposer ensuite' in *Nouveaux principes...,* t. I, pp. 78–80 (édition de 1819). Ou, dans l'édition de 1827: 'Ce sont toujours les moyens de produire que le producteur considère, et non les moyens de consommer', t. I, p. 364.

32 Avertissement de la 2e édition, pp. 51–52 de l'édition de 1971.

33 *Mélanges I: Politique-Histoire,* p. 298. Entre 1816 et 1818, et en 1826, Stendhal a cité Mackintosh comme historien, homme politique et collaborateur de l'*Edinburgh Review.* V. Del Litto, in *Voyages en Italie,* p.1359 signale qu'on ne sait rien de la lecture de ses œuvres par Stendhal.

34 V. Del Litto, *En marge des manuscrits de Stendhal,* Paris, 1955, pp. 184–85. Voir aussi sa *Vie intellectuelle de Stendhal,* p. 387 et F. Rude, *op. cit.,* première partie, chapitre 2.

35 *Souvenirs d'égotisme,* éd. cit., p. 83.

36 V. Del Litto a publié les annotations de Stendhal et Crozet sur les ouvrages de Say, Malthus et Smith. Voir *Stendhal Club,* no. 69, 15 octobre 1975, et no. 73, 15 octobre 1976.

37 *Le Globe* du 1er, 6 et 11 juillet 1831 classe les principaux journaux par rapport à cette question.

XVII
Stendhal et les victoriens: quelques jalons
K. G. McWATTERS

Mon point de départ, c'est le fait, qui mérite d'être souligné, qu'à toutes les étapes de la réception des œuvres de Stendhal études françaises et études en langue anglaise vont de pair. L'*Edinburgh Review* rend compte de *Rome, Naples et Florence en 1817*, de l'*Histoire de la peinture en Italie* en 1819. Le *New Monthly Magazine* ne néglige ni *De l'Amour* ni *Racine et Shakespeare*. Quant aux articles nécrologiques, l'article du *National* de 1842 et celui de la *Revue des Deux Mondes* de 1843 suscitent un article du *Dublin University Magazine* en 1843.[1] Pendant les années 1850 en France, nous avons les témoignages de R. Colomb, de Mérimée, de Sainte-Beuve et puis un long article de l'*Edinburgh Review* en 1856. Les *Nouveaux essais de critique et d'histoire* de Taine sont suivis en 1874 de l'étude d'Andrew Paton. Et Chuquet avec son *Stendhal-Beyle* attire un long article de Lytton Strachey publié, toujours dans l'*Edinburgh Review,* en 1914. Tout cela pourrait paraître en grande partie un effet de la marche en avant de cette lourde et puissante machine de diffusion qu'était la presse périodique britannique au dix-neuvième siècle. Mais à regarder de près, la tentative des périodiques dépasse de loin toute visée encyclopédique, toute idée simplement de signaler les ouvrages de Stendhal: il s'est toujours agi de les 'digérer' et de les 'juger'.

Jusqu'ici notre colloque s'est penché sur cette espèce d'inter-rogatoire que Stendhal a fait subir à l'Angleterre: anglophilie, anglophobie; Racine et Shakespeare, Racine ou Shakespeare. Ce matin même, on l'a vu interroger le dix-huitième siècle depuis nos auteurs les plus 'classiques' (Fielding, Goldsmith) jusqu'à nos romanciers dits *jacobins,* mot que nous avons dû emprunter aux Français, le mot anglais de 'radical' paraissant de portée trop faible. Demain, ce sera le tour, grâce à Renée Dénier, d'un jeu de miroirs — l'image de la France à partir des *Chroniques pour l'Angleterre*, c'est-à-dire du journalisme 'anglais' de Stendhal. A mi-chemin de notre colloque, je voudrais traiter de l'Angleterre — surtout de l'Angleterre victorienne — qui interroge Beyle.

Je dois dire tout de suite que toute une dimension manque à mon exposé: celle des créateurs d'œuvres littéraires. Je ne puis vous faire faire une promenade à travers les commentaires et les opinions de nos grands romanciers et nos grands poètes du dix-neuvième siècle. Quant au roman victorien et aussi à la poésie victorienne, le dix-neuvième siècle appartient à Balzac et à George Sand.[2] Je pourrais tout au plus poser quelques jalons: Elizabeth Barrett, future épouse de Robert Browning, a été bouleversée par la lecture qu'elle fit en 1845 du *Rouge et le Noir,* fait qu'a très utilement rappelé Jules Deschamps:[3] on est d'ailleurs en train d'éditer de nouveau toute la correspondance du poète qu'était Elizabeth Barrett Browning. Ainsi a-t-on redécouvert qu'elle se raffolait de Paul de Kock, les œuvres duquel elle faisait une énorme consommation. Mais en 1845, elle exigeait de son amie Mary Russell Mitford, romancière régionaliste, qu'elle lise le *Rouge et le Noir,* roman d'un coloris sombre—'*dark and deep in the colouring*'. Balzac n'a guère réalisé quelque chose de plus fort. Cette lecture douloureuse et même malfaisante, il fallait quand-même l'avoir faite: 'Read it for the Power's sake. It has ridden me like an *incubus* for several days.' Voilà Stendhal promu à l'état de véhicule d'une puissance surnaturelle et accordé une puissance de cauchemar. Au pôle opposé nous retrouverons Henry James pour lequel, et il suit l'avis de Flaubert, le *Rouge et le Noir* et *De l'Amour* entrent dans la catégorie des livres presque entièrement *illisibles.* Parlant de *De l'Amour* James proclame que 'to our taste it is the one of the books which, with the exception perhaps of *Le Rouge et le Noir,* comes nearest to being absolutely unreadable'.[4]

Il n'y a pas, ou presque pas, de juste milieu. Le romancier Thackeray en poste, pour ainsi dire, à Paris pendant les années 1830 ne mentionne ni Beyle ni ses romans. Par contre, dans ses *Paris Sketchbooks (Esquisses de Paris)* se trouvent d'admirables morceaux de critique littéraire, consacrés à George Sand, surtout à *Spiridion,* mais aussi à *Valentine* que Stendhal lut en 1834. Citons néanmoins George Eliot qui a su voir tout le potentiel féministe du traité de l'*Amour,* ce dont elle se félicitait, tout en admirant comme *écriture* le joli petit récit qu'est *Ernestine.*[5] Mais ce fut en 1856, année qui vit un long article de l'*Edinburgh Review* sur les *Œuvres complètes* de Beyle, et c'est un peu décevant. Aussi digne de remarque est le témoignage d'un Anglais, ancien élève de Cambridge, Frederick W. H. Myers, et qui date de 1872.[6] Celui-ci a sans doute perdu la foi. Parmi ceux qui le réconcilient à la vie, figurent George Eliot (c'est l'œuvre de la romancière qui provoque le témoignage), Mme de Staël, George Sand, et Stendhal:

> And you seem now to be the only person who can make life appear noble and interesting without starting from any assumptions. De Stendhal perhaps while himself detached from all illusions has painted life in the same grand style. But he remains too much outside his characters and though in his books nobleness seems possible it seems possible only as an aberration. And others who have shown more or less the same power of rising into Clear air — Mme de Stael in Corinne, Mrs. Craven in Fleurange, George Sand in Consuelo — have all needed some fixed point to lean against before they could spread wings to soar. But one feels that you know the worst, and thanks you in that you have not despaired of the republic.[7]

Cependant nous allons nous situer sur un tout autre plan: celui des organes d'opinion, et sans perdre de vue des articles antérieurs consacrés à Beyle, nous voudrions traiter surtout d'une étude de 1856, publiée dans l'*Edinburgh Review*.

La conjoncture beyliste? Beyle arrive en Angleterre, sous le patronage de Romain Colomb, de Mérimée et de Sainte-Beuve. Mais surtout il est suivi pas à pas à travers la *Correspondance inédite* et l'esquisse biographique de Colomb, ce qui assure le sérieux de l'article: le Beyle mythomane est comme réduit au silence. Pour s'en rendre compte il suffit de se rapporter à l'étude de Mme Dalkeith Holmes.[8]

La conjoncture morale et intellectuelle? L'article est publié cinq ans après l'exposition universelle de 1851, article donc victorien. Quant à la conjoncture politique, le coup d'état est vieux de cinq ans, on vient de vivre la guerre de Crimée, et en Angleterre on fait confiance à Louis-Napoléon. Assez curieusement l'auteur de l'article sur Beyle s'est aussi chargé de surveiller la publication en Angleterre d'une brochure de Montalembert: *De l'avenir politique de l'Angleterre*.

Enfin la conjoncture littéraire: nous sommes à l'année qui précède la publication de *Madame Bovary*.

L'auteur est un certain Abraham Hayward, né en 1801 et fils d'un petit propriétaire terrien du Wiltshire.[9] Il échappa à l'éducation anglaise classique: pas de *public school*, pas d'université ancienne. Il choisit le métier d'avocat. En 1828 on le voit à Londres: il est l'un des fondateurs du *Law Magazine* (Revue trimestrielle de jurisprudence), il vient de traduire (en prose) le *Faust* de Goethe. Par la suite il devient journaliste politique au *Morning Chronicle*. Il est tory de tendance libre échangiste, mais nullement fanatique. Ses rapports avec les grands partis politiques relèvent presque entièrement de la vie privée, c'est-à-dire des rencontres, des hasards, des fidélités. Lors de ses obsèques on voit le premier ministre libéral — Gladstone — mettre sur le cercueil un bouquet de perce-neige cueilli de la main de son épouse.

Mais Abraham Hayward fut surtout *homme des salons* — il a réussi dans une carrière que Beyle considérait très *estimable*, celle de *conteur agréable*. C'est-à-dire qu'il est moins homme d'esprit que collectionneur d'anecdotes. Et il connaissait presque tout le monde, je veux dire, le beau monde, le monde de la politique et de la littérature. Il était doué d'une mémoire exceptionnelle: sa mémoire, disait l'un de ses amis, était d'une *fidélité morbide*. Bien entraînée elle lui fournissait une foule de détails précis, faisant de lui un objet de crainte, et parfois on le haïssait.

Pour situer ce littérateur mondain que Carlyle appela 'le premier de nos hommes de second rang', et dans lequel il est permis de voir un biographe manqué, je pense parfois à certains personnages de Proust dans *A la recherche du temps perdu*, à un Bloch — Hayward s'est fait un devoir de cultiver tous ses contemporains qui se sont distingués. A ce propos, on pourrait signaler de lui un article exceptionnellement lucide sur le journalisme en France sous la monarchie de Juillet.[10] Ensuite au moment de la réussite, il faut penser un peu à M. de Norpois, moins en grand la fatuité.

Revenons à Beyle — une présentation biographique était de rigueur, était même dans les habitudes de la maison — elle s'imposait d'autant plus que Hayward connaissait bien la méthode de Sainte-Beuve, à qui il consacrera un grand article en 1876.[11] Mais en Angleterre on s'arrogeait en outre le droit de juger l'homme et la façon dont il se comportait dans les différentes phases de la vie. 'Conduct is three quarters of life', dira bientôt Matthew Arnold. Bonne conduite bien entendu. Comment alors éviter une critique *ad hominem*? Pour la question sexuelle Henry James a bien vu le

'... ce littérateur mondain que Carlyle appela "le premier de nos hommes de second rang" ...' (p. 286)

danger: 'It is an especial ill-fortune for Beyle that his relations with women and his views on the whole matter of love should be presented at an English tribunal, unaccustomed to dealing either with such temperament or such opinion'. Le malheureux Beyle a dû paraître devant un tribunal anglais pour répondre de ses amours et de ses idées sur l'amour.

Henry James a vu juste. Permettez-moi d'introduire dans mon exposé Mrs Harriet Grote, personnage qui ne manque pas d'intérêt aux stendhaliens à plus d'un titre. Le regretté F. C. Green de Cambridge attribua à Stendhal un article que fit Harriet Grote sur les *Mémoires de Mme de Genlis* et qui fut publié en 1826 dans la *Westminster Review*.[12]

Sans doute grâce à Mérimée, qu'elle estimait, elle connaissait l'œuvre de Stendhal avant l'article de Hayward, avec qui elle était d'ailleurs liée. Et lecture faite de l'article de son ami, elle lui écrivit pour dire sa détestation de Beyle: 'As many individuals continue to love, though a prey to disease, so Beyle managed to enjoy existence notwithstanding his total ignorance of the pleasures and advantages of a wholesome mind'.[13] Or, Mme Grote est bien un bas bleu, mais elle fait aussi partie d'un groupe de réformateurs radicaux bourgeois. Son mari, George Grote, est député radical et l'un des fondateurs de l'Université de Londres. Elle a elle-même des dons de polémiste non négligeables. Enfin elle fut une sorte de trait d'union entre la France et la Grande-Bretagne — entre les *public figures* et les élites réformistes des deux pays, ayant à partir de 1840 son salon à Paris où venait notamment Guizot.[14]

Le malentendu est complet. Nisard disait des Anglais que leur grande vertu, leur grande force était qu'ils savaient *se gêner*. Beyle se gênait peu. Mais il y a probablement plus. Tout en désirant sincèrement réformer le système industriel, Mme Grote en conservait sans doute l'esprit — vie de famille disciplinée, sinon totalitaire. Stendhal regardait en arrière vers une France idéalisée: France de Montaigne, de Marot, de Montesquieu, etc.[15] En outre, il s'intéressait peu à l'avenir de l'Angleterre, peu aux gens qui allaient transformer l'Angleterre, comme entre autres le firent George et Harriet Grote.

Mais l'immoraliste cache le matérialiste. Or Stendhal est dénoncé comme matérialiste dans l'*Edinburgh Review* en 1817, en 1819 (on doit se demander si le compte rendu en question est réellement de Henry Brougham), dans le *Dublin University Maga-*

zine, et de nouveau dans l'*Edinburgh Review* de 1856. A tel point, qu'on songe au mot de Constant dans *Adolphe* suivant lequel les sots font de leur morale un seul bloc, ce qui évite tout effort de penser...

Le matérialisme en question est le plus souvent un matérialisme bien pratique qui sacrifie aux jouissances des sens. Mais il a quand-même des conséquences littéraires comme le constataient Sainte-Beuve ('anatomistes et physiologistes je vous retrouve partout') et Lamartine ('l'idéal a cessé, le lyrique a tari'). Et si les anatomistes et physiologistes avec leur esprit d'observation, leur dureté, en arrivaient à trop valoriser le physiologique et le sensuel, à introduire dans le roman un élément de corruption, il existait pour les flétrir un mot de Robert Burns repris par le poète Matthew Arnold. Leur monde est celui du *sentiment pétrifié*, d'où plus tard la comparaison qu'Arnold fit entre *Madame Bovary*, roman que colorent l'amertume, l'ironie, l'impuissance, roman *du sentiment pétrifié*, et *Anna Karenina*. Matthew Arnold assura d'ailleurs ses lecteurs que c'est le roman russe qui avait de l'avenir — et nullement le roman français.[16]

Stendhal, on le voit bien, doit ramer à contre-courant tout le long du siècle.

Pour un Hayward le matérialisme, le refus de la Providence, etc., faussaient chez Beyle le jeu ou l'interaction de l'imagination, de l'enthousiasme d'une part et de l'analyse de l'autre, d'où une nette préférence pour les ouvrages qu'il disait inspirés par l'imagination et l'enthousiasme : *Histoire de la peinture en Italie*, *Vie de Rossini*, *Rome, Naples et Florence*, *Racine et Shakespeare*. L'idée que la mauvaise tenue morale de Beyle ou bien sa personnalité ou sa philosophie sont déséquilibrantes sur le plan littéraire sera tenace en Angleterre.

Dans ce dur climat il possède pourtant un atout. C'est la *Chartreuse de Parme*. Si l'on admet que l'œuvre de Stendhal soit à deux versants, versant français, versant italien, il est curieux de voir nos Anglais supprimer à l'unanimité le versant français. C'était le cas de Mrs Dalkeith Holmes en 1843, c'est le cas d'Abraham Hayward en 1856 et ce sera le cas de Henry James (il est américain, il faut l'avouer) en 1874. Il existe des raisons pour expliquer cela: Mrs Dalkeith Holmes faisait partie du cercle de Vigny, et Vigny admirait les *Chroniques italiennes*, Abraham Hayward se couvre de l'autorité de Balzac et son article de la *Revue parisienne*. Henry

James se sentit enfin vivre après son arrivée en Italie. Malgré l'entrée en jeu de ces différents facteurs, il faut conclure que pour les Anglo-Saxons la liberté et le bien-être ne commencent pas à Calais mais de l'autre côté des Alpes. Comme preuve, j'aimerais alléguer quelques paragraphes de Mary Shelley à trouver dans ses comptes rendus publiés dans la *Westminster Review* en 1826 et consacrés à des ouvrages qui avaient l'Italie pour sujet, notamment les *Anglais en Italie* de Lord Normanby. Pour expliquer la très nombreuse colonie d'Anglo-Italiens, elle trouve à l'Italie les avantages suivants: les rapports aisés à l'intérieur de la société italienne; le bon sens et le naturel des petites gens, y compris les paysans; la fascination pour les mondains de la politique des états italiens aux dimensions lilliputiennes; ensuite l'attrait souverain des paysages italiens et des campagnes opulentes; enfin la personnalité même de l'Italien qui est comme condamné à avoir *du talent* sous le rapport des valeurs humaines et morales.[17]

On croirait lire dès 1826 un prière d'insérer très stendhalien de la *Chartreuse de Parme*. Notre Abraham Hayward, tout en faisant remarquer au lecteur que la cristallisation se trouve déjà dans les pièces de Congrève, souligne à volonté que dans *De l'Amour* la cristallisation se fait autour de la personne d'une jolie Italienne, Mme Gherardi d'après lui. Rachat donc de Beyle grâce à une certaine italianité plus ou moins partagée, mais peu précise et surtout *rêvée* du côté britannique.

Mais cela ne sera pas ma conclusion. Quoi de plus inattendu que trouver en 1856 un Anglais, un mondain qui prenait de l'âge, et qui louait Stendhal de ce que ses livres appartenaient à la catégorie des *œuvres insolentes*, c'est-à-dire des œuvres qui exigent de la part du lecteur un effort de réflexion. Le mot est, je crois, de Sainte-Beuve, mais Hayward, en ceci faisant parti de l'avant-garde, ajoute qu'il s'agit d'œuvres placées à l'abri de *la dégénérescence moderne...*[18] 'Stupide dix-neuvième siècle' a dit Léon Daudet, selon notre Anglais le siècle s'est déjà montré très prévoyant en sauvant de l'oubli l'œuvre de Henri Beyle grâce à l'édition des *Œuvres complètes*. A ce niveau, Beyle se présente comme un *auteur-refuge*, qui fait fi de l'orthodoxie et du sérieux bourgeois, qui protège contre la montée des classes nouvelles et qui permet à des bourgeois comme Hayward de croire à l'existence d'une aristocratie de l'esprit. A ce Beyle, refuge à ceux qui fuient le *Zeitgeist*, le *Spirit of the Age* (je mélange très délibérément

Matthew Arnold et Hazlitt) sur les plans social, politique et intellectuel, il faut en ajouter un autre; car le *Zeitgeist* est double, il repousse aussi la foi. Je pense à Frederick W. H. Myers, témoin 'transparent', pour qui Stendhal, au siècle du doute, de l'incertitude, du naufrage général des croyances, est bien celui qui tire sa substance ou sa foi de lui-même, faisant fi des systèmes, et qui ainsi permet à des lecteurs meurtris de se ressaisir et de croire à la noblesse humaine. Le texte de Myers que nous avons reproduit porte à réflexion: il y est suggéré que l'œuvre de Stendhal mérite la comparaison avec celle de George Eliot elle-même, et pour deux raisons: une même absence d'illusions, et 'the same grand style', c'est-à-dire un style soutenu, sérieux, grâce auquel le roman peut rivaliser avec la tragédie et la poésie épique. Sans doute Myers trouve-t-il trop observateur ce Stendhal qui est toujours 'too much outside his characters'. C'est là le grief principal fait au roman français par le lecteur anglais. Mais le prisme réfractant est cette fois-ci tout autre: le Stendhal de Myers nous permet de respirer l'air de cimes (rising into Clear air), et ce qui est chez lui négation est paradoxalement source de consolation et même de libération.

Un Beyle immoral, 'italien', trop observateur, insolent et rassurant, consolateur mais capable d'envoûter lecteurs et lectrices, est-ce bien un Beyle vu en profondeur, ou un Beyle modelé par les désirs, les fantasmes, et les certitudes de notre dix-neuvième siècle?

Notes

1 L'étude sur Stendhal paru dans le *Dublin University Magazine* d'octobre 1843, pp. 403–20 a pour auteur Mrs Dalkeith Holmes. Voir notre article 'Aux débuts du Stendhalisme : une romantique anglo-irlandaise' in *Stendhal et le Romantisme*, Actes du XVe Congrès international stendhalien tenu à Mayence, Aran, éditions du Grand Chêne (1984), pp. 163–69.

2 Le lecteur consultera avec fruit l'ouvrage de Patricia Thompson: *George Sand and the Victorians*, Londres, MacMillan, 1977.

3 'Comment, en 1845, Elizabeth Barrett jugeait le *Rouge et le Noir*', le *Divan*, no. 296 (1955), pp. 253–54.

4 *Literary Reviews and Essays by Henry James*, éd. Albert Mordell, New Haven (Connecticut) College and University Press, 1957, p. 154. Il s'agit, bien entendu, de l'article publié dans la *Nation* du 17 septembre

1874 où James rendait compte de l'ouvrage d'Andrew Paton.

5 Voir dans la *Westminster Review*, no. 65, (avril 1856) sous la rubrique *Art and Belles Lettres*, pp. 625–50 un article non signé *Earnings* que le *Wellesley Index to Victorian Periodicals* attribue à George Eliot. Voir aussi *The George Eliot Letters* (éd. Gordon S. Haight), Yale University Press, 1978, t. VII, pp. 358–59.

6 Frédéric Myers (1843–1901), élève de Cheltenham et de Trinity College, Cambridge, fit carrière comme l'un de *Her Majesty's Inspectors of Schools*. On retiendra de lui deux études sur Wordsworth (*English Men of Letters* series) et sur Shelley (*Ward's English Poets*). Il s'intéressa aux théories de Mesmer, au spiritisme et fut membre fondateur de la Société pour les recherches sur les phénomènes métapsychiques.

7 *The George Eliot Letters*, (éd. Gordon S. Haight), t. IX, p. 68.

8 Voir note 1.

9 Pour faire ce portrait d'Abraham Hayward nous avons utilisé surtout les sources imprimées, et en premier lieu les articles nécrologiques du *Times* (des 4 et 7 février 1884) et de la *Saturday Review* du 9 février 1884. Pour sa carrière de journaliste il faut consulter d'abord les volumes déjà parus du *Wellesley Index to Victorian Periodicals*.

10 Voir son 'Journalisme en France', *Quarterly Review*, Vol. LXV (mars 1840), pp. 422–68. Cet article a été repris dans *Biographical and Critical Essays* (1858) Vol. II. Les écrits journalistiques de Hayward ont été repris dans ses *Biographical and Critical Essays, reprinted from Reviews, with additions and corrections*, Londres, 1858 (2 vols.); une nouvelle série vit le jour en 1873 (2 vols.), et en 1874 parut une troisième série. Il faut signaler aussi ses *Sketches of Eminent Statesmen and Writers*, Londres, 1880 (2 vols.).

11 Voir la *Quarterly Review*, 'Life and Writings of Sainte-Beuve', vol. CXLI (janvier 1876), pp. 170–211.

12 Voir F. C. Green, *Stendhal*, Cambridge, 1939, p. 154 en note, et le *Wellesley Index to Victorian Periodicals*, t. III, p. 364.

13 Voir de Harriet Grote sa *Personal Life of George Grote*, Londres, 1873 (deuxième édition), t. I, p. 279. Cette lettre est de février 1856. Pour Mérimée, voir t. II, pp. 256–57.

14 Voir l'étude très fournie de Doris Gunnell: 'Quelques amis anglais d'Alfred de Vigny', *Mercure de France*, LXXIX (mai-juin 1909), pp. 433–54.

15 Voir *Mémoires d'un touriste* I et II (Cercle du Bibliophile), XV, pp. 22, 173; XVI, pp. 28, 467.

16 'Count Leo Tolstoi', in *The Fortnightly Review*, décembre 1887. Cet article a été repris dans les *Essays in Criticism, Second Series*, dont les éditions, scolaires et autres, sont innombrables.

17 *Westminster Review*, vol. VI (octobre 1826), pp. 325–41. Les ouvrages dont Mary Shelley rendait compte s'intitulent; *The English in Italy* (Lord Normanby); *Continental Adventures* (Mrs Charlotte Eaton); *Diary of an Ennuyée* (Mrs Anne Jameson).

18 C'est nous qui soulignons. Stendhal se présente ici comme auteur

rassurant et le problème est de savoir si 'la dégénerescence moderne' évoquée par Hayward est l'effet de la révolution industrielle, ou si d'autres facteurs entrent en jeu.

XVIII

Stendhal et les demoiselles de Westminster Road

PHILIPPE BERTHIER

Quand ils furent de l'autre côté du pont,
les fantômes vinrent à leur rencontre.
Nosferatu

Le séjour de Stendhal à Londres en octobre-novembre 1821, tel
qu'il est évoqué dans les *Souvenirs d'égotisme*, comporte un épisode étrange sur lequel la critique s'est montrée en général d'une
extrême pudeur. Non qu'il soit particulièrement scandaleux, mais
il gêne et on ne sait trop comment l'interpréter. Il détonne, dirait-
on. Quelque chose s'y joue et s'y avoue qui trouble et embarrasse.
L'historiette semble insignifiante, parce que trop signifiante peut-
être. Nous l'avons ailleurs effleurée.[1] Nous voudrions tenter ici
d'aller plus loin.

Rappelons les faits bruts. Stendhal, Barot (= Rémy Lolot) et
Lussinge (= Adolphe de Mareste) se plaignent à leur valet de place
de ne connaître personne d'agréable à Londres. Celui-ci met
aussitôt sur pied une 'partie de filles' (p. 483),[2] dans un quartier
perdu et vaguement périlleux. Lussinge prend peur et renonce.
Barot et Stendhal relèvent le défi. Ils arrivent à une miniscule
maison où les attendent trois petites filles, timides, pauvres et
pâles. Au lieu de tomber dans un guet-apens, ils découvrent un
microcosme tendre et bon. Stendhal y passe la nuit en pleine confiance, en profonde douceur. Il y reviendra finir ses soirées chaque
fois qu'il le pourra. Conclusion: 'Ce fut la première consolation
réelle et intime au malheur qui empoisonnait tous mes moments
de solitude' (p. 486).

Voilà. Ce n'est pas grand'chose, et pourtant l'effet de cette
minime aventure semble complètement disproportionné. Pour
mesurer la portée de l'appréciation que nous venons de citer, il
faut ne pas perdre de vue dans quelle disposition d'esprit et de
cœur Stendhal était arrivé à Londres. Quatre mois plus tôt avait eu

lieu la rupture irrémédiable avec Métilde. C'est sans doute l'effondrement affectif le plus grave que Stendhal ait connu dans sa vie d'adulte, un échec radical et saignant, qui lui fait toucher le fond. Les idées de suicide qui le visitent alors ne sont certes pas des stéréotypes littéraires. Métilde définitivement inaccessible, c'est un horizon qui se bouche, un sens qui se dérobe, un rêve qui se clôt. C'est aussi, bien sûr, tout le travail de la sublimation qui commence, acharné à féconder le désastre, à faire du deuil un chant. Nous savons qu'une loi du désir stendhalien est d'inverser sa défaite en gratification imaginaire infinie. Mais pour le moment, sur le plan de l'efficacité et de la possession, c'est la dure évidence du néant.

Stendhal se voit donc chassé d'Italie (autant dire: *Paradise lost*) et jeté en plein *spleen:* avant d'être chez Baudelaire, le mot est chez lui (p. 474). Il se débat dans une crise existentielle totale: '...profondément dégoûté de la vie de Paris, de moi surtout. Je me trouvais tous les défauts; j'aurais voulu être un autre' (p. 474). Changer de peau pour changer d'être, c'est un vœu fréquent chez quelqu'un qui s'insupporte souvent et souhaite vivre une multiplicité d'expériences pour se soustraire à la monotonie du moi, goûter la volupté carnavalesque d'endosser des identités plurielles, mais ici il y a plus. Ni le 'je est un autre' rimbaldien, avec son embardée imprévisible dans l'altérité, ni le 'je suis l'autre' de Nerval, avec son brouillage spéculaire et sa mouvance duelle, mais le soupir de qui se sent prisonnier d'une illusion morte et voudrait faire table rase pour repartir à zéro, toutes chances encore intactes, vers un avenir inentamé. Dans ce paysage désolé, le voyage en Angleterre est moins touristique que thérapeutique: 'j'allais à Londres chercher un remède' (p. 474). Guérir, oublier. *Se distraire*, comme on dit si bien. Et ce remède 'je l'y trouvai assez'. La visite, suivie de beaucoup d'autres, à la bizarre demeure de Westminster Road y serait-elle pour quelque chose? Nous le devinons obscurément. Tâchons d'y voir plus clair.

Il va de soi que Stendhal ne doit pas être gai, même s'il a à cœur, selon le plus strict impératif beyliste, de ne pas ennuyer ses amis avec ses peines et même de les leur cacher autant qu'il le peut. Est-ce pour le mettre en train que ses compagnons l'entraînent dans cette 'partie de filles' dont il est clair que l'initiative ne lui revient pas (p. 483)? C'est probable. Cela fait partie, bien entendu, de ce qu'on appelait le 'devoir du voyageur': dans chaque capitale il fallait aller voir par soi-même ce qu'il en était de la sexualité locale, dans une étude d'érotique comparée sans cesse enrichie d'observations directes, dressant, vérifiant, modifiant la carte européenne du plaisir. Alibi commode, bien entendu, camouflant la crudité de certains appétits derrière le paravent, presque scientifique d'une curiosité de sociologue ou de moraliste désintéressé. D'autre part, n'oublions pas que notre épisode est en réalité le second acte d'une histoire commencée à Paris deux mois plus tôt. En août, Lussinge et Barot, trouvant Stendhal 'soucieux', avaient déjà arrangé 'une délicieuse partie de filles' (p. 444). C'est la fameuse soirée chez Mme Petit, rue du Cadran, et le fiasco avec Alexandrine. Barot est un spécialiste de ce genre de réunions. Stendhal lui trouve de ce point de vue un talent hors pair et ne lui marchande pas son admiration amicale. Quoique l'affaire n'ait pas tourné à son avantage, la soirée d'Alexandrine augmenta beaucoup, dit Stendhal, 'ma liaison avec Barot que j'aime encore et qui m'aime. C'est peut-être le seul Français dans le château duquel j'irais passer quinze jours avec plaisir' (p. 446). Château sadien, dont le maître serait un parfait ordonnateur de cérémonies licencieuses réglées avec raffinement, sous les yeux sinon avec la participation de Stendhal? De toutes manières, Stendhal est clairement invité à réparer l'échec précédent. D'un bordel à l'autre, il lui faudra se racheter. Sous les lazzi (p. 484), on le convie à se montrer cette fois à la hauteur de l'ordalie du sexe.

La nouvelle bordée dans laquelle ses deux compagnons l'embarquent pour dissiper les papillons noirs qui semblent l'offusquer s'annonce d'emblée comme particulièrement sordide. Le valet se charge de l'organisation matérielle, mais il faut 'essuyer' un 'marché' 'maussade et repoussant' (p. 483). On marchande sur le prix (21 shillings, sexe et thé compris). On plonge dans une mesquinerie décourageante, tuante pour la tendresse. Cynisme et crapulerie, dans un monde à la Genet: 'quatre matelots souteneurs' pourraient bien venir rosser les imprudents Français (p. 483), dans ce quartier mal famé où rôdent le désir et le danger, la mort peut-être. Le rendez-vous est à la fois dégoûtant et excitant par ce qui s'y profile de violence et de risque. Stendhal, qu'on imagine proche de la nausée — la saleté, la misère physique et morale de tout ça — ne se décide que parce que, dans cet encanaillement volontaire, il y a dirait-on un défi. Lussinge, apeuré, se désiste. Barot et Stendhal persistent vaillamment: 'Nous sommes forts, lui dis-je, nous avons des armes' (p. 484). Petite exaltation savoureuse, archaïque, au sein de la civilisation moderne qui affadit tout? Plus profondément aussi, exorcisme et profanation. L'image de Métilde est présente, de toute son absence, de son formidable silence. Libéré d'elle, Stendhal peut bien aller dans une maison de passe, afficher avec désinvolture qu'il donne son désir et son corps à n'importe qui. Mais irait-il s'il était vraiment libéré d'elle? N'est-ce pas elle au fond qu'il s'agit de retrouver dans un geste qui apparemment lui signifie son congé, et en réalité la bafoue, c'est-à-dire la suppose vivante et la maintient puissamment proche, s'adresse à elle et l'appelle en semblant la blesser?

Acte sans conséquence, bien entendu, que d'aller 'chez les filles'. Divertissement et hygiène, rien de plus. Pourtant, à l'époque de sa vie où nous sommes, chaque fois que Stendhal y va, c'est lorsqu'il se trouve en plein désarroi. Le bordel est vécu sur fond de grave déchirure passionnelle. On s'y console, naturellement, dans des amours trop faciles d'amours trop difficiles. Mais il y a plus. Il ne peut pas ne pas y avoir plus lorsqu'on y va en proie au malheur d'aimer. Dans cette démarche dérisoire, pathétique pourtant, s'investissent alors toutes sortes de pulsions peu claires: on y va pour expier, pour se venger, pour s'apaiser, pour faire et se faire mal, et les corps dociles qu'on y étreint posent pour d'autres qu'on ne prendra jamais, ou jamais plus, dans ses bras. Stendhal fréquente donc ces établissements quand il est en situation de perte et d'échec. D'après sa comptabilité, il y aurait eu la visite à Alexandrine en août 1821, puis 1826, après sa rupture avec Clémentine Curial (p. 445). Entre les deux, rien. C'est-à-dire que l'épisode de Westminster Road disparaît. Stendhal n'en tient pas compte, comme s'il n'entrait pas dans l'ordre du prostitutionnel, ressortissait à autre chose. Qu'y a-t-il donc rencontré? Des filles? Non: des 'petites filles' (p. 484). Et voilà qui change tout.

'Je m'attendais à voir trois infâmes salopes' (p. 484). Le manuscrit laisse béer un blanc entre épithète et substantif, comme pour hésiter devant l'ignoble sans remède, pour mieux le souligner tout aussi bien en le détachant de son essence abominable. Stendhal ne se dérobe pas à la convocation du péril et de la dégradation. Tout se passe au contraire comme s'il s'y offrait, par provocation (envers soi-même, envers qui d'autre encore au nom imprononçable?), pour aller jusqu'au bout du dégoût, c'est-à-dire, d'une certaine manière inversée et blasphématoire — profondément sado-masochiste — jusqu'au bout de l'amour. Il ne s'agit pas, comme chez Baudelaire encore, d'aller 'cueillir des remords dans la fête servile', mais, inconsciemment, d'affirmer la permanence et la transcendance d'un sentiment apparemment assassiné. Paradoxe: l'équipée dans les bas-fonds de Londres est encore un hommage à Métilde.

Or rien n'a lieu comme prévu. On part pour un voyage bizarre, coloré d'inquiétante étrangeté, voire d'onirisme fantastique. On dirait que le franchissement du pont de Westminster, sous la conduite d'un cocher de fiacre maladroit qui manque verser deux ou trois fois, marque l'abandon derrière soi des repères du principe de réalité, et introduit dans un pays insituable, innommable, un *no man's land* confusément angoissant, où menace on ne sait quoi. La voiture erre dans de 'prétendues rues' sans pavés ni maisons, parmi de fantomatiques jardins (p. 484); il semble qu'on ait complètement basculé loin et hors de la grande métropole pour dériver dans une contrée nocturne, imaginaire, intensément mystérieuse — un pays qui peut-être n'existe pas, plus précisément sans doute: *l'envers* caché des choses, le cœur secret du Sens. Les plaisanteries de Barot sonnent un peu faux, elles luttent contre une peur sourdement pénétrante: les joyeux viveurs (ou supposés tels) vont à la rencontre d'une vérité dont ils pressentent, faute de pouvoir l'envisager encore, le caractère épiphanique et bouleversant.

Tout ce début, comme le fiacre, pourrait facilement verser dans le cauchemardesque et induit, au plan du symbolique (essentiel ici) un processus de perte d'identité. Le fleuve franchi, on passe *de l'autre côté* de soi. On ne sait littéralement plus où l'on est. L'être se fait flou, flottant, désancré. Un paysage indifférencié l'entoure sans le fixer. Image d'une dissolution, traduisant tout à fait l'état mental et affectif de Stendhal après le séisme qui a détruit ses châteaux métildiens. Et lorsque la voiture l'arrête brusquement devant une maison, on est tout prêt à y déchiffrer le signe d'un destin. Quelque chose ou quelqu'un attend, là, depuis toujours sans doute. Monstre peut-être (la traversée des apparences a des allures de cavalcade infernale: le cocher 'jure', observe Stendhal); merveille aussi, qui sait? Révélation en tout cas.

La surprise est bien au rendez-vous. Ce que Stendhal découvre, ce n'est pas un bouge à putains, mais son contraire absolu: une maisonnette de poupées où vivent des enfants innocentes. Tout y

obéit à la loi du menu: vingt-cinq pieds de haut pour la maison;
habitantes et mobilier sont à l'échelle. Comme dans un rêve, une
fois de plus, Stendhal et son compagnon vivent une expérience de
gullivérisation: ils se trouvent d'un seul coup transformés en
géants évoluant dans un monde minuscule qui n'est pas à leur
dimension. Ils n'osent s'asseoir de peur d'écraser les sièges, le jardin n'est qu'un mouchoir; petit cuvier pour la lessive, petite cuve
pour la bière, petites filles dans un espace miniature, qui ressemble
à un jouet. Toujours au plan du symbolique où cette curieuse
histoire trouve sa signification et sa nécessité, il est clair qu'on a affaire ici à une régression vers l'enfance, fantasmée comme un
milieu préservé, pur, surtout intime et confiant.

En effet, le plus extraordinaire dans ce monde à tant d'égards
renversé, est que ces professionnelles du sexe perdent, dans le
récit stendhalien, toute connotation sexuelle. Il est frappant que le
souvenir censure complètement la visée érotique de l'expédition.
Seul Barot manifeste sa vulgarité: devant l'évidence qu'il ne
trouvera pas ici ce pour quoi il est venu, 'dégoûté' (p. 585), il propose de payer et de partir. Attitude qui heurte profondément Stendhal. Lui s'éprouve 'touché' et refuse d'infliger aux petites filles
une humiliation. Il va donc convaincre Barot d'oublier le contrat
charnel, de rester, et goûter alors un climat, totalement irréel,
somnambulique, de bonté, de douceur, de paisible *snugness*
(p.486), l'opposé exact de ce qui était censé l'attente en ces lieux
voués aux débordements tarifés. Le corps s'élide: quand on monte
se coucher, c'est dans une tranquillité conjugale. Pas un mot bien
entendu ne sera dit sur les jeux de la nuit. Nous croirions volontiers qu'il n'y eut d'ailleurs rien d'autre qu'une proximité très tendre. L'érotisme aurait tout gâché. Ce que Stendhal avait rencontré
de manière si inattendue — ou, plus précisément, avait besoin de
croire avoir rencontré — c'était la chaleur d'un foyer, sinon complètement désexualisée, du moins sublimant la violence des pulsions sexuelles au sein d'une calme et pacifiante institution-
nalisation du cœur. Une phrase biffée (pourquoi? avouerait-elle
trop clairement quelque chose qui doit rester non dit?) précise: 'Ce
qu'il y a de plaisant, c'est que pendant tout le reste de mon séjour
en Angleterre, j'étais malheureux quand je ne pouvais pas finir mes
soirées dans cette maison' (p. 1283). Une *maison*, avec ses habitudes: ce que Stendhal n'aurait sans doute jamais supporté, ce qu'il
n'a jamais eu vraiment non plus dans sa vie de déraciné. Une

maison avec une *femme-enfant*, qui l'y attendrait tout le jour. Une femme 'si soumise et si bonne', on osera dire: si pure, dans son impureté trompeuse. Une innocence rousseauiste règne dans cet espace béni, où l'on dirait que Stendhal retrouve quelque chose de ce qu'il avait vécu à Grenoble, dans la micro-société puérile des Bigillion: un monde à soi, loin des adultes qui sont la plupart du temps incompréhensifs ou méchants; un monde où l'on s'appartienne, dans la transparence, la spontanéité, la simplicité. Une petite oasis autarcique (on y fabrique soi-même sa bière — p. 484): peut-être le vrai 'Covent-Garden' — un lieu modestement fleuri et paradoxalement conventuel (c'est-à-dire échappant, au cœur même du monde, au mensonge du monde) — tandis que ce qu'on appelle ainsi à Londres est le domaine d'imposture des 'demoiselles effrontées', collègues et pourtant antithèses des gentilles hôtesses de Westminster Road. Avec une immédiateté confondante, celle-là même du besoin qu'il en a, Stendhal transforme leur 'chez elles' en 'chez nous' ('notre petite maison'). Les meubles sont 'bien propres': Stendhal nie la 'saleté' de l'aventure, donnée pourtant comme constitutive au départ; ils sont 'bien vieux': le temps sédimenté y rassure.[3] C'est une vraie maison bachelardienne, pleine d'équilibre immémorial en toutes ses dimensions imaginaires. Plus rien n'y rappelle la vénalité, l'hystérie du désir public, le trafic de la libido. Même la petite fête qui s'y organise n'excite que des transports 'tranquilles et décents'. Le champagne qu'on y boit n'est pas celui de l'orgie, mais celui qui sacralise les réunions de famille. Stendhal s'arrange d'ailleurs pour qu'on comprenne que seule la misère oblige ces humbles créatures à faire commerce de leurs charmes. Ce ne sont pas des dévergondées, ce sont des pauvres. Le spectre du vice est repoussé avec horreur. De même celui des dangers plus ou moins crapuleux: Stendhal étale bien 'pistolets et poignard sur la table de nuit' (p. 485), mais cette maison de papier, anti-bordel, est aussi une anti-*Auberge des Adrets*. Les petites filles sont tout simplement des *amies*, à qui on se donne et qui se donnent en totale et instantanée sécurité. La trahison est impensable ici. Il n'y a plus que l'expansion heureuse du moi dans la certitude de la sincérité.

Le lecteur des *Souvenirs d'égotisme* ressent l'impression justifiée que cet épisode si troublant puise très loin non seulement dans l'inconscient stendhalien, mais dans des archétypes imaginaires collectifs. On n'aurait pas de peine à y retrouver, par exemple, des éléments relevant des contes. On songe à *Cendrillon*. Stendhal arrivant au pauvre logis pour l'éclairer et le réchauffer soudain de sa bonté et de sa générosité, c'est une métamorphose merveilleuse, digne des fées. Serait-il un dieu, un prince déguisé? Serait-il Haroun Al Rachid, surgissant incognito chez l'un de ses sujets? N'oublions pas que les *Mille et une nuits* hantaient Stendhal... Lui qui, avant de venir à Londres, aurait tant voulu 'être un autre', n'est-ce pas ce plaisir chimérique, féérique, qui lui était ici offert?

Plus généralement, on évoque les sept rôles que V. Propp a dégagés dans sa *Morphologie du conte;* on les repère à peu près dans le nôtre:

- *l'antagoniste* (l'agresseur): l'ombre des souteneurs meurtriers;
- *le donateur* (celui qui offre un objet magique au héros): le valet;
- *l'auxiliaire* : Lussinge, qui apporte le souper merveilleux;
- *la princessse* : l'amie de rencontre;
- *le faux héros* : Barot, qui participe à l'aventure sans la comprendre;
- *le héros* : Stendhal;
- *le mandateur* (celui qui envoie le héros en voyage): seule cette figure serait problématique, à moins qu'elle ne le fût pas du tout. En effet, qui, au bord du compte (ou à l'origine du conte) a envoyé Stendhal à Londres? Ce ne peut être qu'à Métilde qu'il doit cette émouvante rencontre; c'est elle qui la lui offre, comme un dictame à la blessure qu'elle a elle-même infligée. Mais en même temps, et dans une ambivalence constitutive, la petite fille 'soumise et bonne', qui console d'une femme qui ne fut ni soumise ni bonne, en prend la place, aime pour elle qui ne sut pas aimer: elle l'annule, mais, inversant son signe, elle se substitue à elle, elle devient elle. Elle rature Métilde, mais d'une manière qui réinscrit plus fortement que jamais la Métilde du désir, par-dessus la Métilde refusée par Stendhal (parce qu'elle l'a refusé). On comprendrait bien ainsi pourquoi la 'nouvelle amie' de Westminster Road n'a pas de nom. Stendhal l'a oublié (p. 486). Quoi d'étonnant? dira-t-on. Mais les points de suspension qui le remplacent sont-ils si anodins? La défaillance de la mémoire signale souvent que quelque chose résiste, refuse dans les profondeurs de se dire. L'enfant est sans nom, parce que son nom appartient à Métilde. Et parce qu'au

fond elle n'existe pas. Elle n'est là que pour racheter, en feignant de lui tourner le dos et de vouloir le faire oublier, le nom et le non d'une autre femme. Le *oui* si docile de Londres s'enracine profondément dans le *non* de Volterra et lui répond, moins pour le contredire que pour (se) faire croire — bien entendu sans y croire — qu'il cachait, tout au fond, quelque chose qui signifiait *oui*. En fait, tout n'aurait donc été, au sens propre du mot, qu'un *malentendu*.

Cette inexistence, cette non-substance des héroïnes, on en discernerait un autre indice dans leur pâleur, si étrangement soulignée par Stendhal (pp. 484, 485). Mal nourries, assurément, et tout heureuses du festin de viandes froides que les visiteurs leur offrent: mais nous y verrions moins une indication sociologico-médicale sur l'anémie du prolétariat londonien, qu'une marque au fond mythique: si elles sont tellement pâles, ces trois créatures, n'est-ce pas tout simplement parce qu'elles ne sont plus de ce monde? Ce fleuve qu'il a fallu traverser, quel nom porte-t-il en fait? Ces trois filles, dans cette maison à trois étages (le chiffre sacré) font surgir absurdement, mais impérieusement, une image primitive très enfouie: celle des Parques, ici miraculeusement rajeunies, ramenées à l'enfance, c'est-à-dire conjurées, affirmées innocentes et inoffensives. Le caractère dénégateur du scénario se confirme. Ces bonnes déesses, accueillantes, aimantes comme de naïves fillettes, démentent la formidable charge de destin dont, quelque part, elles sont investies: comment pourrait-elle peser sur leurs si frêles épaules? Rien à redouter de ces puériles messagères: du moins essaie-t-on de le croire, parce qu'on les sent confusément au service terrible du Fatum. D'autre part, leur transparence, en même temps qu'elle les déréalise, les rend plastiques à toutes les illusions projetées sur elles; elles ne se distinguent plus du pur fantasme. Mortes et offertes, elles ne vivent que du repas apporté par cet être venu d'ailleurs (descendu d'en haut?) transfigurer leur néant (on songe aux aliments qu'à certains jours les Anciens disposaient devant les bouches des Enfers pour sustenter les Esprits): Stendhal leur donne des couleurs, les ranime autant qu'elles le réchauffent de la confiance dont il a besoin et qui peut-être n'existe que chez les morts. Dans cet échange la vie se confirme et nie ce qui semble la nier. Outre-tombe, une douce âme exsangue attendait Stendhal pour reprendre des forces; Stendhal avait besoin d'elle pour croire qu'il en était attendu. Métaphoriquement 'morte' pour lui, Métilde, démultipliée dans la triade enfantine de Westminster Road, reconnaissable pourtant sous ses voiles symboliques, était là pour lui faire croire qu'il lui redonnait l'existence dans le geste même par lequel elle lui donnait (redonnait aussi) l'amour qu'elle ne lui avait jamais enlevé.[4]

Lecture délirante d'un épisode *en réalité* insignifiant? Peut-être bien. Prenons garde tout de même que, chez Stendhal, la 'réalité', même si parfois elle semble occuper beaucoup de place, n'a jamais le dernier mot. Bien sûr, cette œuvre colle au réel avec une perspicacité admirable. Mais elle en décolle aussi, s'ouvre au mystère. Il y a en elle d'étranges visitations. La rencontre de Westminster Road est pour nous de celles-là. Il s'y joue, sur fond de vieux mythes, et fortement lestés d'inconscient, des songes irréductibles à toute saisie rationnelle. Nous sommes ici plus près d'Hoffmann, de Nerval peut-être, que de Destutt... Stendhal était *aussi* un 'rêveur définitif'.

Notes

1 *Stendhal et la sainte famille*, Genève, Droz, 1983, pp. 227–28.

2 Nous renvoyons toujours aux *Œuvres intimes*, Bibliothèque de la Pléiade, 1982, t. II.

3 Baudelaire, une fois encore, s'impose: 'Des meubles luisants / polis par les ans / Décoreraient notre chambre...'. Mais ni 'rares fleurs' ni 'luxe': bonhomie et rusticité.

4 Cf. Freud, 'Le Thème des trois coffrets', in *Essais de psychanalyse appliquée,* Gallimard (Idées), 1971. (Standard Edition, Londres, The Hogarth Press, 1958, Vol. XII, pp. 289–302, 'The theme of the three caskets', 1913.)

XIX

Les Chroniques pour l'Angleterre: un jeu de miroirs

RENEE DENIER

La métaphore du miroir a toujours été chère à Stendhal, et un sujet de choix pour ses commentateurs. Si, en 1825, le temps n'est pas encore venu de 'promener le miroir au long d'un chemin', il se propose, pour l'heure, de le tendre à la société parisienne pour en saisir le reflet, et ceci à l'intention d'une autre société à laquelle il s'adresse, par le biais de la presse: de 1822 à 1829, en effet, Stendhal se fait le 'reporter' — le mot est de lui — de la réalité française qu'il souhaite présenter à ses lecteurs anglais et qu'il leur livre sous forme d'articles, d'abord simples comptes rendus de l'actualité littéraire, puis tableaux plus élaborés et de portée plus générale touchant la littérature, les moeurs, la politique.

Il est habituel, lorsqu'on étudie les *Chroniques pour l'Angleterre*,[1] de tenir pour négligeables, ou même d'ignorer, la série de comptes rendus écrits de 1822 à 1826 pour les revues d'outre-Manche, jusques et y compris le petit groupe de textes réunis par Romain Colomb,[2] considérés pourtant comme authentiquement stendhaliens, mais qu'on respecte trop pour 'oser' s'en servir...ou en savoir que faire, et cela au profit des *Lettres de Paris par le petit ... fils ou neveu de Grimm*, du *London Magazine*, des *Esquisses de la société parisienne, de la politique et de la littérature*, du *New Monthly Magazine*[3] ou de tel autre article relativement long et fourni.

Il est vrai que ces ensembles constituent, sans conteste, le coeur même de l'oeuvre de Stendhal chroniqueur dont ils représentent la partie émergée la plus visible, la plus attrayante, la plus riche et qu'ils sont, en outre, aisément détachables du 'magma rédactionnel' — l'expression n'est pas de nous[4] — que forme le reste des *Chroniques*.

Il est vrai, par ailleurs, que les comptes rendus, plus ou moins étendus, plus ou moins animés, semblent à première vue n'avoir d'autre objet, partant d'autre intérêt, que de 'rendre compte' d'ouvrages récemment parus en France et dont la valeur est nécessairement fort inégale, parfois médiocre et même nulle.

Pourtant, si on étudie de près ce que, tout récemment encore, on a qualifié de 'chapelet de notules analytiques',[5] on s'aperçoit qu'au-delà de l'appréciation strictement littéraire qu'ils sont, seule, censés fournir, au-delà de l'analyse stricte d'un ouvrage précis, les comptes rendus sont, non seulement parsemés d'adresses au lecteur et à sa qualité, mais abondent en aperçus sur la société française: mœurs, habitudes, tendances, politique, religion, réfractés à travers la sensibilité du chroniqueur et qui lui sont dictés par des intentions profondes et permanentes.

Les *Chroniques* comme système de correspondances internes, d'allusions incessamment et patiemment reprises, de références croisées qui se réfléchissent des comptes rendus aux articles plus longs, *Lettres* et *Esquisses* comme autant de reflets multipliés d'une même complexe réalité: c'est ce jeu de miroirs que nous nous proposons d'étudier.

Nous partons, évidemment, de l'hypothèse que, dans l'ensemble, le corpus réuni par Colomb est bien de Stendhal, et que la version qu'il nous donne des textes est bien une version stendhalienne, que le système de dates qu'il propose est, dans l'ensemble, fiable.[6]

Ce sont les *Lettres* et les *Esquisses* qui nous ont fourni nos points de comparaison avec les comptes rendus, à l'exclusion de tout autre article de Stendhal chroniqueur. *Lettres* et *Esquisses* sont également désignés par 'articles plus longs' ou 'articles ultérieurs'.

Notre étude porte:

> – en premier lieu, sur les liens les plus manifestes qui rattachent les comptes rendus aux *Lettres* et *Esquisses* et dont nous essayons de donner une justification;
> – ensuite, sur le propos de l'auteur dans les comptes rendus et les articles plus longs.

Une rapide lecture d'ensemble des comptes rendus et des *Lettres* et *Esquisses* ou même, un simple coup d'œil à une table alphabétique des noms cités montre que:

> – la multitude de personnages, qu'ils appartiennent à l'histoire

ou à l'actualité, à la scène littéraire, politique, religieuse, mondaine, ou à celle du théâtre;

– l'abondance de faits, des plus 'menus' et qui relèvent de la 'chronique scandaleuse', aux plus retentissants et destinés à changer la face du monde,

en un mot, le 'fourmillement' si caractéristique des *Lettres* et *Esquisses* est déjà présent dans les comptes rendus; objets d'une simple mention ou d'une anecdote, personnages et événements y figurent pour la plupart: de D'Arlincourt, Barante, Béranger, Chateaubriand, Courier ... à Voltaire et Vigny, de Carnot, Lafayette ... Napoléon et Charles X, de Sosthène de la Rochefoucault, Madame du Cayla à Frayssinous et à Villèle, des improvisations de Sgricci, aux égarements du curé Mingrat: tout y est ... ou presque.

Ainsi:

– noms d'auteurs, titres d'ouvrages se retrouvent des comptes rendus aux *Lettres* et *Esquisses* par le simple jeu des parutions, livraisons nouvelles et rééditions qui entraîne des annonces, reprises et rappels: ce va-et-vient s'accentue, naturellement, tout le long de l'année 1825 lorsque Stendhal rédige les *Lettres du petit-neveu de Grimm* tout en continuant de donner des comptes rendus au *New Monthly Magazine*.

– comptes rendus ou *Lettres* et *Esquisses*, les références vont aux mêmes modèles — Shakespeare, Scott, Byron — utilisés comme points de repère ou de comparaison.

– les critères de valeur, qu'il s'agisse de juger du mérite d'un ouvrage français ou des chances de réussite d'une traduction auprès des lecteurs anglais, restent: la quantité de plaisir ressenti — 'seul thermomètre raisonnable' — dira Stendhal, ou l'ennui.

– des comptes rendus aux *Lettres* et *Esquisses*, les positions ne varient guère: le chroniqueur dénonce, avec la même force, l'obscurité, le vague, l'affectation, l'emphase, 'péché capital', (le terme figure dans les comptes rendus et dans les *Lettres*) de cet 'âge de l'exagération'; avec une égale opiniâtreté il déplore le manque d'audace des auteurs, leur timidité; et c'est avec le même élan qu'il loue le naturel, l'emploi du mot propre, les innovations.

– les mêmes thèmes reviennent et dans les mêmes termes, que le chroniqueur 'varie' des comptes rendus aux articles plus longs. La querelle entre romantiques et classiques, qui, il est vrai, continue d'agiter les salons, reste son cheval de bataille favori: en 1825 comme en 1822 'la question est de savoir (extrait d'une *Lettre* de 1825) si les futurs auteurs devront imiter Racine ou Shakespeare'; au long des comptes rendus ainsi que dans les *Lettres*, l'écho est repris de la 'révolution littéraire qui se prépare' *(Esquisses*, janvier 1826). Et c'est bien d'un écho qu'il s'agit: c'est en fait à *Racine et Shakespeare* qu'il nous renvoie, et le jeu de miroirs qui s'instaure des comptes rendus aux *Lettres* et *Esquisses* a sa source première dans la brochure fameuse. S'y trouvent en effet toutes les notions mentionnées jusqu'ici et il y est question de la 'force de l'habitude' et de l'emprise des 'beaux vers', des littérateurs qui ont une 'peur horrible' de Shakespeare: toutes choses qui figurent dans les comptes rendus et les articles ultérieurs.

– les mœurs littéraires du jour poussent le chroniqueur à dénoncer la force du 'puffing' et le charlatanisme, le compérage de journaux qui disposent de l'opinion, le système des coteries. Tout se fait par coterie dans notre littérature, malheur à l'homme de talent qui n'a pas fait dix visites en bas de soie noirs, tous les soirs; jamais il ne verra ses ouvrages annoncés. C'est comme nos ministres: pour chaque département, il en faudrait deux, l'un chargé de travailler et l'autre d'intriguer: 'sans cela pas de succès' (compte rendu, février 1823 — *Jacques Fauvel* de Picard et Droz). Ses cibles favorites sont et demeureront l'Académie, la Sorbonne, la Société des Bonnes Lettres et ses 'poètes associés', 'fabricants' de vers, hommes de lettres achetés et vendus, qui 'tirent leur inspiration du trésor public et qui n'ont de lecteurs que les gens au pouvoir ou qui voudraient y être' (compte rendu, 1825).

– loin, on le voit nettement dans ces deux citations, de s'en tenir à la littérature, aux mœurs littéraires ou aux 'habitudes sociales' — vanité nationale, peur du ridicule, hypocrisie des hautes classes — le chroniqueur parsème ses analyses d'allusions à la politique; à la religion également: il le fait 'avant la lettre', si on peut dire, ou tout au moins avant les *Lettres* et *Esquisses* qui, de son propre aveu, et s'il faut l'en croire 'contre son désir', 'tombent sans cesse dans la

politique' alors qu'elles 'devraient se borner à la littérature et
aux mœurs': nous voyons ici une justification *a posteriori* de
ce que le chroniqueur pratique déjà dans les comptes rendus;
ce qui se trouvera longuement et fréquemment développé
dans les articles ultérieurs figure, dès les comptes rendus sous
forme d'allusions plus ou moins elliptiques: ainsi, côté
politique: il y est question des 'deux Chambres vendues', 'du
parti ultra si habilement dirigé par MM. de Vitrolles et
Frayssinous', du 'milliard que M. de Villèle va donner aux
émigrés et qui va être pendant deux mois le sujet de la conversation de tous les salons à la mode'. Côté religion, il note
'la dévotion ostentatoire à la mode aujourd'hui' alors que
l'indifférence est véritablement profonde; la conduite 'bigote
et révoltante des curés', les 'espoirs démesurés et les prétentions exagérées des jésuites, sans lesquels rien ne se fait en
France, société de plus en plus puissante et adroite'. Des comptes rendus aux *Lettres* l'allusion est la même: 'Nous
préférerions le joug des jésuites; leur influence reposant sur
des fondements plus absurdes serait forcément d'une plus
courte durée et révolterait au lieu de séduire la nouvelle
génération française' (compte rendu, février 1825). 'Tout bien
pesé, la tyrannie des jésuites est meilleure (que la tyrannie de
l'épaulette) car elle durera forcément moins' (*Lettres*, avril
1826). En fait, le chroniqueur se fait déjà présentateur de la
France, littérature, politique et religion étroitement mêlées.

Et, de cela, on ne saurait trop s'étonner, pour peu qu'on replace
les comptes rendus dans ce qui fut, à l'origine et selon toute
vraisemblance, leur contexte et leur servit de cadre: la Lettre —
lettre de convention certes, mais lettre tout de même, avec ce que
cela comporte de possibilité d'expression personnelle sur tous les
sujets de l'actualité: les comptes rendus se ressentent de leur
destination première comme partie d'un tout constitué s'insérant,
ce tout, dans une suite qui, en fait, ne diffère pas, pour l'essentiel,
de la suite que représentent la série, les séries, des *Lettres* et *Esquisses*: les comptes rendus se ressentent de l'intention qui présida
à leur conception d'origine. (Voir les 'lettres' réunis par Colomb,
en particulier celles d'août et septembre 1822.)

De cette appartenance première ils en portent la marque: ainsi,
le 'vous' qui figure dans quelques comptes rendus de 1822 renvoie

en priorité au correspondant de convention, correspondant/
directeur auquel, insérés dans la 'lettre', ils étaient censés s'a-
dresser. Cela paraît avec netteté dans le compte rendu de
l'ouvrage: *Précis de l'Histoire de la Révolution française*[7] où la
phrase: 'Me permettrez-*vous* de *vous* nommer les quatre, ou cinq
volumes qu'un *étranger* doit lire...' établit clairement la distinction
entre le 'vous' qui renvoie au correspondant/directeur et
l''étranger' qui renvoie au lecteur. Il est d'ailleurs à noter que le
'vous' se fait plus rare de livraison en livraison jusqu'à totalement
disparaître: disparition liée, croyons-nous, au fait que les comptes
rendus furent publiés dans les revues anglaises comme autant de
notices critiques ponctuelles donc privées d'un contexte qui en
justifiait l'emploi. Cette disparition du 'vous' se fait au profit d'une
extrême variété de termes: termes généraux tels que 'l'étranger',
'les étrangers'... 'les Anglais', 'l'Angleterre' — établissent des
classes de lecteur:

> – 'les Anglais voyageurs'...que ce soit en Inde, dans les
> Pyrénées ou 'de passage à Milan';
> – 'les Anglais amateurs'...d'histoire, de théâtre, d'architec-
> ture, de gothique ou même de l'horrible;
> – 'les lecteurs curieux', 'ceux qui suivent avec attention...',
> 'portent de l'intérêt...', 'désirent connaître'...sans oublier les
> 'jeunes miss anglaises'.

Il est intéressant de noter que, par contre, *Lettres* et *Esquisses*,
pleinement reconnues dans leur statut de Lettres, font très peu appel à ces termes mais pratiquent l'emploi massif du 'vous' qui renvoie tout d'abord au destinataire plus ou moins de convention —
(qui se double d'ailleurs du 'Directeur' dans le cas des *Esquisses*)—
mais aussi et surtout, puis exclusivement, au public anglais que le
chroniqueur peut, par ce biais, plus librement interpeller, interroger, provoquer...Notons en passant que ce 'vous', outre qu'il trahit
une aisance plus grande, permet surtout d'établir la différence entre deux nations dans une opposition qui se fait terme à terme.

Bien qu'inscrite de façon différente dans les comptes rendus et
les *Lettres* et *Esquisses*, la présence du narrataire marque fortement
les uns et les autres: il est possible d'établir de ce narrataire un portrait, une 'configuration', dont les traits essentiels se retrouvent
des comptes rendus aux *Lettres*, esquissés dans les uns, étoffés
dans les autres.

Des allusions sont faites dans les comptes rendus à telle classe de 'lecteurs sans imagination'; à telle autre, lecteurs 'patients et flegmatiques', facilement 'choqués' — à quoi font écho dans les *Lettres* ces Anglais capables de 'vertueuse indignation' pleins de 'gravité puritaine', et dont l'orgueil est flatté de constater que Scott et Byron sont un objet d'inspiration pour les auteurs français — ce trait figure dans des termes à peu près identiques dans un compte rendu et une Lettre. Il est question, dans ces comptes rendus et les *Lettres* et *Esquisses* du peu d'effet que le ridicule a sur eux, de leur incapacité à comprendre les termes de la langue française. L'insistance du chroniqueur dans les comptes rendus et les articles plus longs sur l'exact, le vrai, la valeur documentaire d'un ouvrage, en un mot sur l'utile, l'abondance des chiffres, des petits détails vrais disent le caractère pratique de l'Anglais; l'introduction d'expressions latines, d'allusions à l'antiquité, sa culture classique.

Cette présence du lecteur anglais est marquée également par l'emploi de termes empruntés à sa langue, de parenthèses explicatives, d'analyses et de comparaisons amplement répandues dans les textes des comptes rendus et des *Lettres* et *Esquisses*.

Derrière la préoccupation du lecteur, constante des comptes rendus aux *Lettres* et *Esquisses*, perce le propos du chroniqueur: objet de ses attentions, le lecteur l'est aussi de ses intentions. Fidèle au projet annoncé qui est de 'désigner les ouvrages qui valent la peine d'être lus' — et à ce sujet il est intéressant de rapprocher la lettre du 5 août 1822[8] et la première des *Lettres de Paris* qui reprend à trois ans d'intervalle le même projet — preuve à la fois d'une bonne utilisation d'articles de réserve (ce qui est le cas pour d'autres textes) et d'une remarquable permanence d'approche — fidèle à son propos, le chroniqueur s'acquitte de sa tâche avec exactitude, avec scrupules même: il 'conseille', 'recommande' — des comptes rendus aux articles plus longs les mêmes termes se retrouvent — 'informe', 'met au courant' de ce qui 'fait sensation' ou 'scandale' dans la haute société, ce dont on s'entretient, ce dont les journaux parlent; notons une insistance plus marquée sur l'utile dans les comptes rendus et sur le neuf, l'actuel dans les *Lettres* et *Esquisses*.

Et de présentateur de la France aux Anglais, le chroniqueur se fait pédagogue: il donne des rappels historiques qui deviendront de véritables tableaux dans les *Lettres* et *Esquisses*, pour combler les lacunes et compenser les ignorances. Il dégage le sens des événements pour faire mieux comprendre; il se fait même moraliste, suggérant que tel ouvrage devrait conduire à un petit examen de conscience, 'exercice aussi salutaire aux nations qu'aux individus'. Et aussi redresseur d'idées fausses: l'insistance qu'il met à renseigner ses lecteurs sur la Révolution française, ignorée ou incomprise d'eux à cause des 'idées romanesques de Burke et de Mme de Staël' — voir les comptes rendus de décembre 1822, mars 1823, décembre 1824, la *Lettre* de janvier 1825 — dit bien son souci de voir l'Angleterre parvenir enfin à une idée 'vraie' de cet événement si important. Au lieu de se contenter de 'réfléchir les idées et les préjugés de la majorité', il essaie de 'guider et de corriger l'opinion'.[9]

Et dans le même temps, il annonce, prédit, prévoit, se fait prophète: l'emploi du futur marque cette tendance à la fois dans les comptes rendus et les *Lettres*. Prophète non seulement de la littérature mais aussi de l'histoire: 'de la similitude complète entre la France de 1822 et l'Angleterre pendant les deux ou trois années qui ont précédé la révolution de 1688' — compte rendu de janvier 23 — il déduit la chute probable de la monarchie; ce thème du parallélisme des événements qui se déroulent en France et de ceux qui précédèrent la chute des Stuarts sera repris dans les *Lettres* de 1826.

Ainsi, il semble bien, qu'au-delà du projet avoué et du souci louable de mettre ses lecteurs anglais 'à même' de juger, de 'faire figure dans la société', 'd'ouvrir la bouche sur nos affaires sans faire rire' — ces expressions figurent dans les comptes rendus et les *Lettres* et *Esquisses* — le chroniqueur cède à l'intention, tout à fait personnelle celle-là, de parler de ce qui l'occupe, de faire valoir ses idées et d'assurer leur propagation. Tout en reconnaissant que 'ces disputes' — il s'agit de la querelle entre romantisme et classicisme — 'n'auront que peu d'intérêt' pour les Anglais, que débattre des mérites de tel ouvrage est inutile puisqu'il sera traduit, que raconter tel événement ne sert à rien parce qu'il est 'banal' pour eux ou 'trop français' pour être compris, il ne se fait pas faute de livrer néanmoins ses réflexions personnelles sur le sujet: pour importante qu'elle soit, la préoccupation du lecteur anglais n'est peut-être pas première.

Et ce 'je' qui figure, bien que timidement encore dans les comptes rendus, mais qui se multiplie et se prodigue dans les *Lettres* et *Esquisses* — en accord d'opposition avec le 'vous' — est loin d'être fictif: au-delà du chroniqueur anonyme, il renvoie à Stendhal, homme de lettres et de partis...

Si bien qu'à cet égard, et soit dit en passant, les *Chroniques* renferment, outre le portrait de la France et par opposition celui de l'Angleterre, un 'portrait de l'artiste jeune' — plus très jeune il est vrai — à tel point qu'il serait possible de déceler ici un autre jeu de miroirs...

Mais pour en terminer avec le nôtre, un rapide survol de la 'manière', des comptes rendus aux *Lettres* et *Esquisses*, montrerait que s'il y a différence, bien sûr, elle n'est pas radicale.

'Embrasser le plus possible d'idées, en quelques mots': cette intention affirmée dans la lettre-préface aux *Lettres de Paris* caractérise selon nous, déjà, et peut-être davantage, les comptes rendus où l'ellipticisme est de rigueur, que les *Lettres* et *Esquisses* qui, jouant sur la durée plus longue, se font volontiers bavardes et pratiquent parfois l'amplification. L'art du conteur, qui sera porté à sa perfection dans les articles ultérieurs se révèle déjà dans les comptes rendus qui font figure, à certains égards, de banc d'essai pour les articles à venir.[10]

Ainsi, dans ce brassage continu d'idées, de faits et de personnes — à ce point que parfois on a l'impression du déjà vu, du déjà dit, d'un 'réchauffé'[11] — dans cet incessant chassé-croisé que constitue l'ensemble des *Chroniques*, des filiations s'instaurent des comptes rendus aux *Lettres* et *Esquisses*, des passerelles s'établissent depuis le premier geste littéraire du futur chroniqueur, sans qu'aucune rupture s'y puisse déceler.

Si on nous permet cette comparaison: le 'miroir de poche' dont le chroniqueur s'est d'abord servi est devenu 'psyché', lui permettant de tracer le portrait, en pied cette fois, de cet 'animal curieux',[12] la société française.

Si, toutes proportions gardées, des comptes rendus échappés des Lettres aux *Lettres* reconnues comme telles, le propos s'est affirmé et élargi, si le contenu a acquis de l'ampleur, si la manière surtout s'est libérée, au fil du temps et aussi de l'espace, si le chroniqueur lui-même s'est fait, comme il l'a dit, 'plus léger, moins serré, moins sérieux', l'entreprise est restée, fondamentalement, la même.

Notes

1 Ce titre désigne la nouvelle édition, bilingue, des contributions de Stendhal à la presse britannique procurée par R. Dénier et K. G. McWatters aux Editions de l'Université des langues et lettres de Grenoble et dont les quatre premiers tomes ont paru. Les comptes rendus qui figurent sous la rubrique *Foreign Publications* dans le *New Monthly Magazine* s'échelonnent de novembre 1822 jusqu'au mois d'octobre 1826.

2 Parmi les nombreux textes de Stendhal que Romain Colomb a sauvés de l'oubli en les insérant dans son édition de la *Correspondance* figure une série de pseudo-lettres adressées à un destinataire inconnu habitant Londres. Baptisées abusivement *Lettres à Stritch* par Paupe et Chéramy dans leur édition de la *Correspondance*, elles ont été reprises sous ce même titre par H. Martineau dans son *Courrier anglais*. Les lettres se composent pour la plupart de courts comptes rendus avec un petit chapeau rédigé par l'éditeur.

3 Dans l'étude qui suit ces deux séries sont désignées en abrégé *Lettres, Esquisses*. La première version française de ces deux séries due aux soins de Henri Martineau (voir son *Courrier anglais*, t. II, III) a été récemment reprise par José-Luis Diaz: *Chroniques 1825–1829*. Présentation de José-Luis Diaz, texte établi et annoté par Henri Martineau, Paris, le Sycomore, 1983, 2 vols.

4 Elle figure dans l'édition de José-Luis Diaz mentionnée dans la note précédente: *Présentation*, p. 19.

5 *Ibid.*, p. 20.

6 Voir à ce sujet l'introduction de K. G. McWatters, *Chroniques pour l'Angleterre*, éd. cit., t. I, p. 18.

7 Inséré dans la 'Lettre' du 7 septembre 1822, ce texte parut sous forme de compte rendu critique séparé dans le *New Monthly Magazine* de décembre 1822 (*Chroniques pour l'Angleterre,* I, p. 273).

8 *Chroniques pour l'Angleterre*, I, pp. 294–98.

9 Nous empruntons, dans un ordre inversé, les termes utilisés par Stendhal à propos du journal *Le Miroir* (*Chroniques pour l'Angleterre*, I, p. 137).

10 Voir en particulier le lancement d'*Ourika* (compte rendu, juin 1824, *Chroniques pour l'Angleterre*, II, p. 201), le cérémonial de la chasse à la gloire (compte rendu, février 1825, *ibid.*, p. 61), le cas du curé Mingrat (compte rendu, septembre 1824, *ibid.*, p. 243).

11 Le terme est volontiers utilisé par les traducteurs anglais.

12 Voir *Correspondance*, Lettre du 10 septembre 1825, Bibliothèque de la Pléiade, t. II, p. 67.

XX

La réception de Stendhal chez les romanciers anglais du vingtième siècle

CHRISTOF WEIAND

Stendhal avait ses utopies: voici l'une des plus fameuses:

> Et moi, je mets un billet à une loterie dont le gros lot se réduit à ceci: être lu en 1935.[1]

Cette utopie cocasse a été récupérée par le temps et le temps a donné raison à Stendhal: on a lu Stendhal en 1935 et on le lira au-delà de 1987; c'est autant de gros lots gagnés. Cependant l'inscription du billet — 'être lu en 1935' — renfermait un petit problème pour l'auteur: celui d'être compris — et non seulement de façon quelconque, mais d'une façon qui saisirait et apprécierait l'essentiel de ses textes aussi bien que de sa vie. En conséquence, ne sera-ce pas particulièrement intéressant de voir de quelle façon Stendhal a été compris par un type de lecteur très spécial, à savoir par les hommes de lettres? Avec ces lecteurs-là nous serons loin du 'lecteur innocent', car chez les littéraires le triple pas de lire, comprendre et transposer, est une nécessité sans laquelle il ne peut y avoir ni continuité, ni développement de la littérature elle-même. Par la lecture s'active pour eux la mise en question de la valeur de la littérature existante et tout le problème que T. S. Eliot disait posé par les rapports complexes entre la tradition et les dons de l'individu. Pour eux la lecture devient toujours la double recherche de leur passé littéraire et de leur orientation vers l'avenir; c'est à un carrefour que se place l'acte de lire de l'écrivain.

La question de la fortune de Stendhal en Angleterre, à laquelle André Strauss consacra tout un livre,[2] se pose pour des raisons très précises: d'abord l'œuvre stendhalienne témoigne d'un vif intérêt pour la culture et la littérature anglaises — rappelons à ce propos l'importance de Shakespeare, Fielding et Scott pour l'esthétique de notre romancier;[3] ensuite la collaboration de Stendhal à la presse britannique a certainement influé sur la façon dont les Anglais voyaient la littérature française et par là sur toute comparaison entre les deux littératures;[4] en dernier lieu la renommée des deux grands romans le *Rouge et le Noir* et la *Chartreuse de Parme* rendait nécessaire la lecture de Stendhal dès la seconde moitié du dix-neuvième siècle, nécessité à laquelle nous verrons se soumettre une quantité d'hommes de lettres anglais. On finit par constater que la réciprocité dans l'échange culturel et la mise en lumière de celle-ci deviendront pour les écrivains anglais du vingtième siècle une partie de la quête de leur propre tradition.

Le but de mon exposé n'est pas la mise à nu de la présence clandestine de Stendhal à l'intérieur d'œuvres littéraires anglaises (André Strauss en donne quelques exemples dans son chapitre 'Les successeurs lointains'[5]), mais je propose un bilan rapide de quelques positions prises outre-Manche face à Stendhal et face à son œuvre. La première question qui se pose est de nature purement méthodique, à savoir quels sont les moyens appliqués par les littéraires anglais pour élucider Stendhal. La réponse que les textes donnent à cette question est toute simple: on distingue l'homme de l'œuvre — les deux côtés ayant des points communs, bien sûr — et à partir de là on tire des conclusions, à la fois quant à la représentation générale de l'homme chez Stendhal et quant à la moralité particulière de certaines œuvres. Cette méthode d'origine indéniablement positiviste sera pratiquée jusque vers la fin de la deuxième Guerre Mondiale. Elle fut d'abord appliquée à Stendhal par un des très grands romanciers de la littérature de langue anglaise de la fin du siècle dernier, Henry James. L'article que ce dernier a publié sous le titre 'Henry Beyle'[6] dans *The Nation* du 17 septembre 1874 mérite notre attention, car il sera lu, semble-t-il, par ceux qui écriront sur Stendhal au vingtième siècle.

Voici ce que Henry James dit de l'homme Stendhal — sa prise de position est suscitée par la biographie d'Andrew A. Paton, *Henry Beyle (otherwise De Stendahl). [sic] A Critical and Bibliographical Study*, London, 1874, dont d'ailleurs elle se détache très sensiblement: au préalable il constate 'a most singular character' (p. 151) chez ce 'most French of Frenchmen' (p. 152). Le mérite de Stendhal romancier ne réside pas dans ses 'powers of entertainment', forces qui du reste semblent assez inégales, mais dans 'his instinctive method' (p. 152) dans sa description de l'homme et du monde, méthode axée entièrement sur 'his genius for observation'

(p. 153). L'observation comme point de départ de l'écrivain rendrait justice à son 'profound mistrust of systems' (p. 153). Et voici la première conclusion à retenir:

> He was a strange mixture of genius and pretension, of amiability and arrogance, of fine intuitions and patent follies. He condemned his genius to utter ... foolish things ... He practised contempt on a wholesale, a really grotesque scale ... (p. 156)

En raison de ce mépris impitoyable, le monde stendhalien se divise en 'sots' et en 'âmes sensibles' et, il va sans dire que la majorité est rangée dans la première catégorie. Cette division se fait vive dans le for intérieur du narrateur qui dispose d'une 'entertaining mixture of sentiment and cynicism' (p. 157).

Quant aux textes de Stendhal, ceux que l'on doit à Stendhal critique d'art (*Histoire de la peinture en Italie*) ont peu de valeur même s'ils sont parfois riches en suggestions, car, au total, 'Stendhal as an art-critic is inveterately beside the mark' (p. 155); *De l'Amour* et le *Rouge et le Noir* sont qualifiés de 'nearest to being absolutely unreadable' (p. 154), seule la *Chartreuse de Parme* est digne d'être considérée comme 'a novel which will always be numbered among the dozen finest novels we possess' (p. 155).

Voilà donc les résultats de l'enquête concernant l'homme et l'œuvre sur laquelle vient se greffer la conclusion morale. Les personnages de la *Chartreuse de Parme* sont d'une immoralité flagrante, et Gina représente une 'kind of monster' (p. 156). Parmi les auteurs dits immoraux, ajoute James, Stendhal 'best deserves the charge' (p. 156). Sans nous avertir à quels passages il pense, ni quels seraient les critères appliqués, James continue en disant que le *Rouge et le Noir*, *De l'Amour* 'and certain passages in his other writings have an air of unredeemed corruption' (pp. 156–57). Cet auteur dangereux qui professait 'a passionate love of the beautiful *per se*' (p. 157) — on se demande si ce serait-là le côté cynique de Stendhal — n'est à lire que par ces âmes sensibles 'whose moral convictions have somewhat solidified' (p. 157).

Certains de ces aspects reviendront tels quels au cours de ce vingtième siècle que nous abordons par deux poètes, Ezra Pound et Arthur Symons, lesquels se sont prononcés sur Stendhal vers la fin de la première guerre et au-delà. C'est dans une lettre qu'Ezra Pound introduit pour la première fois l'aspect stylistique de l'œuvre en disant que le style de James Joyce 'has the hard clarity of a Stendhal or a Flaubert'.[7] Que veut dire ici 'hard clarity'? Dans son article 'The Serious Artist' (1913)[8] Pound cite Stendhal:

> La poésie ... est bien au-dessous de la prose dès qu'il s'agit de donner une idée claire et précise des mouvements du cœur. (p. 54)

Or l'idée 'claire et précise' dépend d'un choix de mots et de leur distribution dans la phrase, c'est-à-dire d'un travail stylistique qui chez Stendhal porte la marque de 'hard clarity' — donc de clarté inébranlable, 'dure'. Le problème de la supériorité relative des deux modes d'expression revient à maintes reprises sous la plume de Pound qui valorise la prose à tel point qu'il prétend que 'no man can now write really good verse unless he knows Stendhal and Flaubert'.[9] C'est ainsi que la poésie lyrique doit attendre le moment où 'Gautier, Corbière, Laforgue, Rimbaud redeem poetry from Stendhal's condemnation' (*ibid.*, p. 33).

Peu après que Pound a lancé le 'style' comme moyen de distinction entre poésie lyrique et prose, Arthur Symons publie son article intitulé 'Stendhal',[10] où il propose de traiter 'la question du style' en se demandant si Stendhal a ou n'a pas le sens du rythme. C'est grâce au rythme seul que la poésie se détache de la prose. Quel est alors le rythme de la prose stendhalienne? La réponse que donne Symons ne manque pas d'une certaine finesse, car elle lui permet non seulement de ne pas aborder le problème directement, mais elle introduit, une fois de plus, l'homme Stendhal:

> Stendhal substituted the brain for the heart ... but a sterile sort of brain, set at a great distance from the heart, whose rhythm is too faint to disturb it. (p. 297)

Symons fait donc remarquer le déséquilibre entre 'sensation' et 'perception' pour constater la stérilité de la perception stendhalienne. D'où vient cette stérilité? Symons introduit d'abord des critères physiologiques en évoquant Stendhal en tant que 'the personification of ugliness' (p. 298) pour déduire de ce fait une amertume qui 'made him sarcastic, caustic, singular, paradoxical; using irony as a weapon of defence' (p. 299). On reconnaît là à peu près toute la gamme de la critique de Henry James. D'une stérilité à l'autre, ce Stendhal qui manque de passion invente des personnages 'much more imaginary than real; sinister, intellectual, self-analytical; certainly sterile beside the intense creations of Balzac, or Flaubert' (p. 300). Le défaut des personnages résulte de l'écriture stendhalienne soumise à une 'method of unemotional, minute, slightly ironical analysis' (p. 300). Voilà le coup de dague donné à la vie des personnages:

> He writes wonderful things about them; but they are not wonderfully alive, they say no wonderful things. Are any of them absolutely visible to our vision? (p. 300)

On aimerait entendre les réponses des cinéastes qui ont traduit leurs impressions dans plusieurs films. Symons n'omet pourtant pas de faire valoir l'importance de Stendhal dans la tradition littéraire du fait justement de ce procédé très particulier de création 'which has fascinated modern minds partly because it has seemed to dispense with the difficulties of creation in the block which the triumphs of Balzac have only accentuated' (p. 300).

Plus loin, nous tombons sur Arnold Bennett, lequel a dévoré les deux grands romans de Stendhal en 1920. On a l'impression que la fascination jouait pleinement sur son imagination. Voici les notes de son *Journal* à la date du lundi 2 août 1920:

> Yesterday evening I finished *La Chartreuse de Parme* and immediately began *Le Rouge et le Noir*, of which I have already read over fifty pages (8 A.M.). The *Chartreuse* is very great. It is only in reading such parts as the escape from prison that one sees that the technique of the novel has advanced. This part is not fully imagined; it is very well imagined up to a point, and very well invented; but the physical acts of escape (are) not as well rendered as Stendhal probably intended them to be. However the wit, the power, the variety, the grace, the naturalness, and the continuous distinction of this book will want some beating.[11]

L'éloge à l'adresse du romancier est évident. Malheureusement ce n'est pas son œuvre à lui, Bennett, qui a dépassé les niveaux établis par les romans stendhaliens. Le problème imagination-invention qu'il relève sans s'expliquer davantage n'est que trop en évidence dans ses propres romans.

L'année 1922 voit la publication de *Books and Characters, French and English*[12] de Lytton Strachey où l'on trouve un long article intitulé 'Henri Beyle' rédigé bien des années auparavant, en 1914. Strachey commence par regretter le peu d'importance attribuée outre-Manche au 'creator of the greatest work of fiction in the French language' (p. 219). Cette ignorance semble d'autant moins compréhensible que sur le continent se poursuivent les débats entre 'Beylistes' et 'Stendhaliens' fouillant pieusement dans la vie et l'œuvre de leur maître. Qui est donc Beyle? Il a un caractère très français 'in a highly exaggerated form' (p. 220), ce qui fait de lui 'a too-French French writer' et, en outre, un 'very Gallic individual' (p. 221). Sa renommée pour Balzac fut celle d'un artiste, Taine admire sa conception de l'histoire, Bourget adore le psychologue et Barrès souligne son 'sentiment d'honneur' (p. 223). Comment faut-il voir alors Stendhal, 'that wayward lover of paradoxes' (p. 226)?

Stendhal est 'essentially a man of feeling' (p. 230), protégeant ses 'grandes passions' par une esthétique, voire un sens de la vie que le dix-huitième siècle ne connaissait pas encore:

> It was the virus of modern life — that new sensibility, that new passionateness, which Rousseau had first made known to the world, and which had won its way over Europe behind the thunder of Napoleon's artillery. (p. 230)

L'homme passionné qui regardait la vie avec 'the cold eye of a scientific investigator' (p. 230) — on pense ici à l'épitaphe de W.B. Yeats 'Cast a cold eye on life, on death' — est un romancier qui décrit 'with the precision of a surgeon at an operation, the inmost fibres of the hero's mind' (p. 227). Il s'était enivré de 'that fountain of syllogism and analysis' (p. 230) qui avait nourri Helvétius et Condillac. Chez lui, l'homme passionné et le chirurgien impitoyable se rencontrent pour produire 'the contradictions of his double nature' (p. 231), contradictions qui dans les romans se transforment en une 'cohabitation of opposites' (p. 231): d'où les meilleures et les pires des pages que l'on trouve chez Stendhal. Il note les grandes passions 'in the language of Euclid' (p. 231). C'est ainsi que les scènes d'amour entre Julien et Mathilde renferment 'the concentrated essence of Beyle's genius' (p. 233) et supportent fort bien la comparaison avec 'the great dialogues of Corneille' (p. 233). Mais le problème de l'équilibre entre 'sensation' et 'perception' existe aussi pour Strachey, lequel déduit de l'attentat de

Julien: 'Beyle's inability to resist to the temptation of sacrificing his head to his heart' (pp. 233–34). En de pareils instants on le voit succomber aux dangers du 'French love of logical precision' (p. 234). S'y ajoute le goût de la pose noble, 'a quality that Englishmen in particular find it hard to sympathise with' (p. 234). Mais ce n'est pas tout. Strachey signale chez Stendhal un surcroît de l''energy of self-assertiveness', au grand détriment de son 'self-restraint' (p. 235). Il en résulte en fin de compte que 'the immorality of the point of view is patent, and at times it appears to be simply based upon the common selfishness of an egotist' (p. 235). Par un dernier geste Strachey lui pardonne ce manque de tenue morale, racheté après tout par une 'chasse au bonheur' qui se dérobe aux limites morales traditionnelles.

'The greatest novelist outside Russia'.[13] Voilà par contre le panégyrique sans ambages d'Aldous Huxley après la lecture de *Lucien Leuwen*. Huxley est le premier à renverser les critères moraux pertinents. Dans son article 'Obstacle Race'[14] de 1931 il s'arrête sur la décadence de la morale au vingtième siècle. Tandis qu'Octave et Armance vivaient encore confinés dans une morale riche en obstacles, parcourant leur 'obstacle race' très particulière (p. 160), aujourd'hui 'morals, it seems, are destined to become a branch of medicine' (p. 169). Cette détérioration morale vient de l'importance croissante attribuée à la machine ainsi que de la mort de Dieu. A supposer qu'il y aura un futur, c'est sans doute la Science qui sera chargée de trouver 'a set of obstacles at least as excitingly and sportingly difficult as those which Octave and Armance had to surmount'(p. 172).

C'est au début des années trente que Virginia Woolf écrit son article intitulé 'Stendhal'[15] où se présentent aux yeux du lecteur deux notions que l'on peut considérer comme notions-clefs de la critique anglo-saxonne: 'the heart' et 'the surgeon'. Stendhal, dit-elle, sera 'warmly welcomed' et 'religiously treasured' (p. 27) en Angleterre où 'the attraction which he exerts over the English, is of course of a very queer kind'. L'intérêt des Anglais pour Stendhal réside dans une étrange (*queer*) admiration pour son 'obstinate individuality, an idiosyncracy of his own' dont son œuvre porte la marque et qui provoque ces deux effets: 'an almost British bulk and angularity' bien appréciable, tandis que 'the genius of his fiction' — donc l'esprit créateur — est diamétralement opposé à 'our own genius'. Quelle est la cause de ce dernier effet? Les deux grands romans de Stendhal sont imprégnés d'une aridité (*aridity*) qui répond directement au 'natural gift for precision' des Français, faculté qui, une fois intensifiée par le style du Code Napoléon, se présente au lecteur anglais comme 'too shadeless, too colourless, too lacking in the clouds and confusions of his home landscape to be endured'. L'exactitude et la sévérité du style se transforment alors en acide — c'est la métaphore woolfienne — qui dans le *Rouge et le Noir* ronge 'the heart itself':

> That this organ which in English fiction evades too strict an enquiry and is allowed all the licence of an incalculable and sacred spirit should be dissected, as if it were of no more mysterious and no more sacred that the arm, the leg, or the stomach, surprises, shocks, stimulates and excites all in one.

Voilà donc la matrice de l'étrange, du 'queer', chez Stendhal, impression bouleversante qui évoque en outre la table de dissection et le chirurgien:

> We follow the cutting up of Julien's heart with the attention of students crowding round a surgeon at work.

La dissection qui régit les romans stendhaliens rappelle le travail du boucher abruti qui met le cœur à nu (au sens strict du terme), présentant ses palpitations à tout spectateur:

> Subject now to his love for Madame de Rênal, now to his love for Mlle de La Mole we watch the heart expand with joy, or contract with hate or blush and swell with rage and throw its possessor ... into the most violent attitudes and contortions.

Le superlatif 'most violent' doit être pris littéralement, car pendant la mise en lumière des pulsions intimes des personnages — Mme Woolf est visiblement choquée par le fait que le cœur féminin ne fasse pas exception chez Stendhal:

> in the act of being so displayed, they (*les personnages féminins*) cease to be little and private and peculiar and become like characters traced upon the sky at night, ominous and sinister and huge.

Voilà encore une fois l'apparition des monstres stendhaliens, 'very different from anything we could set beside it in English fiction'. Cependant si chez Stendhal il faut regretter les procédés du 'man of science', il lui manque l'ingrédient du 'professional': 'coolness' (p. 28). 'Passion, as well as interest in passion' (p. 28) éloignent le romancier 'from the impersonality of a truly scientific proceeding'. Pour toute contre-épreuve, la lecture de la *Vie de Henri [sic] Brulard* nous met en présence du 'original Stendhal' qui 'without the disguise of fiction' confesse l'amour véhément qui le liait à sa mère, la haine qu'il ressentait pour son père, son dédain de la religion, l'horreur que lui donnait Grenoble, sa passion pour les mathématiques, son admiration pour Napoléon et — 'last, but not least' — sa persévérance 'in pursuing his mistresses'.

En 1939 George Orwell publie son compte rendu du livre de F. C. Green intitulé *Stendhal*.[16] Saisissant l'occasion, Orwell ajoute ses propres vues sur Stendhal et sur son œuvre. Passif en matière de politique, Stendhal était par contre très actif dans ses poursuites amoureuses et même 'passably successful', au prix, bien sûr, de la syphilis, 'a thing that must have affected his outlook to some extent' (p. 399). (On se souvient du Stendhal 'personification of ugliness' dont parlait A. Symons.) N'empêche qu'il faut enregistrer chez Stendhal un narcissisme régissant tout le 'mental climate' stendhalien (p. 399).

Quant au *Rouge et le Noir* et à la *Chartreuse de Parme*, Orwell décèle dans le *Rouge* 'a central unifying theme' qui serait 'class hatred' (pp. 399, 400) — haine comparable à celle dans *Great Expectations* de Charles Dickens — et dans la *Chartreuse*, où il n'y aurait pas de thème central selon lui, 'a unity of tone' ancrée dans ce qu'il appelle admirativement 'magnanimity' (p. 400). Loin de souscrire à l'ancienne morale puritaine, il considère les personnages de la *Chartreuse* comme 'spiritually decent' (p. 400), incapables 'of acting *meanly*, a thing that carries no weight in the Judaeo-Christian scheme of morals' (p. 401). Comme avant lui Lytton Strachey, Orwell fait remarquer chez Stendhal le surgissement d'une 'new kind of sensitiveness' (p. 401). Cette sensibilité donne des ailes à la prose de la *Chartreuse de Parme* et lui permet d'y réaliser 'an escape from time and space into a sort of Shakespearean never-never land' (p.400).

Le témoignage critique d'Orwell est le dernier avant la deuxième Guerre Mondiale. De Henry James à George Orwell on retient:

a) une diminution dans le nombre de tentatives d'expliquer l'œuvre de Stendhal par le caractère de l'auteur;

b) l'abandon de critères moraux au profit de la mise en valeur de l'œuvre stendhalienne elle-même;

c) la découverte progressive de techniques de création, de modes d'écriture et de thèmes à l'intérieur de l'œuvre du romancier.

Après la guerre, ce sera précisément la question du thème essentiel de l'œuvre qui intriguera Edward Sackville-West dans son article 'Stendhal and Beyle'.[17] Sackville-West n'hésite pas sur la réponse: 'youth' —la jeunesse — c'est le thème stendhalien par excellence. La tentative du romancier est de revivre et de décrire sa propre jeunesse. A la base de cette tentative il y a les années d'apprentissage résumées dans *De l'Amour*, 'brilliant analysis' selon le critique (p. 191), mais qui rate son but, car ce livre échoue, comme l'œuvre de Proust qu'il a nourrie, à expliquer suffisamment le cœur humain. Première erreur de Stendhal et de Proust:

Neither writer convinces us that he could ever distinguish finally between love and passion. (p. 191)

Ils n'ont su inspirer que de l'affection chez les autres, d'où 'bitterness, cynicism, the intermittencies of the heart, and other attempts to atomise the personality'. Cette fragmentation du temps humain que Sackville-West rattache à Montaigne et à La Rochefoucauld est 'distinctively Latin' (p. 191). La segmentation de la vie en atomes 'must lead to the discontent of the amateur, and to the hostile indifference of the rest of the world' (p. 192). Cette déficience du beylisme se répercute dans le *Rouge et le Noir* où 'the blunders of youth continue to matter' parce que 'Stendhal brings the Present to the bar of the Past' (p. 193). Ce rapprochement ne permet plus aux hommes 'to evade ... destiny', impossibilité fatale qui se manifeste dans la mort de Mme de Rênal, l'exécution de Julien Sorel et la fin de la *Chartreuse*, ensemble de scènes qui 'belong to the paradoxes of great fiction' et qui semblent répondre uniquement 'to the melodramatic vein in his own character' (p. 193).

Toujours selon Sackville-West, *Lucien Leuwen* n'est autre chose que 'one of the sourest books ever written', bien qu'en tant que résultat des capacités stendhaliennes d'observation, 'it often reaches Tolstoyan levels' (p. 194). Le roman serait resté inachevé, parce qu'une visite à Paris 'gave him cold feet about the political, as well as the social, aspects of *Lucien Leuwen*' (p. 195). La peur exagérée de l'ennui ressentie par tous les personnages discrédite la vraisemblance du roman pour le lecteur anglais, 'since it is difficult to believe wholly in people who dare not make a simple observation in company for fear of being thought stupid or dull' (p. 196). Malgré le succès de deux de ses romans, 'Stendhal belongs essentially to the ranks of the great failures ... ' (pp. 197–98).

Vers la même époque le romancier Somerset Maugham, qui se trouvait de passage aux Etats-Unis, s'occupa de Stendhal dans le contexte de son choix des 'ten best novels of the world' parmi lesquels il plaça le *Rouge et le Noir*.[18] Justifiant son jugement, Somerset Maugham rédigea une vingtaine de pages dont le titre est 'Stendhal and *The Red and The Black*'.[19] Deux tiers de l'article retracent très clairement l'image de la vie de Henri Beyle à partir du livre *Stendhal or The Pursuit of Happiness* de Matthew Josephson.[20] L'enfance du Grenoblois décide de son anticléricalisme et de son amour pour le principe républicain, tandis que les expériences parisiennes dévoilent à tour de rôle son caractère à la fois 'sprightly and sad, flirtatious and cold, ardent and indifferent' (p. 100). Incapable de relier amour et sexualité, Beyle est 'highly sex-conscious, but not particularly sexual' (p. 98), schisme dû au fait que ses 'passions were cerebral, and to possess a woman was chiefly a satisfaction to his vanity' (p. 99). La connaissance de soi ne s'arrête pas aux frontières idéales, car Stendhal était 'highly conscious of his ugliness' (p. 101), conscience au goût amer qui nuisait à sa capacité de jouir de bien des projets don-juanesques. Ainsi la fameuse bataille de Bécheville où la tentative du jeune Beyle de séduire la comtesse Daru, épouse de son cousin, rappelle cependant, par les moyens mis en jeu, la scène de Julien et de Louise de Rênal sous les arbres du jardin de Verrières.

Les vicissitudes de cette vie extraordinaire (vie de soldat, d'amant et de touriste) prêtaient à Stendhal une 'variety of experience which few novelists can boast of' limitée toutefois par 'his own idiosyncracy' (p. 105). Cette limitation est essentiellement due aux vices et vertus de son caractère, lequel se distingue en s'opposant: 'he was sensitive, emotional, diffident, honest, talented, a hard worker ... brave and of remarkable originality' ainsi que 'distrustful ... intolerant, uncharitable, none too conscientious, fatuously vain, vain-glorious, sensual without delicacy and licentious without passion' (p. 105).

Si la gloire de Stendhal se fonde sur 'one passage of his *Essay on Love* and on two novels' (p. 107) — on devine facilement qu'il s'agit de la *Chartreuse* et du *Rouge* — ce dernier roman 'is more striking, more original and more significant'. N'empêche que Julien est 'vile, … base, … worthless, … hateful'. Et encore lui a-t-il fallu avoir pour évoquer ce personnage le modèle d'Antoine Berthet, car 'Stendhal seems to have had no gift for making up a story out of his own head' (p. 108) and 'had little power of invention' (p. 112). Malgré cela le *Rouge* est 'passionately interesting', car Julien se révèle être 'very much alive' (p. 112), Mme de Rênal est évoquée par un récit qualifié de 'masterly' (p. 109), tandis que les actions de Mathilde relèvent d'une classe que Stendhal connaissait mal et ne présentent qu'une 'tissue of absurdities' (p. 110). Comme dans un roman de Joseph Conrad, 'the cold, lucid, self-controlled style he adopted wonderfully increases the horror of the story and adds to its enthralling interest' (p. 110). Le pouvoir que le roman exerce sur le lecteur est brusquement interrompu par le romantisme stendhalien, romantisme dérivé de la Renaissance italienne aux héros bien méprisables, 'who were troubled neither by scruple nor remorse, and hesitated at no crime to satisfy their ambition, gratify their lust or avenge their honour'. C'est pourquoi 'the last half of *The Red and the Black* fails to convince' (p. 110).

Il s'agit là d'un jugement que Somerset Maugham avait déjà exprimé dans son livre *The Summing Up* où il disait que 'the end is unsatisfactory',[21] parce que cette fin dépend d'un mélange confus du caractère d'Antoine Berthet, de Stendhal lui-même et encore du Stendhal tel qu'il aurait voulu être. Au moment de la péripétie Stendhal est obligé de 'return to the facts that had been his inspiration' (p. 110). C'est alors que Julien commence 'to act incongruously with his character and his intelligence' (p. 110). En témoigne 'a great error' de Stendhal, celle de faire écrire 'a certificate of character' de Julien par Mme de Rênal, car l'auteur aurait dû savoir qu'elle allait dénoncer 'his lack of principle', acte de méfiance qui fait qu'au moment de la crise 'Julien does the fatal thing in a novel: he acts out of character'. En d'autres termes il renverse l'image que le lecteur a pu concevoir de lui au préalable. Mais puisque 'no novel is perfect', insuffisance inhérente au genre romanesque, Somerset Maugham finit par reconnaître que le *Rouge et le Noir* 'remains one of the most remarkable [*novels*] ever written.

To read it is a unique experience'.[22]

Frank O'Connor, qui a choisi pour son livre de critique littéraire le titre stendhalien *The Mirror in the Roadway*, nous offre dans son article intitulé 'Flight from Reality'[23] un résumé de la vie de Stendhal qui serait marquée par la syphilis, les prostituées, l'espionnite, et une imagination débridée. Il n'est pas le grand romancier tel que ses admirateurs veulent nous le faire croire, car Stendhal est 'prisoner of his imagination' et, chose plus grave, 'without the intellectual detachment of the really great novelist' (p. 48). Très proche de Henry James, O'Connor soutient que dans 'the conflict between instinct and judgement ... his judgement constantly tended to take the form of irony' (p. 53). Dans la description des sentiments qu'éprouvent ses héros — O'Connor choisit la scène où Julien s'oblige à s'emparer de la main de Mme de Rênal — l'accomplissement du projet ne mène pas au 'enjoyment of an external good, but the cessation of an internal conflict' (p. 52). C'est donc à cause de sa nature qui choisit toujours d'adhérer à un 'inadequate substitute' (p. 52) que Julien n'accédera jamais au niveau du 'real happiness' (p. 53). L'imagination stendhalienne qu'Arnold Bennett voyait à un moment donné remplacée par l'invention est dans l'optique d'O'Connor, 'a burden to the novelist' (p. 57). La fuite hors de la réalité à laquelle le titre de l'article fait appel est par conséquent une fuite hors des limites inhérentes au genre romanesque.

C'est en Irlande que s'arrête ce bilan de la réception de Stendhal chez les littéraires de langue anglaise, car Frank O'Connor est le dernier à ma connaissance à avoir consacré tout un article à des réflexions sur notre auteur. Il y aurait d'autres voix à ajouter, bien entendu, comme celle de J. B. Priestley qui juge que le *Rouge* et la *Chartreuse* sont 'two highly original and remarkable novels' (p. 163)[24] tout en répétant des lieux communs dont nous n'avons plus de mal désormais à identifier la provenance. D'après lui Stendhal serait 'an odd and rather ambiguous person', 'a rebellious Romantic', 'the cool surgeon or analyst', un écrivain dont 'the head and the heart (are) out of harmony' (pp. 163–64). Mais avec ces observations on retombe dans le déjà-vu. Au total on peut donc conclure que la réception de l'œuvre de Stendhal en Angleterre au vingtième siècle se développe sensiblement jusqu'à la veille de la deuxième guerre; plus tard les hommes de lettres précisent certains phénomènes psychologiques curieux, mais retombent dans des préjugés désormais périmés tout en maintenant l'importance de l'œuvre stendhalienne pour notre siècle.

Notes

1 *Vie de Henry Brulard*, in *Œuvres Intimes* II, éd. Victor Del Litto, Paris, Bibliothèque de la Pléiade, 1982, chap. XXII, p. 745.

2 André Strauss, *La fortune de Stendhal en Angleterre*, Paris, Didier, 1966.

3 Cf. K. G. McWatters, *Stendhal, lecteur des romanciers anglais*, Lausanne, Editions du Grand Chêne, 1968.

4 Cf. Stendhal, *Chroniques pour l'Angleterre*, éd. K. G. McWatters et R. Dénier, Grenoble, Publications de l'Université des Langues et Lettres de Grenoble, 1980.

5 André Strauss, *op. cit.*, pp. 178–81; ces successeurs seraient Virginia Woolf, H. G. Wells, Charles Morgan.

6 Cf. *Literary Reviews and Essays by Henry James*, éd. Albert Mordell, New Haven (Connecticut) College and University Press, 1957, pp. 151–57.

7 Cf. Letter from Ezra Pound to A. Llewelyn Roberts, 3 August 1915, in *Letters of James Joyce*, éd. Richard Ellman, London, Faber and Faber, 1966, t. II, p. 359.

8 Cf. *Literary Essays of Ezra Pound*, ed. T. S. Eliot, London, Faber and Faber, 1974, pp. 41–57.

9 Ezra Pound, 'How to read' (1928), *ibid.*, p. 31.

10 Arthur Symons, 'Stendhal', in *The English Review* 25, 1917, pp. 294–301.

11 Cf. *The Journal of Arnold Bennett* (1932), New York, The Literary Guild, 1933. Cf. aussi Arnold Bennett, 'Stendhal' (compte rendu d'*Armance*), in *Evening Standard*, 1928/29 (manuscrit daté du 2 décembre 1928).

12 Lytton Strachey, 'Henri Beyle' (1914), in *Books and Characters, French and English* (1922), London, Chatto and Windus, 1924, pp. 219–38.

13 Cf. Letter from Aldous Huxley to Julian Huxley, 20 November 1918, in *Letters of Aldous Huxley*, ed. Grover Smith, London, Chatto and Windus, 1969, p. 170.

14 Aldous Huxley, 'Obstacle Race', in *Music at Night and other essays* (1931), London, Chatto and Windus, 1950, pp. 157–72.

15 Virginia Woolf, 'Stendhal', in *Adam. International Review*, 1972, pp. 364–66, pp. 26–29.

16 George Orwell, 'Stendhal', (Review of *Stendhal* by F. C. Green), in *The Collected Essays, Journalism and Letters of George Orwell*, vol. 1, ed. Sonia Orwell and Ian Angus, London, Secker and Warburg (1945),

1968, pp. 398–401.

17 Edward Sackville-West, 'Stendhal and Beyle', in *Inclinations*, London, Secker and Warburg, 1949, pp. 189–98.

18 Cf. *The Ten Greatest Novels of the World* (selected by W. Somerset Maugham) 9 vols., John C. Winston Co., Philadelphia and Toronto, 1948/49. Il s'agit de: *Tom Jones, Pride and Prejudice, The Red and the Black, Old Man Goriot, David Copperfield, Wuthering Heights, Madame Bovary, Moby Dick, War and Peace, The Brothers Karamazov.* Pour une introduction à cette série de publications cf. W. Somerset Maugham, *Great Novelists and their Novels*, Port Washington, N. Y./ London, Kennikat Press, 1972, pp. 1–14.

19 Publié pour la première fois dans *Atlantic Monthly*, April 1948. Réimprimé dans W. Somerset Maugham, *Great Novelists and their Novels, op. cit.*, pp. 95–112.

20 Matthew Josephson, *Stendhal; or The pursuit of happiness*, Garden City, New York, Doubleday and Co., 1946.

21 W. Somerset Maugham, *The Summing Up* (1938), Garden City, New York, Doubleday, Doran and Co., 1945, p. 211. (Je dois cette référence à M. Jean Théodoridès. Qu'il en soit vivement remercié.)

22 Cf. W. Somerset Maugham, *Great Novelists and their Novels, op. cit.*, pp. 111–12.

23 Frank O'Connor, 'Stendhal: The Flight from Reality', in *The Mirror in the Roadway*, London, Hamish Hamilton, 1957, pp. 42–57. Cf. aussi Frank O'Connor, 'Stendhal', in *Irish Times*, 25 August 1945.

24 J. B. Priestley, *Literature and Western Man*, London/ Melbourne/Toronto, Heinemann, 1960, p. 163.

XXI

L'échec de l'enseignement mutuel dans le roman stendhalien

PAULINE WAHL WILLIS

'Sans doute, d'ici à quelques années, l'enseignement mutuel sera appliqué à tout ce qui s'apprend'.[1] Cette prédiction enthousiaste de Stendhal se réfère à une méthode pédagogique qui connut une vogue extraordinaire dans la première moitié du dix-neuvième siècle, d'abord en Angleterre et ensuite en France. Stendhal, comme beaucoup de ses contemporains libéraux, semblait voir dans ce système le salut des pauvres et le rayonnement des lumières. L'intérêt qu'il manifesta pour l'enseignement mutuel, ainsi que la fortune que cette pédagogie connut en France, sont bien documentés dans un excellent article de F. W. Saunders dans *Stendhal Club*.[2] Je n'ai donc pas l'intention de revenir sur le développement de l'enseignement mutuel, ni de renchérir sur les commentaires de Stendhal, auxquels il n'y a pratiquement pas de précisions à apporter.[3] Ce qui m'intéresse, c'est plutôt le fonctionnement de cette méthode d'éducation et les manifestations de cette structure pédagogique dans l'œuvre stendhalienne. Comme point de départ je pose la question par laquelle Saunders termine son article:

> [Si] c'est presque uniquement dans ses écrits intimes et critiques que Stendhal a donné expression à cette préoccupation, a-t-il fait autre chose au fond dans le *Rouge et le Noir* que de dramatiser le problème de 'cette classe de jeunes gens qui, nés dans une classe inférieure et en quelque sorte opprimés par la pauvreté, ont le bonheur de se procurer une bonne éducation'?[4]

Ma réponse à cette question sera plutôt négative. Comme j'espère le démontrer par la suite, la structure mutuelle est complètement réussie dans l'œuvre non-romanesque de Stendhal, mais elle ne l'est pas dans ses romans. En effet, c'est le *Rouge et le Noir* qui nous explique pourquoi un jeune homme tel que Julien Sorel n'aurait pu être le produit d'une école mutuelle et qui démentit la ferveur avec laquelle Stendhal se déclara partisan de cette pédagogie.

Alors, quelle est donc cette méthode mutuelle? C'est une pédagogie qui permet l'instruction de beaucoup d'enfants à très peu de frais, et qui fut mise en œuvre d'abord en Angleterre par Andrew Bell et Joseph Lancaster. Dans une école mutuelle, il y avait un seul maître, qui était responsable de tous les élèves, dont le nombre s'élevait à plusieurs centaines. Les élèves, pauvres pour la plupart, étaient groupés selon le niveau de leurs connaissances dans chaque matière. A la tête de chaque groupe d'étudiants, il y avait un moniteur, qui était un élève ayant fait preuve d'excellence dans une matière donnée. Tous les matins les moniteurs arrivaient à l'école avant leurs condisciples pour recevoir une instruction spéciale du maître qu'ils transmettaient telle quelle aux autres élèves plus tard dans la journée. A l'intérieur de chaque groupe, les élèves étaient rangés strictement par ordre d'excellence. Une fois qu'un élève avait maîtrisé les connaissances requises à son niveau, il pouvait soit devenir moniteur à son tour, soit s'intégrer au groupe supérieur, où il aurait la dernière place. Du haut de sa chaire, et à l'aide de quelques moniteurs préposés au maintien de l'ordre, le maître assurait le bon fonctionnement de son école.[5] En somme, la nouveauté de l'enseignement mutuel réside dans l'utilisation des moniteurs, ce qui explique ses avantages économiques: il permet l'instruction des pauvres à des frais minimes en même temps que le progrès théoriquement illimité de l'éducation. Il ne faut pas oublier cependant que la pédagogie elle-même repose sur des principes traditionnels: simplification, analyse, mémorisation, formalisme, émulation et autorité.[6]

Si nous transposons les principes de cette pédagogie au plan de l'écriture stendhalienne, nous voyons que certaines œuvres non-romanesques pourraient être qualifiées d'échantillons d'enseignement mutuel.[7] Le meilleur exemple de ce phénomène est sans doute *Suite et compléments de l'Histoire de la peinture en Italie*, publiés dans l'édition du Divan sous le nom d'*Ecoles italiennes de peinture*, un titre qui met en relief son organisation pédagogique. Tout dans ce petit livre fait penser à l'éducation mutuelle, à commencer par son texte même qui expose souvent des principes mutuels, comme l'indique l'exemple suivant:

Pellegrino de Modène fut peut-être parmi les élèves de Raphaël celui qui se rapproche le plus de lui ... Il continua à habiter Rome jusqu'à la mort de son maître, travaillant dans plusieurs églises; il retourna ensuite à Modène où il fut le chef d'une nombreuse succession d'artistes imitateurs de Raphaël.[8]

Ici nous remarquons tout de suite la transmission des connaissances à un élève doué qui devient maître à son tour, ainsi que l'extension de ces connaissances à de nouvelles régions du pays, deux traits caractéristiques de l'éducation mutuelle. L'organisation du livre, la division en écoles, elle aussi, fait penser à l'éducation mutuelle par son insistance sur le formalisme, la simplification et l'analyse. Enfin la méthode de composition du livre est aussi une méthode mutuelle. On sait bien que Stendhal copia des parties considérables de son livre, dont maintes pages reproduisent, avec une fidélité absolue, les sources dépouillées.[9] N'est-ce pas analogue au procédé utilisé dans les écoles mutuelles pour assurer la transmission intacte des connaissances? En effet, ce livre, par son texte, par son organisation et par sa composition, est bien un exemple classique de l'enseignement mutuel sur le plan de l'écriture.

Mieux connue aujourd'hui que les *Ecoles italiennes de peinture,* la correspondance d'Henri Beyle avec sa sœur Pauline est, elle aussi, un 'chef-d'œuvre de l'école mutuelle'.[10] Presque à chaque page, le grand frère ne cesse de prodiguer son instruction et ses conseils.[11] Mais ce n'est pas l'instruction en elle-même qui nous intéresse ici, c'est plutôt la manière dont Beyle communique avec sa sœur, parce que c'est en cette manière que consiste l'enseignement mutuel. Encore une fois c'est le texte même qui est un échantillon de cette méthode pédagogique. A cet égard, examinons de plus près une lettre paradigmatique, celle du 19 novembre 1805. Dans cette lettre le jeune homme donne à sa sœur chérie une leçon détaillée d'Idéologie: il lui explique comment on se fait des idées et des opinions. Ensuite Beyle demande à Pauline de transmettre cette leçon à leur cousin Gaétan, qui pourrait à son tour la communiquer à une quatrième personne nommée Hippolyte.[12] Comme dans une école mutuelle, les connaissances passent de main en main. Pour contrôler l'exactitude des connaissances, Beyle voudrait que Gaétan lui écrive ses opinions à ce sujet.[13] Enfin, Gaétan, comme Pauline, devrait recopier la lettre. Ainsi, la conformité de la copie à l'original assurerait la communication intacte des con-

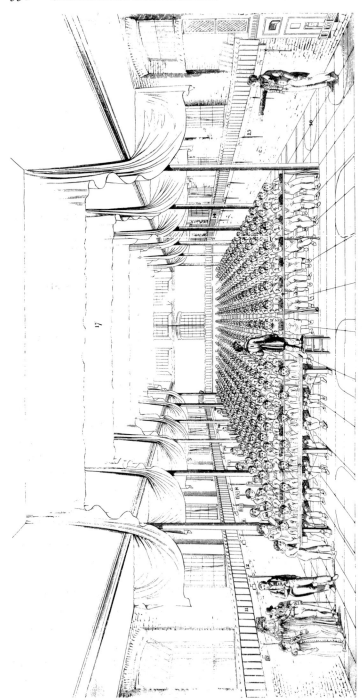

'la correspondance d'Henri Beyle avec sa sœur Pauline est ... un ''chef-d'œuvre de l'école mutuelle''.' (p. 333)

naissances. Pour Stendhal, tout ceci a une grande importance, ce qui lui fait ajouter, 'Ne brûle pas mes lettres, cache-les et relis-les'.[14] Par là, il tente de nouveau de prolonger son instruction, cette fois-ci sur le plan temporel. Ainsi, dans cette lettre, comme dans d'autres du même type,[15] on remarque surtout l'effort d'enchaînement que fait Stendhal pour prolonger son instruction et pour en élargir la portée, traits caractéristiques de l'enseignement mutuel.

Dans la correspondance de Stendhal avec Pauline on peut noter également un autre trait typique de cette méthode d'éducation, sur lequel nous n'avons pas encore insisté: c'est l'effort que fait le professeur pour former les moniteurs et, éventuellement, les autres élèves à sa propre image. Stendhal ne procède pas autrement avec sa sœur.[16] 'J'ai ouvert une petite lettre: elle était de toi', lui écrit-il. 'Tout ce que tu dis est parfaitement en harmonie avec ce que je sens. C'est exactement un autre moi-même que je lis. La conformité d'écriture venait augmenter cette charmante illusion.'[17] Ici, une fois encore, non seulement le message, mais aussi son médium, révèlent ce trait caractéristique de l'enseignement mutuel.

Trait caractéristique, et aussi trait essentiel car, si le moniteur diffère tant soit peu du maître, la communication de celui-ci risque de ne pas arriver intacte à son destinataire. Robert Escarpit explique ainsi ce problème de communication:

> [Il] est à la fois difficile et hasardeux de se servir de la machine humaine comme d'un médium. Le propre d'un médium est qu'il émet exactement la même quantité d'information qu'il reçoit ... Les signaux d'entrée et les signaux de sortie se correspondent terme à terme.
>
> Or la particularité de l'esprit humain est qu'il est capable d'inventer des signes et d'inventer de nouvelles significations pour les signes déjà existants, en un mot de réviser la convention qui rend la communication possible ... Le médium utilise un code, c'est-à-dire un système de relations entre signes, alors que l'homme utilise un langage, c'est-à-dire un système de production de signes.[18]

Dans les écoles mutuelles le langage était donc réservé autant que possible à la récitation et à la répétition, tandis que les moindres mouvements étaient réglés 'par tout un code de sifflets et de sémaphores'.[19]

En effet, lorsque Robert Escarpit parle du médium de la 'machine humaine', il ne fait que reprendre une métaphore très courante chez les partisans de l'enseignement mutuel,[20] à commencer par les deux fondateurs du mouvement. Tandis que Lancaster se félicita d'avoir inventé 'a new and mechanical system of Education',[21] Bell alla plus loin dans ce sens: 'While mutual education bears a manifest analogy to the mechanical powers, it infinitely surpasses them ... With great propriety it has been called the STEAM ENGINE of the MORAL WORLD.'[22] Les contemporains français ne voyaient pas autrement le système. Alexandre de Laborde remarqua que 'le mouvement qui a lieu dans tous ces petits groupes, le bourdonnement de toutes ces petites voix ressemblent assez au bruit des machines dans les filatures de coton'.[23] Et même Stendhal, dans son livre sur la peinture, qui est, comme nous l'avons vu, un si bon exemple de la méthode mutuelle, parla de 'peintres de machine'.[24] Cette comparaison entre l'homme et la machine est complétée dans l'esprit des pédagogues mutualistes par une autre métaphore qui abonde dans le même sens. Ecoutons encore Andrew Bell: 'Look at a regiment or a ship, and you will see a beautiful example of the system which I have recommended for a single school. Look at the army and navy, and you will see the grand system ... which will guide you in the general organization of your schools.'[25] Cette métaphore militaire devint réalité en France, où l'on fonda des écoles mutuelles régimentaires, dont le nombre, en 1820, atteignit 162.[26]

Ces comparaisons industrielles et militaires servent à mettre en relief un des buts fondamentaux de l'éducation mutuelle: le maintien de l'ordre et la soumission des basses classes. Les partisans d'Andrew Bell s'exprimèrent sans réserves là-dessus: 'One of the most important lessons impressed upon them will be the duty of resignation to their lot ... By the very constitution of society the Poor are destined to labour, and to this supreme and beneficial arrangement of Providence they must of necessity submit'.[27] Joseph Lancaster ne fut guère plus subtil: 'The more pliable the tree, the easier it will bend; and children cannot be too soon trained in the way they should go'.[28] En France, les promoteurs de l'enseignement mutuel firent écho à ce point du vue lorsqu'ils rêvèrent 'de former des hommes vertueux, amis de l'ordre, soumis aux lois, intelligents et laborieux'.[29] Dans un rapport préparé pour Napoléon, même le révolutionnaire Carnot précisa que la méthode mutuelle devait enseigner 'tout ce qui peut faire naître et entretenir dans le cœur des enfants le sentiment du devoir, de la justice, de l'honneur et du respect pour l'ordre établi'.[30]

Or, lorsqu'on reconnaît cette intention conservatrice de l'enseignement mutuel, on comprend pourquoi Stendhal fut dans l'impossibilité d'inscrire cette structure pédagogique dans ses romans. Car là, plutôt que de souscrire aux idées du maintien de l'ordre établi et de la soumission des basses classes, Stendhal opte pour le renversement des valeurs reçues et le développement de l'individu. Il est vrai qu'il mentionne en passant l'enseignement mutuel dans *Armance*,[31] mais il est également vrai que la structure mutuelle, qui assure la transmission intacte des connaissances par le médium d'êtres humains quasi automates, n'apparaît nulle part dans les romans.

A cet égard il est très intéressant d'examiner certains détails du *Rouge et le Noir*. Là, on remarque tout d'abord que Julien rejette les deux métaphores chères aux pédagogues mutualistes, l'usine et l'armée: d'abord il refuse de travailler dans la scierie de son père et plus tard il refuse de jouer le rôle du chevalier de La Vernaye, lieutenant de hussards. Reste son expérience au séminaire, qui semble présenter certaines ressemblances avec l'enseignement mutuel. Dans le séminaire de Besançon, on instruit à peu de frais des pauvres qui, à leur tour, instruiront les fidèles de leur paroisse. Aux cours on répète machinalement les leçons, et la soumission à l'ordre est de rigueur. Dans cette institution, la supériorité de ses connaissances vaut à Julien la promotion au rang de répétiteur, ce qui fait penser au poste de moniteur dans le système mutuel. Mais, même le lecteur le plus borné comprend que Stendhal critique vivement 'cet enfer sur la terre'[32] où Julien est censuré parce qu'*il pensait, il jugeait par lui-même*, au lieu de suivre *l'autorité* et l'exemple'.[33] Lorsque Stendhal fait retirer Julien du séminaire par le *deus ex machina* qu'est le marquis de La Mole, il montre la nécessité impérieuse de rejeter cette structure mutuelle.

Il montre aussi un aspect paradoxal de sa pensée pédagogique qui jusqu'ici semble être passé inaperçu. A l'époque où Stendhal écrivait, l'enthousiasme des libéraux pour l'enseignement mutuel ne connaissait plus de bornes. Ils louaient dans cette méthode pédagogique l'efficacité autant que le fonctionnement quasi automatique et militaire, ainsi qu'on a pu le voir. Stendhal, lui aussi, était un partisan fervent de cette pédagogie, et il se sert à plusieurs reprises de ses structures dans ses œuvres non-romanesques. Pourtant, Stendhal, à la différence de ses contemporains libéraux, semble pressentir tout le poids du côté autoritaire et machinal de l'enseignement dans ses romans. Il est vrai qu'il n'en fit pas de critique raisonnée et explicite. Pour en voir dans un roman libéral, il faudra attendre *Hard Times* de Dickens.[34] Par contre, ce que fit Stendhal, notamment dans le *Rouge et le Noir*, c'est se servir des métaphores industrielles et militaires pour miner et faire la critique de la structure mutuelle. Cette absence d'une structure mutuelle réussie dans le roman stendhalien nous explique pourquoi cette méthode pédagogique ne peut absolument pas être la solution aux problèmes du héros stendhalien. Nous confrontons ainsi une situation doublement paradoxale, car en rejetant implicitement le mécanisme du système mutuel, Stendhal fait, en effet, cause commune avec les catholiques conservateurs qui, eux, rejetèrent explicitement l'aspect automatique de la méthode.[35] Encore une fois Stendhal nous montre la force de son originalité.

Notes

1 Stendhal, *De l'Amour,* Paris, Garnier, 1959, p. 217.

2 F. W. Saunders, 'Stendhal et l'enseignement mutuel', *Stendhal Club*, no. 7, 1965, pp. 113–24.

3 Aux commentaires de Stendhal sur l'enseignement mutuel cités par Saunders on pourrait ajouter les suivants: *Promenades dans Rome* I, Cercle du Bibliophile, t. VI, pp. 105–06; *Notes d'un dilettante, Vie de Rossini* II, Cercle du Bibliophile, t. XXIII, p. 254.

4 Saunders, *art. cit.*, p. 124.

5 Voir Maurice Gontard, *L'Enseignement primaire en France de la Révolution à la loi Guizot (1789–1833),* Annales de l'Université de Lyon, 3ᵉ série, lettres, fasc. 33, Paris, Les Belles Lettres, 1959, pp. 275–77.

6 Guy Palmade, *Les Méthodes en pédagogie,* Paris, P.U.F., 1968, pp. 9–11.

7 Par exemple l'*Histoire de la peinture en Italie,* et les *Vies de Haydn, de Mozart et de Métastase.*

8 'Suite et compléments de l'Histoire de la peinture en Italie' dans *Mélanges III: Peinture,* Cercle du Bibliophile, t. XLVII, p. 429. Parmi de nombreux exemples on pourrait citer pp. 296, 307, 308, 311, 328, 335–36, 415.

9 Philippe Berthier, 'Stendhal et les sources des *Ecoles italiennes*

de peinture', *Revue d'histoire littéraire de la France*, juillet-août, 1970, pp. 673–90.

10 Albert Thibaudet, *Stendhal*, Paris, Hachette, 1931, p. 39.

11 Parmi d'innombrables exemples on pourrait citer Stendhal, *Correspondance*, Bibliothèque de la Pléiade, t. I, pp. 3–4, lettre du 10 avril 1800; pp. 11–12, lettre du 28 septembre 1800; pp. 16–17, lettre du 27 décembre 1800; pp. 29–30, lettre du 6 décembre 1801; pp. 38–39, lettre du 22 août 1802; pp. 117–18, lettre de la fin juin 1804; pp. 124–25, lettre du 7 juillet 1804.

12 *Correspondance*, t. I, p. 251. Hippolyte est identifié seulement comme un parent ou un ami de Stendhal (p. 1539).

13 *Correspondance*, t. I, p. 251.

14 *Correspondance*, t. I, p. 249.

15 Voir par exemple, *Correspondance*, t. I, pp. 223–26, lettre du 9 au 13 septembre 1805; pp. 281–85, lettre du 7 février 1806. Voir aussi pp. 1190–98 (lettre de Louis Crozet du 7 février 1806) et pp. 286–90 (lettre à Pauline du 15 février 1806), où Beyle transmet à sa sœur des principes qu'il reçoit de son ami.

16 André Doyon, 'Henri et Pauline Beyle. Histoire de la "cara sorella" (D'après des documents inédits). IV', *Stendhal Club*, No. 93, (1982), pp. 41–65, and No. 94, (1982), pp. 181–99.

17 *Correspondance*, t. I, p. 601, lettre du 25 décembre 1810.

18 Robert Escarpit, *L'écrit et la communication*, 2e édition, Paris, P.U.F., 1978, pp. 9–10.

19 Antoine Prost, *Histoire de l'enseignement en France 1800–1967*, Paris, Armand Colin, 1968, p. 116. Voir aussi Gontard, *op. cit.*, p. 276.

20 Carl F. Kaestle, *Joseph Lancaster and the Monitorial School Movement: A Documentary History*, New York and London, Teachers' College Press, 1973, pp. 11–15.

21 Cité dans J. L. et Barbara Hammond, *The Bleak Age*, revised edition, West Drayton and New York, Penguin, 1947, p. 150.

22 Cité dans Hammond, *op. cit.*, p. 150. En effet, Bell est friand de cette métaphore. Eric Midwinter, *Nineteenth Century Education*, London, Longman, 1970, p. 29, le cite ainsi: 'like the steam engine or spinning machinery, it diminishes labour and multiplies work', et encore 'this intellectual and moral engine'.

23 Cité dans Gontard, *op. cit.*, p. 276.

24 Stendhal, 'Suite et compléments de l'Histoire de la peinture en Italie' dans *Mélanges III: Peinture*, Cercle du Bibliophile, t. XLVII, p. 399.

25 Cité dans Kaestle, *op. cit.*, p. 16.

26 Voir Gontard, *op. cit.*, p. 294.

27 Cité dans Mary Sturt, *The Education of the People*, London, Routledge and Kegan Paul, 1967, p. 29, cf. aussi p. 28.

28 Cité dans Frank Smith, *A History of English Elementary Education 1760–1902*, London, University of London Press, 1931, p. 75.

29 Cité dans Gontard, *op. cit.*, p. 282.

30 Cité dans Gontard, *op. cit.*, p. 287.

31 Stendhal, *Armance ou quelques scènes d'un salon de Paris en 1827*, éd. H. Martineau, Paris, Garnier, 1962, p. 236. Dans la prétendue lettre d'Armance à son amie Méry de Tersan, le commandeur de Soubirane impute à Armance l'idée qu'elle se morfondra dans un mariage avec Octave 'au fond de quelque province où nous propagerons l'enseignement mutuel et la vaccine'. Sans infirmer en rien les commentaires d'Henri Martineau sur cette phrase (pp.306–07, n. 396), ni la référence que Georges Blin y voit au duc de La Rochefoucauld-Liancourt (*Armance,* éd. Blin, Paris, Editions de la Revue Fontaine, 1956, p. 363, n.1 au chapitre XXX), on pourrait ajouter qu'il y a aussi sans doute une référence à la duchesse de Duras, auteur d'*Olivier, ou le secret*, qui fonda une école mutuelle de filles à Paris en 1815. La phrase servirait ainsi à indiquer une des sources principales du roman et, par là, l'impuissance d'Octave. On notera, par ailleurs, que très souvent à l'époque, on alliait l'enseignement mutuel à la vaccine: voir Gontard, *op. cit.*, p. 295.

32 Voir le *Rouge et le Noir,* éd. P.-G. Castex, Paris, Garnier, 1973, p. 160.

33 Voir le *Rouge et le Noir*, éd. cit., p. 171.

34 Charles Dickens, *Hard Times*, édité par David Craig, Harmondsworth, Penguin, 1969, introduction pp. 21–25; chapitres 1 et 2, pp. 47–53; note 2, pp. 317–18; note 5, p. 318.

35 Gontard, *op. cit.*, p. 322.

XXII

Stendhal et les
savants britanniques
JEAN THEODORIDES

Un des aspects des relations de Stendhal avec le 'domaine anglais' n'a fait, semble-t-il, jusqu'ici l'objet d'aucune étude particulière. Il s'agit de l'intérêt qu'il porta à la personne ou aux œuvres de divers hommes de science du Royaume-Uni, qu'il s'agisse de physiciens, de médecins ou de naturalistes dont il connut personnellement certains.

C'est à ce thème qu'est consacrée la présente communication qui ne représente qu'un aperçu sommaire d'un sujet qui mériterait de plus amples développements. Pour plus de clarté dans l'exposé, les divers savants mentionnés par Stendhal seront considérés selon leur spécialité et abordés dans l'ordre chronologique. Cette manifestation d'intérêt s'inscrit dans le cadre du penchant d'Henri Beyle pour les questions scientifiques que nous avons évoqué déjà ailleurs.[1]

Sciences exactes

A tout seigneur tout honneur; le premier savant dont il sera question ici est un philosophe scientifique de la Renaissance: Sir Francis Bacon (1561–1626) que Stendhal cite à plusieurs reprises. Il s'agit selon lui d'un novateur qui osa dire:

> Je vais me mettre à ne rien croire de ce qu'on a écrit sur tout ce qui fait le sujet des discours des hommes. J'ouvrirai les yeux, je verrai les circonstances des faits et n'ajouterai foi qu'à ce que j'ai vu.[2]

Stendhal lui préfère cependant Léonard de Vinci, cet autre savant de génie de la Renaissance:

> On verra que le Florentin est plus clair. La raison en est simple: l'Anglais avait commencé par lire Aristote; l'Italien par copier des visages ridicules qu'il rencontrait dans Florence.[3]

D'autres allusions stendhaliennes à Bacon sont toutes péjoratives et concernent l'homme chez qui l'intégrité et le sens de l'amitié n'étaient pas des plus développés. Stendhal le cite cependant à sa sœur Pauline comme un 'grand homme' aux côtés de Montesquieu, Lancelin, Vauvenargues et Pascal.[4] Il dira encore plus tard:

> Les œuvres philosophiques d'Aristote, Platon, Descartes, Spinoza, Leibniz: poèmes ennuyeux faits par de grands génies. Bacon seul a conservé de l'utilité.[5]

On ne trouve cependant sous sa plume pas un mot sur le *Novum Organum* qui est l'ouvrage-clé de Bacon, ni sur ses découvertes en cosmographie ou en physique. Et l'on peut supposer sans trop risquer de se tromper que c'est en lisant son cher Cabanis que Stendhal a découvert l'existence de Bacon.[6]

Un autre grand savant anglais, le physicien Isaac Newton (1642–1727) est cité une quinzaine de fois dans l'œuvre de Stendhal. La plupart des passages le concernant ne font que mentionner son nom parmi ceux de diverses célébrités. Cependant, dans certains d'entre eux il donne des jugements personnels sur l'auteur des *Principia*.

C'est ainsi que dans une note marginale des œuvres de Vauvenargues il précise: 'Vous ne connaissez pas le tranquille et attentif Newton',[7] ou bien: 'Les pensées mâles manquaient entièrement à Newton, homme très froid, très attentif, très raisonnable, trop grand ennemi des raisonnements téméraires pour être mâle dans ses discours'.[8] Ailleurs il cite ses *Observations sur les prophéties de l'Ecriture Sainte* ou le place avec Euler et Lagrange parmi 'les inventeurs dans les sciences exactes'.[9] Ailleurs enfin le nom de Newton est associé à celui d'Edmond Halley (?1656–1743) astronome anglais devenu célèbre par la comète qui porte son nom.[10]

Nous mentionnerons maintenant deux savants moins importants. Le premier est Robert Smith (1689–1768) auteur de *A compleat System of Optics in four Books, viz, A Popular, a Mathematical, a Mechanical and a Philosophical Treatise*, publié en deux volumes à Cambridge en 1738, et traduit en français sous le titre *Cours complet d'Optique*, publié en deux volumes à Avignon et à Paris en 1767. Selon ses dires[11] le jeune Stendhal le lisait à la Bibliothèque publique de Grenoble.[12] Un autre auteur qui l'intéressa plus tard est le minéralogiste et physicien écossais

David Brewster (1781–1868) dont on trouve, parmi ses manuscrits à Grenoble[13] la traduction d'une partie de son travail intitulé 'On the affections of light transmitted through crystallized bodies' in *Philosophical Transactions of the Royal Society*, Vol. 104, 1814, pp. 187–218. On ne sait absolument pas dans quelles circonstances ni à quelle date Stendhal fut amené à s'intéresser à ce travail de minéralogie physique. Il faut voir en tout cas dans ses lectures de Smith et de Brewster une manifestation évidente de son goût pour l'optique et pour tout ce qui concerne l'œil que nous avons déjà signalé ailleurs.

Un troisième auteur britannique fait l'objet d'une note marginale sur l'exemplaire de Crozet de l'*Essai sur le principe de population de Malthus* (Paris, 1809). Il y est en effet question[15] de 'Short's tables of statistics' mentionnées dans la *Bibliothèque britannique*, t. IV, p. 328. Il doit s'agir très probablement de Thomas Short (?1690–1772) qui est l'auteur de l'ouvrage intitulé *A comparative history of the increase and decrease of mankind*, qui est paru à Londres en 1767.

Médecine et sciences naturelles

Comme nous l'avons déjà montré ailleurs Henri Beyle, petit-fils de médecin, s'intéressa toute sa vie à la médecine et aussi aux sciences naturelles.[16] Il n'est donc pas étonnant qu'il ait mentionné dans ses œuvres ou connu personnellement un nombre appréciable de médecins et de naturalistes dont certains étaient de nationalité ou d'origine britannique.

Les premiers qu'il cite, chronologiquement, apparaissent dans une esquisse datée de 1804 de sa pièce *Les Médecins* qu'il n'écrivit jamais. On lit en effet dans ce fragment:[17]

> Pour connaître mon sujet lire Cabanis. Deux ouvrages: *le moral et le physique*[18] et le recueil qu'il vient de publier récemment.[19] Montrer une consultation. Ils disputent beaucoup sur les systèmes des médecins et parlent très peu de la malade. Savoir les noms et les principes des systèmes. Brown, Darwin.

Ces deux derniers noms concernent des médecins britanniques du dix-huitième siècle assez célèbres de leur temps. Le premier est l'Ecossais John Brown (1736–1788) auteur d'une théorie médicale qui porte son nom, le *brownisme*, et qui eut une vogue considérable. Suivant celle-ci les maladies seraient dues à des excitations excessives de l'organisme (maladies sthéniques) ou insuffisantes (maladies asthéniques). Brown et son système sont mentionnés par Cabanis[20] mais il se peut aussi que Stendhal en eût connaissance par son ami le médecin militaire Urbain-Philippe Salmon (1768–1805) qu'il venait précisément de rencontrer en 1804, deux mois avant l'esquisse des *Médecins* et qui était fort au courant de l'œuvre et des idées de Brown dont il possédait les œuvres *(Elementa Medicinae)*.[21]

C'est en tout cas certainement Salmon qui fit connaître à Beyle le nom d'Erasmus Darwin (1751–1802) médecin et naturaliste anglais qui est le grand-père paternel du célèbre naturaliste Charles Darwin, et qu'apparemment Cabanis ne mentionne pas dans ses ouvrages lus par Stendhal. Le nom d'Erasmus Darwin va revenir sous sa plume dans deux notes infrapaginales de l'*Histoire de la peinture en Italie*, aux chapitres XCIII et CI consacrés aux 'tempéraments'.[22]

D'autres médecins sont mentionnés dans cet ouvrage et parmi eux figurent deux Ecossais: Crichton et Cullen. Du premier, Stendhal cite l'ouvrage '*Mental derangement*, 2 volumes in 8° 1810'.[23] Il s'agit de Sir Alexander Crichton (1763–1856) dont le titre exact de l'ouvrage est *An inquiry into the nature and origin of mental derangement* paru à Londres dès 1798 et comprenant effectivement deux volumes. Crichton, médecin et géologue était originaire d'Edimbourg, devint en 1804 médecin ordinaire du tsar Alexandre Ier et organisa les services médicaux en Russie puis retourna en Angleterre en 1819.[24] C'est en lisant le *Traité médico-philosophique sur l'aliénation mentale ou la manie* de Philippe Pinel (Paris, 1801) que Stendhal avait découvert l'existence de cet ouvrage.[25]

De William Cullen (1710–1790) médecin et chimiste, Stendhal ne cite que le nom.[26] Parmi ses œuvres médicales figurent des *Eléments de médecine pratique* (deux éditions, Paris, 1785–87, et 1795) et *Nosology or a systematic arrangement of diseases* (Edimbourg, 1800). Il est cité tant par Pinel que par Cabanis. Il est par ailleurs piquant de lire dans une chronique du *London Magazine* (juin 1825) ce que Stendhal dit des médecins de l'Ecole d'Edimbourg, à propos d'une pièce de Scribe intitulée *Le charlatanisme*:

Je suis parfaitement convaincu que les médecins de la

moderne Athènes [*autrement dit, Edimbourg*] sont exactement aussi charlatans pendant les premières années de leur exercice que ceux de Paris, mais ils ne s'en vantent pas.[27]

Stendhal a mentionné plusieurs fois le nom du célèbre chimiste
anglais Humphry Davy (1778–1829).[28] Une première fois dans
l'*Histoire de la peinture en Italie* à propos de la technique des
couleurs utilisées par les peintres italiens, il écrit:

> La chimie, qui rajeunit le vieilles écritures par l'acide
> muriatique, ne saurait-elle rajeunir les tableaux des Carraches?
> J'ose lui adresser cette prière. Les sciences nous ont ac-
> coutumés, dans ce siècle, à tout attendre d'elles, et je voudrais
> que M. Davy lût ce chapitre.[29]

et précise, dans une note infrapaginale: 'Ce grand chimiste a donné
des expériences sur les couleurs des anciens'. Son nom revient
dans *Rome, Naples et Florence* où on lit:

> Un jeune Français élevé à Paris dans les meilleures maisons
> d'éducation, y trouve de bons professeurs qui l'introduisent
> dans les sciences, à la suite des savants de Paris et de Londres,
> qui sont les premiers du monde. Il apprend la chimie avec
> Davy.[30]

Enfin, dans un compte rendu de l'*Histoire de l'Italie de 1789 à
1814* de Carlo Botta, Stendhal écrit:

> Le temps est venu où il faudrait écrire l'histoire avec la même
> sérénité philosophique qu'un traité de chimie. L'inquisition,
> l'ultraïsme, le despotisme devraient être analysés comme les
> poisons et leurs antidotes signalés sans plus d'émoi que n'en
> éprouve Sir Humphry Davy lorsqu'il examine le pouvoir
> mortel de l'arsenic ou de l'acétate de morphine.[31]

Nous arrivons maintenant à deux savants d'origine britannique
fixés à Paris où Stendhal eut l'occasion de les connaître personnellement. Il s'agit de William-Frédéric Edwards (1776–1842) et
de son frère Henri-Milne Edwards (1800–1885) appartenant à une
famille anglaise de la Jamaïque. C'est par l'intermédiaire de leur
frère Edouard Edwards (1778–1827) alias Brandy du *Journal* et des
Souvenirs d'égotisme[32] que Stendhal fit leur connaissance. Ils
avaient tous deux une formation médicale, étant docteurs en

médecine, mais le premier se dirigea rapidement vers l'étude de la physiologie puis de l'ethnologie et le second vers la zoologie. Leurs importants travaux leur valurent d'être élus l'un et l'autre à l'Institut de France, respectivement à l'Académie des Sciences morales et politiques et à l'Académie des Sciences en 1832 et 1838.

Les travaux de physiologie de W.F. Edwards sont analysés par Stendhal dans le *London Magazine* d'octobre 1825[33] et dans une longue lettre d'octobre 1837[34] le premier donna au second des renseignements détaillés sur les groupes ethniques peuplant la France. L'auteur des *Mémoires d'un touriste* en fera son profit en les y reproduisant presque textuellement.[35] Selon Edwards repris par Stendhal, quatre races seraient représentées en France: les Gaëls, les Kymris, les Ibères et les Germains. Les premiers seraient les plus nombreux et auraient été remplacés par les seconds en Normandie et dans le nord de la Bretagne. Comme l'a fait spirituellement remarquer K. G. McWatters, Stendhal se place parmi les Gaëls qui ont le caractère 'gai, brave, moqueur, insouciant de l'avenir' alors que le kymri ('qui ne rit guère') 'a le caractère constant, suivi et peu gai d'un Anglais'.[36] Tout en reconnaissant avec notre collègue britannique le peu de sérieux et le côté 'amateurish' de cette classification nous ne croyons pas y déceler pour autant un relent des théories racistes de Gobineau.

C'est dans le salon de W. F. Edwards que Stendhal connut son plus jeune frère Henri-Milne Edwards, naturaliste qui cumula les honneurs: professeur puis directeur du Muséum d'histoire naturelle, professeur à la Faculté des Sciences de Paris et à l'Ecole centrale des arts et manufactures, membre des Académies des Sciences (qu'il présida en 1861) et de Médecine. Stendhal le cite dans la *Vie de Henry Brulard* comme un de ses informateurs sur les bassesses des membres de l'Académie des Sciences 'de 1815 à 1830 et depuis pour s'escamoter des croix'.[37]

Le dernier savant dont il sera question ici est un naturaliste Irlandais, Joseph Barclay Pentland (1797–1873) que Stendhal rencontra chez G. Cuvier et avec qui il fut, semble-t-il, assez lié.[38] Un travail récent nous apporte des précisions sur sa vie et son œuvre scientifique.[39] Il naquit à Ballybofey, comté de Donegal, fit ses études à l'Académie d'Armagh puis à Paris où il étudia la minéralogie, la cristallographie, la chimie et la géologie. Il fut l'élève de Cuvier dès 1818 et résida en France jusqu'en 1822. En 1826–27 il voyagea au Pérou où il fit d'importantes observations géographiques et géologiques et où il fut secrétaire au consulat anglais. En 1828 il était de retour en Europe.

Stendhal le mentionne dans une lettre de janvier 1830[40] à Sophie Duvaucel, belle-fille de G. Cuvier, tandis que celle-ci dans une longue lettre à Beyle du 10 octobre 1834[41] lui donne d'intéressants détails sur un voyage en Ecosse qu'avait fait Pentland en compagnie du célèbre savant François Arago.[42] La lettre se termine en lui transmettant le souvenir de Pentland. Dans une marginale des *Promenades dans Rome* datée du 26 décembre 1829 et concernant l'opinion de G. Cuvier sur les 'murs cyclopéens', Stendhal écrit: 'Voir ce que dira M. Pentland sur ces murs',[43] et il note qu'il y a de tels murs au Pérou.[44]

Il faut maintenant conclure ce court exposé. Il en ressort d'une part que Stendhal connaissait les œuvres de certains savants du Royaume-Uni, qu'il s'agisse de physiciens ou de médecins et naturalistes. Cette connaissance était cependant assez superficielle et il est plus que probable qu'il n'avait pas vraiment lu leurs ouvrages et qu'il ne faisait qu'en citer les titres d'après d'autres auteurs (c'est le cas des médecins mentionnés par Cabanis et Pinel). Par ailleurs, Stendhal eut l'occasion de connaître personnellement plusieurs savants d'origine britannique parmi lesquels le docteur W. F. Edwards dont il utilisa des renseignements ethnographiques dans les *Mémoires d'un touriste* et son frère le naturaliste Henri Milne Edwards. De même il se lia dans le salon de G. Cuvier avec le géologue Irlandais Pentland. Tout ceci méritait, semble-t-il, d'être rappelé à la présente réunion consacrée à 'Stendhal et le domaine anglais'.

Notes

1 J. Théodoridès, *Stendhal du côté de la science*, Collection stendhalienne, Aran, Editions du Grand Chêne, 1972.

2 *Histoire de la peinture en Italie* I, Cercle du Bibliophile, t. XXVI, pp. 248–49.

3 *Ibid.*, p.250.

4 *Correspondance*, Bibliothèque de la Pléiade, t. I, p. 93.

5 *Journal littéraire* III, Cercle du Bibliophile, t. XXXV, p. 261.

6 *Rapports du physique et du moral de l'homme*, Paris, J.-B. Baillière, 1824, t. I, pp. 31–32, 117, 267.

7 *Journal littéraire* III, Cercle du Bibliophile, t. XXXV, p. 337.

8 *Ibid.*, p. 345.

9 *Journal littéraire* I, Cercle du Bibliophile, t. XXXIII, pp. 108, 586.

10 *Courrier anglais*, Edition du Divan, t. IV, p. 240. Les deux savants sont cités dans un ouvrage de Pessuti.

11 *Vie de Henry Brulard* I, Cercle du Bibliophile, t. XX, p. 346.

12 Où il se trouve toujours sous la cote C 1837.

13 Bibliothèque Municipale de Grenoble, Ms. R 5896, tome 12, fol. 62–72.

14 J. Théodoridès, 'Stendhal et l'opthalmologie', *Stendhal Club*, no. 98, 1983, pp. 320–27.

15 *Journal littéraire* III, Cercle du Bibliophile, t. XXXV, p. 249; *Mélanges I: Politique-Histoire*, Cercle du Bibliophile, t. XLV, p. 113.

16 J. Théodoridès, *Stendhal du côté de la science*, pp. 101–230.

17 *Théâtre* II, Cercle du Bibliophile, t. XLIII, p. 12.

18 Cf. note 6 *supra.*

19 *Du degré de certitude en médecine*, Paris, Crapart, Caille et Ravier, 1803.

20 *Rapports du physique et du moral de l'homme*, t. II, p. 20.

21 F.L. Mars et J. Théodoridès, 'Un savant angevin de l'époque révolutionnaire: Urbain-Philippe Salmon (1768–1805) médecin militaire, géologue et ami de Stendhal', *Comptes rendus du 93e Congrès national des Sociétés savantes. 1968. Tours*, Paris, Imprimerie Nationale, 1971, t. II, pp. 103–25.

22 *Histoire de la peinture en Italie* II, Cercle du Bibliophile, t. XXVII, pp. 41, 80.

23 *Ibid.*, pp. 41, 64.

24 J. D. Comrie, *History of Scottish Medicine*, London, Baillière, Tindall and Cox, 1932, t. II, p. 768.

25 J. Alciatore, 'Stendhal et Pinel', *Modern Philology*, Vol. XLV, 1947, pp. 118–33.

26 *Histoire de la peinture en Italie* II, Cercle du Bibliophile, t. XXVII, p. 41. Il est né en 1710 non 1712 comme indiqué dans l'article de M. Cramer et G. de Morsier 'L'enseignement du docteur William Cullen d'Edimbourg (1712(*sic*)–1790) transcrit par son élève le docteur Louis Odier de Genève (1748–1817)' *Gesnerus*, 33, 1976, pp. 217–27. Sur W. Cullen voir J. D. Comrie, *op. cit.*, vol. I, *passim* et la notice de W. P. D. Wightman in *Dictionary of Scientific Biography*, New York, Scribner, 1971, t. 3, pp. 494–95.

27 *Courrier anglais*, Edition du Divan, t. V, p. 88.

28 Pour sa vie et son œuvre, voir la notice de D. M. Knight in *Dictionary of Scientific Biography*, New York, Scribner, 1971, t. 3, pp. 598–604.

29 *Histoire de la peinture en Italie* I, Cercle du Bibliophile, t. XXVI, p. 98.

30 *Rome, Naples et Florence* II, Cercle du Bibliophile, t. XIV,

p. 213.

31 *Chroniques pour l'Angleterre,* éd. K. G. McWatters et R. Dénier, Grenoble, Publications de l'Université des langues et lettres de Grenoble, 1982, t. II, p. 205.

32 *Souvenirs d'égotisme,* Cercle du Bibliophile, t. XXXVI, *passim* et *Journal* IV, Cercle du Bibliophile, t. XXXI, *passim.* A propos de ce personnage qui accompagna Stendhal dans son voyage à Londres, en 1817, nous devons à l'obligeance de Monsieur G. Dumas Milne Edwards, descendant de cette dernière famille, la communication d'un texte inédit extrêmement précieux. Il s'agit de notes sur la famille Edwards dictées par Henri-Milne Edwards quelques jours avant sa mort à sa fille Cécile. On apprend par ces notes que William-Frédéric Edwards était né à la Jamaïque le 6 avril 1776 (et non le 14 avril 1777 comme indiqué par erreur dans le *Petit dictionnaire stendhalien* de H. Martineau, Paris, Edition du Divan, 1948, p. 209) et qu'il eut beaucoup plus de 'seize frères' comme l'écrit Stendhal dans les *Souvenirs d'égotisme.* Il eut en fait 28 frères et sœurs, par suite des deux mariages de son père William Edwards (mort à Paris en 1823) avec Jane Thomas, puis Elisabeth Vaux. William-Frédéric était du premier lit et Henri-Milne du second, ce qui fait qu'ils étaient demi-frères. Sur Edouard ('Brandy') on lit ce qui suit:

> *Edouard,* 3ème fils de mon père vint à Paris pour y étudier la médecine mais, lors de la rupture de la paix d'Amiens, il fut comme tous les autres Anglais enlevé comme ôtage et transféré dans une forteresse de l'Est (d'abord à Bitsch, ensuite à Valenciennes). Il y resta jusqu'à la paix générale en 1814 et cela brisa complètement sa carrière. En 1815, il obtint un emploi temporaire dans l'administration de l'armée anglaise, mais il n'y resta que peu de temps et sa situation fut toujours très précaire. Il s'occupa à Paris de petite littérature *(sic!)* et mourut sans s'être marié.

Ces lignes complètent substantiellement la courte notice du *Petit dictionnaire stendhalien* de Martineau *(op. cit.,* p. 211). Quant à l'allusion à la 'petite littérature' qui concerne certainement Stendhal on ne manquera pas d'en relever tout le piquant.

33 *Courrier anglais,* Edition du Divan, t. V, p. 267.

34 *Correspondance,* Bibliothèque de la Pléiade, t.III, pp. 542–44.

35 *Mémoires d'un touriste* I, Cercle du Bibliophile, t. XV, pp. 177–82, et II, t. XVI, p.435.

36 K. G. McWatters, *Stendhal and England,* Liverpool, Liverpool University Press, 1976, Inaugural Lecture Series, pp. 20–21.

37 *Vie de Henry Brulard* II, Cercle du Bibliophile, t. XXI, p. 50.

38 *Stendhal du côté de la science,* p. 243.

39 W. A. S. Sarjeant and J. B. Delair, 'An Irish naturalist in Cuvier's laboratory. The letters of Joseph Pentland, 1820–1832', *Bulletin of the British Museum (Natural History) Historical Services,* Vol. 6, No. 7, 1980, pp. 245–319.

40 *Correspondance,* Bibliothèque de la Pléiade, t. II, p. 174.

41 *Ibid.,* pp. 928–29.

42 Pentland est cité à plusieurs reprises dans la *Correspondance d'Alexandre de Humboldt avec François Arago* publiée par E. T. Hamy, Paris, Guilmoto s.d. (1908) (cf. pp. 85, 143, 229, 277) sans qu'il soit fait allusion à son voyage de 1834; ce dernier est toutefois mentionné par Sarjeant et Delair (art. cit. supra, p. 251) sans qu'il soit précisé que F. Arago accompagnait Pentland. On voit par ceci l'intérêt que peut apporter à l'histoire des sciences une correspondance 'littéraire'.

43 *Promenades dans Rome* III, Cercle du Bibliophile, t. VIII, p. 168.

44 Pentland connaissait personnellement deux autres amis de Stendhal: P. Mérimée et Sutton Sharpe, agissant comme intermédiaire entre le premier et le second. En effet, dans une lettre du 3 juin 1829 à ce dernier, Mérimée mentionne avoir remis une somme d'argent à Pentland de la part du père de Victor Jacquemont alors en mission dans l'Inde anglaise (P. Mérimée, *Correspondance générale,* éd. M. Parturier, Paris, Le Divan, 1941, t. I, p. 47). Par ailleurs, on trouve dans le *Fichier stendhalien* de F. Michel (t. II, p. 113) la référence à l'ouvrage de Coulmann, *Réminiscences* (t. II, pp. 181, 183), où il est fait allusion à Pentland dans des lettres de la famille Cuvier à l'auteur.

XXIII

Le regard de Stendhal sur l'art anglais

RENE JULLIAN

La familiarité de Stendhal avec les choses anglaises ne l'a pas conduit à s'intéresser à l'art anglais aussi largement qu'il l'a fait pour l'art italien et l'art français. Il a eu pourtant quelques occasions de porter son regard sur des œuvres d'art anglaises et les jugements, souvent tranchés, mais parfois aussi nuancés, qu'il a portés sur elles ne sont pas dépourvus d'intérêt, même si le caractère épars de ses rencontres avec l'art anglais ne permet pas de dégager à proprement parler une 'doctrine' stendhalienne (dans la mesure où ce mot peut s'appliquer à un homme tel que lui) de l'art britannique.[1]

Stendhal, beaucoup moins insensible à l'art gothique qu'on ne l'a dit,[2] n'a pas manqué, au cours de ses promenades en Angleterre, de remarquer quelques-unes des grandes églises médiévales qui dominent le paysage. Il retient particulièrement l'abbaye de Westminster à Londres, la cathédrale de Salisbury et celle d'York.[3] Il se contente d'ailleurs d'en vanter la beauté, sans s'attacher à en signaler les caractères distinctifs ni même à les décrire. Les citations qu'il en fait montrent simplement que l'importance de l'Angleterre dans la floraison de l'architecture gothique ne lui a pas échappé. Il a regardé aussi l'édifice beaucoup plus récent qu'était la cathédrale Saint-Paul de Londres, mais il en parle peu.[4]

C'est à l'art de son temps que Stendhal s'est en général surtout intéressé, même s'il a consacré certains de ses premiers écrits à l'art d'autrefois (non sans faire d'ailleurs parfois, à cette occasion, des références au présent); et, dans l'art contemporain, ce n'est pas l'architecture qui l'a surtout retenu, mais bien la peinture et la sculpture; c'est le cas précisément pour l'art anglais de son époque.

Il a accordé à la sculpture anglaise une place notable; il y a été conduit par l'importance qu'avait la sculpture funéraire dans les deux églises londoniennes de Westminster et de Saint-Paul:[5] c'est la vanité de l'aristocratie anglaise qui a suscité cette floraison, mais Stendhal pense qu'il faut s'en féliciter, car la statuaire a trouvé là une large occasion de se déployer. Stendhal n'a pas étudié systématiquement ces ensembles londoniens et il considère d'ailleurs que beaucoup de ces tombeaux sont ridicules parce que leurs auteurs se perdent dans les détails. Il a cependant relevé à Saint-Paul la présence de deux œuvres: le tombeau de deux capitaines de vaisseau tués devant Copenhague, où une figure d'ange a une qualité digne du siècle de Canova, et le tombeau du général Moore, dont il se borne à dire qu'il n'est pas absolument mal. Stendhal ne manifeste pas un grand souci de précision en parlant de ces deux œuvres[6] et il donne l'impression d'avoir parcouru un peu rapidement les lieux dont il parle; il faut dire à sa décharge que ses premiers séjours à Londres en 1817 et 1821 n'avaient pas été très longs et que ses considérations sur les monuments funéraires londoniens interviennent dans un tableau d'ensemble, rapide, de la sculpture européenne, qui accompagne le compte rendu des sculptures dans son 'Salon' de 1824. Ce ne sont pas eux, du reste, qu'il met au premier rang de la sculpture anglaise, mais bien les bustes de Francis Chantrey et notamment celui de Walter Scott; il fait de grands éloges — accompagnés de quelques réserves — des bustes de Chantrey et il témoigne ainsi de sa perspicacité, car Chantrey est alors effectivement un des maîtres de la sculpture anglaise; son art répond bien à ce qui est pour Stendhal l'essence de la modernité, opposée à l'académisme, car il remarque que ce sculpteur sait choisir dans la nature les traits qui peuvent toucher l'homme du dix-neuvième siècle, au lieu de copier les Grecs (qui, aux yeux de Stendhal, avaient su être modernes pour leur temps, mais dont la modernité est maintenant périmée). Le regard porté par Stendhal sur la sculpture anglaise demeure à la vérité bien fragmentaire: il a su voir l'importance de Chantrey, mais il semble ignorer Flaxman et, s'il cite pour l'ensemble des sculpteurs quelques rares œuvres, il aurait pu en retenir un certain nombre d'autres; il a traité assurément la sculpture anglaise avec quelque légèreté.

Il a apporté plus d'attention à la peinture. Il a rencontré les Anglais au Salon de 1824, où l'apport anglais était important, mais il a parlé d'eux aussi en d'autres occasions. Ses jugements sur les peintres anglais apparaissent assez contrastés. Dans la génération ancienne, celle du dix-huitième siècle, il rend hommage au talent

'[l'art de] Chantrey ... répond bien à ce qui est pour Stendhal l'essence de la modernité ...'
(p. 352)

de Reynolds et il recommande par exemple à sa sœur Pauline de lire ses discours,[7] mais il n'en place pas moins David au-dessus de lui, et aussi au-dessus de Benjamin West, le peintre d'histoire, qu'il n'apprécie guère.[8] Mais c'est la génération des contemporains qui a suscité de sa part les remarques les plus intéressantes. Il déteste Lawrence, le portraitiste en renom de la société anglaise, mais il a tout de même conscience de la place qu'il occupe et il lui témoigne une certaine considération; le peintre est présent au Salon de 1824 par un *portrait de femme* et par celui du *duc de Richelieu*. Stendhal déclare d'emblée 'mauvais' ce portrait du duc de Richelieu, mais il lui reconnaît un caractère typiquement anglais dans la manière de rendre les apparences et il lui trouve par là une certaine supériorité sur les portraits français;[9] il n'aime pas non plus le *portrait de femme*, qui abuse des effets chatoyants;[10] le *portrait du fils de J.-J. Lambton,* qui figure au Salon de 1827, lui apparaît médiocre et gauche dans son dessin, mais il est sauvé par la beauté des yeux[11] et, en fin de compte, Stendhal voit dans cet art de rendre le regard que possède Lawrence la seule vertu de son art.[12] Au Salon de 1824 figuraient aussi neuf œuvres de Copley Fielding, le plus éminent représentant de cette famille de paysagistes qui a largement contribué à l'essor du paysage naturaliste en Angleterre au début du dix-neuvième siècle; une des aquarelles qui constituaient le fonds principal de son envoi, *Macbeth et Banco arrêtés sur la bruyère par les trois sorcières*, a particulièrement séduit Stendhal, qui y a trouvé 'une haute leçon de poésie'.[13] Stendhal n'a pas ignoré John Martin, mais il le cite seulement comme un peintre sombre.[14]

Plus important que tous ceux-ci, aux yeux de Stendhal, est Constable; il figurait, lui, au Salon de 1824 avec trois œuvres, *Une charrette à foin traversant un gué au pied d'une ferme, Un canal en Angleterre* et une *Vue près de Londres: Hampstead-Heath*[15] et la présence de ces trois tableaux fut un événement, suscitant à Paris une large admiration. Stendhal, en manifestant la sienne, ne fait donc pas preuve d'originalité, mais les réflexions que lui inspire Constable méritent une attention particulière: son admiration est très vive, mais elle n'est pas dépourvue de certaines réticences, devant les négligences du pinceau de l'artiste, le sens médiocre qu'il a de l'architecture du paysage et son absence d'idéal qui lui fait choisir des sujets aussi ordinaires qu'une charrette de foin.[16] Ces réticences indiquent entre autres chez Stendhal une certaine incompréhension — qu'il éprouve d'ailleurs devant d'autres œuvres du Salon de 1824, à commencer par les *Massacres de Scio* de Delacroix — pour ce qui doit être considéré comme un élément majeur du romantisme pictural, la liaison intime entre la modernité du sentiment et la liberté neuve et audacieuse du métier. Il demeure, dans son esthétique, quelque peu prisonnier de la tradition, à laquelle la fréquentation assidue de la peinture italienne l'a accoutumé. Mais il dépasse ses réticences parce qu'il rencontre chez Constable 'la vérité', et c'est là une notation importante devant laquelle il convient de s'arrêter. Stendhal trouve avec ravissement chez Constable le contact direct avec la nature et la spontanéité dans le rendu des apparences, qui lui paraissent être la grande nouveauté de l'apport du peintre anglais. L'idéal artistique de Stendhal serait de combiner le respect de certaines valeurs traditionnelles[17] avec l'accent moderne, celui auquel est sensible l'homme du dix-neuvième siècle, et cet accent moderne il le trouve précisément chez Constable, davantage que chez la plupart des peintres français d'alors. Ainsi Stendhal a eu conscience de l'apport neuf de Constable dans l'histoire de la peinture et particulièrement de la place que tenaient ces nouveautés dans l'essor de la peinture romantique.

Le bilan des réflexions de Stendhal sur la peinture anglaise de son temps apparaît ainsi en fin de compte assez positif. Sans doute des peintres aussi importants que Bonington et Turner semblent être restés en dehors de son horizon; sans doute n'a-t-il pas réussi à reconnaître pleinement la valeur de Lawrence; sans doute a-t-il eu quelque peine à accepter certains aspects de la manière de Constable. Mais il a eu le sentiment de l'importance de la peinture anglaise de son temps et de l'ampleur du rôle qu'elle jouait dans le renouveau de la peinture occidentale.

Ainsi, le regard de Stendhal sur l'art anglais, en dépit de ses insuffisances et parfois de sa légèreté, peut tout de même être considéré comme apportant un témoignage lucide et pertinent sur un domaine artistique dont les Français découvraient alors la valeur et la nouveauté.

Notes

1 Doris Gunnell, dans son livre *Stendhal et l'Angleterre*, Paris,

1908, pp. 126 et suiv., n'insiste pas sur les impressions que Stendhal a reçues de l'art anglais; elle s'intéresse essentiellement à l'attitude des Anglais en face de l'art.

2 Cf. René Jullian, 'Stendhal, le Dôme de Milan et l'art gothique', in *Stendhal e Milano* (Atti del 14° Congresso Internazionale Stendhaliano, Milano, 1980), Florence, 1982.

3 *Promenades dans Rome* II, Cercle du Bibliophile, t. VII, p. 206. Les renseignements que donne Stendhal sont exacts.

4 Dans un passage du *Journal* IV, Cercle du Bibliophile, t. XXXI, p. 264, il note en 1817 'l'extérieur de Saint-Paul beaucoup plus beau que l'intérieur, assez mesquin'.

5 C'est dans les *Mélanges III: Peinture*, Cercle du Bibliophile, t. XLVII, pp. 76–77, à l'occasion du Salon de 1824, qu'il a disserté sur ce point.

6 Le tombeau des capitaines de vaisseau est sans doute à identifier avec celui de Mosse et Riou, morts en 1801 devant Copenhague, qui est l'œuvre de John-Charles Rossi; quant à l'autre, il s'agit vraisemblablement de celui du général Sir John Moore, qui a été fait par John Bacon le jeune (fils de John Bacon le vieux), un des représentants notables du néo-classicisme anglais. Les deux tombeaux sont toujours à Saint-Paul, mais déplacés.

7 *Correspondance*, Bibliothèque de la Pléiade, t. I, p. 622.

8 *Mélanges III: Peinture*, Cercle du Bibliophile, t. XLVII, pp. 6, 59.

9 *Mélanges III: Peinture*, p. 46.

10 *Ibid.*, p. 54.

11 *Ibid.*, p. 92.

12 Il y revient en 1829 dans ses *Promenades dans Rome* III, Cercle du Bibliophile, VIII, p. 193.

13 *Mélanges III: Peinture*, p. 66.

14 *Correspondance*, Bibliothèque de la Pléiade, t. II, p. 258.

15 Un autre Constable, *Paysage avec figures et animaux*, est signalé au Salon de 1827, mais Stendhal n'en a pas parlé. Sur la présence de ces divers tableaux aux Salons parisiens, on peut se référer à *Explication des ouvrages de peinture, sculpture, gravure, lithographie et architecture des artistes vivants, exposés au Musée royal des arts le 25 août 1824*, et *Explication des ouvrages de peinture, sculpture, gravure, lithographie et architecture des artistes vivants, exposés au Musée royal des arts le 4 novembre 1827*.

16 *Mélanges III: Peinture*, pp. 46–47, 53. Stendhal regrette que Constable n'ait pas choisi, par exemple, au lieu d'une charrette à foin, un site magnifique comme le val de la Grande-Chartreuse.

17 C'est ce qui le conduit notamment à être réticent devant les nouveautés audacieuses de la technique picturale.

XXIV

La langue autre
MICHEL ERMAN

'Les beaux livres sont écrits dans une langue étrangère'
Marcel Proust

On peut se demander si Stendhal, grand pourvoyeur de néologismes — pensons aux mots *touriste* et *fiasco*, mais aussi à d'autres qui ne furent pas adoptés comme le verbe *poffer*[1] (de l'anglais *to puff* : vanter à outrance) — n'aurait pas encouru, à notre époque, les foudres d'Etiemble dans son pamphlet *Parlez-vous franglais?*

Remarquons tout d'abord que, du temps de Stendhal, le recours à l'anglais était un phénomène de mode, qui, d'ailleurs, sembla durer, puisqu'en 1866 la première phrase des *Travailleurs de la mer* de Victor Hugo est la suivante: 'La Christmas de 182...fut remarquable à Guernesey'.[2] Sans toutefois négliger les influences externes, nous nous proposons d'examiner les raisons profondes, tant du point de vue de la personnalité de l'écrivain que de celui de l'écriture, qui ont pu présider, dans l'œuvre intime, à l'utilisation si fréquente de l'anglais.[3]

Stendhal n'eut longtemps qu'une connaissance succincte de la langue anglaise, à la mesure de sa propension à tordre le cou aux règles de la syntaxe lorsqu'il employait des langues étrangères. On relève dans sa correspondance avec le frère de Victorine, Edouard Mounier, de nombreuses formules de politesse du genre 'happiness and friendship' qui semblent se rapporter au goût de l'époque, mais aussi des notations littéraires faites dans un anglais plus que fantaisiste. Cependant la lecture du *Journal* nous indique que l'utilisation de mots anglais commença à se transformer en manie, au cours de l'année 1810. Curieusement cette tendance s'était déjà manifestée fin 1805–début 1806. Les termes anglais témoignent alors d'une sorte de frénésie à nommer la joie que l'auteur éprouve parfois: 'jour remarquable in my life',[4] ses rencontres galantes, ses intuitions intimes, sa timidité et même certaines anecdotes qui ont souvent trait à l'amour.

La conquête de soi

L'année 1810, qui semble donc marquer le début de la manie sten-dhalienne du recours à l'anglais, correspond à un profond change-ment dans la vie de Beyle puisqu'il est, en janvier, de retour à Paris pour un long séjour qui durera jusqu'en 1811 et qu'il est nommé auditeur au Conseil d'Etat. D'autre part, il est toujours tenté par l'écriture dramatique et reprend sa comédie *Letellier* abandonné depuis 1806. Il envisage déjà d'écrire les vies d'écrivains et d'ar-tistes étrangers comme nous l'indique le *Journal* à la date du 10 juin 1810.[5] C'est donc là une année charnière que V. Del Litto a appelée 'la croisée des chemins'.[6]

Notons également que les années 1810–1811 voient un regain d'attrait pour l'œuvre de Shakespeare que Stendhal lit dans le tex-te ayant, semble-t-il, amélioré sa connaissance de l'anglais depuis 1808.[7] Bien que ni la vie, ni ce que nous savons de l'évolution in-tellectuelle de Stendhal ne soient en mesure de nous fournir des in-dications relatives à son anglomanie, nous ne pouvons qu'être attentifs à tout ce qui se cristallise autour de l'année 1810. D'au-tant plus que certaines réflexions que l'on peut lire dans le *Journal* nous dépeignent un homme qui doute de lui-même et qui juge sa culture bien insuffisante.

Enfin, un dernier élément nous paraît capital. A la date du 17 juin 1810,[8] Stendhal avoue que l'écriture intimiste est une partie de lui-même dont se trouve éliminée la sensation. Cette suspicion que le diariste jette soudain sur son activité, Michel Crouzet l'inter-prète comme la preuve que 'le journal repose sur le clivage entre le dicible et l'indicible, le profond et le superficiel' et constate 'l'échec de la notation directe et intime de soi'.[9] C'est sans doute la raison pour laquelle l'écrivain abandonne progressivement son journal 'élaboré' et jette les bases, à compter de l'année 1811, de la philosophie beyliste.

L'anglomanie stendhalienne est donc contemporaine, d'une part, d'une certaine conquête de soi, et d'autre part, d'une remise en cause du rôle joué par l'écriture intime. En un mot, elle apparaît à un moment où l'écrivain se pose avec acuité la question suivante: Comment dire le moi?

Vers une phonologie poétique

Dans une étude intitulée 'Les bases pulsionnelles de la phonation',[10] le linguiste Ivan Fonagy étudie les qualités cachées des sons.

Ainsi, le [I] lui semble être une voyelle 'claire, fine et légère'[11] et il invoque à ce propos non seulement l'emploi poétique du son [I] mais aussi une très sérieuse étude statistique qui indique que 83,3 pour cent des personnes interrogées (adultes et enfants) trouvent cette voyelle 'claire et jolie'[12] et qu'elles l'opposent à [U] jugée sombre et grave.

Le [I] représente donc quelque chose de doux, de tendre, d'esthétique et nous remarquons dans le vocabulaire anglais de Stendhal un certain nombre de mots, dont l'occurrence est grande, qui comprennent ce son 'le plus faible, la moins sonore des voyelles'.[13] En voici une liste non exhaustive:

with, happy, thinking, to give
mais aussi:
me, to see, to believe, idea

car nous n'avons pas tenu compte dans ce relevé de la différence de quantité qui existe entre [I] et [i]. Cette distinction entre la voyelle brève et ouverte et la voyelle longue et fermée n'affectant pas le système français, Stendhal, qui connaissait mal l'anglais, n'en avait sans doute pas conscience.

Nous relevons, d'autre part, plusieurs mots, très souvent employés, qui contiennent la diphtongue [AI] inconnue en français moderne :

life, idea, writing — my — mine — time — night ...

Cet emploi témoigne, si je me réfère encore à l'étude de Fonagy, d'une tendance régressive, dans la mesure où l'articulation palatale est toujours jugée plus claire et plus distinguée que l'articulation vélaire. L'auteur illustre sa pensée par l'exemple des actrices qui ont joué le rôle d'Eliza dans la pièce de Shaw *Pygmalion* et qui toutes déplaçaient 'leur base d'articulation vers l'avant, à mesure qu'elles s'approchaient de l'idéal d'une dame de haute naissance'.[15]

Ce qui revient à dire, si toutefois les sons de 'la langue autre' ont une valeur préconsciente ou inconsciente dans le langage stendhalien, que l'écrivain exprime par là deux tendances opposées: l'une esthétique, tournée vers l'élévation de l'âme [I], l'autre pulsionnelle et régressive tournée vers le déterminisme du passé [AI].

L'auteur du *Rouge*, 'romantique furieux', comme il se définissait lui-même, cherchait peut-être à creuser à la fois l'ombre et la lumière. Quoi qu'il en soit, on ne peut manquer de lire dans la volonté de 'chercher du côté de Shakespeare un autre accent que celui de son français'[16] le rejet d'une langue prosaïque qui ne permet plus de traduire les secrets du monde et de l'être.

Partant, il n'est pas inutile de rappeler que la révolution du langage qui marque les années 1850 trouve peut-être en Stendhal un précurseur, que 'l'art poétique' de Verlaine se moque des règles comme 'la langue autre' de Stendhal, et, enfin, qu'un poème de Rimbaud prête, lui aussi, aux sons des qualités sensibles et visuelles:

A noir, E blanc, I rouge, U vert, O bleu : voyelles.[17]

Le mépris

Cette dualité qui s'exprime à travers l'anglomanie stendhalienne, nous en trouvons la trace à un niveau très prosaïque. On sait, par exemple, que l'expression 'The Gate' désigne Adèle Rebuffet. Or, la première fois qu'elle est employée dans le *Journal*,[18] elle va de pair avec un certain dégoût, mêlé de surprise et de mépris, à propos de la réaction d'Adèle et de sa mère ('her mother') lors de la mort du père. D'autre part, l'argent, symbole que Stendhal méprisa tant, est un des thèmes principaux qui semble nécessiter l'emploi de l'anglais, et ceci dès l'année 1802.[19] On relève par ailleurs, d'autres connotations méprisantes à l'endroit de certains personnages. Ainsi, le père, le bâtard, est très souvent nommé: 'My father', Louis-Philippe est 'le plus fripon de K[ings]',[20] au mieux 'the King of French',[21] quant à Dieu il est appelé 'God'. Ne relève-t-on pas dans la *Vie de Henry Brulard* cette expression: 'mépris profond pour les commandements of God and the Church'.[22]

Ecrire l'intime

Il nous apparaît que l'anglomanie stendhalienne va croissant à mesure que le caractère de l'auteur se conforte et que la pratique de l'écriture l'amène à une réflexion sur son passé ou sur lui-même comme en témoignent les *marginalia*. Béatrice Didier voit d'ailleurs dans cette dernière pratique le passage du journal à l'écriture autobiographique.[23]

Cette question de la connaissance de soi, au centre bien sûr de l'œuvre intime de Stendhal, fait l'objet dans le *Journal* de nombreuses allusions en anglais. Dès 1805, Beyle parle de son 'understanding soul'[24] et, en 1808, à propos de la noblesse implicite de personnages tragiques, peut-être ceux de Corneille, il écrit: 'I think that I shall have this in my character'.[25] Des expressions comme 'myself', 'my life' reviennent très souvent sous sa plume.

Cette propension à parler de soi-même en utilisant des termes étrangers rappelle, sans aucun doute, les nombreux pseudonymes auxquels Stendhal aura recours sa vie durant. Partant, on ne peut manquer d'évoquer le rapport qu'entretient le moi avec la langue autre, qui n'est pas la langue maternelle, qui n'est pas tout à fait la langue maternelle imaginaire, en ce cas ce serait l'italien, et qui n'est pas non plus une langue étrangère entièrement dominée.

Dans une lettre adressée à sa sœur Pauline le 16 mars 1807,[26] l'écrivain lui demande des nouvelles de ses progrès en anglais et le 28 avril 1810 il lui envoie une lettre entièrement rédigée en anglais. Dans l'ensemble, l'utilisation de l'anglais sert souvent à prodiguer des conseils à Pauline, à évoquer leur père ('father') et à l'entretenir de choses intimes: 'Continue à être prudente for making no child. It shall be time enough in four or five years.'[27]

Je ferais donc l'hypothèse que l'anglais, langue autre, fut le moyen de conjurer cette suspicion que Stendhal voyait peser sur les mots et qui l'amenait à se dire à propos de *Letellier*: 'Je ne me sens pas de génie for my C[omedy]'.[28] L'anglais serait alors l'utopie d'une langue atopique si l'on tient compte de la mauvaise connaissance que Beyle en avait, du moins durant une certaine période. A tel point que la lecture du *Journal*, surtout lors des années 1802 à 1809, nous amène à nous demander si cet anglais, à la syntaxe incertaine, n'est pas une forme de glossolalie. C'est là une simple hypothèse de travail, puisque la véritable glossolalie est structurée phonologiquement mais n'a pas de sens,[29] qui toutefois rejoint la conclusion que nous tirions précédemment d'une qualité poétique et musicale de 'la langue autre'. En ce cas, il faudrait parler non de signification, de sens vrai, mais d'un travail signifiant, d'une collusion du sujet et de la langue, d'une rencontre de l'autre en soi.

Quoi qu'il en soit, 'la langue autre' de Stendhal a en commun avec les glossolalies de demander à être interprétée et ainsi de faire signe sous le sceau du secret. S'il est un fait certain, c'est qu'on ne peut considérer l'anglomanie stendhalienne comme un simple système d'emprunt et l'analyser comme le suggérait Saussure à propos d'éléments étrangers dans 'sa relation et son opposition avec les mots qui lui sont associés, au même titre que n'importe quel signe autochtone'.[30] C'est là ce qui fait la particularité du recours à la langue étrangère par rapport à d'autres procédés d'expression comme la parenthèse.

'La langue autre' fait signe car elle montre le masque du doigt, elle désigne le secret, subtile manière pour Stendhal *pseudonyme* de montrer une réalité propre, comme lorsque Fabrice s'affuble d'une perruque rousse pour se promener incognito à Bologne, déguisement que l'auteur prit lui-même afin de revoir Métilde sans être reconnu d'elle, à Volterra. Aussi n'est-il pas indifférent que le thème principal évoqué par l'anglomanie soit celui de l'amour.

On relève, en effet, dans le *Journal*, à travers des phrases ou des expressions anglaises, nombre de nuances que Stendhal théorisera plus tard dans son traité *De l'Amour*. Ainsi en 1804, il parle des 'ways of going to the love'[31] et, en 1805 de sa dette envers Rousseau qui lui a donné 'the caracter loving' [sic].[32] Durant les années 1818 et 1819, l'anglomanie renvoie le plus souvent à Métilde soit sous forme de réflexion sur l'amour, sur le fait qu'il n'est pas aimé, soit sous forme de courtes notations qui soulignent les moindres détails du comportement de la jeune femme. Puis de 1821 à 1822 son souvenir est très largement évoqué. N'oublions pas, dans ces quelques exemples, la connotation particulière du mot 'time'.

Néanmoins, il faut reconnaître que les réflexions sur l'amour ne sont pas toutes écrites en anglais et qu'il en est, par ailleurs, de même des autres thèmes et motifs évoqués par 'la langue autre'. Partant, il s'avère sans doute que la langue étrangère ne renvoie pas aux mêmes éléments ou aux mêmes réminiscences que la langue française.

L'anglomanie nous introduit, en effet, au cœur de l'intimité stendhalienne. C'est pourquoi une édition 'fantaisiste' du *Journal*, qui ne prendrait en compte que les phrases dans lesquelles la langue étrangère intervient, ne serait pas dénuée de cohérence. Sous le masque de la langue étrangère on découvre une représentation du moi. L'écrivain ne craint pas alors de dire ses sentiments les plus intimes et ses convictions les plus profondes. Ainsi, dans la *Vie de Henry Brulard*, à propos de l'exécution, à Grenoble, durant la Terreur, de deux généraux de brigade, on peut lire: 'cette mort... me fit pleasure. Voilà le grand mot écrit.'[33]

Parfois, il semble que seule la langue autre permette de dire l'intensité de la sensation. Lorsque le 21 juin 1822, Stendhal écrit 'ever thinking upon piazza delle Galline',[34] c'est en anglais qu'il évoque le lieu où il rencontra Métilde pour la première fois. Tout se passe comme si la langue étrangère permettait à Beyle de renoncer au passé en disant une intensité cachée, qui lui tient à cœur, pour enfin s'en défaire.

L'écriture

La langue autre est donc à elle-même son propre but. Elle fonctionne comme le lapsus freudien, c'est-à-dire comme une métaphore. Elle fomente dans le texte (journal, lettres) une fiction de l'écriture. En effet, nous avons déterminé les véritables débuts de l'anglomanie vers 1810, alors qu'avant cette date l'emploi de la langue étrangère est plutôt modéré. Or cet usage est certainement à mettre en relation avec le fait que Stendhal se livre souvent dans son *Journal*, jusqu'en 1809, à de grands développements philosophiques qui demandent concision et cohérence. C'est donc au moment où le diariste refuse de faire de la littérature qu'il cherche une certaine 'vérité', au détriment de toute fiction, que celle-ci se réfugie dans 'la langue autre'. Comme si la langue maternelle s'attachait à transmettre le message alors que l'anglomanie serait le signe d'une résistance, parfois inconsciente, d'un retour du refoulé par lequel se manifesteraient les pulsions créatrices. Ainsi, dans le *Journal*, Stendhal utilise couramment l'anglais lorsqu'il évoque Shakespeare. C'est aussi le cas lorsqu'il fait allusion aux textes qu'il est en train d'écrire ou qu'il projette d'écrire: 'written l'amour', 'pensées on love'.[35]

Il note aussi en anglais les progrès qu'il accomplit dans la rédaction de ses ouvrages. En 1828, il évoque *Armance* en ces termes: 'Making this novel I was very mélancolique',[36] et à la date du 24 juillet 1830, on peut lire: 'Two hours after café, dans le moment du génie venu, think of real life, le romanesque perd de son impossibilité'.[37]

On assiste alors à une émergence du moi qui ne peut se constituer que dans la littérature. Comme si Stendhal ne désirait rien tant que d'inscrire ses sensations les plus vives hors de l'inanité du langage pour en choisir un autre, l'amenant toujours plus avant.

Notes

1 On trouve le mot dans la *Vie de Henry Brulard.*

2 Dans le cas de Hugo il ne faut certes pas négliger l'influence de l'environnement linguistique de l'exil.

3 Il est évident qu'une étude exhaustive de ce que nous appelons 'la langue autre' se devrait de tenir compte non seulement des notations en anglais, mais aussi de celles écrites en italien, en allemand (rares toutefois), en latin, et parfois en grec.

4 *Journal* in *Œuvres intimes,* éd. V. Del Litto, Bibliothèque de la Pléiade, t. I, p. 612 (3 août 1810).

5 Ce qui deviendra plus tard *Histoire de la peinture en Italie* et *Vies de Haydn, de Mozart et de Métastase.*

6 V. Del Litto, *La vie intellectuelle de Stendhal: genèse et évolution de ses idées (1802–21),* Paris, P.U.F., 1962, p. 379.

7 Selon V. Del Litto, *ibid.,* p. 333.

8 In *Œuvres intimes,* t. I, p. 596.

9 Michel Crouzet, *Stendhal et le langage,* Paris, Gallimard, 1981, p. 223.

10 In *Revue Française de Psychanalyse,* janvier-février 1970, pp.101–36.

11 *Ibid.,* p. 101.

12 *Ibid.,* p. 127.

13 *Ibid.,* p. 105.

14 Le vocabulaire anglais de Stendhal est en nombre assez restreint. Tous les mots cités dans ce paragraphe ont une très grande occurrence. Nous tirons ces conclusions d'un relevé fait à la main. Nous ne pouvons que regretter qu'il n'existe aucun relevé statistique du vocabulaire 'autre' de Stendhal.

15 *Art. cit.,* p. 110.

16 François Perrier, *La chaussée d'Antin,* 2, Paris, U.G.E., 1978, p. 167. L'auteur (psychanalyste) pense que ce que nous appelons la 'langue autre' est à rapprocher du narcissisme du sujet.

17 'Voyelles' in *Poésies,* Œuvres Complètes, Bibliothèque de la Pléiade, 1972, p. 52.

18 *Journal,* éd. cit., t. I, p. 69 (28 avril 1804).

19 Cf. aussi la manie des comptes.

20 *Vie de Henry Brulard* in *Œuvres intimes,* t. II, p. 536.

21 *Souvenirs d'égotisme,* in *Œuvres intimes,* t. II, p. 511.

22 *Vie de Henry Brulard,* éd. cit., t. II, p. 717.

23 Cf. Béatrice Didier, *Stendhal autobiographe,* Paris, P.U.F., 1983, p. 71.

24 *Journal,* éd. cit., t. I, p. 184 (15–17 janvier 1805) et p. 198 (3 février 1805).

25 *Ibid.*, p. 490 (20 janvier 1808).

26 *Correspondance*, Bibliothèque de la Pléiade, t. I, p. 339.

27 *Correspondance*, t. I, p. 562 (6 avril 1810).

28 *Journal*, éd. cit., t. I, p. 464 (10 septembre 1806).

29 Pour plus de clarté, nous indiquons un exemple célèbre de glossolalie étudié par Saussure. Il s'agit du cas Hélène Smith. En 1897, cette personne réputée pour ses dons de médium semble, durant des crises de somnambulisme, parler une langue qu'elle n'a jamais apprise: le sanscrit. La conclusion de Saussure est sans équivoque: il s'agit d'une simulacre de sanscrit bien qu'il y ait dans les paroles proférées par Hélène Smith des traces indéniables qui rappellent l'ancienne langue de l'Inde, notamment la forte occurrence du [a]. On peut lire l'exposé du cas Hélène Smith dans l'ouvrage de T. Flournoy: *Des Indes à la planète Mars*, réédité au Seuil en 1983.

30 Ferdinand de Saussure, *Cours de linguistique générale*, Paris, Payot, 1971, p. 42.

31 *Journal*, éd. cit., t. I, p. 73 (4 mai 1804).

32 *Ibid.*, p. 170 (2 janvier 1805).

33 *Vie de Henry Brulard*, éd. cit., t. II, p. 691.

34 *Journal*, éd. cit., t. II, p. 60.

35 *Ibid.*, p. 41 (1er février 1820) et p. 43 (25 février 1820).

36 *Ibid.*, p. 131.

XXV

Les anglicismes chez Stendhal
SERGE SERODES

D'une part, nombreux sont les critiques qui ont interrogé l'usage que fait Stendhal de la langue anglaise: parmi les plus récents citons depuis 1970 les travaux de P. Sy, R. Dénier, J.-J. Hamm, M. Crouzet, M. Levowitz-Treu.[1]

D'autre part, après l'injonction de R. Jakobson, A. Martinet et M. Niedergang, rappelant qu'un des problèmes fondamentaux de la linguistique était de déterminer jusqu'à quel point une langue peut être influencée par une autre, nombreux sont les linguistes qui se sont intéressés à l'emprunt.[2]

Ces travaux prouvent que l'étude des 'anglicismes' va de pair avec l'histoire de la formation d'une langue, ou plutôt, dans le cas de Stendhal, avec l'histoire de la constitution d'un idiolecte, ce que l'on a appelé un *langage-self*. S'il fallait justifier le choix des textes autobiographiques comme lieu privilégié, quoique non exclusif, d'une étude, on observerait d'abord que la fréquence des termes anglais y est plus élevée que dans les romans; hormis la dédicace on ne relève guère d'anglicismes dans la *Chartreuse de Parme*...De surcroît, il s'agit des seuls textes où un terme anglais figure dans le titre, soit directement (*égotisme, touriste*), soit obliquement dans le sous-titre (roman imité du *Vicaire de Wakefield*). L'impact de l'anglais dans la titrologie mérite attention. Ces textes présentent enfin l'avantage de concilier les deux grands modes d'intervention de la langue anglaise, soit sous forme de terme isolé dans le corps du texte, comme dans le roman ou la critique d'art, soit comme composante du discours d'escorte qui enlace le texte principal et rappelle aussi bien le *Journal intime* qu'il annonce le style énigmatique de *Earline*, 'the last romance'.

Ainsi délimitée, l'enquête se poursuivra en trois temps. D'abord l'étude de l'anglais, dans sa globalité, comme manifestation d'un argot; ensuite l'analyse des termes isolés, avec les divers mécanismes de leur intégration; enfin l'irruption d'un anglais où l'emprunt, *stricto sensu*, s'accompagne d'une création lexicale, Stendhal combinant les deux grands modes qui président à la formation d'un néologisme.

_____

A propos de l'utilisation parfois massive que Stendhal fait de l'anglais, c'est à bon escient que l'on a pu recourir au terme d'*argot*. L'argot se dote d'un vocabulaire particulier dans le cadre de la syntaxe et de la phonologie d'un outil de communication commun; il se caractérise d'abord par le respect des lois fondamentales de la grammaire, quitte à créer, dans certains domaines, un lexique riche, imagé.[3] Les domaines où prolifèrent les anglicismes stendhaliens coïncident à peu près avec les champs notionnels d'un argot souvent pris à titre de référence: celui des prisons. Hormis ce qui a trait au vol ou au vin — Stendhal n'étant ni alcoolique, ni délinquant — s'affiche d'abord le recours massif aux termes d'argent, tels 'la possibilité *of wanting of a thousand* francs', ou bien: 'au lieu de *ten,* j'aurais *twenty thousand*', ou encore dans une conversation avec Thiers: 'si nous donnons *money,* seul rival en ce qui regarde les Jésuites'.[4] Le texte autobiographique, éclaboussé par l'amertume financière, témoigne d'une revendication, toujours formulée en langue anglaise et qu'annonçait aussi bien le *Journal* que les lettres à Pauline.

Se distingue ensuite le domaine de la sexualité: soit qu'une parenthèse en anglais explicite une tournure française par trop pudique:

> (Barot) venait de prêter de l'argent (à Mme Petit) pour prendre un établissement (*to raise a brothel*)[5]

soit que la légende d'un croquis commémore les exploits d'un hussard d'alcôve:

> Ici, *seven times with* Mme Galice[6]

soit qu'une note elliptique consigne non seulement les activités du jour, mais surtout leurs difficultés:

> 5 février 1836. Boutonner sa culotte à 50 ans. *Today I have* ... Fatigue, épuisement après.[7]

Dans les ébats les plus intimes persiste le langage véhiculaire de Westminster Road.

Préserver ses écrits du regard de la police, voire des politiciens:

Stendhal justifie ainsi son recours à l'anglais (fût-il, en l'occurrence naïf ou dérisoire). J.-J. Hamm a commenté, dans les *Privilèges*, le rôle dévolu à des termes comme *God* ou *father*. De manière plus générale, tout ce qui relève de l'autorité tend à s'évader de la désignation imposée par la langue maternelle. Autorité divine: *God;* autorité religieuse: the *popes;* autorité politique: *the King;* autorité familiale: *the father;* tous les agents du maintien de l'ordre se voient désignés par l'anglais.

On ne saurait, dans ce bref inventaire, omettre ce qui a trait, comme dans l'argot, au lexique de la souffrance et de la mort. Tel un leitmotiv lancinant, le terme de *death* hante les écrits intimes, dans les regrets qu'elle suscite au sujet de la *dearest mother*, comme dans la délectation qu'elle procure: la *death of a King* faisant *pleasure* au révolté en herbe. Même les outils grammaticaux qu'utilise Stendhal d'après le modèle anglais (*to, of*), connotent — Mme Levowitz-Treu l'a bien mis en relief — une idée de distance, de départ, d'éloignement. L'anglais fonctionne à certains égards comme langue d'outre-tombe qui hante le discours du moi.

Deux emplois systématiques de l'anglais justifient encore le rapprochement avec l'argot. Autant ce dernier est riche pour désigner obliquement le pronom de la première personne (*mezigue, ma pomme, Bibi*), autant les emprunts de Stendhal concernent souvent le moi: depuis les *to me*, ou *for me*, ou *on me*, qui truffent les marges des manuscrits, en passant par le fameux *Mr Myself* et la *self-importance*, jusqu'à la notion-clé d'égotisme, que l'histoire littéraire confond désormais avec celle de comportement beyliste. Tout ce qui relève, en outre, du lexique technique de l'écrivain se voit aussi confié à l'anglais (*book, written, made*), Stendhal élargissant le champ de l'argot habituel pour y inclure le jargon de métier.

Mais, dans son activité la plus courante, l'argot implique une création métaphorique; or Stendhal, en sollicitant une langue déjà constituée ne fait preuve d'aucune qualité inventive... Sous cette forme, la présence de l'anglais appelle trois remarques.

D'abord, dans une perspective génétique, rien n'interdit de reconnaître les retombées, sur le plan littéraire, d'une méthode d'acquisition des langues qu'il a appliquée non sans ferveur, et dont il a assuré, auprès de Pauline, la défense et illustration. Quoique mise au point pour l'étude du latin, la méthode de Dumarsais, fondée sur la traduction interlinéaire, s'applique mieux aux langues analytiques.[8] En italien comme en anglais, l'ordre des mots diffère peu de l'ordre français; par contre, les langues à déclinaison, comme le latin ou l'allemand, exigent au préalable, pour se couler dans cette méthode, que l'ordre initial soit brisé et reconstitué sur le modèle du français. Ce qui expliquerait en partie que l'anglais et l'italien soient les composantes fondamentales du 'sabir' stendhalien.

Cette méthode interlinéaire ne permet pas seulement de 'sauter' d'une langue à l'autre, l'habillement linguistique devenant secondaire par rapport à l'invariant sémantique. Elle institue la possibilité d'un jeu qu'expose le *Journal*:

> *I come there with* presque *no love; ritornando diesen Abend io mi trovo riamante. Io sono stato very merry and altamente* digne; j'ai refusé *of dining* mardi *at mother's.*[9]

Dans *Ecuador*, Henri Michaux ne met pas autrement en scène le babélien en usage sur le navire:

> — Haben Sie fosforos?
> — No tengo, caballero, but I have a briquet.[10]

Et Queneau, dans *Loin de Rueil*, de mimer le même procédé:

> Je suis el señor Estabamos, said the zombi[11]

Pourquoi hésiter à reconnaître, dans le babélien de Stendhal, une forme de dérision, sinon de pastiche, à l'encontre de l'exotisme conventionnel dont abusèrent les romantiques? Pour le vicomte de Chateaubriand, toute Italienne est une *ragazza*; pour Mérimée, tout Corse est artisan de la vendetta... Pour Stendhal, tout exotisme de surface est prétexte à sourire.

Enfin, et surtout, outre la possibilité de jeu ainsi ouverte, la méthode de Dumarsais exige que deux langues soient confrontées terme à terme. Chaque langue sert de tamis, de révélateur par rapport à l'autre; non seulement les équivalences sémantiques se font jour, mais surtout, l'absence d'équivalent paraît. Ici se profile le problème de l'emprunt, *stricto sensu*, qui, loin de ne connoter qu'un parfum d'étrangeté facile, dénote une réalité sans équivalent.

Dans l'adoption d'un terme étranger, les linguistes ont coutume de distinguer plusieurs phases. En premier lieu le xénisme: il introduit dans le corps d'une phrase un signifié propre à la langue étrangère; c'est parce qu'il demeure effectivement étranger, comme *cant* ou *bashfulness*, qu'on l'appelle xénisme. Vient ensuite le pérégrinisme, lorsque le terme est pris dans la première phase de son installation; rien n'indique comme pour *drawback* ou *happy few*, que, malgré son emploi répété, la communauté linguistique l'adoptera définitivement. Enfin, lorsque tout rejet s'avère désormais exclu, le néologisme est alors consacré: des termes comme *égotisme* ou *touriste* ne sont plus perçus comme étrangers.

Stendhal use d'abord non de l'emprunt, mais du xénisme, témoin du cadre étranger et qui demeure, effectivement, étranger. Aucun processus d'intégration ne se met en branle. La notion de *snug* renvoie à un indice de couleur locale sans équivalent, tout comme la précision, dans la nomenclature architecturale, implique le recours à *tracery*.[12] Est-il possible, au demeurant, de décrire la société anglaise sans évoquer la *bashfulness*, ou le *cant*, fût-ce par Byron interposé?

Que la chose existe, alors que le terme correspondant en français fait défaut, voilà qui justifie l'assomption du vocable britannique. Stendhal l'a fort bien pressenti, notamment pour le verbe *to puff*, dans un article au *Globe*, où sont explicitées, avec une netteté toute moderne, à la fois la nécessité d'accueillir un terme d'outre-Manche, et les conditions qui rendent cet accueil possible.[13] En dernière instance, le xénisme n'est qu'une quête — et une prise — du terme propre, absent du dictionnaire français. Son intrusion répond au programme hérité de l'idéologie: tout désigner sans équivoque. Stendhal ne fait que reconduire, à l'égard de la langue anglaise, son attitude vis-à-vis d'une langue maternelle, dont il est urgent de rémunérer les défauts.

Dès lors s'ouvre la voie pour une autre démarche qui consiste moins à saisir, dans sa singularité, une notion étrangère aux us et coutumes français, qu'à compenser toute déficience lexicale, lorsqu'un terme, par trop galvaudé brouille la dénomination exacte. Il est loisible, en un premier temps, de s'étonner que Stendhal ait crû devoir écrire dans les *Souvenirs d'égotisme*:

Mais le ridicule de M. de Ségur, guidant Napoléon se trouva, à ce qu'il paraît, trop fort pour ma *gullibility*.[14]

Le terme correspondant en français, jobarderie, serait-il inuti-
lisable? Peut-être, si l'on en croit ce fragment de *Henry Brulard*:

> Le parti ultra vers 1818 étant accusé de *bêtise* (on les appelait
> M. de la Jobardière), sa vanité blessée vanta l'œuvre d'un no-
> ble avec la force de l'irruption d'un lac orageux qui renverse
> sa digue.[15]

Stendhal pouvait difficilement décrire sa propre attitude à l'aide
d'un terme qui avait permis de tourner en dérision les ultras de
1818.

Fréquents, dans le dictionnaire que le beyliste tient 'tout à part
soi', sont les termes passibles d'accusation. M. Crouzet a déjà
relevé que le mot *charme* était, dans *Rome, Naples et Florence*,
perçu comme dévalué. Ce que confirme *De l'Amour*:

> ...ce mot *charmant* est insignifiant, malgré son étymologie, et
> commun pour rendre ce que je voudrais exprimer.[16]

Aussi, à peine apparaît-il sous la plume du mémorialiste qu'un emprunt vient à la rescousse pour le corriger:

> Je cherche à détruire le charme, le *dazzling* des événements,
> en les considérant ainsi militairement.[17]

C'est lorsque l'entreprise néologique apparaît la plus justifiée,
qu'elle ne laisse pas de poser problème, au nom même des principes qui la fondent; ainsi à propos du mot *love* que Stendhal célèbre dans les *Lettres sur Métastase*:

> Combien, en France, de femmes aimables qui savent l'anglais,
> et pour qui le mot *love* a un charme que le mot *amour* ne peut
> plus présenter! C'est que le mot *love* n'a jamais été prononcé
> devant elles par ces êtres indignes d'en éprouver le sentiment.
> Rien ne souille la brillante pureté de *love* tandis que tous les
> couplets du vaudeville viennent gâter, dans ma mémoire,
> l'*amour.*[18]

Rien ne prouve que le mot *love*, pris dans le contexte anglais, ne
soit aussi grevé d'incertitude, sinon davantage, que ne l'est le mot
amour dans le paysage linguistique français. Sa seule justification
réside dans le voyage ainsi offert dans une tribu voisine. L'emprunt serait alors une forme de surnom, chargé, sinon de remédier

à la lassitude par abus de l'idiome national, du moins de conforter l'illusion de l'intact. Le pseudonyme stendhalien n'affecte pas seulement le Nom propre; sous la forme de l'emprunt, il rachète l'insuffisance des noms devenus trop communs, et substitue, à l'acception reçue, le geste désignateur du dandy linguistique.

Une fois accepté ce protocole de lecture, décrire le rôle dévolu à l'emprunt dans la création littéraire devient plus facile. A condition de ne pas se laisser duper par une équivoque majeure. Rares sont les critiques qui, souhaitant commenter la fonction des anglicismes chez Stendhal, n'aient pas pris pour argent comptant l'utilisation qu'il fait de cette langue. Dans le sillage de la plus stricte tradition philologique, il suffit de revenir au texte — sinon au dictionnaire — pour constater qu'entre l'anglais tel quel et l'anglais de Stendhal existe une différence non négligeable. Les notes de l'édition du Bibliophile accréditent souvent, mais de manière trop prudente, l'écart établi entre les termes de la langue anglaise et leur convocation par Stendhal. On frôle le faux-sens permanent. Tout se passe comme si une sorte d'*anglais-self* s'élaborait plus conforme aux exigences du beylisme qu'au sens canonique hérité de l'idiome originel.

L'un des premiers emprunts décisifs de Stendhal à l'anglais, *comprehensive soul*, revêt à cet égard valeur emblématique. Dans une lettre du 9 octobre 1810, adressée à Pauline, l'épistolier substitue à cette expression celle de *understanding soul.* Le glissement de sens entre *comprehensive* et *understanding*, prouve que l'expression initiale avait été perçue de manière oblique, les termes de *comprehensive* et *understanding* ne pouvant commuter entre eux dans tous les contextes anglais. Le beylisme se prévaut d'une réception singulière du mot anglais; il s'instaure dans la distance établie entre le sens puisé dans la langue d'origine et le sens effectivement attribué dans le contexte stendhalien.

Dès lors s'expliquent certains emprunts qui hérisseraient le puriste. Rien ne justifie que le terme *dazzling*, déjà cité, se substitue au mot *charme*: ils n'ont à peu près aucun point commun. L'opération engagée s'avère plus subtile. *Dazzling*, en anglais, est un adjectif verbal formé à partir du verbe *to dazzle*: éblouir. Il n'existe pas en tant que nom. C'est par un procédé de dérivation impropre (transfert de la classe grammaticale de l'adjectif verbal dans celle du nom) que Stendhal le suscite, donnant ainsi naissance à un néologisme, à l'intérieur même de la langue anglaise. Mais grâce à quel schéma l'auteur devient-il néologue dans la langue d'emprunt? Le procédé qui consiste à substantiver un adjectif, voire un adjectif verbal, caractérise le style de Saint-Simon. Le prouve, entre autres, ce passage où il est question des courtisans lors de la mort du Dauphin:

> ... un vif, une sorte d'étincelant autour d'eux, les distinguait malgré qu'ils en eussent.[19]

L'anglicisme de la *Vie de Henry Brulard* ne se borne pas à évacuer l'insignifiance que le terme *charme* pouvait revêtir aux yeux des 'femmes de chambre'; il constitue, au sein même de la langue anglaise, une création verbale, par Saint-Simon interposé, qui irradie, sur le texte de mémoires, sa singularité.

Plus curieux encore est l'emprunt qui s'autorise non plus par souvenir littéraire interposé, mais par remotivation de la métaphore lexicalisée, à la lisière du contresens. L'expression '*who has raciness*', glanée dans les *Souvenirs d'égotisme*,[20] se rapproche des faux-amis. Une note de V. Del Litto rappelle que *raciness* a le sens de *vigueur, caractère*. Cette expression, dans des contextes plus précis est synonyme de *goût du terroir*, de *bouquet*, voire de *piquant* ou de *verve*. Stendhal joue-t-il sur l'équivoque entre *caractère du terroir* et *racine*? Rien n'interdit de suggérer cette hypothèse.

De manière plus nette, cette remotivation de la métaphore s'exerce à propos du mot composé *toad-eater* qui désigne le petit Tourte lors de l'affaire Gardon.

> Ils eurent besoin des conseils d'un petit bossu nommé Tourte, véritable *toad-eater*, mangeur de crapauds, qui s'était faufilé à la maison par cet infâme métier.[21]

Tendancieuse, la traduction littérale l'est, puisque le mot composé *toad-eater* n'a pas d'équivalent mot à mot en français; tout au plus, 'lécheur de bottes' pourrait convenir. S'avère flagrante la distance qui sépare la traduction mot à mot: mangeur de crapaud, de l'équivalent sémantique plausible: patelineur, flagorneur. Mais par cette remotivation de la métaphore le personnage de Tourte s'inscrit dans l'univers de batraciens qu'est Grenoble. Il s'érige en représentant typique d'un univers détesté, notamment celui des Granges, avec ses rotoirs, ses œufs de grenouille et sa pourriture verte. L'horreur qu'inspire le personnage, et que nul autre — l'abbé Raillane excepté — n'inspire, se fortifie de sa promiscuité, voire de sa fusion avec l'univers du gluant, du puant, caractéristique des alentours de Grenoble.

Dans la distance établie entre le mot pris tel quel, dans son acception anglaise la plus courante, et la manière dont Stendhal le prélève pour l'intégrer dans son propos, se fixe l'intérêt de l'emprunt. Sans doute n'est-ce pas un hasard s'il a confié à des termes qui n'avaient alors nullement acquis un tel prestige le prix spécifique de son travail sur une langue étrangère. Ainsi du terme d'*égotisme*, notoirement péjoratif au départ, qu'il a transfiguré et acclimaté dans son acception la plus avantageuse. Ainsi du terme de *touriste*, concurrent de voyageur, mais qui substitue aux plaisirs de la découverte la saveur, unique, de la jubilation égotiste. *Tourisme, égotisme* : deux termes aussi inattendus qu'indispensables, qui sont passés dans le langage courant, tout simplement parce qu'ils étaient les plus motivés. L'anglicisme stendhalien ne se justifie, en dernière instance, ni d'une appréciation outrecuidante sur les possibilités expressives d'une langue étrangère, ni d'un besoin forcené de l'ailleurs linguistique; il se prévaut de la charge affective et contextuelle qu'il engouffre dans un terme étranger, sinon étrange, et devient par la même un concept essentiel parce que contraint par la rigueur des séquences sémantiques ou morphologiques dont il représente l'aboutissement.[22]

La leçon du manuscrit entérine cette analyse; contrairement à ce que donnent à lire les éditions, le texte anglais n'est jamais souligné, jamais mis en 'italiques'; il fait bloc, spontanément, avec le texte français sans jamais être dissocié ou affecté d'un signe d'étrangeté. Au même titre que le français — ou l'italien — l'anglais ne constitue pas pour Stendhal la langue d'une référence intangible; il représente, comme les autres langues, un espace linguistique, sinon fictif, du moins fragilement balisé par où s'engouffrent les données du moi. En dernière instance, il n'est pas d'anglais 'emprunté' par Stendhal; il n'est qu'un *self-english* dont l'auteur se dote. Cette langue n'est pas un prisme contraignant pour s'exprimer, mais une rampe de lancement pour célébrer l'inédit. Une cristallisation linguistique s'opère sur des termes au sens initial perverti. L'anglais est moins une langue étrangère, *stricto sensu*, que le lieu d'une création lexicale, un terrain privilégié où s'échafaude la langue du moi.

Notes

1 P. Sy, 'L'anglomanie de Stendhal', in *Vie et langage*, no. 216, mars 1970, pp. 161 et suiv.; R. Dénier, 'L'anglomanie de Stendhal', in *Stendhal Club*, no. 55, avril 1977, pp. 217 et suiv.; J.-J. Hamm, 'Sur Stendhal et la religion: les "Privilèges du 10 avril 1840" ', in *Stendhal Club*, no. 86, janvier 1980, pp. 129 et suiv.; M. Crouzet, *Stendhal et le langage*, Paris, Gallimard, 1981, notamment pp. 283, 286, 321, 356, 392–95; M. Levowitz-Treu, 'Stendhal, l'anglais et le surmoi', in *Stendhal Club*, no. 99, avril 1983, pp. 367 et suiv.

2 *Zeitschrift für Mundartforschung*, 34 (1967), p. 347.

3 Sur ce point voir D. François, 'Les argots', in *Le Langage* sous la direction de A. Martinet, Bibliothèque de la Pléiade, 1968, pp. 620 et suiv.

4 *Vie de Henry Brulard*, Cercle du Bibliophile, respectivement I, t. XX, p. 153; II, t. XXI, pp. 325–26; II, t. XXI, p. 373.

5 *Souvenirs d'égotisme*, Cercle du Bibliophile, t. XXXVI, p. 27.

6 *Vie de Henry Brulard* I, Cercle du Bibliophile, t. XX, p. 274.

7 *Vie de Henry Brulard* II, Cercle du Bibliophile, t. XXI, p. 267.

8 Sur ce point voir J. Alciatore, 'Stendhal et l'étude des langues', *The French Review*, vol. XXIII, no. 4, février 1959, pp. 278 et suiv.

9 *Journal* III, Cercle du Bibliophile, t. XXX, p. 177, (11 août 1811).

10 Henri Michaux, *Ecuador*, NRF, p. 14. Sur ce point voir N. Gueunier, 'La création lexicale chez Henri Michaux', in *Cahiers de lexicologie*, 1967, t. II, Didier-Larousse.

11 Queneau, *Loin de Rueil*, NRF, p. 188. Sur ce point voir J. Rey-Debove, 'La sémiotique de l'emprunt lexical', in *Travaux de linguistique et de littérature* XI, 1, 1973, pp. 109 et suiv.

12 *Mémoires d'un touriste* I, Cercle du Bibliophile, t. XV, pp. 24 et 61.

13 *Un mot nouveau: poffer*. Lettre au rédacteur du *Globe*, 6 décembre 1825 in *Mélanges II: Journalisme*, Cercle du Bibliophile, t. XLVI, pp. 197–98.

14 *Souvenirs d'égotisme*, Cercle du Bibliophile, t. XXXVI, p. 38.

15 *Vie de Henry Brulard* II, Cercle du Bibliophile, t. XXI, p. 242.

16 *De l'Amour* II, Cercle du Bibliophile, t. IV, p. 7.

17 *Vie de Henry Brulard* I, Cercle du Bibliophile, t. XX, p. 25.

18 *Vies de Haydn, de Mozart et de Métastase*, Cercle du Bibliophile,

t. XLI, p. 330.

19 Saint-Simon, *Mémoires*, Les Grands Ecrivains de France, Paris, Hachette, 1909, t. XXI, p. 32.

20 *Souvenirs d'égotisme*, Cercle du Bibliophile, t. XXXVI, p. 96.

21 *Vie de Henry Brulard* I, Cercle du Bibliophile, t. XX, p. 182.

22 Sur ce point, voir Michel Riffaterre, *Poétique du néologisme*, CAIEF, no. 25.

Index